U0720380

江苏制造业绿色发展研究

Research on the Green Development of

Manufacturing Industry in Jiangsu

孙薇　著

江苏人民出版社

图书在版编目（CIP）数据

江苏制造业绿色发展研究/孙薇著. —南京：江
苏人民出版社,2023.3
ISBN 978-7-214-27441-0

Ⅰ.①江…　Ⅱ.①孙…　Ⅲ.①制造工业-绿色经济-
经济发展-研究-江苏　Ⅳ.①F426.4

中国版本图书馆 CIP 数据核字（2022）第 138729 号

书　　　名	江苏制造业绿色发展研究
著　　　者	孙　薇
责 任 编 辑	孟　璐
装 帧 设 计	许文菲
责 任 监 制	王　娟
出 版 发 行	江苏人民出版社
地　　　址	南京市湖南路 1 号 A 楼,邮编:210009
照　　　排	江苏凤凰制版有限公司
印　　　刷	江苏凤凰数码印务有限公司
开　　　本	652 毫米×960 毫米　1/16
印　　　张	17.25
字　　　数	221 千字
版　　　次	2023 年 3 月第 1 版
印　　　次	2023 年 3 月第 1 次印刷
标 准 书 号	ISBN 978-7-214-27441-0
定　　　价	48.00 元

（江苏人民出版社图书凡印装错误可向承印厂调换）

目　录

前　言

制造业作为国民经济的产业主体,对经济高速增长起到了巨大的推动作用。但其以规模扩张为主的外延式发展模式,在推动经济快速发展的同时也导致了能源浪费和环境污染的现象,环境污染问题引起极大的关注。能源短缺、环境容量不足正逐步制约着制造业经济的发展。本书就是基于上述背景,针对能源环境约束下江苏制造业绿色发展进行研究,以期能为江苏制造业更好发展提供理论参考和实践借鉴。

本书共8章。第一章从能源环境与气候治理视角看制造业绿色发展,并分析了江苏制造业发展现状;第二章分析了制造业绿色发展的理论基础,制造业绿色发展的概念和影响因素,等等;第三章分析了制造业能源消耗指数改变点;第四章研究江苏制造业废气排放周期与趋势预测;第五章分析江苏制造业环境规制强度;第六章研究江苏省制造业绿色发展绩效指数;第七章研究江苏制造业绿色竞争力体系构建并进行评价;第八章分析江苏制造业绿色发展的策略,包括完善法规、加强监管,节能减排、低碳发展,调整结构、技术升级,产品创新、加强管理等。

本书的撰写过程中,季双双、郁钰、于翔、许彧、侯煜菲、沈佳宇、方佳慧、杨诗雨、高思源、王辰宇、焦庆林、吴纯、刘宇欣等参与了部分章节的讨论与撰写。江苏人民出版社金书羽主任、孟璐编辑为本书出版做了大量工作。

本书的研究工作得到了江苏高校哲学社会科学研究重大项目"异质性环境规制对江苏制造业绿色增长的影响机理和对策研究"（项目编号：2021SJZDA121）的资助。

由于作者水平有限，书中肯定会有诸多不足之处，恳请读者给予批评、指正。

孙 薇

2022 年 10 月

第一章　绪言

近年来,气候变化与雾霾的影响受到各国政府和公众愈来愈多的关注。本书主要分析气候因素对江苏制造业绿色发展的影响。本章作为绪言,概括叙述了江苏制造业的特征,分析了制造业绿色发展的趋势,并对相关文献作系统的分析、回顾与评述。

一　从能源环境与气候治理视角看制造业绿色发展

人们的生存需要能源。但是,能源和经济是紧密相连的,能源问题在经济迅速发展的今天显得尤为突出。目前,世界各国都遇到能源缺乏的问题,中国同样如此,经济的高速发展带来了高污染和高能耗。中国粗放式的经济发展一方面增加了经济总量,另一方面也引起了一系列问题,比如环境污染和能源匮乏。

近年来,环境污染愈加严重,中国雾霾天气在 2014 年初特别严重,人们出行离不开口罩,尤其在重工业城市,细颗粒物(PM$_{2.5}$)严重超标,生态环境受到了影响,人们开始关注环境污染与雾霾问题。国家能源总局提出对能源消耗强度及能源消费总量的双重控制,既要令能源使用效率尽量提高,又要使能源的消费总量得到控制。我国目前正在工业化及城市化时期,生产总值表现出持续增长的态势,经济的持续发展也带来了能源消耗量的强劲增长,中国的能耗总量已经成为世界第一,同时,过度消耗能源带来的环境污染情况也愈加严重。中国的环境污染及不断增加的能耗威胁着生态安全,可能影响经济进一步发展。

近年来,中国工业特别是制造业迅速发展,但发展方式粗放,制造业持续发展的同时带来高污染和高能耗的问题。制造业越发展,环境污染越严重,能源消耗也越大。现在,环境容量不足和能源匮乏使制造业经济持续发展受到制约。从能源效率角度分析,制造业的能耗量大是粗放增长方式引起的,能源综合利用效率比较低,同时单位产值的能耗高。从环境保护角度分析,制造业发展主要以石油及煤炭为能源,有害气体及温室气体产生多、排放量大,影响生态平衡,带来了环境污染。环境和能源约束矛盾表现在能源环境承受的有限性和能源环境需求的无限性。

目前,制造业为了高速发展,肆意排放污染物,大量浪费能源,带来我国环境污染增加和能源无法满足需求的问题。制造业目前产业结构不合理,加剧了环境和能源约束的矛盾,影响了制造业的可持续发展,因此环境及能源问题得到越来越多的重视。可持续发展是一项基本国策,中国将坚定走可持续发展路线。因此,制造业要实现产业结构升级,提高环境效率及能源利用效率,令行业能耗总量得到控制,使制造业持续健康发展。

面对环境与能源约束下经济可持续发展的需求,从理论和实证方面系统分析制造业绿色发展有深远的理论及现实意义。在环境污染和能源匮乏的问题越来越突出的背景下,中国制造业尤其是江苏制造业处于迅速发展的特殊时期,对环境的污染愈加严重,对能源的需求量迅速增长,阻碍了经济可持续发展。政府不仅要控制住能源消耗总量,还要改变传统的粗放增长方式、提高技术含量、注重自主创新、降低单位产值的污染排放量及能源消耗量,从而达到保护环境和降低能源消耗的目的。

二 江苏制造业发展状况分析

(一)制造业发展的基本趋势

《中国制造业发展研究报告》提出,制造业是指对制造资源(物料、能源、设备、工具、资金、技术、信息和人力等),按照市场要求,通过制造过程,转化为可供人们使用和利用的工业品与生活消费品的行业。制造业表现出国家生产力的水平,也是区分发达国家与发展中国家的较为重要的标准,在发达国家经济体系中占有重要的份额。目前,制造业表现出绿色发展、智能发展和全球发展的态势。通过科学技术、自由贸易和股份制,英国开启现代制造业大门。通过两次世界大战的机会,美国超过英国,成为工业化国家。日本看重科技发展,开创新的制造业发展模式,也就是通过科技创新来推动发展。目前在多个领域,我国制造业产品的产量居世界第一位,产品已经遍布全球。在高新技术及先进制造理念的双重推动下,我国制造业出现了绿色发展、智能发展和全球发展的趋势。

中国制造业呈现出以下几个特征:

第一,中国制造业在全球制造业体系中只是扮演"打工者"角色。随着经济的快速发展,中国制造业的发展取得了巨大成就,中国制造业在全球制造业体系中占有重要地位。近年来,中国制造业已经成为世界制造业中心。全球大量的产品都是由中国生产出口的,中国成为全球最大的"世界工厂"。但是,中国虽然成为制造业大国,但并非制造业强国,目前大多数制造业企业只是充当着打工者的角色,主要承担产品的加工、包装等简单的工序,处于制造业产业的最低端。中国企业依靠廉价的劳动力加工产品,获得的利润微乎其微,相反,国外企业控制了产品的研发和设计等关键环节,获得了绝大部分的利润。例如,中国出口的手机占全球市场的80%,但是手机行业99%的利润都被美国、韩国等手机巨头赚取,中国手机行业的众多企业抢夺不足1%的利润。

第二,中国制造业自主创新能力不足,技术依赖进口。中国制造业产品大多依赖外国的技术,绝大多数的中小型企业甚至很多大型企业都没有自己的核心技术。中国出口的多数产品是技术含量低和附加值低的产品,主要是服装、纺织品、玩具及机电产品等。而中国制造业的一些关键技术和重大技术装备多是从国外引进,例如,集成芯片、工业机械装备等都依赖进口。由于自主创新能力不足、技术落后,制造业企业引进外国的技术,一方面要付出巨额的专利费,另一方面靠廉价的劳动力生产外国产权的产品。因此,中国制造出来的产品是低廉的、缺乏自主知识产权。中国距离自主创新的制造业强国还有很长的路要走。

第三,中国制造业发展呈现出粗放低效、结构不合理、污染环境的特征。近年来,环境状况持续恶化,特别是全球气候变暖,气象灾害频发等全球性问题日益突出。制造业企业将废水、废气、废物排放到环境中去,是污染最严重的行业之一。中国制造业的发展与环境不协调,呈现出增长方式粗放低效、产业结构不合理、环境污染严重的特征。

首先,制造业增长方式粗放低效。中国的自然资源和人力资源相对廉价,使得制造业的增长方式是粗放低效的。这种粗放低效的特征体现在企业为了追求经济利益和快速发展,投入了大量的人力、物力、财力,制造出来的却是附加值低、技术含量低的产品,赚取极少的利润。这种高投入、高耗能的生产方式也导致企业的生产效率低下、资源浪费,影响制造业高效、健康地发展。

其次,制造业产业结构不合理。制造业产业结构不合理的直接原因是中国制造业粗放低效的增长方式。虽然中国制造业生产的产品出口全球,在世界制造业所占的比重较大,但这些产品都是劳动密集型产业的低端制造的产品,技术含量低、附加值低,极易受劳动力成本等因素的影响。中国制造业没有自己的核心技术,高新技术、制造设备绝大部分依赖进口,使得中国的制造业只是世界制造业的加工厂。制造业缺乏技术创新客观上制约了制造业向知识、技术密集型产业的发展。

再次,制造业导致污染环境问题。近年来,中国制造业发展造成的环境问题日趋严重,"太湖蓝藻"这类事件屡见不鲜,严重影响了人类的生存环境。这主要体现在三个方面:第一,由于技术水平低,中国制造业不得不依赖发达国家,发达国家为了自身利益,将很多污染严重的化工企业,比如染料、造纸工艺等转移到中国境内,造成了环境恶化。第二,中国制造业绝大部分产值是由石油化工等污染严重的行业所创造的,这也是导致中国环境污染严重的重要因素。第三,中国制造业技术含量低,使得污染排放严重,废水、废气、废物的排放强度远远超过发达国家,成为制约制造业进一步发展的"瓶颈"。

制造业是人类社会赖以生存发展的基础性产业,其发展程度直接体现了一个国家的生产力水平,是经济社会发展的重要依托。随着世界经济一体化进程的加快,同时原材料成本上升、生产资料短缺以及环境承载力逐步减弱等困境出现,制造业从发展理念到发展模式都发生了翻天覆地的变化。制造业改变了过去仅仅依靠低廉劳动力和丰富资源的发展模式,向着技术升级、产业升级和创新驱动的方向发展。建立一套完善的制造业评价与预测体系来管理和引导制造业按照新的发展模式来运行迫在眉睫。

(二)江苏制造业的发展特征

以江苏制造业2002—2011年的数据为样本,考察江苏制造业在经济创造以及资源环境保护等方面的变动情况,可总结其总体发展的以下特点:制造业经济总量增加较为迅速,制造业就业人数平稳上升,制造业能耗强度持续下降。

1. 制造业经济总量增加较为迅速

近十年,江苏制造业仍然维持着快速增长的态势,虽然 2009 年相对2008 年增长的幅度比较小,但总体呈现增长势头。江苏是一个大省,制造业对经济社会的持续繁荣起到了至关重要的作用,对江苏经济总量的增长贡献较大。近十年,江苏制造业在经济总量上也获得了较大的增长。制造业企业利润总额作为制造业企业在生产经营过程中各项收入减除各项耗费后的盈余,是在报告期内体现盈亏总额的一个经济指标,在很大程度上反映了江苏制造业企业在利润获取实力上的一些情况。

2. 制造业就业人数平稳上升

制造业涉及产品设计、采购、制作、运输、销售等若干环节,需要众多的从业人员为之服务。制造业就业人数反映了一个地区一定时间内制造业就业的总体规模,展现了制造业的社会服务能力。从 2002 年到 2010 年,中国制造业的就业人口不断增加,2011 年以后制造业就业人口数量有所减少。制造业逐渐由劳动密集型产业转变为资本、技术密集型产业,对劳动力的需求将由以数量需求为主转向以技能和素质需求为主。当前,制造业仍然是江苏城镇就业的主要岗位来源,亦是提升就业人员综合素质的关键产业。

3. 制造业能耗强度持续下降

伴随着制造业的发展,能源消耗量亦在不断地增加,能源在制造业的发展进程中发挥了至关重要的作用。目前,江苏制造业发展耗费了大量能源,能源的缺乏已然成为对于江苏经济可持续发展的重大约束。江苏能源紧缺的形势不容乐观,因此,节能减排必须加紧实行。提升能源使用效率是政府和企业都不得不面对的问题。经过近十年的努力,江苏制造业的总体能耗强度呈现出下降的势头,制造业能耗强度在不断地减弱,主要是因为产业结构优化以及能源使用效率提升。

总体而言,近年来,江苏凭借制造业的发展,逐渐成为中国经济贸易大省,但是仍然处于中国产业链的较低端。江苏制造业要实现可持续发展,必须依据科学发展观,依赖人力资本,加强创新,提升效率,由劳动密集型向资本与技术密集型转变,从投资拉动向创新驱动转变,走出一条拥有自己特点的制造业"新型化"之路。

第二章 制造业绿色发展的理论基础

一 宏观背景与瓶颈

中国制造业在起步和高速发展之时,依靠的不是高技术或者其他因素,而是低廉的劳动力价格和资源优势,在经过一轮蓬勃发展后,中国变成了制造业大国。但是中国制造业的优势正在被东南亚等的发展中国家所替代,用张建平(2015)的观点来说,中国制造业面临着双向挤压——一方面是高科技市场上面临着发达国家这样的强劲竞争对手,另一方面,劳动密集型低端产业市场又有更低成本优势的东南亚国家、拉美国家等发展中国家,可谓两面受敌。庄志彬(2014)指出中国制造业需要摆脱以往一贯的低技术、低附加值的生产方式,重点通过生产高技术、高附加值的产品实现产业的转型升级。但是这条路必然是艰苦的。魏际刚(2015)剖析了美、日等发达国家的再工业化战略,目前的事实是先进国家掌握着大量先进工业核心技术,并通过其跨国公司轻而易举地控制着世界高端装备的生产制造,而中国的先进技术还大部分依赖进口。因此要基于国情确定发展制造业的创新重点,这给技术研发方向提供了一定启示。吕铁等（2015）认为，现在的中国制造业在要素价格和收益结构方面存在矛盾与扭曲，中国变成制造业强国的必经之路是资本的回报能反映高生产率，另外要充分发挥市场资源配置的作用，这就要求政府减少对制造业的各项隐性补贴。如今的互联网时代会给制造业带来什么样的影响？罗文（2014）的研究表明随着互联网技术的不断普及和发展，互联网行业与传统的工业行业之间的界线不再那么清晰，也就是说互联网技术的应用会引起制造业的模式等方面变革。贺正楚（2015）认为信息技术和先进制造业的结合，即"互联网＋先进制造业"的结合。同时，智能制造如何升级，也给中国制造业带来了机遇和挑战。值得注意的是，制造业面临的不仅是技术、互联网带来的机遇与挑战，影响人类生存的环境问题也随着工业化进程而愈发凸显。曹执令和杨婧（2013）选取指标对制造业细分行业进行划分，发现资本密集型行业的污染程度最高。总体来说，中国制造业存在的问题主要集中在产业结构、品牌、质量、智能化、信息化水平、环保等方面。21世纪，在人口红利的优势逐渐减弱的大环境下，中国原来所拥有的低成本优势将会渐行渐远，这也间接表明粗放型的发展方式在现在与未来都是难以持续的，必须及时转变思维，重构发展模式。

二 绿色发展概念的界定

（一）产业发展及产业竞争力

国外学者对产业竞争力的研究历时已久，并且成果丰硕。美国的学者迈克尔·波特（Michael Porter，1990）提出了著名的国家竞争优势理论，认为一个国家特定的产业竞争力主要取决于几个方面，比如生产因素、相关与支援产业、战略等。拉特利夫（Ratliff，2004）认为，不同的国家创新体系导致的不同行业的竞争力水平因技术特征而异，这是破坏趋同理论的基本前提之一。

关于产业竞争力,中国学者也从多个角度进行了探索。裴长洪(1998)将关键词划分为比较优势和绝对竞争优势,这两个要素的总和就是一个地区的产业竞争力强度。而金碚(2003)的观点是国家产业所生产的产品在国际市场的销售程度代表的生产力就是产业的竞争力。郭京福(2004)认为产业竞争力与生产要素和资源的高效配置有关,关键是要有持续产生更多财富的能力。贾若祥等(2003)认为影响产业竞争力的因素是多方面的,资源禀赋、区位条件、技术创新和政策环境等是重点。而张慧毅(2014)的观点与前述的裴长洪的结论有点类似,认为影响一个国家或者区域产业竞争力的最大因素是比较优势和竞争优势。

(二)绿色发展的探索历程

绿色发展主要体现在绿色竞争力的发展方面。绿色竞争力的概念最早出现于 20 世纪 90 年代,与产业竞争力的概念有一定的渊源。波特(1990)在其所著的书中提到,受市场信息的不对称等因素影响,严格的环保相关法律法规和不断加强的环保意识能够让企业采用环境策略背景下差异化的生产,来提高市场竞争力。他还指出,不断制定与实施严格的环境标准,会对生产技术创新产生一定增益效果,从而让资源得到更有效的利用,从而促进制造业的经济竞争力,也就是说,日渐严格的环境标准、不断发展的高新技术,会对打破环境与经济竞争力之间的对立关系产生积极效果。另外,1992 年联合国环境与发展会议的召开,让国际社会各界的学者们对经济增长与环境发展能够相互作用有了更加深入的理解。乔恩·普劳特(Jon Plaut,1998)的研究角度是区域的经济可持续性,从这一角度出发,他认为要对制造业企业采用更加严格的环境规制政策和法规。

国内对绿色竞争力进行研究是从 21 世纪开始的,很多学者也对绿色竞争力的宏观概念作出了自己的解释。洪小瑛(2002)认为,绿色竞争力的涵盖方面很丰富,有绿色生产、文化、资源、技术等,它是在这些要素的综合作用下形成的一个系统的概念。赵细康(2003)则认为应该结合地区产业的现实情况,对其经济发展的比较优势作出综合性的评价。绿色竞争力是在人们意识到长久的环境污染、能源消耗巨大将对地球生存环境带来巨大危害的背景下产生,在此前提下,绿色竞争力倡导的是改变效率低下的粗放式经济生产模式,发展经济不要以自然环境为代价,而是要与环境和谐共处,在此过程中还要注意的一点是各经济要素之间的代际公平不可违背。

三 制造业绿色发展的影响因素

学者们对制造业绿色发展的影响因素的研究比较多且涉及范围广泛,主要的方向有环境规制、技术创新能否实现制造业的绿色发展。大部分学者的研究结果承认环境规制对制造业的发展会产生一定的积极作用。殷宝庆(2012)的研究表明对高耗能行业进行环境规制的效果和反应速度没有清洁行业好,高耗能行业的环境规制在短期内会对其行业的绿色生产率产生一定不利影响,但长期来看会促进这些企业的转型升级。李蕾蕾和盛丹(2018)采用企业微观数据,用倍差法进行实证分析,结果证明地方环境立法可以提高企业平均生产率,虽然环境立法会增加企业环境成本,但企业进入市场的生产率门槛的提高,会促使低生产率企业被迫退出市场,从而逐步实现资源配置优化。

另外,环境规制对技术创新产生的效果也是学者们关注的重点。蒋伏心等(2013)采用两步广义矩方法的实证研究发现,随着环境规则加强,企业的研发投入先下降后又上升,呈现 U 型特征,且大型企业的资金、规模优势会随治理成本的增加而弱化。谭德庆等(2018)的研究发现,区域绿色创新能力会随着环境规制力度的增加而上升,且东部地区的效果更明显。而李婉红等(2013)的研究结果表明,用单一的环境规制工具去引导制造业企业的低碳技术创新几乎是不可能的,也是不现实的,应该要结合实际情况将这些规制工具进行有效的组合,才会推动效用的最大化。

当研究视角转到高新技术的应用,学者们的研究成果也有不少。克里斯特曼(Christmann,2000)认为,企业为了取得成本竞争优势,需要通过三个必要的途径,分别是产品的绿色设计、生产的绿色技术、绿色分销及运输系统,通过致力于这三方面能力或机制的完善,企业能够从成本角度开始降低其环保成本,从而产生低碳竞争优势。卡斯克等(Kask et al,2002)对制造业企业的研究结果是,无论是发展规模还是发展动力方面,技术价值较高的先进制造业行业要优于制造业整体,因此其研究结论是要重点发展高新技术制造业,从而促进制造业的可持续发展。洛蒂等(Lotti et al,2001)的研究是对 200 家制造业企业的财报数据进行详细调查,通过归纳分析发现,变革性新设备的购进会使得企业的生产率大大提高,相对其他未投入的企业更具有竞争优势,企业要注重其在这方面的付出,可以把它作为提升生产效率的重要途径。投入新设备和技术同高新技术制造业的概念有相似之处,如果可以这样归类,则洛蒂等人的研究结果与前述卡斯克等人的研究结论达成了一致。瓦格纳(Wagner,2005)认为技术是第一生产力,因此绿色技术也能够给绿色产品的生产提供强有力的保障,企业倡导环境友好并且把符合此类标准的先进技术大量引入其日常的生产过程,则能够对企业绿色竞争力的提高带来巨大的益处。同样,赵龙珠等(Yong Ju Cho et al,2008)深入挖掘了技术变革与竞争力的相互关系,分析的结论同样是技术创新的作用下制造业企业会得到良性的低碳发展。埃文斯(Evans,2011)基于产品生命周期循环理念,认为企业绿色研发能力对企业至关重要,此外为了保持企业的竞争优势,企业必须关注技术的生命周期,不断开发新技术,从而能够长期提高企业的绿色竞争力水平。

实现制造业的绿色发展,不仅要考虑到环境规制和技术创新,产业链上各个环节的互动也非常重要。刘志彪(2006)认为中国制造业的产业结构调整与升级,不能局限在制造业本身,要积极联系高端生产者服务业,发展和优化高端制造业的制度环境,从源头建立各种鼓励企业长期行为的制度,以生产者服务业的发展来带动先进制造业的发展。生产性服务业对制造业产生的积极效果体现在多方面,顾乃华等(2006)的研究发现,发展生产性服务业有利于制造业提升技术创新能力、实现转型升级。张媛媛(2018)通过灰色关联分析研究发现,科技服务业与高端技术制造业的关联最强,同时,科技服务业对整体制造业的支撑作用在不断增强,综合技术服务业对整体制造业的拉动作用也在逐渐增大,因此需要提高科技服务业对制造业尤其是高端技术制造业的支撑和拉动作用。

四 绿色发展体系研究述评

(一)环境与经济核算的关系与发展历程

经济与绿色、可持续发展的话题在国际上由来已久。环境库兹涅茨曲线(Environmental Kuznets Curve,EKC)假说在 20 世纪 50 年代被提出,即环境污染与经济增长之间的关系呈倒 U 形。近些年国内学者们也用中国的数据对这个假说进行了验证,如彭水军和包群(2006)对中国经济增长与 6 类环境污染指标之间的关系进行实证检验,发现 EKC 假说的成立与否取决于污染指标和估计方法的选取。学者们的研究角度不同,但可以肯定的是环境污染问题确实对经济的发展产生影响。因此我们不可忽略在高速的经济发展中的环境问题,如何将环境因素纳入国家的经济核算也成为一项有意义且具有挑战性的课题。

为了将环境因素纳入经济核算中考虑,20 世纪后期联合国统计司联合环境规划署等组织开展综合环境与经济核算体系(System of Integrated Environmental and Economic Accounting,SEEA)研究,并于 1993 年出版了初稿,直至现在 SEEA 还在不断修订与完善中,且欧盟一些发达国家已经按照该体系的核算方式进行核算。在中国,1998 年夏昊和杨晓提出了工业生态总值的概念,即经济活动对生态和社会的负面影响部分所产生的支出应该考虑进工业增加值的计算中。有关环境核算体系的建立成为国内学者们的关注点,朱婧等(2012)认为环境治理方面迫切要解决的问题有建立健全与绿色经济核算相关的法规制度、实施绿色国内生产总值(Gross Domestic Product,GDP)考核制度;管鹤卿(2016)等在分析国际综合环境经济核算经验的基础上,对类似体系在中国的最新研究和实践进展进行了比较详细的梳理,并呼吁中国2030年前建立与国际接轨的完善的综合环境经济核算制度。学界在国内综合环境核算体系的构建与具体应用方面也有不少初步成果。周龙(2010)比照国外一些国家相关核算的运用方式,构建了中国的资源环境经济综合核算体系,并以上海为例进行分析,通过分析发现中国有关环境信息披露不足且不够详细,建立绿色GDP任重道远。向书坚和郑瑞坤(2013)构建了包括绿色生产指数、绿色消费指数与生态健康指数在内的中国绿色经济发展指数,研究结果显示中国绿色经济发展仍在较低水平。郑瑞坤(2015)则认为国际上的SEEA体系的建立不能对当前的绿色增长成果进行较好测算。杨雪星(2016)从多角度总结了绿色经济竞争力的内涵,构建了绿色竞争力的理论体系,并对中国各省(直辖市、自治区)进行了竞争力评价排名。

(二)绿色发展指标体系研究述评

传统的产业发展体系的研究起步较早,大部分研究的重点仍放在经济绩效上。巴克利(Buckley,1988)对竞争力体系的研究主要着重于三个方面,包括产业绩效子指标体系、竞争潜力子指标体系、竞争过程子指标体系。古斯塔夫森等(Gustavsson et al,1999)则从技术、资源、要素价格和规模经济这四个角度构建了国际竞争力评价指标体系。人见胜人(Hitomi,2003)的产业竞争力评价指标体系是从收益率、效率指数、相对生产率等方面考虑的。

关于制造业绿色发展评价指标的选择和体系的构建,国内外学者们有不同的见解。格里尔里和梅利西尼(Guerrieri and Meliciani,2005)认为一个国家的服务经济想具有强竞争力,需要其制造业的良好结构。马丁斯等(Martins et al,2007)的研究认为评价制造业时用小型、可量化指标更合适。李廉水等(2005)对"新型制造业"进行了概念的界定,认为新型制造业要以人的发展作为出发点和落脚点,关注生态的平衡和环境的和谐;在后续研究中,他们将指标划分为经济创造、科技创新和资源环境保护能力指标三类,运用灰色关联投影法综合评价模型,分别从横向和纵向评价了中国东、中、西部地区制造业连续八个年度的综合发展能力。2015年,李廉水等对制造业"新型化"重新进行界定,在之前指标体系的基础上细分和增添到五类指标,分别是经济、科技、能源、环境和社会服务指标,通过对中国各个省份、区域进行比较,发现各地区制造业发展水平差异较大,以江浙沪为代表的东部地区表现较好。其他的指标构建研究还有李平等(2010)构建的体系,包括总量、技术、结构和能源环境指标等。

（三）绿色发展方法分析述评

灰色关联分析(Grey Relational Analysis,GRA)是简单、系统,且逻辑的方法,它能引导决策者考虑若干选择属性及其相互关系、作出好的决策,且可以运用在各个领域。近几年,该方法在制造业方面的具体应用,主要集中在制造业的科技投入和绿色发展评价。戈亚尔和格罗弗(Goyal and Grover,2012)使用模糊灰关联分析(Fuzzy Grey Relational Analysis,FGRA),对先进制造系统(Advanced Manufacturing System,AMS)的替代品进行排名,促使管理者选择合适的 AMS,为制造业提供更高效、集中的生产和盈利能力。拉奥和辛格(Rao and Singh,2016)运用三个实例,通过和其他方法的比对,证实改进的灰色关联分析在解决制造环境的确定性决策问题方面具有优势。武春友等(2017)通过对比分析国内外较具代表性的绿色增长评价指标体系,用灰色关联理论构建了区域绿色增长系统的评价模型。李强(2018)基于长江经济带 11 个省

(市)2000至2015年省级数据,对长江经济带产业结构与碳排放强度进行灰色关联分析,对不同产业与不同地区进行了排序,结果表明第三产业对长江经济带各地区碳排放强度的影响最大,第一产业影响最小;长江上游和下游地区中第三产业与碳排放强度关联性最强。杰杨特和格里(Jayant and Giri,2018)认为绿色制造是一种通过产品和工艺设计来使浪费和污染最小化的制造方法,目的是可持续性。有三个多准则决策技术,多准则妥协解排序法(VIKOR)、逼近理想排序法(TOPSIS)、GRA都用于促进决策的绿色全球制造战略的选择。杰杨特和格里提出的模型通过最大化目标来确定最合适的绿色全球制造策略替代方案,分析结果认为GRA是三者中最佳的促进选择绿色全球制造战略的决策。

通过对绿色经济、制造业绿色竞争力体系的构建的文献梳理可以发现,学者们的研究侧重宏观层面的测算和横向的区域间比较,且部分文献的指标权重处理比较主观。因此在处理数据时,可以采用客观衡量每一个指标权重的最大离差化方法对指标的权重进行分配。在选择数据时,可以着眼于具体区域内的纵向数据或者进行细分行业的研究,从而更全面、细致地评价制造业的绿色竞争力。

第三章　制造业能源消耗指数改变点分析

由于高耗能的粗放型发展模式,中国成为制造业大国的同时变成了能源消费第一大国,制造业消耗的能源占国家消耗总量一半以上。能源紧缺、效率低下制约着中国从制造业大国向强国迈进的步伐。在新型工业化背景下,建设制造业强国的着力点在于可持续发展。因此,分析中国能源形势,评价能源消耗状况并提出相应政策建议,具现实意义。

一　国内外研究现状

国内外学者对能源消耗问题研究的侧重点之一是探究能源消耗与经济发展的关系。李(Lee,2007)则通过面板协整分析模型和最小二乘估计法证明能源消耗与 GDP 之间有单向因果关系。刘金平等(2015)用计量经济学方法对制造业数据进行分析,发现经济增长与能源消耗保持长期协整关系。

能源消费结构、能源效率、消耗强度等也是学者们的关注点。尹艳冰等(2014)的研究表明技术创新是降低制造业能源消耗的最有效途径。肖德和魏文婉(2015)的研究也得出类似结论。马珩(2015)通过多元线性回归模型,证明制造业高级化能促进区域能源强度下降。而李翠等

（2018）认为制造业升级与能源消费结构之间有显著双重门槛效应。袁宝龙（2018）通过构建扩展的概念数据模型发现环境规制能够促进制造业能源绩效的提高。

总之，制造业的能源消耗问题关系到经济、社会各方面，国内外学者们的研究得出了不少有理论价值和实用价值的结论和建议。但通过文献资料可看出，对制造业能源消耗指数的研究相对较少。因此，本书采用离差最大化方法测算中国制造业能源消耗指数、通过灰色关联算法得出改变点，探究中国制造业的能源消耗情况，这不仅具现实意义，也有理论价值。

二 方法介绍

（一）离差最大化

1. 离差最大化评价思想综述

早在 1998 年，王应明就将离差最大化的方法应用在多指标决策与排序中，其思想是使各对象之间的距离达到最大。此后，离差最大化被一些学者当成一种评价方法运用到很多科学领域中，以期能达到良好的评价效果。目前，将离差最大化思想作为评价方法的研究包括理论方面和应用方面。理论方面是指改进和创新目前已有的基于离差最大化思想的评价方法，应用方面是指将离差最大化的评价方法应用到各个决策领域。

（1）理论方面

在一些文献的基础上，有学者提出离差、方差决策方法和方差最大化方法，或者把离差最大化方法推广到区间。此外，还有一些学者在模型的优化、客观赋权法上用到离差最大化的思想，但是很少有人将离差最大化的思想用到组合评价中，只有陈华友（2004）在离差最大化理论的基础上，提出了把一种将反映主观意愿和客观信息的主客观赋权法的权重进行组合,并通过最优规划模型来确定组合权重的组合赋权方法。

(2) 应用方面

应用方面的研究主要是通过离差最大化的方法建立算法和模型,并应用到各学科领域中。比如有文献把离差最大化思想用在导弹防御系统实施拦截的首要前提诱饵与真弹头的威胁度评估问题上。也有文献在灰色综合隶属度评价方法基础上,按照离差最大化原理,提出了一种品种区域试验的新的确定权重的方法,并应用在国家黄淮南片小麦冬水组区域试验上。另外还有人将其用在生态系统综合评价上、电力通信传输网传输部分的综合评估上等。

2. 离差最大化方法的介绍

制造业的能源消耗评价是一个多指标决策问题。在多指标决策问题中,权重分配影响着指标评价的合理性。离差最大化的方法能够客观地确定各项指标权重且可操作性强,目前很多研究利用离差最大化的方法确定指标的权重。通常,指标分为"成本型""效益型""区间型"和"固定型"四类。本书指标仅涉及成本型指标,成本型指标是属性值越小越好的指标。

设多指标决策的方案集 $A = \{A_1, A_2, \cdots, A_n\}$,指标集 $G = \{G_1, G_2, \cdots, G_m\}$,$A_i$ 方案对 G_j 指标的指标值为 y_{ij}($i = 1, 2, \cdots, n; j = 1, 2, \cdots, m$),$A$ 方案集对 G 指标集的"属性矩阵",即"决策矩阵",为 $Y = (y_{ij})_{n \times m}$ 矩阵。

不同评价指标的量纲及量纲单位一般不相同,为了消除这种不同带来的不可比较性,我们需要对评价指标进行无量纲化处理。因为本书只涉及成本型指标,所以这里只介绍此类指标的无量纲化处理方法。针对成本型指标,我们对指标值作如下处理:

$$Z_{ij} = \frac{y^{\max} - y_{ij}}{y^{\max} - y^{\min}} \quad i = 1, 2, \cdots, n; j = 1, 2, \cdots, m. \quad (3.1)$$

得到决策矩阵 $Z = (Z_{ij})_{n \times m}$,且 Z_{ij} 总是越大越好。设评价指标的加

权向量为 $w=\{w_1,w_2,\cdots,w_m\}^T$，构造规范化加权决策矩阵，用简单加性加权法计算后，得到决策方案 A_i 的多指标综合评价值：

$$D_i(w)=\sum_{j=1}^{m}z_{ij}w_j \quad i=1,2,\cdots,n. \tag{3.2}$$

$D_i(w)$ 越大表明 A_i 方案越好。

根据某一指标 G_j 对决策方案 A_i 的最终评价值影响大小，可确定 G_j 取得的权重大小。对 G_j 指标而言，A_i 方案与其他决策方案的离差为 $v_{ij}(w)$。

设 $v_j(w)=\sum_{i=1}^{n}v_{ij}(w)=\sum_{i=1}^{n}\sum_{k=1}^{n}\mid z_{ij}-z_{kj}\mid w_j \quad j=1,2,\cdots,m.$

$$\tag{3.3}$$

$v_j(w)$ 表示在指标下的所有决策方案与其他决策方案的离差和。根据以上分析，加权向量的选择应能够使所有指标对所有的决策方案的离差和取得最大值，因此，构造目标函数如下，求加权向量 w 的问题即求如下非线性规划问题：

$$\max F(W)=\sum_{j=1}^{m}v_j(W)=\sum_{j=1}^{m}\sum_{i=1}^{n}\sum_{k=1}^{n}\mid z_{ij}-z_{kj}\mid W_j \tag{3.4}$$

于是，求加权向量 w 的问题等价于求如下非线性规划问题：

$$\begin{cases} \max F(W)=\sum_{j=1}^{m}v_j(W)=\sum_{j=1}^{m}\sum_{i=1}^{n}\sum_{k=1}^{n}\mid z_{ij}-z_{kj}\mid W_j \\ s.t. \quad \sum_{j=1}^{m}w_j^2=1 \end{cases} \tag{3.5}$$

求最优解得：

$$w_j^*=\frac{\sum_{i=1}^{n}\sum_{k=1}^{n}\mid z_{ij}-z_{kj}\mid}{\sqrt{\sum_{j=1}^{m}(\sum_{i=1}^{n}\sum_{k=1}^{n}\mid z_{ij}-z_{kj}\mid)^2}} \quad j=1,2,\cdots,m. \tag{3.6}$$

理论恒可证明: $w^* = (w_1^*, w_2^*, \cdots, w_m^*)^T$ 是目标函数 $F(W)$ 唯一的极大值点。对得到的单位权向量 w^* 作归一化处理,得:

$$\widetilde{W}_j^* = w_j^* / \sum_{j=1}^m w_j^* \tag{3.7}$$

公式 3.7 等同于:

$$w_j^* = \frac{\sum_{i=1}^n \sum_{k=1}^n |z_{ij} - z_{kj}|}{\sum_{j=1}^m \sum_{i=1}^n \sum_{k=1}^n |z_{ij} - z_{kj}|} \quad j = 1, 2, \cdots, m. \tag{3.8}$$

(二) 改变点的灰色关联度算法

设 $X_0 = (x_0(1), x_0(2), \cdots, x_0(n))$ 为系统特征序列, $X_i = (x_0(1), x_0(2), \cdots, x_0(n))$, $i = 1, 2, 3, \cdots, m$ 为相关因素序列。设系统行为序列 $X_i = (x_0(1), x_0(2), \cdots, x_0(n))$, $i = 1, 2, 3, \cdots, m$ 为相应固定序列。对于 $\varepsilon \in (0, 1)$, 令

$$\gamma(x_0(k), x_i(k)) =$$

$$\frac{\min\limits_i \min\limits_k |x_0(k) - x_i(k)| + \xi \min\limits_i \min\limits_k |x_0(k) - x_i(k)|}{|x_0(k) - x_i(k)| + \xi \min\limits_i \min\limits_k |x_0(k) - x_i(k)|} \tag{3.9}$$

$$\gamma(X_0, X_i) = \frac{1}{n} \sum_{k=1}^n \gamma(x_0(k), x_i(k)) \tag{3.10}$$

$\varepsilon \in (0, 1)$ 称为分辨系数, $\gamma(X_0, X_i)$ 称为 X_0 与 $X_i (i = 1, 2, \cdots, m)$ 的灰色关联度。

确定改变点的灰色关联度搜索算法步骤如下:

首先从时间序列 $X = (x_0(1), x_0(2)), \cdots, x_0(n)), n \geqslant 10$ 的前半列(或后半列)中选取 $X_0(x(1), x(2), \cdots x(T))$, $5 \leqslant T_s \leqslant T \leqslant T_\varepsilon \leqslant [n/2]$ 作为参考序列,其中 $T_s \leqslant T_\varepsilon$, 且 T_s、T 和 T_ε 都为整数。构建的比较序列:

$$X_i = \{x(T+i), x(T+i+1), \cdots, x(T+i+T-1),$$

$$i = 1, 2, \cdots, n - 2T + 1\} \tag{3.11}$$

然后分别计算 X_0 和 $X_1, X_2, \cdots, X_{n-2T+1}$ 的关联度 $r_1(T), r_2(T), \cdots,$ $r_{n-2T+1}(T)$，求这些关联度的算术平均值 $r(T) = \dfrac{1}{n-2T+1} \sum\limits_{i=1}^{n-2T+1} r_i(T)$，称 $r(T), 5 \leqslant T_s \leqslant T \leqslant T_{\varepsilon} \leqslant [n/2]$ 为 T—整体关联度。

最后确定改变点。令

$$\eta(T) = \left| \frac{r(T+1) - r(T)}{r(T)} \right| \times 100,$$

$$T = (T_s, T_{s+1}, \cdots, T_{\varepsilon} - 1), \eta(T_{\varepsilon}) = 0 \tag{3.12}$$

$\eta(T), 5 \leqslant T_s \leqslant T \leqslant T_{\varepsilon} \leqslant [n/2]$ 称为相对 T—整体关联度。

令 $\eta(T^*) = \max\{\eta(T) \mid T = T_s, T_{s+1}, \cdots, T_{\varepsilon}\}$，相对于 T—整体关联度中的最大值 T * 即时间序列 $X = (x(1), x(2), \cdots, x(n))$ 的改变点。

如果改变点出现在时间序列 $S = (s(1), s(2), \cdots, s(n))$ 的后半部分，则作如下变化：$s(k) = s(n-k+1), k = 1, 2, \cdots, n$。

三 数据来源及处理

本书中1994—2015 年制造业能源消耗与销售产值的数据来源于《中国统计年鉴》《中国能源统计年鉴》和《中国工业统计年鉴》。1994 年以后，中国制造业的细分行业类目基本稳定，因此本书采用的数据从 1994 年开始。本书以制造业单位产值能源消耗的数据为样本，用离差最大化方法分析中国制造业的能源消耗趋势。已知 22 个决策方案 $A = \{1994, 1995 \cdots \cdots 2015\}$，即 $n = 22$，指标集 $G = \{G_1, G_2 \cdots \cdots G_{10}\}$，即 $m = 10$。其中，G_1：单位产值能源消耗量，G_2：单位产值煤炭消耗量，G_3：单位产值焦炭消耗量 G_4：单位产值原油消耗量，G_5：单位产值汽油消耗量，G_6：单位产值煤油消耗量，G_7：单位产值柴油消耗量，G_8：单位产值燃料油消耗量，G_9：单位产值天然气消耗量，G_{10}：单位产值电力消耗量。以上 10 项指标

均为成本型指标。按照前述公式可求得各指标权重如下:

$$w = (0.094\ 2, 0.091\ 4, 0.100\ 0, 0.104\ 4, 0.094\ 7, 0.107\ 3,$$
$$0.117\ 9, 0.094\ 0, 0.097\ 4, 0.098\ 6)T$$

根据权重,计算出多指标综合评价值 $D_i(w)$,即制造业总体及细分行业的能源消耗指数,具体见表 3-1 和表 3-2。

为了简化,我们使用一系列代码名称来表示制造业的子行业。H1:农副食品加工业,H2:食品制造业,H3:饮料制造业,H4:烟草加工业,H5:纺织业,H6:纺织服装、服饰业,H7:皮革、毛皮、羽绒及其制品业,H8:木材加工及竹、藤、棕、草制品业,H9:家具制造业,H10:造纸和纸制品业,H11:印刷和记录媒体复制业,H12:文教、工美、体育和娱乐用品制造业,H13:石油加工及炼焦业,H14:化学原料及化学制品制造业,H15:医药制造业,H16:化学纤维制造业,H17:橡胶和塑料制品业,H18:非金属矿物制品业,H19:黑色金属冶炼及压延加工业,H20:有色金属冶炼及压延加工业,H21:金属制品业,H22:通用设备制造业,H23:专用设备制造业,H24:交通运输设备制造业,H25:电气机械及器材制造业,H26:计算机、通信和其他电子设备制造业,H27:仪器仪表制造业。

表 3-1 1994—2015 年制造业总体能源消耗指数

年份	制造业能源消耗指数
1994	0.942 8
1995	0.844 9
1996	0.824 7
1997	0.722 0
1998	0.745 5
1999	0.702 3
2000	0.593 4
2001	0.523 8
2002	0.465 6

年份	制造业能源消耗指数
2003	0. 374 8
2004	0. 272 6
2005	0. 226 2
2006	0. 182 4
2007	0. 131 4
2008	0. 093 4
2009	0. 076 3
2010	0. 046 2
2011	0. 026 7
2012	0. 020 0
2013	0. 020 4
2014	0. 014 5
2015	0. 009 2

表 3 - 2 1994—2015 年制造业细分行业能源消耗指数

年份	H1	H2	H3	H4	H5	H6	H7	H8	H9
1994	0. 820 3	0. 751 5	0. 704 1	0. 480 1	0. 641 7	0. 605 1	0. 550 2	0. 624 1	0. 627 2
1995	0. 844 1	0. 757 9	0. 731 5	0. 618 5	0. 708 7	0. 562 7	0. 584 7	0. 608 8	0. 487 4
1996	0. 834 7	0. 564 4	0. 498 3	0. 606 8	0. 667 8	0. 612 0	0. 268 9	0. 492 4	0. 498 8
1997	0. 654 9	0. 561 9	0. 380 5	0. 475 3	0. 585 1	0. 605 9	0. 247 6	0. 351 8	0. 543 1
1998	0. 701 7	0. 557 0	0. 380 4	0. 569 5	0. 783 7	0. 581 3	0. 366 7	0. 471 2	0. 455 2
1999	0. 572 5	0. 578 4	0. 401 3	0. 666 3	0. 641 2	0. 641 7	0. 413 2	0. 351 5	0. 355 8
2000	0. 541 9	0. 483 1	0. 371 7	0. 618 0	0. 548 2	0. 547 0	0. 316 4	0. 291 5	0. 283 1
2001	0. 457 4	0. 416 2	0. 447 2	0. 507 5	0. 497 3	0. 494 4	0. 269 3	0. 273 0	0. 257 0
2002	0. 379 3	0. 361 1	0. 334 1	0. 397 1	0. 455 3	0. 468 4	0. 217 1	0. 231 2	0. 209 5
2003	0. 272 5	0. 266 7	0. 294 5	0. 363 2	0. 355 8	0. 416 4	0. 194 0	0. 251 6	0. 113 9
2004	0. 170 5	0. 322 1	0. 442 1	0. 298 3	0. 300 2	0. 441 5	0. 356 9	0. 427 2	0. 235 0
2005	0. 153 2	0. 253 9	0. 369 7	0. 270 5	0. 216 5	0. 362 7	0. 299 8	0. 430 1	0. 197 0

年份	H1	H2	H3	H4	H5	H6	H7	H8	H9
2006	0.120 1	0.198 8	0.297 8	0.229 5	0.199 8	0.292 3	0.263 0	0.338 1	0.141 4
2007	0.084 6	0.155 5	0.229 1	0.186 6	0.154 2	0.226 9	0.226 2	0.255 6	0.105 6
2008	0.067 2	0.147 7	0.210 5	0.181 9	0.123 0	0.217 4	0.214 9	0.231 9	0.161 4
2009	0.052 7	0.115 6	0.165 9	0.143 1	0.089 7	0.161 0	0.190 4	0.254 9	0.132 4
2010	0.040 5	0.097 9	0.123 7	0.122 1	0.055 8	0.144 4	0.105 4	0.169 8	0.088 7
2011	0.023 0	0.083 4	0.102 1	0.118 4	0.028 1	0.142 6	0.124 7	0.140 2	0.081 0
2012	0.013 0	0.094 5	0.106 2	0.142 1	0.026 2	0.106 4	0.168 5	0.108 5	0.090 7
2013	0.016 6	0.094 2	0.111 1	0.124 5	0.021 3	0.106 4	0.169 3	0.096 1	0.084 8
2014	0.013 0	0.091 1	0.121 2	0.109 7	0.008 0	0.103 7	0.133 9	0.115 8	0.101 7
2015	0.058 6	0.093 1	0.124 5	0.093 1	0.013 8	0.088 7	0.134 6	0.104 8	0.128 9

年份	H10	H11	H12	H13	H14	H15	H16	H17	H18
1994	0.798 7	0.678 6	0.448 1	0.707 9	0.994 5	0.873 2	0.850 9	0.812 2	0.736 4
1995	0.674 1	0.612 8	0.393 6	0.767 4	0.765 9	0.803 5	0.665 3	0.702 0	0.797 5
1996	0.580 9	0.506 6	0.514 7	0.573 0	0.822 3	0.775 7	0.700 2	0.638 6	0.720 3
1997	0.520 8	0.422 7	0.429 4	0.660 5	0.691 0	0.510 8	0.680 1	0.558 9	0.629 5
1998	0.573 2	0.535 3	0.583 3	0.721 9	0.666 5	0.399 7	0.830 7	0.720 7	0.757 9
1999	0.562 2	0.615 4	0.613 2	0.692 5	0.599 2	0.456 1	0.637 7	0.587 1	0.692 4
2000	0.483 6	0.568 8	0.545 3	0.405 5	0.524 6	0.380 7	0.534 6	0.535 2	0.650 1
2001	0.421 7	0.508 5	0.560 0	0.442 3	0.468 0	0.342 4	0.665 7	0.483 8	0.568 1
2002	0.384 9	0.425 3	0.505 9	0.445 6	0.436 6	0.311 7	0.598 5	0.384 0	0.506 5
2003	0.311 1	0.358 9	0.343 5	0.376 7	0.354 8	0.244 6	0.480 5	0.333 0	0.405 9
2004	0.225 4	0.298 4	0.341 0	0.253 7	0.235 9	0.273 6	0.265 3	0.308 4	0.370 9
2005	0.186 1	0.226 2	0.292 7	0.141 9	0.197 9	0.222 7	0.199 8	0.283 2	0.336 1
2006	0.154 5	0.199 0	0.241 9	0.110 3	0.158 4	0.183 0	0.158 4	0.221 2	0.260 7
2007	0.113 0	0.165 4	0.228 5	0.092 4	0.118 2	0.145 6	0.124 4	0.159 5	0.193 5
2008	0.102 5	0.190 6	0.204 6	0.055 0	0.085 8	0.147 5	0.101 0	0.139 1	0.159 3
2009	0.080 2	0.167 5	0.191 1	0.080 1	0.069 2	0.116 5	0.071 1	0.091 8	0.116 7
2010	0.050 3	0.161 0	0.184 6	0.044 9	0.039 8	0.107 2	0.034 1	0.070 2	0.067 1

年份	H10	H11	H12	H13	H14	H15	H16	H17	H18
2011	0.039 5	0.126 4	0.152 0	0.027 9	0.023 0	0.075 2	0.013 6	0.030 3	0.156 8
2012	0.048 9	0.108 0	0.110 7	0.032 6	0.010 4	0.076 8	0.008 5	0.026 4	0.065 5
2013	0.065 2	0.110 2	0.111 0	0.050 5	0.015 6	0.070 7	0.014 6	0.019 8	0.053 8
2014	0.059 0	0.122 4	0.119 6	0.053 5	0.014 5	0.057 1	0.013 2	0.015 9	0.047 5
2015	0.084 0	0.115 2	0.104 6	0.092 5	0.014 4	0.051 4	0.015 4	0.011 7	0.034 1

年份	H19	H20	H21	H22	H23	H24	H25	H26	H27
1994	0.838 5	0.906 8	0.871 4	0.963 2	0.912 3	0.848 9	0.967 4	0.912 0	0.605 5
1995	0.806 2	0.587 8	0.807 7	0.733 8	0.774 8	0.807 0	0.725 3	0.582 9	0.685 7
1996	0.807 3	0.674 6	0.747 2	0.733 6	0.699 9	0.649 8	0.711 5	0.665 4	0.448 3
1997	0.748 3	0.706 0	0.612 2	0.657 7	0.508 3	0.605 3	0.664 3	0.545 5	0.322 7
1998	0.779 6	0.609 4	0.579 5	0.583 6	0.611 3	0.682 4	0.556 6	0.555 2	0.426 1
1999	0.697 4	0.500 1	0.590 6	0.518 3	0.571 5	0.578 8	0.453 7	0.471 1	0.465 9
2000	0.576 4	0.418 5	0.519 8	0.433 3	0.496 4	0.507 4	0.345 9	0.347 9	0.343 2
2001	0.498 4	0.392 5	0.501 2	0.360 6	0.431 4	0.452 9	0.294 7	0.317 0	0.359 2
2002	0.480 3	0.389 7	0.489 4	0.323 0	0.357 9	0.314 6	0.303 9	0.305 7	0.339 3
2003	0.315 2	0.343 3	0.446 8	0.297 0	0.292 4	0.233 8	0.289 4	0.230 3	0.275 2
2004	0.170 3	0.265 3	0.342 0	0.238 7	0.247 0	0.282 7	0.232 3	0.165 7	0.172 2
2005	0.163 1	0.220 4	0.271 0	0.182 8	0.204 5	0.284 5	0.193 3	0.144 6	0.146 7
2006	0.150 7	0.117 8	0.212 8	0.146 3	0.146 6	0.214 2	0.138 9	0.125 2	0.121 6
2007	0.101 7	0.078 4	0.146 0	0.103 0	0.104 2	0.156 1	0.099 5	0.110 8	0.106 5
2008	0.052 8	0.068 3	0.127 2	0.076 9	0.078 5	0.193 5	0.091 2	0.110 7	0.146 8
2009	0.075 7	0.075 7	0.118 2	0.065 6	0.055 6	0.141 0	0.077 8	0.101 9	0.181 8
2010	0.043 6	0.053 0	0.104 1	0.045 5	0.044 9	0.099 6	0.061 4	0.079 9	0.181 8
2011	0.026 7	0.043 5	0.068 4	0.039 0	0.022 4	0.111 6	0.036 5	0.035 4	0.114 2
2012	0.020 9	0.085 0	0.059 8	0.031 7	0.009 9	0.135 9	0.028 5	0.025 3	0.142 5
2013	0.032 4	0.093 0	0.092 3	0.018 0	0.014 4	0.132 3	0.025 7	0.033 0	0.146 2
2014	0.044 0	0.107 2	0.090 8	0.011 3	0.013 4	0.118 4	0.010 4	0.032 3	0.129 5
2015	0.065 3	0.118 1	0.095 1	0.011 4	0.002 9	0.087 3	0.003 3	0.032 8	0.136 9

四　中国制造业能源消耗指数改变点的选择及能源消耗指数分析

（一）制造业整体能源消耗指数改变点的选择

图 3-1 是根据表 3-1 数据画出的1994—2015 年中国制造业能源消耗指数趋势图。

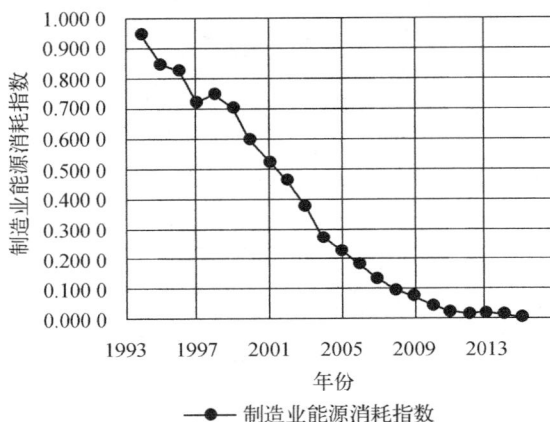

图 3-1　1994—2015 年制造业能源消耗指数趋势图

利用表 3-1 数据，采用灰色关联算法，可确定中国制造业能源消耗指数数据列的改变点。

表 3-3　制造业能源消耗指数相对 T—整体关联度数值（1）

T	解剖时间序列	η（T）	T∗	改变点
5	1999—2015/1994—1998	8.495 3		
6	2000—2015/1994—1999	6.694 3		
7	2001—2015/1994—2000	8.861 2	7	2000
8	2002—2015/1994—2001	0.041 0		
9	2003—2015/1994—2002	8.285 0		
10	2004—2014/1985—2003	0.000 0		

表 3-4 制造业能源消耗指数相对 T—整体关联度数值(2)

T	解剖时间序列	$\eta(T)$	T*	改变点
5	1994—2010/2011—2015	0.827 3		
6	1994—2009/2010—2015	2.087 5		
7	1994—2008/2009—2015	2.511 4	8	2008
8	1994—2007/2008—2015	4.680 2		
9	1994—2006/2007—2015	3.722 7		
10	1994—2005/2006—2015	0.000 0		

表 3-3 和表 3-4 是利用灰色关联算法得出的中国制造业能源消耗指数的相对 T—整体关联度的数值结果,最大值点为第 7 个点,即该时间序列的改变点为 2000 年。第二个改变点见表 3-4,最大值点为第 8 个点,因为该改变点位于数列的后半部分,我们从后半列选取参考序列,所以该时间序列的改变点为 2008 年。由此,图 3-1 的时间序列可分成三部分,即1994—2000 年,2001—2008 年,2009—2015 年。

从图 3-1 可看出,1994—2015 年间中国制造业能源消耗指数整体呈现下降趋势。2000 年之前,指数趋势经历了两次波动。2001 年后,能源消耗指数呈明显下降趋势,该阶段的指数从0.5下降至0.1左右。2009 年后制造业能源消耗指数在0.1以下,下降的空间较小,降速度变缓。因此,选取 2000 年和 2008 年作为制造业能源消耗指数改变点是合理的。

(二)制造业整体能源消耗指数趋势与改变点分析

1994—2000 年间,中国政府出台了一系列能源政策来应对制造业粗放发展模式所带来的逐年攀升的巨大能源消耗问题,这些政策涉及方面广、较之前更细化,且重点从注重数量转变为注重效益方面。随着 1994 年《资源税暂行条例》《矿产资源补偿费征收管理规定》等相继施行,制造业企业能源成本攀升,降低单位产量的能源消耗势在必行。除了向企业征收相关资源税费,政府还颁布了相关法律法规。比如,《中华人民共和国煤炭法》(1996)规范人们对煤炭的利用行为;再如《中华人民共和国节约能源法》,于 1998 年开始施行,对控制能源利用、相关法律责任、节能管理等作出了一些规定;《中华人民共和国矿产资源法实施细则》(1994)、《中华人民共和国电力法》(1995)、《电力供应与使用条例》(1996)等也相继发布。另外,1999 年国家计委、科技部发布了关于支持可再生能源发展问题的通知,经贸委发布了第二批淘汰落后生产能力、工艺和产品的目录。这些政策一定程度上促进了能源结构的优化,降低了制造业单位产值能源消耗。1994—2000 年间中国制造业能源消耗指数的数值变化存在波动,但一系列能源利用政策的发布与实施开始引导能源消耗向高效用、重环保方向发展。

21 世纪初,全球经济快速增长,原油需求大增,国际油价随之高速增长。中国作为发展中的巨大经济体,国内电力供应紧张,原油进口量加大,能源压力激增。应对能源压力与经济增长的矛盾,中国政府在原有能源政策基础上又颁布和修订了大量有关控制能源消耗、节约能源的文件,加强对能源消费的控制。一方面,此期间发布的政策严格了相关行业规范,引导企业降低对不可再生能源的消耗。例如,2003 年公布了108 项石油天然气行业标准、19 项石油化工行业标准、发电厂并网运行管理的意见等;2003 年 9 月开始施行的《中华人民共和国环境影响评价法》有效预防和缓解了制造业重污染项目对环境的伤害;2004 年关于开展资源节约活动的通知,提出要"走资源消耗低、环境污染少、经济效益好的新型工业化道路",鼓励用先进技术改造传统产业,强化高耗能行业电力负荷管理的同时节约用电;《节能中长期专项规划》中明确了分阶段的节能目标,以及重点节能领域。这些政策的重点从控制能源消耗转向促进能源合理消耗,督促了制造业企业提高其自身的能源利用效率,有利于制造业企业进一步节约能源资源。另一方面,政府鼓励开发和消费可再生能源。从 2003 年至 2005 年,中国政府发布了一系列支持风电行业建设的通知,比如,风电场预可行性研究报告编制办法、测风项目管理及有关要求的通知等。2005 年《中华人民共和国可再生能源法》诞生,旨在推动可再生能源的开发利用,为能源供应的增加提供渠道,从而保障能源安全,实现可持续发展。2001 年至 2008 年是中国深化能源体制改革的阶段,能源的宏观调控体系在不断完善。在此期间中国的制造业在政策和市场的监督下逐渐改变粗放的资源消耗方式,一边节能、一边开源,制造业总体能源消耗指数一直保持下滑态势且下滑幅度相较之前年份更为明显,说明在此期间中国相关节能政策的实施有效改善了中国能源消耗状况,降低制造业企业能源成本的同时,也让制造业企业走上了可持续的绿色发展道路。

1994—2008 年是中国能源相关法律法规、政策集中发布、实施的阶段;2009 年后,中国进入能源体系的逐渐完善阶段。政府根据新时期出现的新问题,对之前的法律、政策进行修订,2009 年《中华人民共和国循环经济促进法》也开始施行。同时,"十一五"(2006—2010 年)规划、"十二五"(2011—2015 年)规划也进一步约束了制造业的单位产值能源消耗的增长。经济社会的可持续发展需要以能源的可持续发展为支持,"十二五"规划中提出坚持节约优先、立足国内、多元发展、保护环境,调整优化能源结构,构筑经济、清洁的现代化能源产业体系的发展理念,重点推动高耗能行业实施循环经济改造,并以优惠财税政策等方式提高风能、生物质能等在一次能源消费中的比重。1994 年以来中国政府施行的相关节能政策经受了时间的考验,2009—2015 年制造业总体能源消耗指数继续保持下降趋势,并在 2011 年后趋于稳定状态,这个结果表明 20 年来中国的能源政策行之有效。

五　制造业细分行业能源消耗指数的改变点分析

(一)制造业细分行业能源消耗改变点汇总

利用表 3-2 的数据,采用灰色关联算法可以确定制造业细分行业的能源消耗指数数据列的改变点,分行业改变点见表 3-5。其改变点大部分主要集中在 2000 年和 2008 年前后，与制造业总体的改变点相似。

表 3－5　1994—2015 年细分行业的能源消耗指数的改变点

细分行业	改变点 1	改变点 2
农副食品加工业	1999	2010
食品制造业	2002	2007
饮料制造业	2001	2008
烟草加工业	2002	2007
纺织业	1998	2008
纺织服装、服饰业	1998	2008
皮革、毛皮、羽绒及其制品业	2000	2007
木材加工及竹、藤、棕、草制品业	2002	2007
家具制造业	2002	2007
造纸和纸制品业	1999	2008
印刷和记录媒介复制业	2000	2008
文教、工美、体育和娱乐用品制造业	2002	2007
石油加工、炼焦和核燃料加工业	1998	2010
化学原料及化学制品制造业	2000	2007
医药制造业	1999	2008
化学纤维制造业	2001	2007
橡胶和塑料制品业	2001	2008
非金属矿物制品业	2001	2007
黑色金属冶炼及压延加工业	1998	2011
有色金属冶炼及压延加工业	2000	2007
金属制品业	1999	2008
通用设备制造业	1998	2008
专用设备制造业	1998	2007
交通运输设备制造业	1998	2008
电气机械及器材制造业	2002	2007

细分行业	改变点 1	改变点 2
计算机、通信和其他电子设备制造业	2001	2009
仪器仪表制造业	1999	2010

（二）消费品工业范畴的行业能源消耗改变点分析

食品制造业、烟草加工业和纺织服装、服饰业等 14 个行业的主体部分都属于消费品工业范畴，根据能源消耗指数趋势的走势特点，这些行业可分为两类，具体趋势图如图 3-2 和图 3-3。

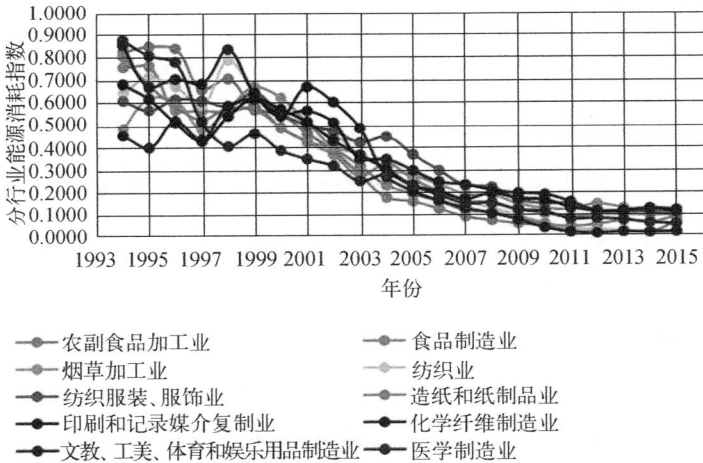

图 3-2　农副食品加工业等行业能源消耗指数趋势图

纺织业，纺织服装、服饰业的能源消耗指数改变点都在 1998 年和 2008 年；造纸和纸制品业，医药制造业的改变点都在 1999 年和 2008 年；食品制造业，烟草加工业，文教、工美、体育和娱乐用品制造业的改变点都在 2002 年和 2007 年；化学纤维制造业在 2001 年和 2007 年；印刷和记录媒体复制业在 2000 年和 2008 年；农副食品加工业在 1999 年和 2010 年。如图 3-2 所示，这 10 个行业的能源消耗指数趋势与制造业总体趋势特点类似，改变点将能源消耗指数的周期划分为三个阶段:第一个阶段内指数上下波动,无明显下降趋势;第二阶段的下降趋势相对明显;第三阶段也呈下降趋势,但幅度较小,至2015年这些行业的改变点集中在0至0.1之间。

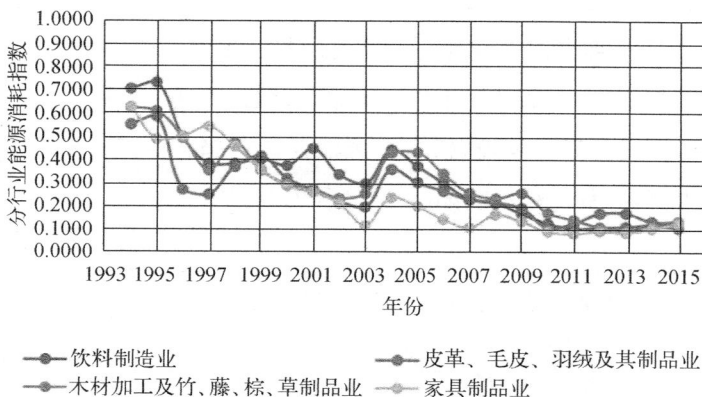

图3-3 饮料制造业等行业能源消耗指数趋势图

木材加工及竹、藤、棕、草制品业,家具制造业能源消耗的改变点在2002和2007年;饮料制造业在2001年和2008年,皮革、毛皮、羽绒及其制品业在2000年和2007年。如图3-3所示,改变点将能源消耗指数的周期划分为三个阶段:第一阶段的能源消耗指数趋势有波动,但同时伴随着较大的下降趋势;第二阶段指数在0.1至0.5之间波动;第三阶段该四个行业的指数在0.2左右的基础上下降,至2015年稳定在0.1左右。

消费品工业中的大部分行业属于完全竞争行业,产业不集中、严重同质化、技术水平参差不齐、大品牌稀缺。从能源消耗角度来看,纺织、化纤等行业的电力等的消耗突出。1998年后,尤其是"十五"(2001—2005年)规划期间,食品药品、纺织、造纸等轻工行业的单位产值能源消耗大幅度下降,各个行业的能源消耗指数变化、改变点的产生与各行业政策有一定关系。"十五"规划中针对这些行业的关键词有高档、差别化、深加工等,国家政策鼓励高端产品的发展、淘汰竞争力低下的高耗能产品。另外,中国在2001年正式加入世界贸易组织后,更多消费品工业产品进入国际竞争市场,使得相关行业技术也初步与国际接轨。同时,国家也组织了专项来攻克高能耗难题,比如实施食品深加工科技专项、创新药物和中药现代化专项、皮革行业推广清洁生产技术、印染企业清洁生产审核评估和能源审计等,这些由政府牵头的举措促进了消费品工业深加工领域的初步有效发展,能源消耗指数也随之下降。2009 年《轻工业调整和振兴规划》发布,消费品工业的节能政策进一步推进。《国家重点节能技术推广目录(第一批)》中提到鼓励食品、造纸、皮革行业节能减排计量统计监测体系软硬件建设,建立这些行业的退出机制,计划在三年内淘汰一批装备落后、高消耗的落后产能。例如,造纸行业淘汰年产3.4万吨以下草浆生产装置等。政策引导打造集约、节能的消费品工业,在 21 世纪前期的各个五年计划指导下,食品、纺织、造纸等行业进行了大量的资源整合活动,行业利润逐渐被各领域掌握相对先进技术的大型企业吸收,这些行业的能源消耗指数保持持续下降趋势。

(三)原材料工业范畴的行业能源消耗改变点分析

石油加工及炼焦业,黑色金属冶炼及压延加工业,有色金属冶炼及压延加工业等 6 个行业属于原材料工业范畴,其能源消耗指数趋势图如图 3-4 所示。

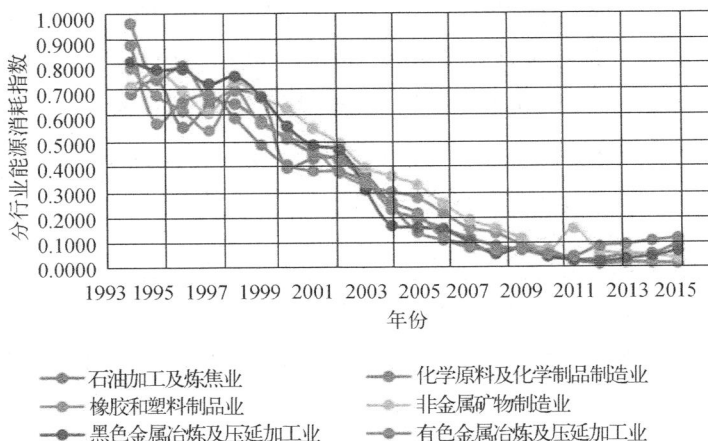

图 3-4　石油加工及炼焦业等行业能源消耗指数趋势图

黑色金属冶炼及压延加工业能源消耗的改变点是 1998 年和 2011 年;石油加工及炼焦业在 1998 年和 2010 年;有色金属冶炼及压延加工业,化学原料及化学制品制造业都在 2000 年和 2007 年;橡胶和塑料制品业在 2001 年和 2008 年;非金属矿物制品业在 2001 年和 2007 年。从图 3-4 可看出,这 6 个行业的能源消耗指数趋势与制造业总体趋势相似,且除非金属矿物制造业和化学原料及化学制品制造业外,其他 4 个行业的指数在第三阶段都有回升趋势。

高耗能一直是原材料工业行业的特点,随着工业化、城市化的进程推进,社会对这些行业产品的消费量巨大,在高需求推动下,这些行业的盲目扩张导致产能严重过剩。21 世纪初始,国家相继发布了针对这些高耗能行业结构调整、节能的政策,如《关于加快推进产能过剩行业结构调整的通知》(2006)、《关于加快推进产业结构调整遏制高耗能行业再度盲目扩张的紧急通知》(2007)等;中国钢铁工业协会也在 1999 年成立,致力于建立行业自律机制。"十五""十一五"规划中这些行业发展的关键词是精细化、深加工、新型、高效等,在国家宏观政策、各自行业政策等的引导下,这些行业的能源消耗指数大幅下滑。"十二五"期间,这些行业依然是国家政策支持的重点整改行业,其行业布局调整也在继续,比如淘汰低端钢铁产能、抑制平板玻璃产能过快增长,并通过税收优惠、补贴等手段,将高性能环保材料作为降低行业能耗的突破口,支持高性能、环保材料等的发展。截至 2015 年,行业产品年产值攀升的情况下,高耗能行业的能源消耗指数基本稳定在0.1以下,反映了在政策支持下行业在节能降耗上取得一定成效。

(四)装备工业范畴的行业能源消耗改变点分析

通用设备制造业、专用设备制造业、交通运输设备制造业这三个行业的主体部分属于装备工业范畴。以上 3 个行业的能源消耗指数趋势如图 3-5。

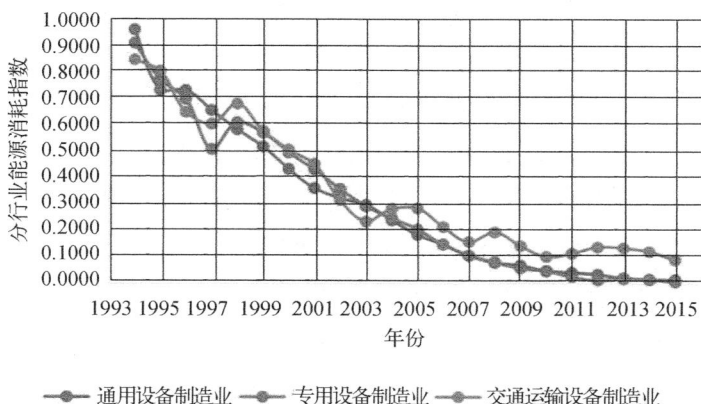

图 3‐5 通用设备制造业等行业能源消耗指数趋势图

通用设备制造业和交通运输设备制造业的能源消耗指数的改变点都为 1998 年和 2008 年,专用设备制造业为 1998 年和 2007 年。这 3 个行业在1994至 2015 年的能源消耗指数趋势也与制造业整体趋势相似,2015 年交通运输设备制造业能源消耗指数保持在0.1左右,通用设备制造业、专用设备制造业的能耗指数已接近 0。

改革开放以来,中国的装备工业面临着基础薄弱、核心技术缺失等困境。20 世纪末,中国的装备制造体系日益完善,应用领域也大大拓宽。"十五"规划中提出要振兴装备制造业,重点发展数控机床和基础零部件,支持发展核电机组等新型高效发电设备,积极发展高效节能低排放车用发动机和混合动力系统等。在此期间,这 3 个行业的单位产值能源消耗下降程度较大,其指数在1998至 2005 年间下降超过0.4。"十一五"规划中也确定了高档数控系统等重点发展领域,该规划初期装备行业仍然存在诸多发展问题。为进一步推动高端装备制造业发展,国务院在2006 年发布《关于加快振兴装备制造业的若干意见》、人大会通过《工业转型升级规划(2011—2015)》,提出积极培育发展智能制造、新能源汽车等。"十二五"规划期间,装备工业行业在科研上的投入大大提高,科研能力的提升带来技术进步,在产能提高基础上,这些政策有效地降低了单位产值能源消耗。

（五）其他行业能源消耗改变点分析

金属制品业能源消耗指数的改变点是 1999 年和 2008 年，计算机、通信和其他电子设备制造业的改变点在 2001 年和 2009 年，电气机械及器材制造业的改变点在 2002 年和 2007 年，仪器仪表制造业的改变点在 1999 年和 2010 年。结合图 3－6 可以看到，以上这 4 个行业在1994—2015 年的能源消耗指数趋势同样与制造业总体趋势一致，且第三个阶段指数稳定在0.1左右，除电气机械及器材制造业外，其余 3 个行业的能耗指数在 2015 年有小幅度回升趋势。

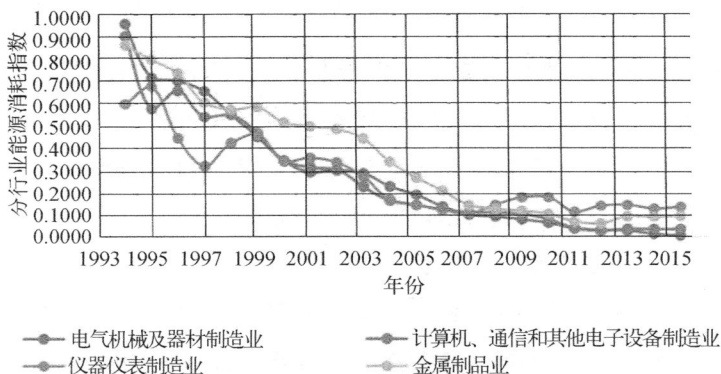

图 3－6 电气机械及器材制造业等行业能源消耗指数趋势图

计算机、通信和其他电子设备制造业，电气机械及器材制造业是随着信息时代的到来发展最快速的行业之一。"十五"规划中提到"促进数字化电子产品、新型显示器件、光电子材料与器件等高技术的产业化"，这两个行业在"十五"规划期间取得了很好的成果，中国也成为世界重要的电子信息产品制造基地。"十一五"计划期间，这些行业进一步优化产业结构、延长产业链，重视集成电路等重大工程和产业基地的建设。在此期间的相关政策有《电子信息产品污染控制管理办法》(2007)、《电子信息产品污染控制重点管理目录制定程序》(2008)等。这些政策对 2009 年后的计算机、通信和其他电子设备制造业的节能措施产生一定影响,使其能源消耗指数下降至0.1以下。

随着中国市场化程度加深,仪器仪表制造业的所有制改革整合了行业资源,促进了集约化发展,同时淘汰了高耗能的低端企业,优化了行业结构。随着仪器仪表产业的服务对象愈加广泛,政府出台《高新技术企业认定管理办法》(2008)等,提出重点支持"高性能、智能化仪器仪表"发展。中央财政于2011年首次在科学仪器研发领域投入13亿元,对科学仪器开发与研制的重视也日益明显。2013年,《加快推进传感器及智能化仪器仪表产业发展行动计划》对智能化仪器仪表产业建设目标、思路、行动等作了规划。2011年后,仪器仪表制造业的能源消耗指数稳定在0.1至0.2之间。

根据各行业趋势图可看出,大部分行业的能耗指数在2000—2008年间出现明显下降,指数趋势与制造业总体情况一致。因此,利用离差最大化方法对制造业能源消耗指标进行权重分配、采用灰色关联度算法确定指数改变点,具有合理性;利用该方法得出的结果与国家政策相符合,也反映了国家政策在一定程度上科学、有效。

六　趋势预测

现选取2001—2015年的制造业能源消耗指数,利用灰色预测GM(1,1)模型预测2015年后10年能源消耗指数的趋势,结果见表3-6。

表3-6　中国制造业能源消耗指数的GM(1,1)模型预测

序号	观察值	拟合值	误差
X(2)	0.523 8	0.563 9	−0.040 1
X(3)	0.465 6	0.440 7	0.024 9
X(4)	0.374 8	0.344 4	0.030 4
X(5)	0.272 6	0.269 2	0.003 4
X(6)	0.226 2	0.210 4	0.015 8

序号	观察值	拟合值	误差
X(7)	0.182 4	0.164 4	0.018 0
X(8)	0.131 4	0.128 5	0.002 9
X(9)	0.093 4	0.100 4	−0.007 0
X(10)	0.076 3	0.078 5	−0.002 2
X(11)	0.046 2	0.061 3	−0.015 1
X(12)	0.026 7	0.047 9	−0.021 2
X(13)	0.020 0	0.037 5	−0.017 5
X(14)	0.020 4	0.029 3	−0.008 9
X(15)	0.014 5	0.022 9	−0.008 4
X(16)	0.009 2	0.017 9	−0.008 7

根据 GM(1,1) 模型,得到 2025 年前各年度中国制造业能源消耗指数预测值:$X(t+1)=0.014\ 0$,$X(t+2)=0.010\ 9$,$X(t+3)=0.008\ 5$,$X(t+4)=0.006\ 7$,$X(t+5)=0.005\ 2$,$X(t+6)=0.004\ 1$,$X(t+7)=0.003\ 2$,$X(t+8)=0.002\ 5$,$X(t+9)=0.002\ 0$,$X(t+10)=0.001\ 5$。趋势图见图 3−7。

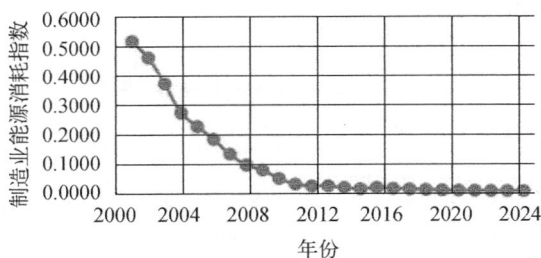

图 3−7 2025 年前中国制造业能源消耗指数趋势预测

中国制造业能源消耗指数在 2025 年前呈现先小幅度上升、后又下降趋势。可理解为,以石油加工及炼焦业等为代表的高耗能行业的能源消耗方式需要经过一定时间的调整来适应进一步的绿色发展,其能源消耗指数有微小幅度上升,从而带来制造业总体能源消耗指数的小幅上升。另一方面,政府的监管是否到位也影响了高耗能制造行业能否进一步降低能源消耗指数。因此,制造业能源消耗指数经历微小幅度上升后出现新的下降拐点,需要企业和政府共同的努力。根据《中国制造2025》,中国制造业以信息技术与制造业深度融合为主线,以创新驱动、绿色发展为基本方针,建设绿色数据中心和绿色基站,以大力促进新材料、新能源、高端装备、生物产业低碳发展为战略重点。

随着近年来环境规制强度的持续加大、新科技发展,制造业各个行业在《中国制造2025》基础上对自身进行战略调整,中国制造业能源消耗指数在可预见的未来会有小幅度下降趋势。

1994—2015年制造业的能源消耗指数总体趋势是逐年递减。从细分行业来看,虽然2009年后单位能源消耗状况较之前有很大改善,但也不乏能源消耗状况有回升趋势的行业,比如黑色金属冶炼及压延加工业、有色金属冶炼及压延加工业、仪器仪表制造业等。而且1994—2015年间能源消耗总量随产量剧增而居高不下。此外,根据GM(1,1)模型的预测,制造业能源消耗指数在2025年前的趋势是先上升、后下降。因此,能源浪费问题并没有从根本上得到解决,中国制造业节能工作任重道远。根据上述能源消耗情况的分析,本书从国家、制造业两个层面提出建议。

（一）国家宏观层面

1. 完善能源法律体系,强化政府监督管理职能

《中华人民共和国节约能源法》一定程度上抑制了能源消耗量的增长,但政府没有任何官方文件明确阐述该法律的地位。国家要强化企业的节能意识,首先要在宪法中明确节能法法律地位,以节能法为核心,完善能源法律体系。其次,政府需加强管理,将高耗能企业列为重点对象,严惩能源浪费行为,监督企业履行其职责以保障《节约能源法》的有效实施。

2. 建立有效的节能激励机制,调动企业节能积极性

目前中国的节能激励体制不健全,一些中小型企业的守法成本要远

高于违法成本。企业为了自身利益,一意孤行地采取粗放、高耗能的增长模式,导致更多能源的浪费。因此,需要通过建立有效的节能激励机制来影响企业的收益,充分调动企业参与节能的积极性。

（二）制造业层面

1. 调整产业结构,改善能源消费结构

中国制造业前期以高耗能为代价追求高速发展,制造业的产业结构不合理,能源浪费严重,导致各行业的能源消耗指数居高不下。因此,制造业要进一步淘汰高耗能、低附加值的产业,加大对节能高科技产业的投资力度,改善能源消费结构,努力形成高效、节能的发展模式。

2. 开发利用新能源,优先发展新能源产业

制造业对能源的依赖性强,中国制造业在发展过程中消耗了大量煤炭、石油等不可再生资源,造成能源紧张局面。能源短缺严重阻碍制造业的发展,制造业的效益下滑导致能源消耗指数上升。因此,制造业要进一步开发利用储量大、污染少的新能源,用太阳能、风能、生物质能等代替不可再生能源,解决能源短缺问题。

3. 增强自主创新力,以技术提高能源利用率

中国制造业缺乏自主创新能力,不少技术核心依赖于国外引进。因此,制造业要把提高自主创新能力作为其发展的重要任务,引导企业由能源密集型产业向智能化发展,用技术来进一步提高能源利用效率,从而达到降低单位产值能耗的效果。这不仅有利于缓解能源紧张的局面,也有利于制造业的持续发展。

第四章 江苏制造业废气排放周期研究与趋势预测

一 江苏制造业废气排放总量改变点的选取和周期划分

从历年的《江苏年鉴》(1991—2015年)中我们得到江苏制造业废气排放总量和分行业排放量的数据。利用 Eviews 8.0 软件,对中国制造业废气排放总量数据序列进行 H—P 滤波分解,分解出该数据序列中所包含的长期趋势和循环趋势,并分别计算出去掉趋势的废气排放总量数据。

表 4-1　1991—2014 年江苏省制造业废气排放总量增长趋势

年份	废气排放总量/亿标立方米	增长率/%
1991	2 525.45	—
1992	2 726.30	7.95
1993	2 936.15	7.70
1994	3 168.82	7.92
1995	3 437.72	8.49
1996	3 756.17	9.26

年份	废气排放总量/亿标立方米	增长率/%
1997	4 142.68	10.29
1998	4 616.32	11.43
1999	5 200.37	12.65
2000	5 913.60	13.71
2001	6 768.73	14.46
2002	7 770.40	14.80
2003	8 933.39	14.97
2004	10 280.96	15.08
2005	11 838.84	15.15
2006	13 636.95	15.19
2007	15 707.78	15.19
2008	18 092.07	15.18
2009	20 815.82	15.05
2010	23 868.34	14.66
2011	27 191.86	13.92
2012	30 666.21	12.78
2013	34 229.39	11.62
2014	37 841.24	10.55

　　为了直观地考察江苏制造业废气排放总量增长率的变动趋势与变动节点,我们根据表4-1的数据绘制江苏制造业废气排放总量趋势图(图4-1)和江苏制造业废气排放总量增长率趋势图(图4-2),通过灰色关联改变点的方法,计算相对 T—整体关联度的数值见表4-2、表4-3,并得到废气排放总量增长率数据列的两个改变点,即 2001 年和 2006 年。

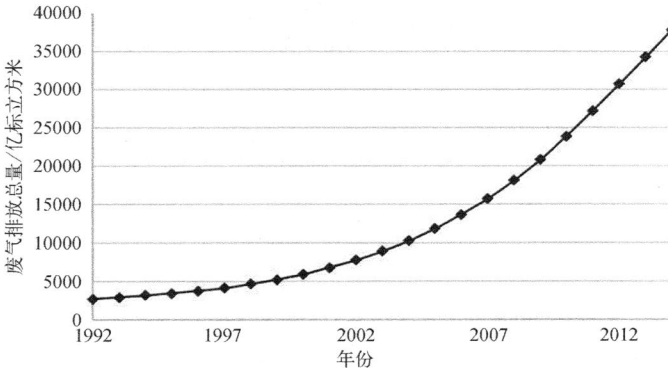

图 4-1 1992—2014 年江苏省制造业废气排放总量增长率趋势图

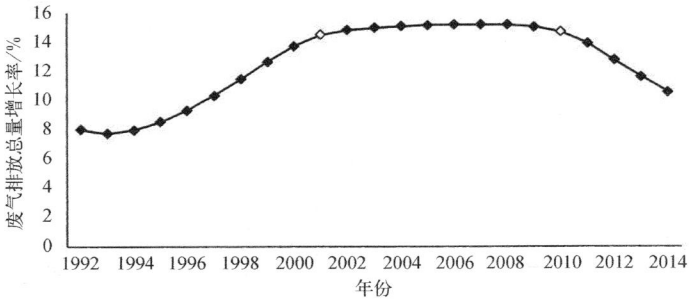

图 4-2 1992—2014 年江苏省制造业废气排放总量增长率趋势图

表 4-2 江苏省制造业废气排放总量相对 T—整体关联度的数值(1)

T	解剖时间序列	$\eta(T)$
5	1997—2014/1992—1996	0.347 3
6	1998—2014/1992—1997	0.136 6
7	1999—2014/1992—1998	0.172 6
8	2000—2014/1992—1999	0.567 3
9	2001—2014/1992—2000	1.047 6
10	2002—2014/1992—2001	1.707 1
11	2003—2012/1992—2002	0
T*	10	
改变点	2001	

表 4-3　江苏省制造业废气排放总量相对 T—整体关联度的数值(2)

T	解剖时间序列	$\eta(T)$
5	1992—2009/2010—2014	1.732 9
6	1992—2008/2009—2014	0.640 4
7	1992—2007/2008—2014	0.123 9
8	1992—2006/2007—2014	0.870 5
9	1992—2005/2006—2014	1.351 8
10	1992—2004/2005—2014	1.493 3
11	1992—2003/2004—2014	0
T*	5	
改变点	2010	

考察相对 T—整体关联度的数值的大小,可以看出1.707 1为表4-2中 $\eta(T)$ 的最大值,对应的年份为 2001 年;1.732 9为表 4-3 中 $\eta(T)$ 的最大值,对应的年份为 2010 年。这样,我们就得到江苏制造业废气排放总量增长率趋势的周期,即1992—2001 年、2002—2010 年、2011—2014 年。尽管从图 4-1 中我们可以发现江苏省制造业废气排放总量一直是持续上升的,但就江苏省制造业废气排放的增长率而言,从图 4-2 我们中可以看出,1992—2001 年江苏制造业废气排放总量增长率呈大幅度上升趋势(尽管在1992—1993 年间,江苏省制造业废气排放总量甚至呈现下降趋势)。自 2001 年之后,我们可以直观地从图 4-2 中看到,江苏省制造业废气排放总量增长率终于不再继续大幅度上涨,而是呈现"凝固"趋势,废气排放仍旧是一个严重的问题。事实上,这 10 年间我国正处于"九五"和"十五"规划建设时期,江苏省的制造业经济建设在这一时期取得了巨大成就,却也同时对环境造成了巨大的破坏,因而我们选取 2001 年为制造业废气排放总量增长趋势的一个改变点是合理的。而到了2007年之后,江苏省制造业自 1992 年以来废气排放增长趋率第一次出现显著下降,说明环境政策在这一时期取得了突破性的进展,从图形上来看已经由微向下弯的曲线变为一条急剧下降的直线,因而我们有理由

把2007年作为制造业废气排放总量增长率趋势的另一个改变点。

二　江苏制造业各行业废气排放改变点的选取和周期划分

通过"劈分"和"合并"方法,我们取得江苏省制造业25个细分行业废气排放总量数据,同样通过H—P滤波分解的方法,我们得到经过整理后的制造业25个细分行业的数据,如表4-4。

表4-4　1991—2014年江苏省制造业各行业废气排放总量

单位:亿标立方米

年份	食品制造业	饮料制造业	烟草加工业	纺织业	服装及其他纤维制品业	皮革、毛皮、羽绒及其制品业	木材加工及竹、藤、棕、草制品业	家具制造业	造纸和纸制品业
1991	44.51	26.93	8.25	145.84	8.28	5.07	8.52	0.09	25.91
1992	53.58	27.71	8.24	161.04	10.07	4.89	9.43	0.13	34.22
1993	62.36	28.46	8.22	176.83	11.92	4.72	10.37	0.18	42.76
1994	70.88	29.10	8.15	193.69	13.90	4.58	11.38	0.23	51.89
1995	78.72	29.57	7.99	211.96	16.06	4.48	12.50	0.29	62.05
1996	85.55	29.77	7.71	231.68	18.44	4.42	13.80	0.36	73.66
1997	91.07	29.74	7.30	252.84	21.06	4.40	15.35	0.44	87.23
1998	95.01	29.62	6.79	274.68	23.85	4.40	17.23	0.53	103.05
1999	97.18	29.59	6.24	296.79	26.77	4.45	19.57	0.65	121.49
2000	97.86	29.80	5.70	318.83	29.69	4.55	22.50	0.79	142.59
2001	97.67	30.37	5.25	340.20	32.43	4.71	26.25	0.94	166.59
2002	97.43	31.38	4.96	359.88	34.71	4.90	31.17	1.12	193.68
2003	97.86	32.90	4.96	377.19	36.17	5.11	37.61	1.31	223.60
2004	99.57	34.88	5.36	392.17	36.42	5.39	46.14	1.51	256.55
2005	103.13	37.24	6.27	405.05	35.46	5.79	57.14	1.71	292.76
2006	109.04	39.96	7.73	416.37	33.75	6.37	70.64	1.90	332.59
2007	117.46	43.09	9.76	426.59	31.54	7.16	86.71	2.07	376.13
2008	128.34	46.66	12.39	436.32	29.12	8.19	105.22	2.22	424.02

续表

年份	食品 制造业	饮料 制造业	烟草 加工业	纺织业	服装及 其他纤维 制品业	皮革、毛皮、 羽绒及其 制品业	木材加工 及竹、藤、棕、 草制品业	家具 制造业	造纸和 纸制品业
2009	141.33	50.74	15.85	445.68	26.60	9.42	125.93	2.35	476.06
2010	155.97	55.35	20.27	454.42	24.13	10.82	148.78	2.45	530.78
2011	171.52	60.41	25.64	462.42	21.84	12.36	173.15	2.52	585.91
2012	187.25	65.70	31.77	469.78	19.83	14.00	197.90	2.56	639.01
2013	202.93	71.12	38.41	476.45	18.11	15.75	222.59	2.53	690.03
2014	218.57	76.61	45.30	482.81	16.55	17.54	247.29	2.47	739.77

年份	印刷和 记录媒介 复制业	石油加工 及炼焦业	化学原料 及化学制品 制造业	医药 制造业	化学纤维 制造业	橡胶 制品业	塑料 制品业	非金属 矿物 制品业	黑色金属 冶炼及 压延加工业
1991	1.43	93.25	940.71	47.66	141.13	39.47	25.24	442.14	263.90
1992	1.30	91.01	939.40	47.33	158.52	33.79	25.22	574.20	292.59
1993	1.19	88.70	939.00	46.85	176.04	28.75	25.20	710.25	323.90
1994	1.08	86.40	941.25	46.20	193.88	24.89	25.19	854.74	363.02
1995	0.98	84.00	946.59	45.32	212.27	22.51	25.25	1 011.24	416.91
1996	0.89	81.33	954.87	44.22	231.47	21.82	25.43	1 182.35	494.33
1997	0.82	80.87	966.68	42.86	251.77	22.97	25.79	1 369.82	605.59
1998	0.79	84.90	982.56	41.51	273.38	26.12	26.38	1 572.39	762.07
1999	0.79	95.28	1 005.94	40.35	296.76	31.35	27.25	1 788.47	976.04
2000	0.85	113.73	1 039.83	39.53	322.36	38.62	28.47	2 012.47	1 259.16
2001	0.99	141.70	1 086.91	39.16	350.13	47.71	30.10	2 234.59	1 621.36
2002	1.24	180.16	1 149.10	39.34	379.99	58.59	32.17	2 442.07	2 068.65
2003	1.65	229.61	1 229.56	40.24	412.03	71.05	34.76	2 628.54	2 611.96
2004	2.26	290.59	1 333.52	42.05	445.95	84.91	37.97	2 793.55	3 266.61
2005	3.12	362.28	1 467.33	45.00	479.94	99.92	41.84	2 941.63	4 049.05
2006	4.28	442.44	1 638.68	49.25	512.09	115.54	46.23	3 079.49	4 980.50
2007	5.78	526.65	1 857.28	54.80	540.85	131.12	50.83	3 215.95	6 086.52

续表

年份	印刷和记录媒介复制业	石油加工及炼焦业	化学原料及化学制品制造业	医药制造业	化学纤维制造业	橡胶制品业	塑料制品业	非金属矿物制品业	黑色金属冶炼及压延加工业
2008	7.66	612.50	2 131.79	61.44	564.29	145.87	55.33	3 360.96	7 399.18
2009	9.93	698.96	2 470.59	68.81	581.16	158.76	59.41	3 527.22	8 932.13
2010	12.59	785.31	2 881.43	77.29	589.92	169.22	63.02	3 718.56	10 673.99
2011	15.63	872.00	3 369.86	87.07	592.51	177.11	66.26	3 930.21	12 579.78
2012	18.99	959.14	3 933.06	97.92	591.83	183.47	69.28	4 147.48	14 562.34
2013	22.57	1 047.09	4 559.99	109.37	589.74	189.30	72.27	4 365.59	16 575.74
2014	26.21	1 135.14	5 228.94	121.12	587.26	194.84	75.20	4 583.24	18 598.55

年份	有色金属冶炼及压延加工业	通用设备制造业	专用设备制造业	交通运输设备制造业	电气机械及器材制造业	计算机、通信和其他电子设备制造业	仪器、仪表制造业
1991	4.89	14.56	8.43	28.66	23.19	90.22	11.60
1992	0.72	15.38	8.43	28.88	24.92	89.63	15.65
1993	6.51	16.22	8.43	29.09	26.67	89.09	19.82
1994	12.73	17.11	8.42	29.32	28.49	88.72	24.35
1995	19.70	18.12	8.41	29.61	30.47	88.89	29.55
1996	27.72	19.31	8.40	30.03	32.69	90.08	35.74
1997	37.02	20.76	8.42	30.73	35.23	93.07	43.27
1998	47.60	22.80	8.61	32.24	38.51	100.13	52.73
1999	59.32	25.72	9.12	35.15	42.92	113.71	64.59
2000	72.07	29.84	10.16	40.22	48.87	136.85	79.16
2001	86.00	35.54	11.97	48.31	56.78	173.04	96.56
2002	101.68	43.14	14.82	60.36	67.01	225.98	116.48
2003	119.28	52.79	18.97	77.17	79.68	298.72	137.96
2004	138.85	64.28	24.54	99.02	94.27	392.35	158.93
2005	160.63	77.27	31.62	126.05	110.63	505.82	177.21
2006	184.32	91.70	40.25	158.21	129.51	635.44	190.80

年份	有色金属冶炼及压延加工业	通用设备制造业	专用设备制造业	交通运输设备制造业	电气机械及器材制造业	计算机、通信和其他电子设备制造业	仪器、仪表制造业
2007	208.99	107.22	50.81	194.93	151.76	776.08	197.65
2008	233.07	123.29	63.60	237.15	177.83	922.11	195.63
2009	255.80	139.98	78.70	284.97	207.86	1 068.26	184.66
2010	276.51	157.17	95.97	337.71	241.16	1 210.44	165.64
2011	294.24	174.40	114.86	394.00	276.76	1 344.44	140.27
2012	308.66	190.96	134.49	451.64	313.58	1 469.75	111.71
2013	320.69	206.97	154.07	510.05	351.04	1 589.42	81.94
2014	331.80	222.81	173.50	568.76	388.99	1 707.01	51.93

表 4－5　江苏制造业重点排污行业废气排放总量的改变点

行业	改变点 1	改变点 2
食品制造业	1996	2006
饮料制造业	1999	2007
烟草加工业	2000	2010
纺织业	1996	2005
服装及其他纤维制品业	1997	2005
皮革、毛皮、羽绒及其制品业	2000	2008
木材加工及竹、藤、棕、草制品业	1998	2007
家具制造业	2001	2005
造纸和纸制品业	2001	2010
印刷和记录媒介复制业	2000	2008
石油加工及炼焦业	1997	2006
化学原料及化学制品制造业	1998	2007
医药制造业	2000	2010
化学纤维制造业	2000	2005
橡胶制品业	2001	2008

行业	改变点 1	改变点 2
塑料制品业	2001	2009
非金属矿物制品业	2001	2005
黑色金属冶炼及压延加工业	1996	2005
有色金属冶炼及压延加工业	2001	2008
通用设备制造业	2001	2010
专用设备制造业	1997	2007
交通运输设备制造业	1997	2006
电气机械及器材制造业	2001	2006
计算机、通信和其他电子设备制造业	2001	2010
仪器、仪表制造业	2001	2005

从江苏省制造业 25 个分行业废气排放总量的改变点来看,可以得到如下几个结论。

(一)轻度废气排放行业

饮料制造业,服装及其他纤维制品业,家具制造业,塑料制造业,烟草加工业,皮革、毛皮、羽绒及其制品业,印刷和记录媒介复制业这些行业都属于轻度废气排污行业,每年所排放的废气总量在总制造业废气排放量中所占比例较少,我们可以从图 4-3 中看出,除服装及其他纤维制品业在 2005 年后(该行业的一个改变点)废气排放量在近年来有所下降之外,其他行业的废气排放量均逐年上升。饮料制造业主要包括酒精、酒、软饮料、精制茶等制造业,是传统食品制造业的补充,排放的废水污染较为严重,但造成的废气污染不多。我们可以从图 4-4 中看出,饮料制造业不管是从废气排放总量来看还是从排放增长率来看,皆为逐年升高,说明尽管江苏省近年来有采取多种环保技术如环保酿造技术,但因为生产规模的逐年扩大和本身废气排放量并不高,环境规制政策的作用对于饮料制造业来说不甚明显。

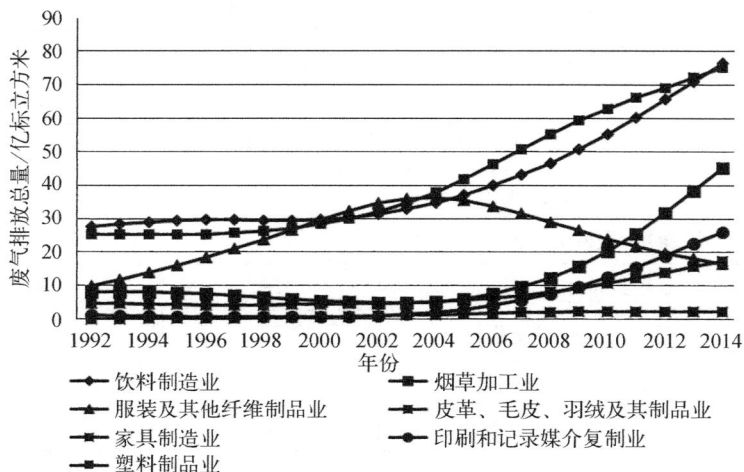

图 4－3　1992—2014 年江苏省制造业轻度排污行业废气排放总量趋势图

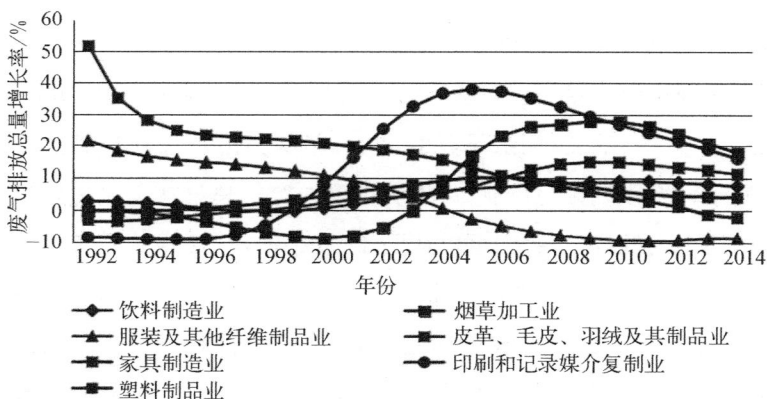

图 4－4　1992—2014 年江苏省制造业轻度排污行业废气排放总量增长率趋势图

　　服装及其他纤维制品业对出口创收有着不容忽视的作用,尽管在 2011 年之后我国经济增速逐渐呈现"新常态",传统纺织服装行业依然依靠电商行业逐渐崛起,呈现出良好的发展势态,然而由于化纤产品本身的不可降解性,燃烧后会污染空气,所以对空气质量造成不利影响。从图 4 - 4 中我们可以看出,环境规制政策对服装及其他纤维制品业的效果较为明显,尤其是自 2005 年之后江苏省纺织服装行业的废气排放量已明显下降,这与 2005 年出台的《关于落实科学发展观促进可持续发展的意见》《江苏省市县党政主要领导干部环保工作实绩考核暂行办法》等落实完善江苏省环境目标责任制度的环境政策法规密不可分。家具制造业由于制造工艺特点,废气排放程度较低,废气排放总量呈现缓慢上升趋势。近年来,随着江苏省城镇化的进一步推进,"以小换大""以旧换新""以郊换城"等购房性需求为江苏省家具制造业带来充足的销量,家具制造业经营规模的扩大使得废气排放总量也同时增加,由于该行业废气排放程度较低,环境规制政策的作用也不甚明显。

塑料制品业的废气排放呈现先缓慢上升,再迅速上升,最后趋于平缓的趋势。江苏省是塑料制品产量最大的省份之一,2010 年江苏省生产塑料制品4 395千吨,位列全国第四。而近年来,随着绿色节能、高效新兴加工成型工艺和技术的开发应用,以及生态合成革的生产和广泛应用,江苏省塑料制品业正朝着绿色环保的方向发展,江苏省颁布的一系列鼓励环保技术创新的技术取得了显著的成果。

烟草加工业的废气排放改变点是 2000 年和 2010 年,从图 4 - 4 中可以看出废气排放增长率在1992—2000 年缓慢下降,2000—2010 年迅速上升,2010 年之后又重新恢复下降的趋势。由于卷烟消费面广、量大、税高,所以烟草制造业在江苏省经济中占有重要地位。近年来,绿色节能技术和设备在烟草制造业中得到了广泛应用,太阳能、生物质能能源和可再生能源的利用减少了烟草制造过程中对碳基燃料的依赖,实现能源利用转型,减少温室气体排放;另一方面,江苏省不断完善的环境管理体系以及清洁生产要求的加强,使得江苏省烟草制造业废气排放增长率在 2010 年之后有了显著下降,环境政策在烟草制造业的效果较为显著。江苏省皮革、毛皮、羽绒及其制品业废气排放的改变点是 2000 年和 2008 年，从图中可以看出该行业的废气排放总量在 2000 年之前基本保持不变，2000—2008 年之间迅速提升，2009 年之后增速放缓。说明江苏省实行的一系列清洁生产和节能减排政策在该行业取得了较为显著的效果。印刷业和记录媒介复制业的改变点是 2000 年和 2008 年，从图 4-4 中可以看出该行业的废气排放在 2000 年之前呈现稳步下降的趋势，而在 2000—2008 年之间由于生产经营单位规模的扩大而逐年上升，到了 2009 年才重新得以控制，又恢复稳定下降的态势。

印刷业对新闻传播起到了巨大的作用，然而在印刷业的投入和产出中会产生大量的挥发性有机物（Volatile Organic Compounds，VOCs），对大气环境造成巨大的破坏。近年来，我国政府越来越重视"绿色印刷"，风靡一时的"云技术"也终于走下神坛与传统印刷业相结合，促进印刷业向绿色发展转变，江苏省出台了一系列环境规制政策促进绿色印刷业的发展。如 2014 年，我国中央文化产业发展专项资金给予全国 31 家印刷企业2.116亿元，江苏省也获得了一定的绿色资金扶持；同时，我国还不断完善了绿色印刷的框架体系，使得平版、商业票据和凹版印刷 3 项环境标志标准均有章可依。这一系列的环境规制政策促进了江苏省绿色印刷业的发展，因此我们可以从图 4-4 中发现近年来印刷和记录媒介复制业的废气排放显著下降。

（二）中度废气排放行业

食品制造业，纺织业，木材加工及竹、藤、棕、草制造业，造纸和纸制品业，石油加工及炼焦业，医药制造业，化学纤维制造业，橡胶制品业，有色金属冶炼及压延加工业，通用设备制造业，专用设备制造业，交通运输业，电气机械及器材制造业，仪表、仪器制造业属于中度废气排放行业。从图 4-5 中我们可以看出，除化学纤维制造业和仪器、仪表制造业之外，其他行业的废气排放总量均呈现逐年上升趋势。

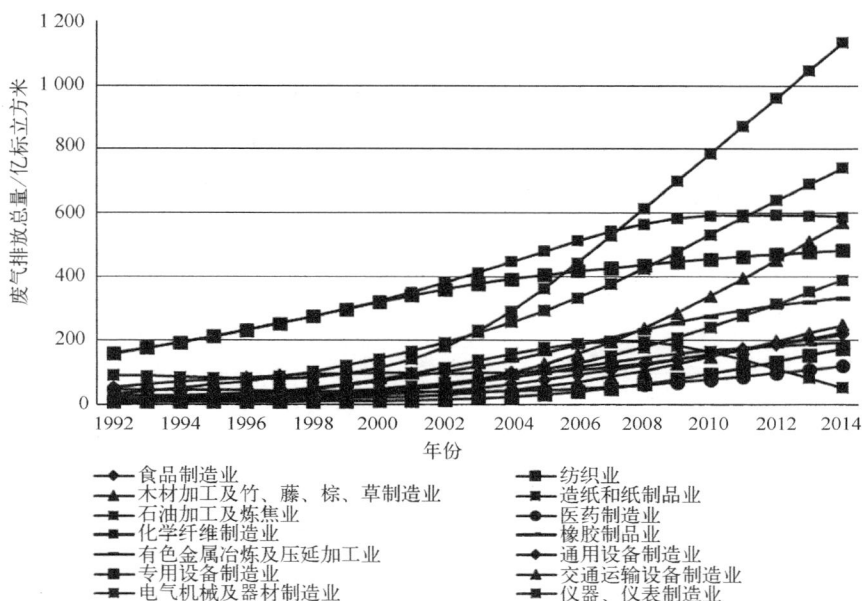

图 4-5　1992—2014 年江苏省制造业中度排污行业废气排放总量趋势图

食品制造业是人类的生命产业,是世界制造业的"常青树",不仅对提高农产品深加工和附加值具有重要意义,还能够在满足我国内部需要的同时又具备一定的出口竞争力。从图 4-6 中可看出,食品业的改变点出现在 1996 年和 2006 年。从数值上看,在进入 1996 年之后,食品制造业废气排放的增长率逐渐趋近于 0,废气排放逐渐"凝滞"。我们查阅江苏省相关环境政策可以知道,江苏省在"八五"的最后一年 1995 年中进一步加强对环境保护战略的认识,并展开了第三次全省环保执法大检查,江苏省各市县也纷纷出台一系列地方行政规章和规范性文件,如南京市颁布了《饮食娱乐服务企业环境保护管理办法》,使得依法治理环境能力得到进一步加强。同时在 1996 年,江苏省又在《江苏省国民经济和社会发展第九个五年计划和 2010 年远景目标纲要》中对改善环境作出新的要求,同年全省第六次环境保护会议提出对污染防治与生态保护实行优惠政策,因而我们看到在 1996 年之后江苏省的食品业废气排放总量呈现"凝滞"的趋势。2006 年后,江苏省食品制造业废气排放总量增长率呈先上升、后下降的趋势,2006 年后江苏省积极开展的提高化学需氧量(Chemical Oxygen Demand,COD),二氧化硫(SO_2)排污费征收指标等环境政策都对促进食品业废气排放增长率的下降起到了不可忽视的作用。

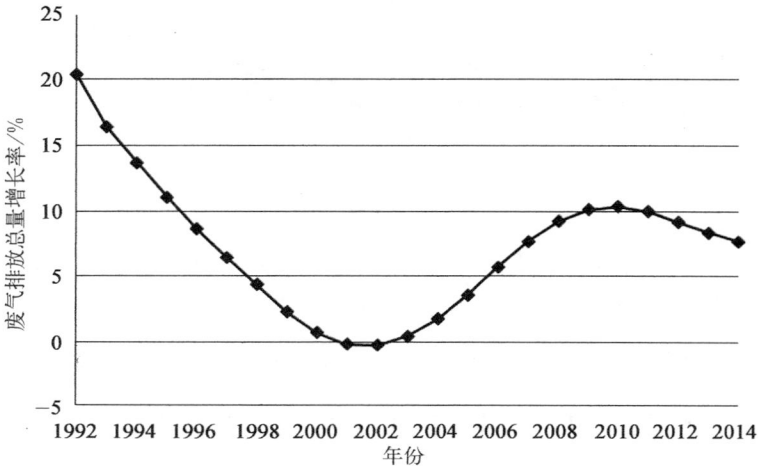

图 4-6　1992—2014 年江苏省食品制造业废气排放总量增长率趋势图

纺织业排放的工业废气主要来自两方面,一方面是锅炉燃烧,燃烧过程中排放了大量的燃烧废气、二氧化硫和烟尘,严重污染了大气环境;另一方面是纺织生产工艺过程,纺织业在生产化学纤维时使用大量的二硫化碳和硫化氢合成原料,导致了废气大量排放。纺织业的改变点是1996和 2005 年,从图 4-7 中我们可以看出江苏省纺织业废气排放增长率一直呈现下降趋势,说明江苏省的环境规制政策取得了较为显著的效果。在1992—1996 年,江苏省纺织业废气排放增长率呈现缓慢下降趋势,说明自 1989 年以来江苏省实施的环境目标责任制取得了较为良好的效果;而在1997—2005 年,废气排放增长率开始呈现大幅度下降趋势,到了 2006 年之后,随着江苏省进一步推行节能减排,持续关注纺织业清洁生产问题(如在 2009 年围绕纺织业、化学原料及化学制品业等行业展开清洁生产检查),江苏省纺织业废气排放呈现增长率持续下降趋势。

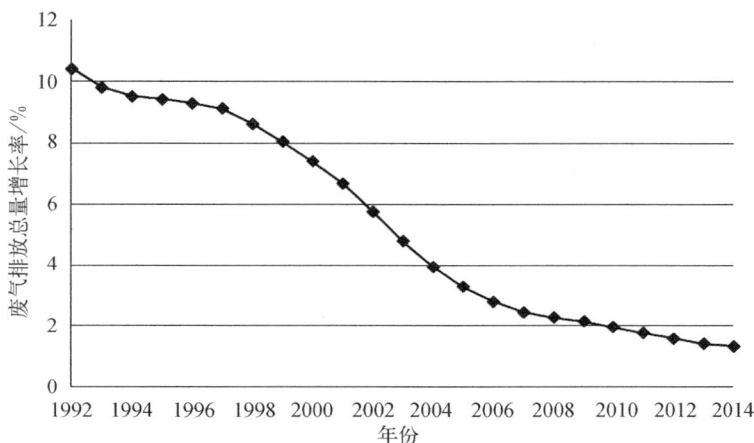

图 4 - 7　1992—2014 年江苏省纺织业废气排放总量增长率趋势图

木材加工及竹、藤、棕、草制造业是森林采伐运输的后续工业,是木材资源综合利用的重要部门,但是近年来江苏省的木材加工行业仍停留在传统"劳动密集型"制造业的位置上,"小污散乱"企业较多,存在着发展失衡、产能过剩等问题,在胶合板、纤维板和刨花板的生产过程中会排放出含有木质颗粒及碳氢化合物的干燥废气,对江苏省的大气质量造成较大的危害。木材加工及竹、藤、棕、草制造业的废气排放改变点是 1998 年和 2007 年,从图 4 - 8 中我们可以看出在在1992—1998年,该行业的废气排放整体呈现较为缓慢的上升趋势,随着江苏省木材加工及竹、藤、棕、草行业生产经营规模的逐渐扩大,1999—2007 年废气排放呈现上升趋势,到了 2008 年又得到控制,转为呈现下降趋势,说明江苏省出台的一系列加强清洁生产和环境督查的环境规制政策起到了显著的效果。

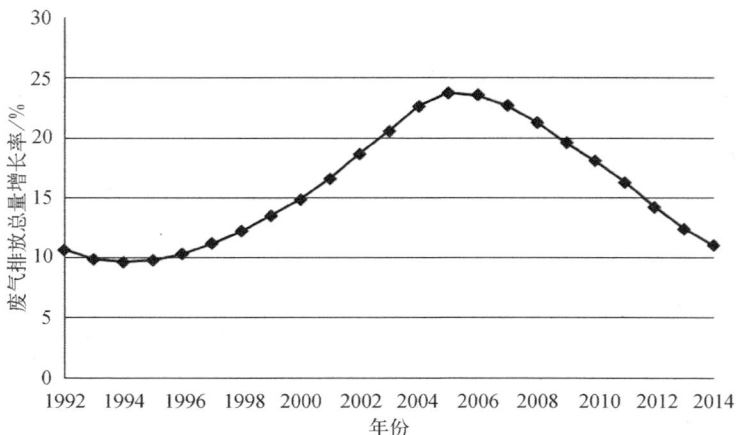

**图 4 - 8　1992—2014 年江苏省木材加工及竹、藤、棕、草制造业废气排放
总量增长率趋势图**

　　造纸及纸制品业的改变点是 2001 年和 2010 年，从图 4 - 9 中可以发现，江苏省造纸及纸制品业的废气排放总量增长率是逐年下降的，在1992—2001 年，造纸及纸制品业废气排放增长率是呈现大幅度下降趋势，到了2002—2010 年，下降趋势有所放缓，说明我国规制政策遇到了一定的瓶颈，到了 2011 年之后，江苏省的清洁生产技术、资源综合利用技术、污染物处理逐渐成熟，同时在造纸及纸制品业中淘汰了相当大一部分落后产能，使得2011—2014 年的废气排放进一步呈现下降趋势。

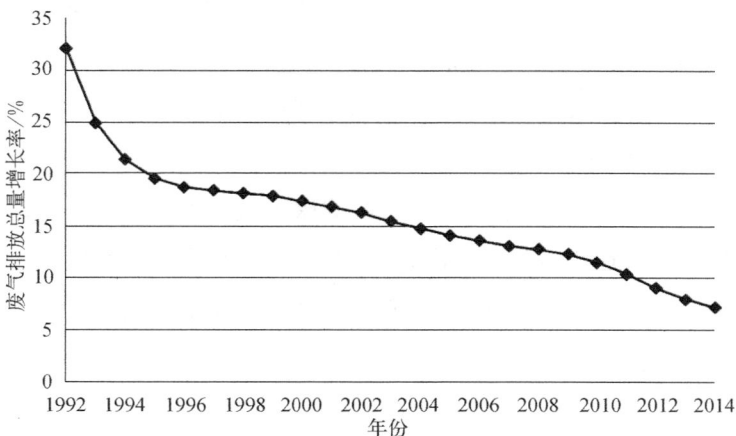

图 4 - 9　1992—2014 年江苏省造纸及纸制品业废气排放总量增长率趋势图

　　石油加工及炼焦业是为国民经济各部门提供各种燃料油的基础工业部门,引起我国消费能源结构的巨大变化,然而石油炼制过程中产生的恶臭污染物、环境噪声、废气等对我国的环境造成较大的压力。石油工业及炼焦业废气排放的改变点是 1997 年和 2006 年,从图 4 - 10 中我们可以发现在1992—1997 年,该行业的废气排放总量呈现下降趋势,到了 1997 年之后才开始出现正的增长率,这反映了江苏省能源政策变化,石油、天然气能源逐渐取代了煤炭能源,同样也引起了废气排放的增加,因而在1998—2006 年,随着石油、天然气、焦炭能源需求和消费的进一步增加,江苏省石油及炼焦业的废气排放也在进一步增加,而到了 2007 年之后,随着我国"十一五"(2006—2010年)规划、《锅炉大气污染物排放标准》《火电厂大气污染物排放标准》等一系列环境规整政策的出台,以及在 2007 年推行的燃煤电厂烟气脱硝技术等新型环保技术的应用,江苏省石油加工及炼焦业的废气排放增长率保持持续下降的趋势,说明环境规制政策取得了显著的效果。

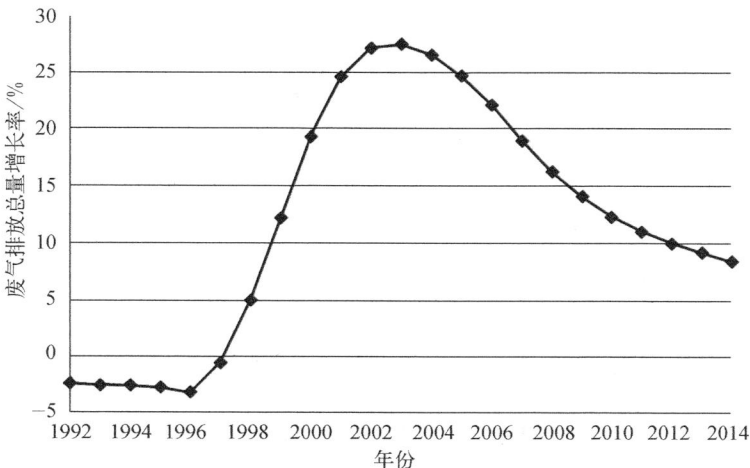

图 4 - 10　1992—2014 年江苏省石油加工及炼焦业废气排放总量增长率趋势图

医药制造业在我国经济发展中具有十分重要的地位,一方面近年来江苏省城镇和农村基本实现医保,医药制造业具有很强的工业性质;另一方面,高端药品供应仍然需要进口,因而存在一定高新需求。近年来随着电商平台发挥潜力,中国医药电商的销售规模逐渐扩大。然而,医药制造业在生产过程中,"投入量大,产出量小"的特点使得它会排放大量的污染物,对大气环境造成危害,排放的主要大气污染物是用于提取等生产工序中的挥发性有机物,以及干燥、包装过程中产生的药尘。江苏省医药制造业的改变点是 2000 年和 2010 年,从图 4 - 11 中可以看出,1992—2000 年江苏省医药制造业废气排放总量呈现下降趋势,而在2001—2010 年废气排放总量逐渐增加并且增长率也在逐年增加,而到了2011—2014 年随着江苏省出台一系列环境规制政策,逐渐重视采用清洁生产技术在制药源头控制污染物排放,以及环保技术的不断进步,江苏省医药制造业的废气排放增长率逐渐呈现下降趋势。

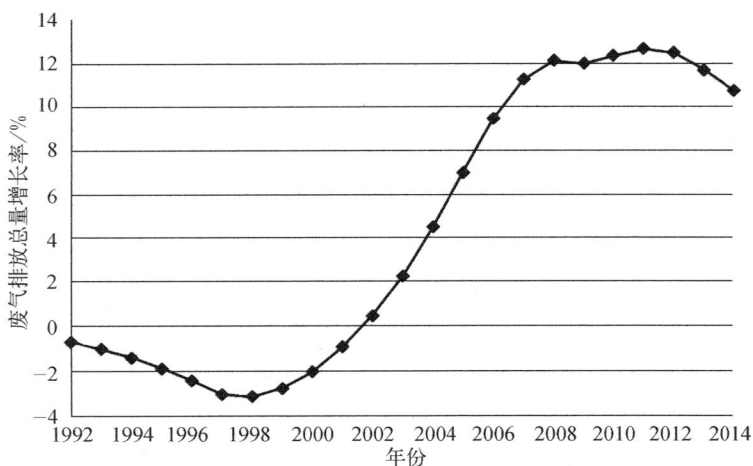

图 4 - 11 1992—2014 年江苏省医药制造业废气排放总量增长率趋势图

我国是世界上最大的化学纤维生产国,化纤产量达到全球总量的60％以上,2012 年我国化学纤维累计产量3 876.2万吨,形成了完整的产业配套基础,在国际市场具有较大的优势,然而化学纤维的生产过程会对我国的大气环境造成严重污染。化学纤维制造业废气排放的改变点是 2000 年和 2005 年,从图 4 - 12 中我们可以看出环境规制政策对江苏省化学纤维制造业的影响较为显著,化学纤维制造业的废气总量增长率呈现逐年下降趋势。从图中我们可以发现,在 1992—2000 年,随着江苏省环境目标责任制度的完善,江苏省的化学纤维制造业废气排放增长率呈现持续下降趋势;到了 2001 年之后,随着该行业生产经营规模的扩大,以及江苏省环境规制政策遇到瓶颈,在 2001—2005 年总体呈现"凝滞"状态;到了 2006 年之后,随着江苏省提出"十一五"环境保护规划以及提高废气排污税等环境规制政策措施的出台,江苏省化纤制造业的废气排放增长率在 2006—2014 年呈现出大幅度下降的趋势,说明江苏省环境规制政策起到了显著的效果。

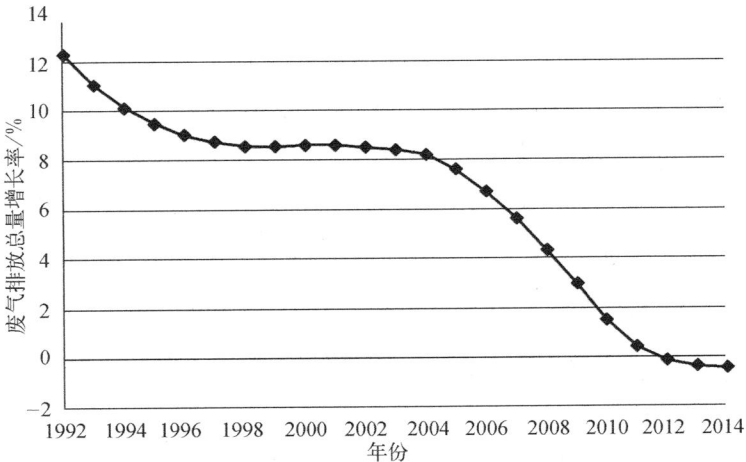

图 4 - 12　1992—2014 年江苏省化学纤维制造业废气排放总量增长率趋势图

橡胶制品业的改变点是 2001 年和 2008 年,从图 4 - 13 中可以看出橡胶制品在 1992—2001 之间废气排放呈现先下降后上升的趋势,而到了 2002—2008 年废气排放总量上升但增长率开始呈现下降趋势,而到了 2009 年之后,随着我国《橡胶制品工业污染物排放标准》和一系列推动清洁生产的环境规制政策的出台,该行业的废气排放增长率呈现持续下降趋势。

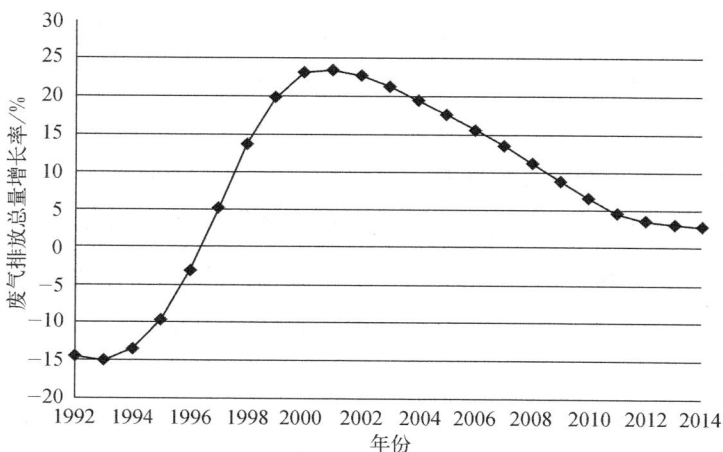

图 4‑13　1992—2014 年江苏省橡胶制品业废气排放总量增长率趋势图

有色金属冶炼及压延加工业的改变点是 2001 年和 2008 年。从图 4‑14 中可以看出环境规制政策对有色金属冶炼及压延加工业的作用十分显著,该行业的废气排放增长率总体呈现逐年下降趋势,在 2001 年之前呈现大幅度下降,到了 2002—2008 年,废气排放增长率依然稳步下降,但幅度稍缓;而到了 2009 年之后下降幅度进一步放缓,既说明江苏省 2009 年之后一些节能减排政策如 2012 年颁布的《江苏省"十二五"节能减排综合性工作方案》取得了一定的效果,也反映了江苏省针对有色金属冶炼及压延加工业的环境规制政策遇到了一定的瓶颈。

装备制造业是为国民经济各部分进行简单生产和扩大再生产提供装备的各类制造业总称,分为通用设备制造业和专用设备制造业。自"十一五"以来,我国装备制造业迅速发展,已成为世界装备制造大国,在《工业转型升级规划(2011—2015 年)》中我国提出大力培育和发展装备制造业转型升级,提高生产效率和技术水平,降低能源资源消耗,通过围绕先进制造、交通、能源、环保与资源综合利用等国民经济重点领域发展需要,实现装备制造业的智能化和绿色化。通用设备制造业的改变点是

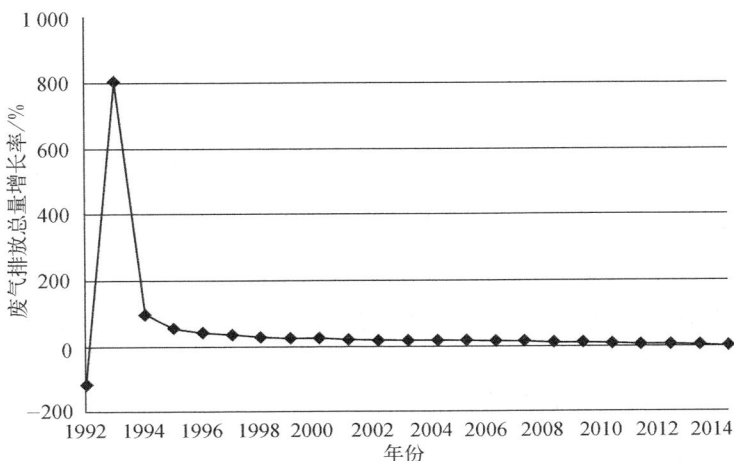

图 4 - 14　1992—2014 年江苏省有色金属冶炼及压延加工业废气排放总量增长率趋势图

2001 年和 2010 年,从图 4 - 15 中我们可以发现,在 1992—2001 年,江苏省通用设备制造业的废气排放总量增长率逐年上升,而到了 2002 年以后才出现由上升转为下降的拐点。在 2002—2010 年之间废气排放增长率总体呈现下降趋势,而在 2011—2014 年进一步下降,说明江苏省一系列清洁生产政策和《工业转型升级规划(2011—2015年)》中围绕绿色发展需要、淘汰落后产能的环境规整政策措施取得了显著的效果。

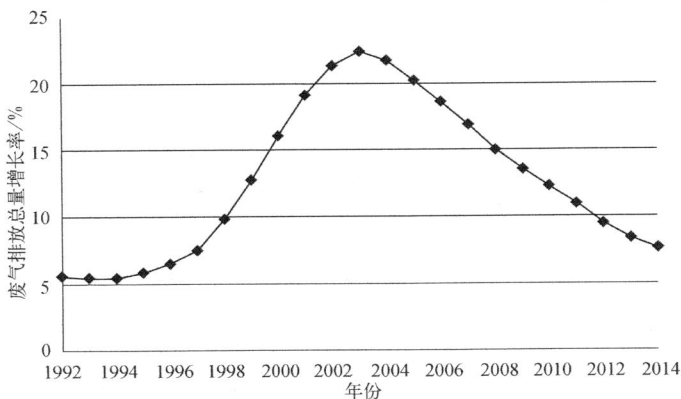

图 4 - 15　1992—2014 年江苏省通用设备制造业废气排放总量增长率趋势图

专用设备制造业废气排放的改变点是 1997 年和 2007 年,从图 4 - 16 中我们可以发现,在 1992—1997 年之间江苏省的专用设备制造业废气排放总量总体呈现下降趋势,而到了 1998 年之后,随着江苏省专用设备制造业的技术研发投入的逐年加大以及工业技术的革新,废气排放增长率在 1988—2007 年之间呈现逐年上升的局面,而到了 2008 年,随着江苏省"十一五"环境规划的出台以及一系列推行清洁生产、淘汰落后产能的政策措施的颁布,江苏省专用设备制造业的废气排放总量增长率得以保持逐年下降的趋势。

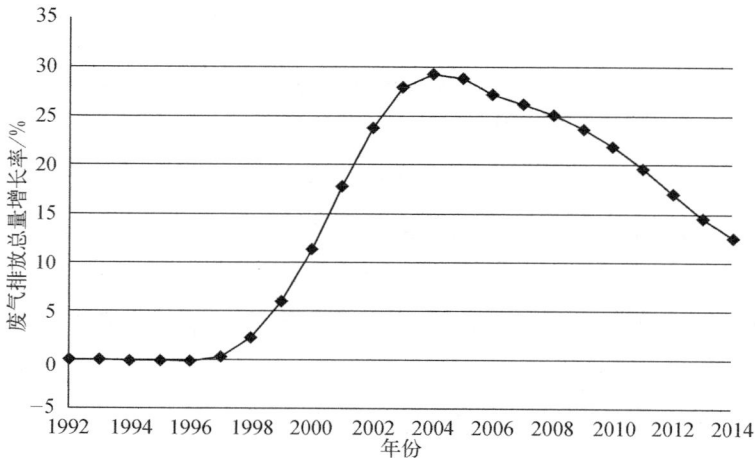

图 4 - 16 1992—2014 年江苏省专用设备制造业废气排放总量增长率趋势图

交通运输设备制造业的改变点是 1997 年和 2006 年,从图 4 - 17 中可以发现,1992—1997 年江苏省交通运输设备制造业的废气排放呈现缓慢上升趋势,增长率不超过 5%,而到了 1998 年随着交通运输设备制造业在关键核心技术方面有所突破,江苏省装备制造业投资进一步加大等,该行业在 1998—2007 年出现明显的增长趋势,而到了 2008 年之后,随着我国推行清洁生产、鼓励使用新型环保技术等环境政策的出台,废气排放增长率呈现持续下降趋势。

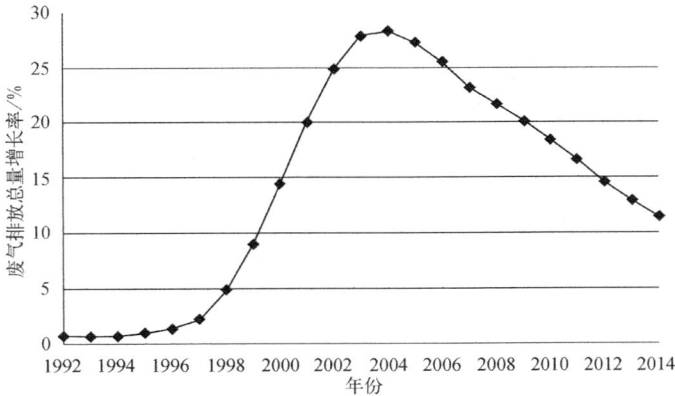

图 4 - 17　1992—2014 年江苏省交通运输设备制造业废气排放总量增长率趋势图

　　电气机械及器材制造业的改变点是 2001 年和 2006 年,从图 4 - 18 中我们可以发现在 2001 年之前该行业废气排放增长率总体呈上升趋势,而在2002—2006 年废气排放增长率开始有所下降,说明环境政策起到了一定的作用,而到了 2007 年之后随着江苏省"十一五"环境规划以及一系列清洁生产、淘汰落后产能的政策措施的颁布,废气排放增长率呈现明显下降趋势。

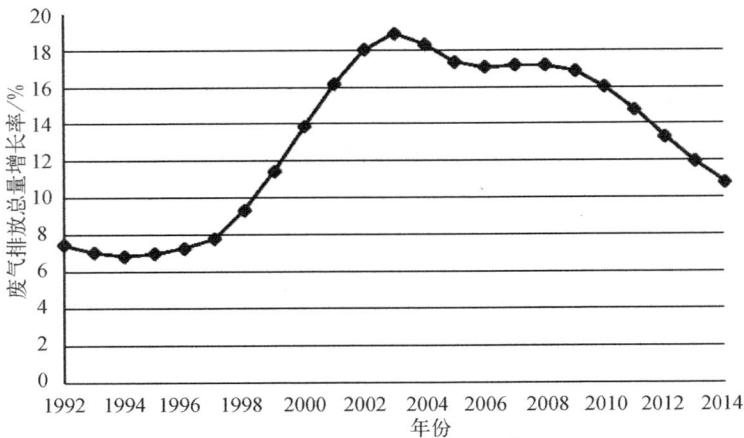

图 4 - 18　1992—2014 年江苏省电气机械及器材制造业废气排放总量增长率趋势图

江苏省仪器、仪表制造业的改变点是 2001 年和 2005 年,从图 4-19
中可以发现在 2001 年之前该行业的废气排放呈现缓慢上升趋势,而到
了 2002 年之后,随着江苏省技术研发投入的增加以及生产经营规模的
扩大,依然呈现上升趋势,而到了 2006 年之后,随着江苏省清洁生产、淘
汰落后产能等一系列环境规制政策的出台,该行业的废气排放总量开始
呈现逐年下降的趋势,说明环境政策的效果十分显著。

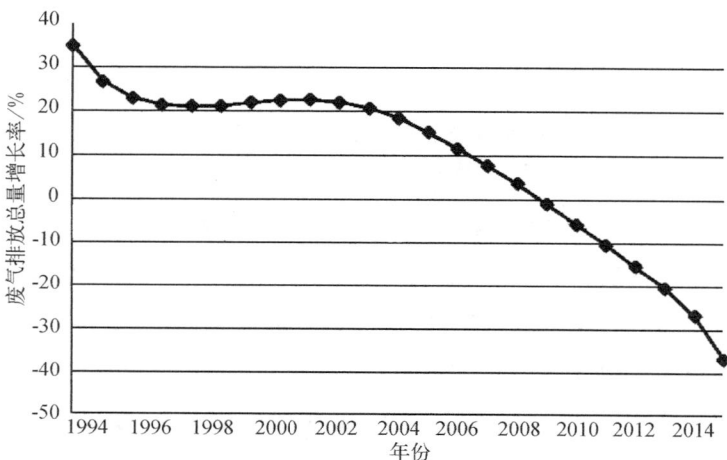

**图 4-19 1992—2014 年江苏省仪器、仪表制造业废气排放总量增长率
趋势图**

(三)重度废气排放行业

化学原料及化学制品制造业,非金属矿物制品业,黑色金属冶炼及
压延加工业,计算机、通信和其他电子设备制造业属于重度废气排放行
业,从图 4-20 上来看,在 1992—2014 年,这些行业的废气排放总量呈现
逐年上升趋势。

化学原料及化学制品业包括基础化学原料、肥料、农药、涂料、合成
材料、专用化学产品、日用化学品等子行业,在国民经济中有着重要的作
用,然而在化学制品生产过程中排放出的大量工业废气对我国的环境造
成了巨大的破坏。江苏省化学原料及化学制品业的改变点是 1998 年和
2007 年,从图 4-21 中我们可以发现,在 1998 年之前江苏省的化学原料

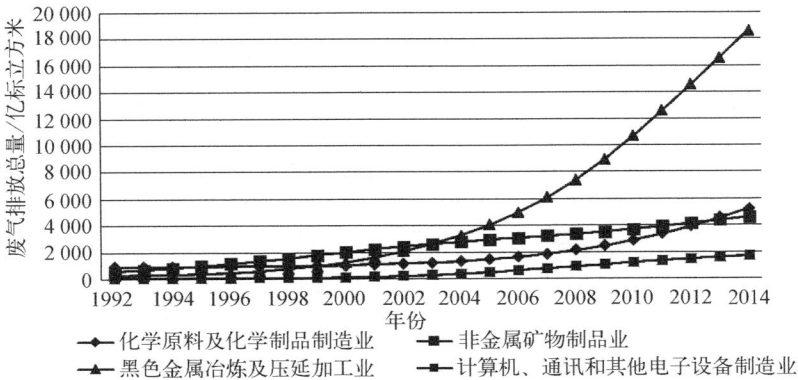

图 4 - 20　1992—2014 年江苏省制造业重度排污行业废气排放总量趋势图

及化学制品业废气排放总量增长率呈现缓慢上升趋势,到了1999—2007年,随着江苏省制造业经济迅速发展,废气排放增长率也有了大幅度的增长;而到了2007—2010年左右,增长率才开始逐渐"凝滞",并终于在2010—2014年开始下降,这与我国在"十二五"期间颁布的一系列环境规制政策息息相关,如2011年颁布的《工业转型升级规划(2011—2015年)》《石油和化学工业"十二五"发展规划》,而江苏省也十分响应国家号召,在这一期间主要通过提高对高能耗、重污染的化学原料及化学制品业的准入门槛来实现稳定该行业的废气排放。

非金属矿物制品业的改变点是2001年和2005年,从图4 - 22中我们可以发现该行业的废气排放总量增长率总体呈现逐年下降的趋势,在1992—2001年,增长率呈现大幅度下降趋势;到了2001年之后,增长率开始呈现小幅度下降的趋势,而到了2005—2014年,该行业的废气排放增长率呈现的下降幅度逐渐缩小并最终达到平稳下降的趋势,说明江苏省经济发展在进入"新常态"之后环境规制政策也有了新一步的变化。如2004年江苏省颁布的《关于落实科学发展观促进可持续发展的意见》以及江苏省在"十一五""十二五"期间展开的环境规划,使得江苏省非金属矿物制品业的废气排放总量增长率逐渐趋于平稳。

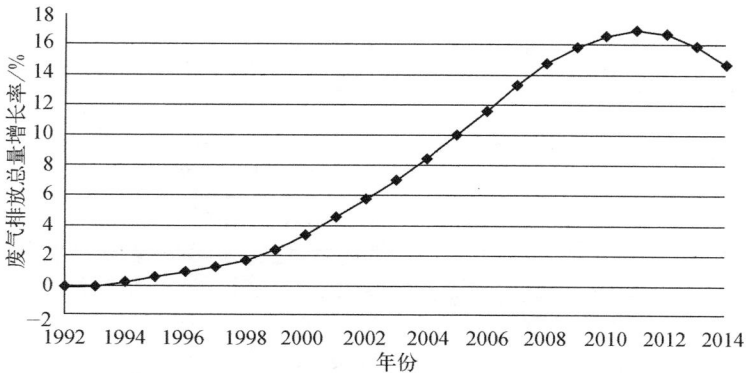

图 4‑21 1992—2014 年江苏省化学原料及化学制品制造业废气排放总量增长率趋势图

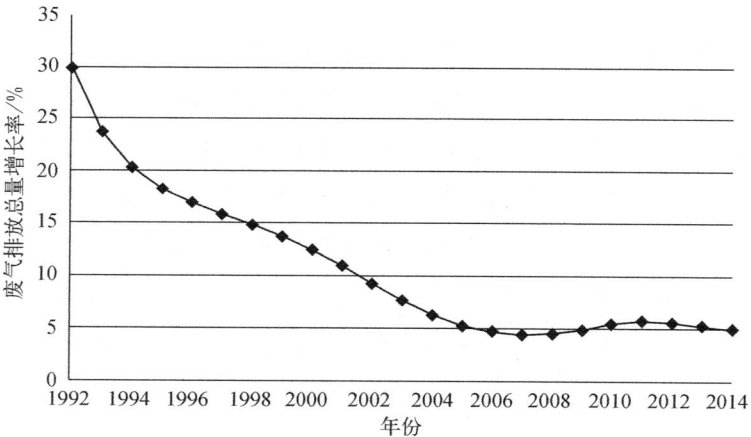

图 4‑22 1992—2014 年江苏省非金属矿物制品业废气排放总量增长率趋势图

黑色金属冶炼及压延加工业同是废气排放重度行业之一,江苏省的黑色金属冶炼及压延加工业废气排放的改变点是 1996 年和 2005 年。从图 4‑23 中可以发现,在1992—1996 年,废气排放总量增长率只是呈现小幅度上涨,而到了1997—2005 年,随着江苏省黑色金属冶炼及压延加工业生产经营规模的扩大和江苏省制造业经济的进一步发展,该行业的废气排放量自然也同时增大,环境规制政策在这一时期并没有很好地解决或是减轻这一问题；而到了2006—2014年，随着江苏省越来越重视工业排污问题，"十二五"期间越来越重视通过企业清洁生产从源头来减少废气排放，以及淘汰了大量高能耗、重污染炼铁炼钢的落后产能，废气排放总量增长率终于出现逐年下降的趋势。

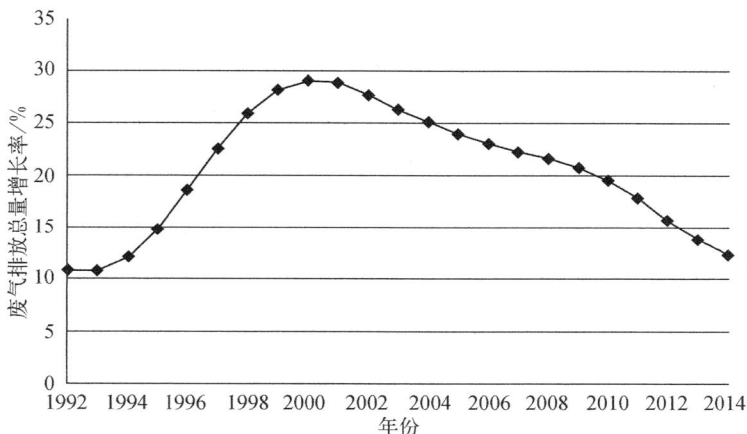

图4-23 1992—2014年江苏省黑色金属冶炼及压延加工业废气排放总量增长率趋势图

通信、计算机和其他电子设备制造业在江苏省算是一个新兴行业，近年来移动通信方式的转变使得江苏省的智能手机制造业出现了较大的发展，互联网时代的来临以及计算机设备的日新月异使得江苏省通信、计算机和其他电子设备制造业的经济进一步发展，并创造了巨大的经济效益，而随之而来的废气污染问题也困扰着江苏省政府。通信、计算机和其他电子设备制造业的改变点是2001年和2010年，从图4-24中我们可以发现在2001年之前，江苏省通信、计算机和其他电子设备制造业的废气排放总量增长率呈现明显上升的趋势，既说明移动通信设备及计算机制造业在加速发展，也反映了这一时期江苏省的环境政策遇到了一定的瓶颈。而到了2002—2010年，该行业的废气排放总量增长率呈现逐渐下降的趋势，说明江苏省政府逐渐重视通过清洁生产、加强行业准入及淘汰落后产能等环境规制政策实现该行业的绿色发展，而到了

2010 年之后,其下降的幅度逐渐变缓,说明在制造业经济进入"新常态"之后,江苏省环境规制政策的效果也出现了新的变化,如 2012 年江苏省颁布了《江苏省"十二五"节能减排综合性工作方案》等环境规制政策,使得该行业废气排放增长率呈稳步下降的趋势。

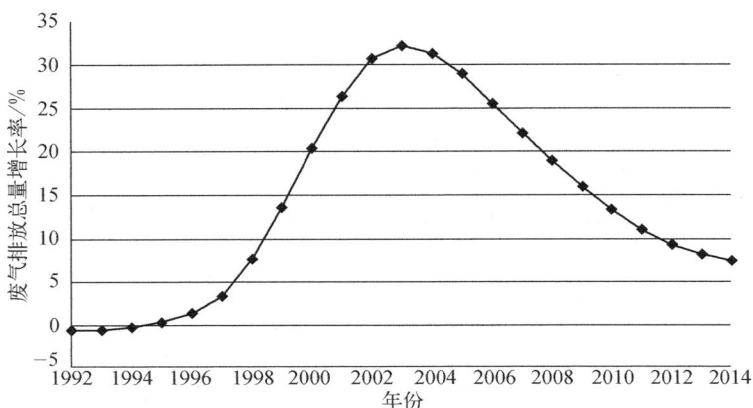

图 4‐24　1992—2014 年江苏省通信、计算机和其他电子设备制造业废气排放总量增长率趋势图

三　江苏制造业废气排放总量增长率趋势周期形成的原因分析

1992—2001 年,江苏省制造业废气排放增长率总体呈现上升趋势,但是在 20 世纪 90 年代的初期,废气排放增长趋势是有所放缓的,我们可以从环境规制政策角度进一步分析其缘由所在。在上一节全国制造业废气排放总量增长率趋势成因的分析中,我们已经提到我国于 20 世纪 70 年代终于开始把保护大气环境纳入法制管理,并于 1979 年 9 月颁布了《中华人民共和国环境保护法(试行)》,对有害气体的排放标准、消烟除尘、生产工艺等作出进一步有关规定。而在这一时期,江苏省主要采取的是命令—控制型的环境规制政策工具,可以说在 20 世纪 90 年代的前中期取得了较为显著的效果,而其中实行时间最长、推行范围最广的当属环境保护目标责任制度。1989年,江苏省终于开始全面推行环境保护目标责任制,实行行政首长负责制,明确治理目标,落实综合治理措施。这一制度的出台首次将环境保护纳入政府职责,通过问责制度将环境保护真正落实到位,通过环境保护目标分解明确各行政部门负责人、厂长经理和乡镇负责人的职责范围,对完成环境保护目标突出的重点污染企业予以表彰,对未能完成目标职责的环境污染企业予以从市长级到乡镇级负责人的问责与分析,层层落实,使得江苏省制造业在20世纪初期的工业废气排放得到了很好的控制,出现了图4-1中20世纪90年代初期制造业废气排放增长率下降的情况。在1991—1996年中,江苏省还积极总结了过去积累的经验,将排污许可证制度与环境保护目标责任制度结合,将江苏省重度污染企业所应遵循的所有要求明确化、细致化,具体到每个排污设备,确定了排污许可证申请、执行的排放标准、排放监测方案、达标的判别标准、记录要求和违法处罚等内容,保障了在一定条件下江苏省污染物排放总量的控制;1991年,江苏省实现了"三同时"制度和污染源限期治理制度,实现兼顾对建设项目的环境治理和对老污染源的环境治理,使得江苏省在这一时期的新建、改建、扩建等一系列可能会对环境造成严重破坏的工程项目在设计、投产或施工之时必须有与之并举的相应环境治理措施。另一方面,在这一时期,江苏省还加快对长期难以治理的高污染型企业展开了查禁工作。此外,江苏省各级市、县又采取了行之有效的环境制度,如南京在1991年采取了"搬迁企业优惠政策",常熟、无锡制定了"三同时"保证金制度,加强了对项目建设的管理。在1992—1966年间,江苏省继续贯彻实行环境保护目标责任制,省环境保护委员会多次对各市环境目标责任制的完成情况进行考核,并严格按照《环境保护法》中的相关规定对各基层单位展开检查,查处了一系列破坏环境的行为。同时,在这一阶段,江苏省还积极通过发展环境科学技术研究,试图通过环境科学技术来从工业生产源头减少制造业排污,例如1993年江苏省决定每年从排污费80%部分中提取排污费总额的 2%建立起环保科技发展基金,组织省内高校、科研机构成立环保科技协作网共同展开工作。从环境保护法制建设的角度来说,在1992—1996 年间,江苏省各市纷纷制定了大气污染防治法律,如 1993 年镇江市人大颁发了《关于镇江市城区大气环境综合整治规划的决定》,并提出了合理调整市区工业布局的意见;常州市人大于同年通过了《关于"强化环境综合整治、迅速改善环境质量"的提案》,全面加强环境保护工作。然而,在 20 世纪 90 年代中后期,由于江苏省制造业大力发展,外商直接投资的"污染避难"给江苏省的生态环境带来了巨大的压力,能源紧张的问题也十分紧迫,于是江苏省制造业的废气排放总量增长率呈现大幅上升趋势。命令—控制型环境政策工具的弊病开始出现,为了解决这些问题,江苏省逐渐出现了市场型环境规制政策工具,为 21 世纪之初江苏省环境规制政策工具的转型作了铺垫,如 1998 年江苏省颁发了《江苏省征收二氧化硫排污费暂行办法》,对两控地区(国家划定的酸雨控制区和二氧化硫控制区)因燃煤、燃油而向外排放废气的企业征收二氧化硫排污费。

2002—2010 年,江苏省制造业废气排放总量增长率呈现"凝滞"趋势。从转变趋势上来说,江苏省 2002 年之前废气排放增长率连连上升的局面终于被打破,江苏省的环境规制政策工具也终于由以命令—控制型为主向以市场型为主成功转型。具体来说,江苏省在这一阶段综合运用多种市场型环境政策工具,促进制造业行业绿色发展、达到环境保护的目的,如 2002 年,江苏省人大审议通过《江苏省二氧化硫排污权交易管理暂行办法》,通过经济手段减少工业废气排放;继续加强排污收费,如 2007 年江苏省环保厅会同省物价、财政等部门出台了《关于调整排污费征收标准的通知》,在全国第一个将废气排污费从0.6元/污染当量提高到1.2元/污染当量;江苏省政府在这一时期也密切与商业银行展开合作,通过绿色信贷政策引导企业环保升级,建立具有江苏地方特色的"五色评级制度",依据环保情况将企业由好到差分为绿、蓝、黄、红、黑五级,对环保情况良好的企业放宽放贷条件,对环保状况恶劣的企业则加大放贷审核难度,督促企业加强环保意识,例如,江苏银行的绿色信贷政策是给绿色企业优先贷款的权利,蓝色企业继续贷款支持,黄色企业贷款规模保持不变,红色企业只允许环境技术更新改造贷款,黑色企业则不允许贷款。在这一时期江苏省还通过市场型环境规制政策工具来大力扶持循环经济发展,并逐渐把发展循环经济作为落实科学发展观、转变经济增长方式、构建资源节约型社会、建设生态省的战略性措施,如 2004年通过颁布《江苏省经济发展规划》,提出通过有重点地支持一批企业通过节能降耗、资源综合利用、清洁生产等途径实现循环生产,江苏省沙钢集团也实现了将高炉产生的除尘灰作为烧结工序的原料;2005 年编制完成《江苏省循环经济发展规划》,进一步推动江苏省循环经济的发展;2006 年编制出台《工业循环经济发展规划》,明确循环经济重点发展任务。而命令—控制型环境规制政策工具在这一阶段并没有被淘汰,对江苏省政府利用行政命令手段淘汰落后产能依然发挥着巨大的作用。这一阶段江苏省严格贯彻落实《淘汰落后生产能力、工艺和产品目录》,如2004 年通过颁布《江苏国际制造业基地总体规划纲要》《2004 年江苏省工商业结构调整纲要》《江苏省工商领域鼓励投资的产业、产品和技术导向目录》淘汰了一大批质量低、污染严重的"五小"企业。2007—2010 年,正值我国"十一五"规划建设期间,由于在前一段时期的大力发展制造业经济的过程中,江苏省在取得了令人瞩目的成就的同时,给环境造成了巨大的压力,所以"十一五"规划中明确提出要落实节约资源和环境保护基本国策,建设低投入、高产出、低消耗、少排放、能循环、可持续的国民经济体系和资源节约型、环境友好型社会,并提出"加快现有燃煤电厂脱硫设施建设",新建燃煤电厂必须根据排放标准安装脱硫装置,推进钢铁、有色、化工、建筑等行业二氧化硫综合治理,在大中城市禁止新建扩建高铁、冶炼等高消耗企业。规划中的这些要求,江苏省均严格执行和持续跟进。从工程减排角度来说,2007 年,江苏省新增燃煤机组脱硫设施 659 万千瓦，总投资超过 15 亿元，并在当年年底使脱硫率达到 94.7％，推进了烧结机脱硫、焦炉煤气脱硫等非电行业脱硫治理，从图 4－10可以看出在这一阶段江苏省石油、炼焦、煤气业废气排放增长率一直呈下降趋势，为江苏省大气环境治理作出了巨大的贡献。在"十一五"环境规划建设的初期，江苏省的大气污染防治环境规制政策措施主要以淘汰落后产能为核心，如 2008 年，江苏省经过努力提前拆除 3 座高炉共 76 万吨炼铁生产能力，从图 4－23 中可以看出此类举措使得黑色金属冶炼及压延加工业的废气排放量增长率在2007之后几年显著下降。从清洁生产角度来说，同时，在2002—2010 年，江苏省还大力通过市场型环境规制政策工具，来引导促进清洁生产发展。市场型环境规制政策工具能够通过利益调节激发清洁生产的各个环节进行节能减排。具体到这一时期江苏省的清洁生产发展状况来看，在世纪之交江苏省逐渐展开企业清洁生产试点工作，促进通过清洁生产减少工业废气排放，如 2002 年江苏省颁布了《江苏省绿色工程规划（第二期）》，并下达至五批省级清洁生产试点企业，使得清洁生产的概念逐渐深入企业；2004 年，江苏省在《新华日报》对全省首批 41 家污染严重企业实行公示，要求展开强制性清洁生产审核；2005 年研究起草《江苏省清洁生产行动纲要（2006—2010）》，组织 500 多家企业展开新一轮清洁生产审核；2006 年制定印发《江苏省清洁生产"十一五"行动纲要》，明确"十一五"期间清洁生产工作的重点。此外，江苏省在这一阶段按照《江苏省清洁生产"十一五"行动纲要》，按照细分行业分别展开企业清洁生产审核，如 2009 年围绕纺织业、化学原料及化学制品制造业等行业展开清洁生产检查，从图 4－7 和图 4－21 我们可以看出，这两个行业在 2009 年前后废气排放总量增长率趋势均有下降。值得一提的是，在这一阶段江苏省还着重推行新型环保技术，如 2007 年推行了燃煤电厂烟气脱硝技术，通过率先使用选择性催化还原技术将氨氮化物排放浓度控制在远低于国家规定的排放标准的范围，从图 4－10 中可以看出新型环保技术促进了江苏省石油、炼焦、煤气业的废气排放总量增长率在 2007 年以后呈现大幅度下降趋势。从环保国际交流与合作的角度来看,江苏省还积极与韩国、日本、加拿大等国展开环保合作,寻求和开拓国际环保合作空间,如 2008 年南京市与日本石川县共同合作展开"中日合作南京市大气环境改善项目";江苏省还与韩国签订《环境行政管理交流协议》《企业自律环境管理协议》,与韩国共同展开企业环境绩效审查。从以上的环境政策中我们可以看出,江苏省在2002—2010 年实行的是以市场型为主的环境规制政策工具,同时命令—控制型的政策工具依然发挥着不可替代的作用,同时江苏省政府积极展开环保技术更新改造,并寻求国际合作,使得上一阶段江苏省制造业废气排放显著增长的局面终于被打破,在此阶段实现"凝滞"状态,并为下一阶段的废气排放增长率下降打下了基础。

2011—2014 年,江苏省制造业废气排放总量增长率呈下降趋势。从环境规制政策的特点来看,这一阶段江苏省的环境规制政策工具逐渐呈现多元化发展,命令—控制型和市场型环境规制政策互相补充,共同发展。非市场型的环境规制政策工具如环保宣传教育和公众环保监督也逐渐兴起。这一时期颁布了多项节能减排政策法令,如 2012 年《江苏省"十二五"节能减排综合性工作方案》,提出进一步加强源头控制,组织实施节能减排重点工程,加强节能减排管理,大力发展循环经济,加快节能减排技术开发和推广应用,完善节能减排经济政策,强化节能减排能力建设和监督管理,推广节能减排市场化机制。2013 年冬季,江苏省爆发了严重雾霾事件,省政府由此展开了大气污染防治重点工程,江苏省大气污染防治联席会议办公室下达了 10 大类 900 个大气污染治理重点工程项目,出台全省燃煤锅炉整治方案,全省火电机组近 60％装机容量完成除尘提标改造,落实钢铁、水泥等重点行业大气特别排放限制。我们可以从图 4-22 和图 4-23 中看出非金属矿物制品业和黑色金属冶炼及压延加工业在 2013 年前后废气排放总量增长率都有了进一步的下降。2014 年,江苏省政府印发了《江苏省大气污染防治行动计划实施方案》,

分解下达1 166个年度重点工程项目,深入开展工业的综合治理,使得江苏省空气近年来得到明显好转;同年还实行了大气环境管理新机制,实施燃煤机组超低排放临时电价补贴政策,改革扬尘排污费征收方案,征收标准提高至1元/平方米·月,加大燃煤锅炉整治、脱硫脱硝、除尘提标改造。这些大气污染防治的政策和措施使得江苏省制造业废气排放总量增长率在"十二五"期间进一步下降。除了命令—控制型和市场型环境规制政策工具,这一阶段江苏省还实施了多种非市场型环境规制政策工具。从宣传教育角度来说,江苏省于2014年展开第二届"江苏省环境宣传教育周"的活动,举办"守望绿色家园"文艺会演,开通"环保号地铁"。此外,江苏省还积极采用新媒体宣传方式,如开通"江苏环保"微博,并于当年达到了218万的粉丝量。从公众环保监督角度来说,以2014年为例,江苏省环保厅制定下发《关于及时就地解决环境信访突出问题提高群众满意度的意见》。在这一阶段,命令—控制型、市场型、非市场型环境规制政策工具百花齐放,终于使得江苏省制造业废气排放增长率出现了下降的趋势。

第五章 江苏制造业环境规制强度分析

一 数据处理方法与模型简介

本章结合专家调查法,在产业环境规制强度(Environmental Regulation Stringency,ERS)综合评价指标体系(赵细康,2003)的思路和计算方法基础上运用离差最大化模型,构建了一个环境规制强度综合评价体系,对环境规制进行测量,从整体上对制造业进行评价。

关于与环境规制强度评价有关指标的选取,由于一些指标数据的不完善,现选取下述指标来进行分析:

① 废水类指标:单位产值废水排放、废水排放达标率;

② 废气类指标:单位产值废气排放、单位产值二氧化硫排放、工业二氧化硫去除率;

③ 废渣类指标:单位产值固体废物产生量、单位产值固体废物综合利用量、工业固体废物综合利用率。

上述指标基本的计算公式为:单位产值污染物排放量=污染排放量/产值。这些单位产值污染物排放量基本呈线性变化,因而在标准化时采取线性方法,该方法如下所示:

设第 $i(i=1,2,\cdots,p)$ 种子目标的第 $j(j=1,2,\cdots,q)$ 种指标原始值是 X_{ij},标准化值是 Y_{ij},β_j 是指标 j 在观察期的平均值,对各指标进行线性标准化的计算公式为:

$$Y_{ij} = 1 + (\beta_{ij} - X_{ij})/\beta_j = 2 - X_{ij}/\beta_j$$

环境规制强度综合评价体系的构成部分为一个目标层、三个评价指标层以及若干个单项指标层。其评价方法的计算公式为:

$$S_i = \sum_{j=1}^{q} \lambda K_j Y_{ij} ;$$

$$ERS = \sum_{i=1}^{p} S_i$$

其中 Y_{ij} 为第 $i(i=1,2,\cdots,p)$ 个评价对象的第 $j(j=1,2,\cdots,q)$ 项污染物的单位产值排放量标准化后的值,K_j 为评价指标 Y_{ij} 的调整系数 $(K_j \geqslant 0,\sum K_j \neq 1)$,$\lambda$ 为用离差最大化求得的评价对象 i 污染物 j 的权重值,S_i 为第 i 个被评价对象的综合评价值,ERS 为产业的环境规制强度值。调整系数 K_j 的取值方法为:

$$K_j = \frac{E_j}{\sum E_j} / \frac{O_i}{\sum O_i} = \frac{E_j}{O_i} * \frac{\sum O_i}{\sum E_j} = \frac{E_j}{O_i} / \frac{\sum E_j}{\sum O_i} = UE_{ij} / \overline{UE_{ij}}$$

K_j 为产业 $i(i=1,2,\cdots,m)$ 污染物 $j(j=1,2,\cdots,n)$ 的排放量(E_j)占全国同类污染排放总量$(\sum E_j)$的比重与产业 i 的总产值(O_i)占全部工业总产值$(\sum O_i)$的比重的比值。经转换可变为:产业 i 污染物 j 的单位产值排放(UE_{ij})与产业 i 污染物 j 单位产值排放全国平均水平$(\overline{UE_{ij}})$的比值。

二　江苏制造业主要行业的环境规制强度综合评价

（一）食品制造业

1. Y_{ij} 的计算

表 5 - 1　1991—2015 年江苏省食品制造业单位产值三废 X_{ij} 数据表

年份	单位产值废水排放量	废水排放达标率	单位产值废气排放量	单位产值二氧化硫排放量	工业二氧化硫去除率	单位产值固体废物产生量	单位产值固体废物综合利用量	工业固体废物综合利用率	锅炉烟尘排放达标率	三废综合利用效率
1991	53. 491 2	0. 316 9	0. 598 8	0. 020 5	0. 007 8	0. 250 6	0. 241 1	0. 962 2	0. 880 2	0. 001 3
1992	39. 403 3	0. 327 3	0. 513 1	0. 011 5	0. 012 0	0. 393 9	0. 294 3	0. 747 2	0. 907 9	0. 001 5
1993	30. 703 7	0. 360 8	0. 423 1	0. 009 8	0. 004 2	0. 282 8	0. 275 1	0. 972 8	0. 914 0	0. 001 4
1994	17. 152 6	0. 453 7	0. 314 2	0. 006 5	0. 053 6	0. 216 3	0. 209 2	0. 967 1	0. 954 3	0. 000 9
1995	16. 735 5	0. 509 0	0. 409 8	0. 003 9	0. 079 9	0. 270 8	0. 266 5	0. 983 9	0. 790 0	0. 001 0
1996	9. 560 1	0. 485 6	0. 293 8	0. 002 7	0. 084 3	0. 143 7	0. 138 7	0. 965 1	0. 589 6	0. 002 0
1997	13. 787 7	0. 514 8	0. 267 5	0. 003 7	0. 071 1	0. 156 0	0. 145 8	0. 934 1	0. 998 4	0. 001 6
1998	10. 497 7	0. 624 7	0. 211 6	0. 002 4	0. 119 6	0. 123 6	0. 119 6	0. 967 6	0. 773 4	0. 000 5
1999	10. 143 8	0. 793 5	0. 192 5	0. 002 3	0. 097 8	0. 113 8	0. 108 8	0. 956 5	0. 639 0	0. 000 8
2000	9. 264 8	0. 883 2	0. 191 1	0. 002 0	0. 129 3	0. 113 4	0. 110 0	0. 969 9	0. 957 6	0. 000 7
2001	12. 121 7	0. 932 7	0. 181 1	0. 001 7	0. 129 8	0. 149 7	0. 140 6	0. 939 5	0. 959 7	0. 000 4
2002	9. 996 9	0. 954 4	0. 150 3	0. 001 6	0. 209 1	0. 104 2	0. 089 5	0. 858 9	0. 948 1	0. 000 4
2003	9. 530 0	0. 970 0	0. 133 3	0. 001 3	0. 174 4	0. 086 9	0. 080 5	0. 926 6	0. 962 5	0. 000 6
2004	8. 217 2	0. 973 7	0. 117 1	0. 001 2	0. 132 2	0. 100 7	0. 091 8	0. 911 2	0. 978 3	0. 000 7
2005	8. 001 1	0. 969 3	0. 126 6	0. 001 1	0. 146 0	0. 081 1	0. 078 9	0. 973 0	0. 985 8	0. 001 0
2006	5. 163 2	0. 935 7	0. 106 8	0. 000 6	0. 142 4	0. 071 4	0. 070 7	0. 989 5	0. 991 2	0. 000 9
2007	3. 710 2	0. 943 0	0. 111 9	0. 000 7	0. 214 7	0. 062 9	0. 062 4	0. 992 5	0. 983 1	0. 001 3
2008	3. 375 0	0. 959 0	0. 120 7	0. 000 4	0. 246 7	0. 044 1	0. 043 5	0. 986 2	0. 996 6	0. 000 6

续表

年份	单位产值废水排放量	废水排放达标率	单位产值废气排放量	单位产值二氧化硫排放量	工业二氧化硫去除率	单位产值固体废物产生量	单位产值固体废物综合利用量	工业固体废物综合利用率	锅炉烟尘排放达标率	三废综合利用效率
2009	2.869 3	0.966 1	0.096 4	0.000 4	0.149 9	0.030 9	0.030 7	0.995 1	0.996 4	0.001 0
2010	2.475 1	0.926 6	0.077 5	0.000 4	0.395 8	0.027 6	0.027 3	0.989 7	0.986 7	0.000 8
2011	2.598 4	0.940 7	0.070 2	0.000 3	0.290 2	0.034 0	0.032 7	0.960 4	0.989 1	0.001 0
2012	2.298 2	0.942 7	0.083 1	0.000 3	0.315 0	0.013 5	0.012 7	0.935 9	0.991 6	0.001 1
2013	2.107 4	0.945 4	0.056 7	0.000 2	0.344 0	0.016 9	0.016 3	0.962 9	0.994 0	0.001 3
2014	1.800 4	0.949 0	0.077 8	0.000 2	0.377 4	0.013 5	0.013 0	0.962 2	0.996 4	0.001 6
2015	1.606 4	0.953 4	0.058 1	0.000 2	0.415 5	0.009 5	0.008 9	0.935 9	0.998 5	0.001 8
β_{ij}	11.464 4	0.781 2	0.199 3	0.003 0	0.173 7	0.116 5	0.108 3	0.949 8	0.926 5	0.001 1

数据来源：1992—2016 年《江苏统计年鉴》。

运用标准化值 Y_{ij} 的计算公式，经计算可得：

表 5-2　1991—2015 年江苏省食品业单位产值三废标准化值 Y_{ij} 表

年份	单位产值废水排放量	废水排放达标率	单位产值废气排放量	单位产值二氧化硫排放量	工业二氧化硫去除率	单位产值固体废物产生量	单位产值固体废物综合利用率	工业固体废物综合利用率	锅炉烟尘排放达标率	三废综合利用效率
1991	-2.665 8	0.405 6	-1.004 3	-4.763 9	0.045 1	-0.151 6	-0.225 7	1.013 1	0.950 1	1.193 0
1992	-1.437 0	0.419 0	-0.574 1	-1.805 6	0.069 0	-1.381 5	-0.716 4	0.786 7	0.979 9	1.414 9
1993	-0.678 2	0.461 8	-0.122 6	-1.229 2	0.024 0	-0.427 8	-0.539 2	1.024 2	0.986 5	1.289 9
1994	0.503 8	0.580 8	0.423 6	-0.159 7	0.308 4	0.142 8	0.069 1	1.018 2	1.030 0	0.903 1
1995	0.540 2	0.651 5	-0.055 8	0.719 7	0.460 1	-0.325 1	-0.459 5	1.035 9	0.852 7	0.940 7
1996	1.166 1	0.621 5	0.525 9	1.111 2	0.485 5	0.766 6	0.720 3	1.016 1	0.636 4	1.858 4
1997	0.797 4	0.658 9	0.657 7	0.789 1	0.409 5	0.660 3	0.654 7	0.983 4	1.077 6	1.560 0

年份	单位产值废水排放量	废水排放达标率	单位产值废气排放量	单位产值二氧化硫排放量	工业二氧化硫去除率	单位产值固体废物产生量	单位产值固体废物综合利用量	工业固体废物综合利用率	锅炉烟尘排放达标率	三废综合利用效率
1998	1.084 3	0.799 6	0.938 5	1.217 9	0.688 6	0.938 7	0.896 0	1.018 7	0.834 7	0.507 5
1999	1.115 2	1.015 7	1.034 3	1.248 2	0.563 1	1.023 2	0.995 6	1.007 0	0.689 7	0.804 4
2000	1.191 9	1.130 6	1.041 3	1.338 3	0.744 5	1.026 3	0.984 7	1.021 1	1.033 6	0.638 3
2001	0.942 7	1.193 9	1.091 3	1.442 6	0.747 4	0.714 7	0.701 8	0.989 1	1.035 8	0.409 6
2002	1.128 0	1.221 6	1.245 8	1.486 0	1.203 9	1.105 4	1.173 9	0.904 2	1.023 3	0.347 0
2003	1.168 7	1.241 6	1.331 2	1.579 8	1.004 0	1.254 2	1.257 1	0.975 5	1.038 8	0.578 4
2004	1.283 2	1.246 4	1.412 6	1.614 9	0.760 8	1.135 3	1.152 9	0.959 4	1.055 9	0.691 3
2005	1.302 1	1.240 8	1.365 0	1.644 1	0.840 6	1.303 5	1.271 4	1.024 4	1.064 0	0.971 5
2006	1.549 6	1.197 7	1.464 4	1.789 0	0.819 6	1.386 9	1.347 8	1.041 7	1.069 8	0.816 1
2007	1.676 4	1.207 0	1.438 8	1.779 2	1.235 9	1.460 0	1.423 9	1.044 9	1.061 1	1.259 5
2008	1.705 6	1.227 5	1.394 2	1.859 5	1.420 0	1.621 1	1.598 3	1.038 3	1.075 6	0.613 2
2009	1.749 7	1.236 6	1.516 3	1.871 0	0.863 1	1.735 0	1.716 5	1.047 7	1.075 4	0.968 1
2010	1.784 1	1.186 1	1.611 4	1.882 9	2.278 3	1.762 9	1.747 7	1.041 9	1.064 9	0.768 7
2011	1.773 4	1.204 1	1.648 0	1.892 3	1.670 6	1.708 0	1.698 5	1.011 1	1.067 6	0.922 4
2012	1.799 5	1.206 6	1.582 9	1.899 0	1.813 3	1.883 7	1.883 0	0.985 3	1.070 2	1.084 0
2013	1.816 2	1.210 1	1.715 6	1.928 7	1.980 2	1.854 7	1.849 5	1.013 7	1.072 8	1.264 7
2014	1.843 0	1.214 7	1.609 7	1.935 7	2.172 5	1.883 9	1.879 9	1.013 0	1.075 5	1.473 9
2015	1.859 9	1.220 4	1.708 4	1.929 4	2.392 0	1.918 7	1.918 2	0.985 3	1.078 1	1.721 1

2. K_j 的计算

1991—2015 年江苏省工业单位产值三废 X_{ij} 数据的计算过程同制造业。

根据公式 $K_j = \dfrac{E_j}{\sum E_j} \Big/ \dfrac{O_i}{\sum O_i} = \dfrac{E_j}{O_i} * \dfrac{\sum O_i}{\sum E_j} = \dfrac{E_j}{O_i} \Big/ \dfrac{\sum E_j}{\sum O_i} = \mathrm{UE}_{ij} \Big/$

$\overline{UE_{ij}}$，最终可得到 K_j。

表 5 - 3　K_j 的计算结果

年份	工业废水排放总量	废水排放达标率	工业废气排放总量	工业二氧化硫排放量	工业二氧化硫去除率	工业固体废物产生量	工业固体废物综合利用量	工业固体废物综合利用率	锅炉烟尘排放达标率	三废综合利用效率
1991	0.530 7	0.491 4	0.248 5	0.559 5	0.096 7	0.286 9	0.436 7	1.522 3	1.076 9	0.503 5
1992	0.587 5	0.498 6	0.321 4	0.432 9	0.116 6	0.539 0	0.608 7	1.129 4	1.054 9	0.645 4
1993	0.709 2	0.539 3	0.397 6	0.522 7	0.038 9	0.595 1	0.718 4	1.207 2	0.989 3	0.710 6
1994	0.531 1	0.659 8	0.356 6	0.435 5	0.433 6	0.520 1	0.606 2	1.165 6	1.008 4	0.498 1
1995	0.454 4	0.730 3	0.353 7	0.251 4	0.737 1	0.639 3	0.787 7	1.232 2	0.942 5	0.723 8
1996	0.336 2	0.702 4	0.304 7	0.199 6	0.387 8	0.383 9	0.480 2	1.250 7	0.657 6	0.890 5
1997	0.503 3	0.790 6	0.263 3	0.220 5	0.642 8	0.438 9	0.491 6	1.119 9	1.155 1	0.542 8
1998	0.416 6	0.824 0	0.227 5	0.153 7	0.986 1	0.338 1	0.426 4	1.261 1	0.913 2	0.266 5
1999	0.449 8	0.906 6	0.205 4	0.217 4	0.692 0	0.350 1	0.398 6	1.138 5	0.717 5	0.393 5
2000	0.479 6	0.960 6	0.220 0	0.248 2	0.711 8	0.390 2	0.442 6	1.134 2	0.973 8	0.320 8
2001	0.525 4	0.993 0	0.159 5	0.182 1	0.752 3	0.495 0	0.511 4	1.033 1	0.999 8	0.168 8
2002	0.527 6	0.995 0	0.145 9	0.204 4	1.014 3	0.380 6	0.358 2	0.941 1	0.960 7	0.141 0
2003	0.769 1	0.992 4	0.164 5	0.239 9	0.670 7	0.435 6	0.404 8	0.929 3	0.983 1	0.268 0
2004	0.788 7	0.998 2	0.119 7	0.177 0	0.472 7	0.431 4	0.394 8	0.915 2	1.007 2	0.274 8
2005	0.984 6	0.992 1	0.205 0	0.288 7	0.389 0	0.467 5	0.476 0	1.018 1	1.005 7	0.358 5
2006	0.827 4	0.957 3	0.177 7	0.230 2	0.300 1	0.443 2	0.452 9	1.022 0	1.007 2	0.246 7
2007	0.867 2	0.964 7	0.252 9	0.349 0	0.361 5	0.501 2	0.502 8	1.003 2	0.992 9	0.396 0
2008	0.999 9	0.981 2	0.324 3	0.317 1	0.373 2	0.421 9	0.421 3	0.998 4	1.001 6	0.204 4
2009	0.887 2	1.005 1	0.257 3	0.345 6	0.216 7	0.307 6	0.312 5	1.015 4	1.006 0	0.370 0
2010	0.986 3	0.943 6	0.228 4	0.360 7	0.561 6	0.304 5	0.311 3	1.022 6	1.004 7	0.339 8
2011	1.255 5	0.965 5	0.156 8	0.362 7	0.383 4	0.368 0	0.370 7	1.007 5	1.004 5	0.381 9
2012	1.262 8	0.966 1	0.205 4	0.409 5	0.394 3	0.163 8	0.168 1	1.026 1	1.004 2	0.420 4

续表

年份	工业废水排放总量	废水排放达标率	工业废气排放总量	工业二氧化硫排放量	工业二氧化硫去除率	工业固体废物产生量	工业固体废物综合利用量	工业固体废物综合利用率	锅炉烟尘排放达标率	三废综合利用效率
2013	1.406 2	0.967 1	0.152 6	0.347 3	0.408 0	0.216 4	0.215 5	0.995 6	1.004 0	0.459 4
2014	1.398 8	0.968 5	0.186 5	0.364 3	0.424 2	0.182 8	0.181 7	0.994 0	1.003 8	0.509 7
2015	1.291 3	0.971 2	0.150 4	0.467 3	0.442 5	0.138 1	0.135 0	0.977 3	1.003 6	0.543 1

3. S_i 值的计算

运用离差最大化决策方法计算权重 K，K 值归一化之后的结果分别为 0.435 5、0.564 5、0.334 9、0.235 2、0.429 9、0.303 6、0.381 3、0.315 1、0.443 0、0.557 0。在此作用下，食品制造业的环境规制强度值最终的计算结果如下表所示。

表 5-4　1991—2015 年江苏省食品制造业的环境规制强度值

年份	废水排放量	废水排放达标率	废气排放量	二氧化硫排放量	工业二氧化硫去除率	固体废物产生量	固体废物综合利用量	工业固体废物综合利用率	锅炉烟尘排放达标率	三废综合利用效率	环境规制强度值
1991	−0.616 1	0.112 5	−0.083 6	−0.626 9	0.001 9	−0.013 2	−0.037 6	0.485 9	0.453 3	0.334 6	0.010 9
1992	−0.367 7	0.117 9	−0.061 8	−0.183 9	0.003 5	−0.226 1	−0.166 3	0.280 0	0.457 9	0.508 7	0.362 3
1993	−0.209 5	0.140 6	−0.016 3	−0.151 1	0.000 4	−0.077 3	−0.147 7	0.389 6	0.432 4	0.510 6	0.871 6
1994	0.116 5	0.216 3	0.050 6	−0.016 4	0.057 5	0.022 6	0.016 0	0.374 0	0.460 1	0.250 5	1.547 7
1995	0.106 9	0.268 6	−0.006 6	0.042 6	0.145 8	−0.063 1	−0.138 0	0.402 2	0.356 0	0.379 3	1.493 6
1996	0.170 8	0.246 4	0.053 7	0.052 2	0.080 9	0.089 4	0.131 9	0.400 4	0.185 4	0.921 8	2.332 8
1997	0.174 8	0.294 1	0.058 0	0.040 9	0.113 2	0.088 0	0.122 7	0.347 0	0.551 4	0.471 6	2.261 6
1998	0.196 7	0.371 9	0.071 5	0.044 0	0.291 9	0.096 4	0.145 7	0.404 8	0.337 7	0.075 3	2.035 9

续表

年份	废水排放量	废水排放达标率	废气排放量	二氧化硫排放量	工业二氧化硫去除率	固体废物产生量	固体废物综合利用量	工业固体废物综合利用率	锅炉烟尘排放达标率	三废综合利用效率	环境规制强度值
1999	0.218 5	0.519 8	0.071 1	0.063 8	0.167 5	0.108 8	0.151 3	0.361 3	0.219 2	0.176 3	2.057 6
2000	0.248 9	0.613 1	0.076 7	0.078 1	0.227 8	0.121 6	0.166 2	0.364 9	0.445 9	0.114 1	2.457 4
2001	0.215 7	0.669 2	0.058 3	0.061 8	0.241 7	0.107 4	0.136 9	0.322 0	0.458 8	0.038 5	2.310 3
2002	0.259 2	0.686 1	0.060 9	0.071 4	0.525 0	0.127 7	0.160 3	0.268 1	0.435 5	0.027 2	2.621 5
2003	0.391 5	0.695 5	0.073 3	0.089 1	0.289 5	0.165 9	0.194 0	0.285 6	0.452 4	0.086 3	2.723 2
2004	0.440 8	0.702 3	0.056 6	0.067 2	0.154 6	0.148 7	0.173 5	0.276 7	0.471 2	0.105 8	2.597 5
2005	0.558 3	0.694 9	0.093 7	0.111 6	0.140 6	0.185 0	0.230 7	0.328 6	0.474 0	0.194 0	3.011 5
2006	0.558 4	0.647 2	0.087 1	0.096 8	0.105 7	0.186 6	0.232 8	0.335 5	0.477 3	0.112 1	2.839 6
2007	0.633 1	0.657 3	0.121 8	0.146 0	0.192 1	0.222 2	0.273 0	0.330 3	0.466 7	0.277 8	3.320 4
2008	0.742 7	0.679 9	0.151 4	0.138 7	0.227 8	0.207 7	0.256 7	0.326 6	0.477 3	0.069 8	3.278 6
2009	0.676 0	0.701 6	0.130 6	0.152 1	0.080 4	0.162 0	0.204 4	0.335 2	0.479 3	0.199 5	3.121 2
2010	0.766 3	0.631 8	0.123 3	0.159 7	0.550 1	0.163 0	0.207 5	0.335 7	0.474 0	0.145 5	3.556 9
2011	0.969 6	0.656 3	0.086 5	0.161 4	0.275 4	0.190 8	0.240 1	0.321 0	0.475 0	0.196 2	3.572 4
2012	0.989 6	0.658 1	0.108 9	0.182 9	0.307 4	0.093 7	0.120 7	0.318 6	0.476 1	0.253 9	3.509 8
2013	1.112 2	0.660 7	0.087 7	0.157 6	0.347 3	0.121 9	0.151 9	0.318 0	0.477 2	0.323 6	3.758 1
2014	1.122 7	0.664 1	0.100 6	0.165 8	0.396 2	0.104 6	0.130 2	0.317 3	0.478 2	0.418 5	3.898 1
2015	1.045 9	0.669 0	0.086 1	0.212 1	0.455 1	0.080 4	0.098 7	0.303 4	0.479 3	0.520 6	3.950 7

从上表的结果中可发现,总体上1991—2015年这25年间江苏省食品制造业的环境规制强度值呈现出一个不断上升的态势,从1991年的0.010 9上升至2015年的3.950 7,说明江苏省的环境规制强度逐步加大,保护环境的意识愈来愈强,对环境愈加重视。

在十项指标中,单位产值废水排放量的环境规制强度值的变动幅度较明显,从 1991 年的-0.616 1上升至 2015 年的1.045 9,增幅269.77%,环境规制强度值总体呈现上升的态势,说明对食品制造业的废水排放量的规制强度愈来愈大,而三废综合利用效率的规制强度值波动幅度显著,1996 年的强度值最大,2002 年达到最低,之后几年的强度值有所上升,在未来的几年能够继续提升三废综合利用效率,可推动食品制造业有更好的发展。

(二)饮料制造业

1. Y$_{ij}$的计算

表 5－5 1991—2015 年江苏省饮料制造业单位产值三废 X$_{ij}$数据表

年份	单位产值废水排放量	废水排放达标率	单位产值废气排放量	单位产值二氧化硫排放量	工业二氧化硫去除率	单位产值固体废物产生量	单位产值固体废物综合利用量	工业固体废物综合利用率	锅炉烟尘排放达标率	三废综合利用效率
1991	87.724 5	0.557 9	0.765 9	0.037 0	0.009 2	0.818 3	0.783 0	0.957 1	0.874 9	0.003 4
1992	81.079 9	0.428 1	0.611 7	0.027 4	0.009 6	0.930 5	0.890 9	0.957 4	0.902 4	0.003 8
1993	77.633 2	0.373 1	0.490 1	0.022 6	0.003 3	0.836 2	0.809 1	0.967 6	0.908 5	0.003 4
1994	43.751 9	0.469 3	0.367 1	0.015 2	0.043 4	0.645 3	0.620 7	0.961 9	0.948 5	0.002 4
1995	42.729 0	0.526 5	0.479 3	0.009 0	0.065 1	0.808 7	0.791 4	0.978 6	0.785 2	0.002 5
1996	27.832 6	0.502 2	0.391 9	0.007 2	0.068 8	0.489 2	0.469 5	0.960 0	0.586 0	0.003 4
1997	27.839 3	0.532 4	0.247 5	0.006 8	0.057 9	0.368 4	0.342 5	0.929 0	0.995 5	0.003 2
1998	21.571 6	0.646 1	0.199 1	0.004 4	0.098 3	0.297 0	0.285 9	0.962 4	0.768 7	0.001 1
1999	22.883 2	0.820 7	0.198 9	0.004 7	0.080 0	0.300 1	0.285 6	0.951 4	0.635 2	0.001 9
2000	20.771 7	0.913 5	0.196 5	0.004 1	0.106 4	0.297 3	0.286 8	0.964 7	0.951 9	0.001 5
2001	27.030 7	0.964 7	0.185 0	0.003 5	0.106 9	0.390 4	0.364 8	0.934 4	0.953 9	0.000 9
2002	22.279 0	0.979 7	0.172 4	0.003 2	0.192 9	0.284 4	0.272 6	0.958 5	0.966 2	0.001 2
2003	19.569 2	0.997 1	0.171 7	0.002 5	0.279 0	0.211 7	0.210 8	0.995 9	0.974 5	0.001 1
2004	14.654 3	0.990 0	0.208 5	0.002 6	0.226 7	0.185 4	0.182 9	0.986 6	0.983 7	0.001 0

续表

年份	单位产值废水排放量	废水排放达标率	单位产值废气排放量	单位产值二氧化硫排放量	工业二氧化硫去除率	单位产值固体废物产生量	单位产值固体废物综合利用量	工业固体废物综合利用率	锅炉烟尘排放达标率	三废综合利用效率
2005	13.245 6	0.995 6	0.185 8	0.002 1	0.147 6	0.183 0	0.156 7	0.856 2	0.968 1	0.003 1
2006	12.765 7	0.975 8	0.138 1	0.002 0	0.067 1	0.180 5	0.179 0	0.991 0	0.997 2	0.002 0
2007	10.468 1	0.984 7	0.135 8	0.001 7	0.096 9	0.137 9	0.136 5	0.990 1	0.960 2	0.002 3
2008	9.540 6	0.983 2	0.101 7	0.001 2	0.128 5	0.170 2	0.169 1	0.993 3	0.976 6	0.002 0
2009	10.444 9	0.996 4	0.079 9	0.000 8	0.232 6	0.162 2	0.161 2	0.994 0	1.000 0	0.003 0
2010	8.577 6	0.976 0	0.072 8	0.000 5	0.286 5	0.129 2	0.128 5	0.994 0	0.990 1	0.003 2
2011	10.257 3	0.983 5	0.093 1	0.000 9	0.316 4	0.114 3	0.112 3	0.981 7	0.991 2	0.003 1
2012	8.305 5	0.986 0	0.132 0	0.000 8	0.349 3	0.112 7	0.104 0	0.922 9	0.992 4	0.003 6
2013	7.992 6	0.989 1	0.077 1	0.000 7	0.385 7	0.117 1	0.115 4	0.986 2	0.993 5	0.003 7
2014	7.447 9	0.992 7	0.083 4	0.000 7	0.425 8	0.083 7	0.074 1	0.884 7	0.994 7	0.003 9
2015	7.107 3	0.996 9	0.103 8	0.000 6	0.470 1	0.088 6	0.081 8	0.922 9	0.995 8	0.004 1
β_{ij}	25.740 1	0.822 5	0.235 6	0.006 5	0.170 2	0.333 7	0.320 6	0.959 3	0.923 8	0.002 6

数据来源:1992—2016 年《江苏统计年鉴》。

运用标准化值 Y_{ij} 的计算公式,经计算可得:

表 5-6　1991—2015 年江苏省饮料制造业单位产值三废标准化值 Y_{ij} 表

年份	单位产值废水排放量	废水排放达标率	单位产值废气排放量	单位产值二氧化硫排放量	工业二氧化硫去除率	单位产值固体废物产生量	单位产值固体废物综合利用量	工业固体废物综合利用率	锅炉烟尘排放达标率	三废综合利用效率
1991	−1.408 1	0.678 4	−1.251 5	−3.697 8	0.053 9	−0.452 1	−0.442 4	0.997 7	0.947 1	1.311 6
1992	−1.149 9	0.520 5	−0.596 8	−2.211 2	0.056 4	−0.788 5	−0.778 7	0.998 0	0.976 8	1.465 9
1993	−1.016 0	0.453 6	−0.080 5	−1.472 2	0.019 4	−0.506 0	−0.523 9	1.008 6	0.983 4	1.311 6
1994	0.300 2	0.570 6	0.441 4	−0.342 8	0.255 1	0.066 2	0.064 0	1.002 7	1.026 7	0.925 8

年份	单位产值废水排放量	废水排放达标率	单位产值废气排放量	单位产值二氧化硫排放量	工业二氧化硫去除率	单位产值固体废物产生量	单位产值固体废物综合利用量	工业固体废物综合利用率	锅炉烟尘排放达标率	三废综合利用效率
1995	0.340 0	0.640 2	−0.034 9	0.609 8	0.382 6	−0.423 4	−0.468 6	1.020 1	0.850 0	0.964 4
1996	0.918 7	0.610 6	0.336 2	0.899 6	0.404 3	0.534 1	0.535 4	1.000 7	0.634 3	1.311 6
1997	0.918 4	0.647 3	0.949 2	0.960 2	0.340 3	0.895 9	0.932 3	0.968 4	1.077 6	1.234 4
1998	1.161 9	0.785 6	1.154 6	1.316 6	0.577 7	1.109 9	1.108 2	1.003 2	0.832 1	0.424 2
1999	1.111 0	0.997 9	1.155 6	1.278 8	0.470 1	1.100 7	1.109 3	0.991 7	0.687 6	0.732 9
2000	1.193 0	1.110 7	1.166 6	1.369 1	0.625 3	1.109 0	1.105 3	1.005 6	1.030 4	0.578 6
2001	0.949 9	1.173 0	1.214 5	1.471 4	0.628 2	0.830 0	0.862 0	0.974 0	1.032 6	0.347 2
2002	1.134 5	1.191 2	1.268 2	1.500 6	1.133 6	1.147 6	1.149 6	0.999 1	1.045 9	0.462 9
2003	1.239 7	1.212 4	1.271 3	1.614 5	1.639 6	1.365 7	1.342 5	1.038 1	1.054 9	0.424 3
2004	1.430 7	1.203 7	1.115 0	1.594 2	1.332 3	1.444 5	1.429 5	1.028 4	1.064 8	0.385 8
2005	1.485 4	1.210 5	1.211 3	1.682 3	0.867 4	1.451 6	1.511 2	0.892 5	1.048 0	1.195 9
2006	1.504 1	1.186 5	1.413 9	1.693 0	0.394 3	1.459 0	1.441 8	1.033 0	1.079 5	0.771 5
2007	1.593 3	1.197 3	1.423 7	1.739 9	0.569 5	1.586 7	1.574 1	1.032 1	1.039 6	0.887 2
2008	1.629 4	1.195 5	1.568 3	1.817 0	0.755 2	1.489 9	1.472 6	1.035 4	1.057 2	0.771 5
2009	1.594 2	1.211 5	1.661 0	1.873 7	1.367 0	1.514 0	1.497 2	1.036 2	1.082 5	1.157 3
2010	1.666 8	1.186 7	1.690 7	1.893 2	1.683 7	1.612 8	1.599 3	1.036 6	1.071 8	1.234 4
2011	1.601 5	1.195 8	1.604 7	1.854 3	1.859 4	1.657 3	1.649 9	1.023 3	1.073 0	1.199 7
2012	1.677 3	1.198 9	1.439 4	1.874 5	2.052 8	1.662 2	1.675 5	0.962 0	1.074 3	1.372 2
2013	1.689 5	1.202 6	1.672 7	1.888 6	2.266 7	1.649 2	1.639 9	1.028 0	1.075 5	1.438 7
2014	1.710 7	1.207 0	1.645 9	1.891 4	2.502 4	1.749 1	1.768 9	0.922 2	1.076 8	1.508 5
2015	1.723 9	1.212 1	1.559 5	1.901 4	2.762 7	1.734 6	1.745 0	0.962 0	1.077 9	1.581 6

2. K_j 的计算

1991—2015 年江苏省工业单位产值三废 X_{ij} 数据的计算过程同制

造业。

$$根据公式 K_j = \frac{E_j}{\sum E_j} / \frac{O_i}{\sum O_i} = \frac{E_j}{O_i} * \frac{\sum O_i}{\sum E_j} = \frac{E_j}{O_i} / \frac{\sum E_j}{\sum O_i} = UE_{ij} /$$

$\overline{UE_{ij}}$,最终可得到 K_j。

表 5-7　K_j 的计算结果

年份	工业废水排放总量	废水排放达标率	工业废气排放总量	工业二氧化硫排放量	工业二氧化硫去除率	工业固体废物产生量	工业固体废物综合利用量	工业固体废物综合利用率	锅炉烟尘排放达标率	三废综合利用效率
1991	0.870 3	0.865 2	0.317 8	1.012 4	0.113 3	0.936 6	1.417 9	1.514 2	1.070 4	1.364 5
1992	1.208 9	0.652 1	0.383 2	1.029 1	0.093 5	1.273 4	1.842 6	1.447 1	1.048 5	1.648 3
1993	1.793 2	0.557 7	0.460 6	1.207 3	0.030 8	1.759 8	2.113 0	1.200 7	0.983 3	1.781 0
1994	1.354 8	0.682 4	0.416 7	1.014 7	0.351 4	1.551 5	1.798 5	1.159 3	1.002 3	1.258 7
1995	1.160 1	0.755 4	0.413 7	0.586 4	0.600 4	1.909 0	2.339 6	1.225 5	0.936 8	1.829 2
1996	0.978 9	0.726 5	0.406 4	0.531 0	0.316 4	1.307 3	1.626 1	1.244 0	0.653 6	1.549 2
1997	1.016 2	0.817 7	0.243 6	0.406 7	0.523 2	1.036 3	1.154 4	1.113 9	1.151 7	1.058 7
1998	0.856 0	0.852 2	0.214 2	0.288 4	0.810 3	0.812 5	1.019 2	1.254 2	0.907 7	0.549 2
1999	1.014 7	0.937 6	0.212 2	0.448 0	0.565 9	0.923 6	1.045 9	1.132 4	0.713 2	0.883 8
2000	1.075 3	0.993 6	0.226 0	0.508 2	0.585 6	1.023 0	1.154 0	1.128 1	0.968 0	0.716 9
2001	1.171 7	1.027 1	0.162 9	0.371 1	0.619 4	1.290 9	1.326 6	1.027 5	0.993 8	0.352 6
2002	1.175 9	1.021 4	0.167 3	0.426 6	0.935 6	1.039 0	1.091 3	1.050 3	0.979 0	0.463 6
2003	1.579 4	1.020 1	0.211 8	0.472 8	1.073 0	1.061 4	1.060 1	0.998 8	0.995 3	0.484 6
2004	1.406 5	1.014 9	0.213 2	0.400 7	0.810 9	0.794 0	0.786 7	0.990 9	1.012 6	0.378 0
2005	1.629 9	1.019 0	0.300 9	0.553 6	0.393 3	1.054 6	0.944 9	0.895 9	0.987 7	1.087 9
2006	2.045 6	0.998 3	0.229 8	0.719 4	0.141 4	1.120 5	1.147 1	1.023 6	1.013 3	0.574 9
2007	2.446 8	1.007 3	0.306 9	0.883 2	0.163 2	1.099 1	1.099 9	1.000 8	0.969 8	0.687 6
2008	2.826 5	1.006 0	0.273 1	0.887 2	0.194 4	1.627 4	1.636 5	1.005 5	0.981 5	0.633 8

年份	工业废水排放总量	废水排放达标率	工业废气排放总量	工业二氧化硫排放量	工业二氧化硫去除率	工业固体废物产生量	工业固体废物综合利用量	工业固体废物综合利用率	锅炉烟尘排放达标率	三废综合利用效率
2009	3.229 6	1.036 7	0.213 1	0.726 9	0.336 2	1.615 9	1.639 0	1.014 3	1.009 6	1.090 2
2010	3.418 1	0.993 9	0.214 8	0.706 6	0.406 6	1.424 4	1.463 5	1.027 4	1.008 2	1.345 3
2011	4.956 2	1.009 4	0.208 1	1.054 3	0.418 0	1.237 0	1.274 0	1.029 9	1.006 6	1.224 6
2012	4.563 6	1.010 6	0.326 2	1.092 7	0.437 3	1.362 8	1.379 0	1.011 9	1.005 1	1.311 8
2013	5.333 3	1.011 9	0.207 6	1.166 1	0.457 5	1.496 4	1.525 9	1.019 7	1.003 5	1.288 3
2014	5.786 6	1.013 2	0.200 0	1.321 5	0.478 6	1.132 1	1.034 7	0.913 9	1.002 0	1.285 9
2015	5.713 2	1.015 5	0.268 6	1.402 2	0.500 7	1.291 5	1.244 7	0.963 7	1.000 5	1.230 1

3. S_i 值的计算

运用离差最大化决策方法计算权重 K，K 值归一化之后的结果分别为 0.473 0、0.527 0、0.307 2、0.299 3、0.393 5、0.381 5、0.351 4、0.267 1、0.345 7、0.654 3。在此作用下，饮料制造业的环境规制强度值最终的计算结果如下表所示。

表 5-8 1991—2015 年江苏省饮料制造业的环境规制强度值

年份	废水排放量	废水排放达标率	废气排放量	二氧化硫排放量	工业二氧化硫去除率	固体废物产生量	固体废物综合利用量	工业固体废物综合利用率	锅炉烟尘排放达标率	三废综合利用效率	环境规制强度值
1991	−0.579 6	0.309 3	−0.122 2	−1.120 4	0.002 4	−0.161 5	−0.220 4	0.403 5	0.350 5	1.171 0	0.032 4
1992	−0.657 5	0.178 9	−0.070 3	−0.681 1	0.002 1	−0.383 1	−0.504 2	0.385 8	0.354 1	1.581 0	0.205 6
1993	−0.861 8	0.133 3	−0.011 4	−0.532 0	0.000 2	−0.339 7	−0.389 0	0.323 5	0.334 3	1.528 4	0.186 0
1994	0.192 4	0.205 2	0.056 5	−0.104 1	0.035 3	0.039 2	0.040 5	0.310 5	0.355 8	0.762 5	1.893 6
1995	0.186 6	0.254 9	−0.004 4	0.107 0	0.090 4	−0.308 4	−0.385 2	0.333 9	0.275 3	1.154 3	1.704 2
1996	0.425 4	0.233 8	0.042 0	0.143 0	0.050 3	0.266 4	0.305 9	0.332 5	0.143 3	1.329 5	3.272 1

年份	废水排放量	废水排放达标率	废气排放量	二氧化硫排放量	工业二氧化硫去除率	固体废物产生量	固体废物综合利用量	工业固体废物综合利用率	锅炉烟尘排放达标率	三废综合利用效率	环境规制强度值
1997	0.441 5	0.278 9	0.071 0	0.116 9	0.070 1	0.354 2	0.378 2	0.288 1	0.429 0	0.855 1	3.283 0
1998	0.470 5	0.352 8	0.076 0	0.113 7	0.184 2	0.344 0	0.396 9	0.336 1	0.261 1	0.152 5	2.687 7
1999	0.533 2	0.493 1	0.075 3	0.171 4	0.104 7	0.387 8	0.407 7	0.300 0	0.169 5	0.423 8	3.066 7
2000	0.606 8	0.581 6	0.081 0	0.208 3	0.144 1	0.432 8	0.448 2	0.303 0	0.344 8	0.271 4	3.422 0
2001	0.526 4	0.634 9	0.060 8	0.163 4	0.153 1	0.408 8	0.401 8	0.267 3	0.354 7	0.080 1	3.051 4
2002	0.631 0	0.641 2	0.065 2	0.191 6	0.417 4	0.454 9	0.440 8	0.280 3	0.354 0	0.140 4	3.616 7
2003	0.926 1	0.651 8	0.082 7	0.228 5	0.692 3	0.553 0	0.500 1	0.277 0	0.363 0	0.134 6	4.408 9
2004	0.951 8	0.643 8	0.073 0	0.191 2	0.425 1	0.437 5	0.395 2	0.272 2	0.372 8	0.095 4	3.858 1
2005	1.145 2	0.650 1	0.112 0	0.278 8	0.134 2	0.584 0	0.501 8	0.213 6	0.357 8	0.851 2	4.828 6
2006	1.455 3	0.624 2	0.099 8	0.364 5	0.021 9	0.623 6	0.581 2	0.282 4	0.378 1	0.290 2	4.721 4
2007	1.844 0	0.635 6	0.134 2	0.459 9	0.036 6	0.665 3	0.608 4	0.275 9	0.348 5	0.399 2	5.407 6
2008	2.178 3	0.633 8	0.131 6	0.482 5	0.057 8	0.925 0	0.846 8	0.278 1	0.358 7	0.320 0	6.212 5
2009	2.435 3	0.661 9	0.108 7	0.407 6	0.180 9	0.933 4	0.862 3	0.280 7	0.377 8	0.825 5	7.074 1
2010	2.694 7	0.621 6	0.111 6	0.400 4	0.269 4	0.876 4	0.822 4	0.284 5	0.373 5	1.086 6	7.541 1
2011	3.754 4	0.636 1	0.102 6	0.585 1	0.305 9	0.782 1	0.738 6	0.281 5	0.373 4	0.961 3	8.521 0
2012	3.620 6	0.638 5	0.144 3	0.613 1	0.353 2	0.864 2	0.811 9	0.260 0	0.373 3	1.177 8	8.856 8
2013	4.261 9	0.641 3	0.106 7	0.659 2	0.408 1	0.941 5	0.879 3	0.280 0	0.373 1	1.212 7	9.763 8
2014	4.682 2	0.644 5	0.101 1	0.748 1	0.471 3	0.755 4	0.643 1	0.225 1	0.373 0	1.269 2	9.913 0
2015	4.658 5	0.648 7	0.128 7	0.798 0	0.544 3	0.854 6	0.763 2	0.247 6	0.372 8	1.273 0	10.289 5

从上表的结果中可发现,总体上1991—2015年这25年间江苏省饮料制造业的环境规制强度值从1991年的0.032 4上升至2015年的10.289 5,呈现出一个不断上升的态势,说明江苏省的环境规制强度逐步加大,保护环境的意识愈来愈强,对环境愈加重视。

在十项指标中,单位产值废水排放量的环境规制强度值的变动幅度较明显,从 1991 年的－0.579 6 至 2015 年的4.658 5,增幅903.74％,环境规制强度值总体呈现快速上升的态势,说明对饮料制造业的废水排放量的规制强度愈来愈大,同食品制造业相似,三废综合利用效率的规制强度值波动幅度显著,1992 年的强度值最大,2001 年达到最低,之后几年的强度值有所上升,在未来的几年能够继续提升三废综合利用效率,推动饮料制造业有更好的发展。

（三）烟草加工业

1. Y_{ij} 的计算

表 5-9　1991—2015 年江苏省烟草加工业单位产值三废 X_{ij} 数据表

年份	单位产值废水排放量	废水排放达标率	单位产值废气排放量	单位产值二氧化硫排放量	工业二氧化硫去除率	单位产值固体废物产生量	单位产值固体废物综合利用量	工业固体废物综合利用率	锅炉烟尘排放达标率	三废综合利用效率
1991	8.429 4	0.332 7	0.284 8	0.001 7	0.014 6	0.008 0	0.006 2	0.771 6	0.890 1	0.000 0
1992	6.632 2	0.343 6	0.260 6	0.001 0	0.022 2	0.013 4	0.008 1	0.599 2	0.918 0	0.000 0
1993	5.428 9	0.378 7	0.225 8	0.000 9	0.007 8	0.010 1	0.007 9	0.780 1	0.924 2	0.000 0
1994	3.982 9	0.476 4	0.220 2	0.000 8	0.095 9	0.010 2	0.007 9	0.775 5	0.964 9	0.000 0
1995	4.368 0	0.534 4	0.322 8	0.000 5	0.140 1	0.014 3	0.011 3	0.789 0	0.798 8	0.000 0
1996	2.358 2	0.509 8	0.218 8	0.000 3	0.147 3	0.007 2	0.005 6	0.773 9	0.596 2	0.000 0
1997	2.620 2	0.540 4	0.153 5	0.000 4	0.125 6	0.006 0	0.004 5	0.749 0	0.987 4	0.000 0
1998	1.557 4	0.655 8	0.094 7	0.000 2	0.203 1	0.003 7	0.002 9	0.775 9	0.782 0	0.000 0
1999	1.585 5	0.833 1	0.090 8	0.000 2	0.169 0	0.003 6	0.002 8	0.767 0	0.646 2	0.000 0
2000	1.343 2	0.927 3	0.083 6	0.000 1	0.217 9	0.003 3	0.002 6	0.777 7	0.968 3	0.000 0
2001	1.289 1	0.979 2	0.058 1	0.000 1	0.218 6	0.003 2	0.002 4	0.753 3	0.970 4	0.000 0
2002	0.852 4	0.988 8	0.032 5	0.000 1	0.329 3	0.002 1	0.001 7	0.774 9	0.982 3	0.000 0
2003	0.661 8	1.000 0	0.019 9	0.000 0	0.500 0	0.001 7	0.001 3	0.800 0	0.984 0	0.000 0

年份	单位产值废水排放量	废水排放达标率	单位产值废气排放量	单位产值二氧化硫排放量	工业二氧化硫去除率	单位产值固体废物产生量	单位产值固体废物综合利用量	工业固体废物综合利用率	锅炉烟尘排放达标率	三废综合利用效率
2004	0.523 0	1.000 0	0.009 6	0.000 0	0.425 1	0.001 1	0.000 9	0.789 5	1.000 0	0.000 0
2005	0.502 4	1.000 0	0.012 3	0.000 0	0.432 7	0.001 1	0.000 9	0.831 8	1.000 0	0.000 0
2006	0.430 6	1.000 0	0.039 4	0.000 0	0.427 1	0.000 9	0.000 9	0.997 9	1.000 0	0.000 0
2007	0.382 8	1.000 0	0.128 5	0.000 0	0.455 8	0.001 1	0.000 9	0.853 2	1.000 0	0.000 0
2008	0.296 7	1.000 0	0.006 0	0.000 0	0.486 3	0.001 0	0.001 0	0.996 5	1.000 0	0.000 0
2009	0.292 5	1.000 0	0.005 4	0.000 0	0.519 0	0.000 9	0.000 8	0.914 0	1.000 0	0.000 0
2010	0.344 6	1.000 0	0.010 1	0.000 0	0.553 8	0.000 8	0.000 1	0.142 9	1.000 0	0.000 0
2011	0.195 9	1.000 0	0.042 4	0.000 0	0.591 0	0.002 7	0.001 1	0.422 0	1.000 0	0.000 0
2012	0.207 6	1.000 0	0.098 6	0.000 0	0.630 7	0.007 8	0.006 2	0.799 4	1.000 0	0.000 0
2013	0.209 8	1.000 0	0.077 0	0.000 0	0.673 0	0.003 9	0.001 9	0.470 9	1.000 0	0.000 1
2014	0.125 7	1.000 0	0.129 6	0.000 0	0.718 2	0.006 0	0.004 8	0.804 9	1.000 0	0.000 1
2015	0.165 8	1.000 0	0.078 8	0.000 0	0.766 4	0.006 2	0.005 0	0.799 4	1.000 0	0.000 1
β_{ij}	1.791 5	0.820 0	0.108 2	0.000 3	0.354 8	0.004 8	0.003 6	0.748 4	0.936 5	0.000 0

数据来源:1992—2016 年《江苏统计年鉴》。

运用标准化值 Y_{ij} 的计算公式,经计算可得:

表 5 - 10　1991—2015 年江苏省烟草加工业单位产值三废标准化值 Y_{ij} 表

年份	单位产值废水排放量	废水排放达标率	单位产值废气排放量	单位产值二氧化硫排放量	工业二氧化硫去除率	单位产值固体废物产生量	单位产值固体废物综合利用率	工业固体废物综合利用率	锅炉烟尘排放达标率	三废综合利用效率
1991	−2.705 3	0.405 7	−0.633 3	−4.538 1	0.041 1	0.339 8	0.277 6	1.031 0	0.950 4	0.476 2
1992	−1.702 1	0.419 1	−0.409 9	−1.787 2	0.062 7	−0.787 0	−0.245 2	0.800 6	0.980 3	0.603 2
1993	−1.030 4	0.461 9	−0.087 5	−1.375 9	0.022 0	−0.102 0	−0.204 7	1.042 3	0.986 9	0.577 7

年份	单位产值废水排放量	废水排放达标率	单位产值废气排放量	单位产值二氧化硫排放量	工业二氧化硫去除率	单位产值固体废物产生量	单位产值固体废物综合利用量	工业固体废物综合利用率	锅炉烟尘排放达标率	三废综合利用效率
1994	−0.223 2	0.580 9	−0.035 9	−0.965 1	0.270 4	−0.111 6	−0.201 8	1.036 2	1.030 3	0.531 1
1995	−0.438 2	0.651 7	−0.984 4	0.024 3	0.394 8	−0.971 6	−1.152 3	1.054 2	0.853 0	0.621 8
1996	0.683 6	0.621 7	−0.022 6	0.703 7	0.415 1	0.510 2	0.449 8	1.034 1	0.636 6	1.161 1
1997	0.537 4	0.659 1	0.581 1	0.639 3	0.353 9	0.753 3	0.744 6	1.000 8	1.054 3	0.750 8
1998	1.130 7	0.799 8	1.124 1	1.314 0	0.572 3	1.229 0	1.195 7	1.036 8	0.835 0	0.190 7
1999	1.115 0	1.015 9	1.160 4	1.305 2	0.476 2	1.252 4	1.229 1	1.024 9	0.690 0	0.318 4
2000	1.250 2	1.130 8	1.226 9	1.432 8	0.614 0	1.308 8	1.277 2	1.039 2	1.034 0	0.234 4
2001	1.280 4	1.194 2	1.462 5	1.649 6	0.616 2	1.330 7	1.322 1	1.006 6	1.036 2	0.110 3
2002	1.524 2	1.205 9	1.699 2	1.750 7	0.928 2	1.557 8	1.539 3	1.035 5	1.048 9	0.145 0
2003	1.630 6	1.219 5	1.815 7	1.873 6	1.409 2	1.657 1	1.631 1	1.069 0	1.050 7	0.102 1
2004	1.708 1	1.219 5	1.911 4	1.860 6	1.198 2	1.764 2	1.749 7	1.054 9	1.067 8	0.108 6
2005	1.719 6	1.219 5	1.885 8	1.829 6	1.219 4	1.767 7	1.740 2	1.111 5	1.067 8	0.098 3
2006	1.759 6	1.219 5	1.635 5	1.886 5	1.203 7	1.815 8	1.752 9	1.333 4	1.067 8	0.000 0
2007	1.786 3	1.219 5	0.811 5	1.841 8	1.284 5	1.778 5	1.745 9	1.140 1	1.067 8	0.000 0
2008	1.834 4	1.219 5	1.944 9	1.886 0	1.370 7	1.788 3	1.716 4	1.331 6	1.067 8	0.000 0
2009	1.836 7	1.219 5	1.950 4	1.966 3	1.462 7	1.814 3	1.771 8	1.221 3	1.067 8	1.530 8
2010	1.807 6	1.219 5	1.906 6	1.937 2	1.560 9	1.832 5	1.967 8	0.190 9	1.067 8	0.000 0
2011	1.890 7	1.219 5	1.607 8	1.971 6	1.665 7	1.440 2	1.682 4	0.563 9	1.067 8	2.092 8
2012	1.884 1	1.219 5	1.088 1	1.949 7	1.777 5	0.381 1	0.259 9	1.068 2	1.067 8	2.790 3
2013	1.882 9	1.219 5	1.288 3	1.918 9	1.896 8	1.184 3	1.483 5	0.629 2	1.067 8	3.487 9
2014	1.929 8	1.219 5	0.801 9	1.965 1	2.024 1	0.759 2	0.657 1	1.075 5	1.067 8	4.185 5
2015	1.907 4	1.219 5	1.271 5	1.959 8	2.160 0	0.706 6	0.609 8	1.068 2	1.067 8	4.883 1

2. K_j 的计算

1991—2015 年江苏省工业单位产值三废 X_{ij} 数据的计算过程同制造业。

根据公式 $K_j = \dfrac{E_j}{\sum E_j} \Big/ \dfrac{O_i}{\sum O_i} = \dfrac{E_j}{O_i} * \dfrac{\sum O_i}{\sum E_j} = \dfrac{E_j}{O_i} \Big/ \dfrac{\sum E_j}{\sum O_i} = UE_{ij} \big/ \overline{UE_{ij}}$，最终可得到 K_j。

表 5 - 11　K_j 的计算结果

年份	工业废水排放总量	废水排放达标率	工业废气排放总量	工业二氧化硫排放量	工业二氧化硫去除率	工业固体废物产生量	工业固体废物综合利用量	工业固体废物综合利用率	锅炉烟尘排放达标率	三废综合利用效率
1991	0.083 6	0.515 9	0.118 2	0.046 8	0.180 2	0.009 2	0.011 2	1.220 6	1.089 0	0.002 7
1992	0.098 9	0.523 4	0.163 3	0.037 3	0.216 5	0.018 4	0.016 7	0.905 6	1.066 7	0.003 8
1993	0.125 4	0.566 2	0.212 2	0.047 3	0.072 7	0.021 3	0.020 7	0.968 0	1.000 4	0.004 3
1994	0.123 3	0.692 7	0.249 9	0.051 7	0.776 7	0.024 5	0.022 9	0.934 6	1.019 6	0.004 0
1995	0.118 6	0.766 8	0.278 6	0.033 6	1.291 8	0.033 8	0.033 4	0.988 0	0.953 1	0.006 5
1996	0.082 9	0.737 4	0.226 9	0.025 2	0.677 2	0.019 2	0.019 3	1.002 8	0.664 9	0.007 6
1997	0.095 6	0.830 0	0.151 0	0.021 4	1.134 7	0.016 9	0.015 2	0.898 0	1.142 3	0.003 6
1998	0.061 8	0.865 1	0.101 9	0.011 7	1.673 8	0.010 2	0.010 3	1.011 2	0.923 4	0.001 4
1999	0.070 3	0.951 8	0.096 9	0.017 4	1.195 2	0.011 1	0.010 1	0.912 9	0.725 5	0.002 1
2000	0.069 5	1.008 5	0.096 3	0.018 4	1.199 0	0.011 5	0.010 4	0.909 4	0.984 7	0.001 6
2001	0.055 9	1.042 6	0.051 2	0.009 9	1.266 7	0.010 7	0.008 8	0.828 4	1.011 0	0.000 6
2002	0.045 0	1.030 9	0.031 6	0.008 6	1.597 4	0.007 8	0.006 6	0.849 1	0.995 4	0.000 8
2003	0.053 4	1.023 1	0.024 6	0.006 2	1.922 9	0.008 3	0.006 7	0.802 4	1.005 0	0.000 6
2004	0.050 2	1.025 2	0.009 8	0.005 5	1.520 6	0.004 9	0.003 9	0.792 9	1.029 5	0.000 6
2005	0.061 8	1.023 5	0.020 0	0.012 0	1.152 9	0.006 5	0.005 6	0.870 4	1.020 2	0.000 5
2006	0.069 0	1.023 0	0.065 6	0.010 7	0.900 2	0.005 5	0.005 7	1.030 7	1.016 1	0.000 0

年份	工业废水排放总量	废水排放达标率	工业废气排放总量	工业二氧化硫排放量	工业二氧化硫去除率	工业固体废物产生量	工业固体废物综合利用量	工业固体废物综合利用率	锅炉烟尘排放达标率	三废综合利用效率
2007	0.089 5	1.023 0	0.290 6	0.021 6	0.767 4	0.008 5	0.007 3	0.862 4	1.010 0	0.000 0
2008	0.087 9	1.023 2	0.016 0	0.022 3	0.735 7	0.009 8	0.009 8	1.008 8	1.005 0	0.000 0
2009	0.090 4	1.040 4	0.014 3	0.007 8	0.750 2	0.008 9	0.008 3	0.932 6	1.009 6	0.008 0
2010	0.137 3	1.018 3	0.029 8	0.016 7	0.785 9	0.008 9	0.001 3	0.147 6	1.018 2	0.000 0
2011	0.094 6	1.026 4	0.094 8	0.008 3	0.780 8	0.029 2	0.012 9	0.442 7	1.015 5	0.011 8
2012	0.114 0	1.024 9	0.243 7	0.017 6	0.789 5	0.094 4	0.082 8	0.876 5	1.012 8	0.014 8
2013	0.140 0	1.023 0	0.207 3	0.034 2	0.798 3	0.050 3	0.024 5	0.486 9	1.012 8	0.017 3
2014	0.097 7	1.020 6	0.310 7	0.017 1	0.807 2	0.080 9	0.067 3	0.831 4	1.007 4	0.019 7
2015	0.133 3	1.018 6	0.204 0	0.023 0	0.816 2	0.091 0	0.075 9	0.834 8	1.004 7	0.021 0

3. S_i 值的计算

运用离差最大化决策方法计算权重 K，K 值归一化之后的结果分别为 0.424 7、0.575 3、0.360 6、0.242 3、0.397 1、0.353 5、0.298 2、0.348 4、0.470 4、0.529 6。在此作用下，烟草加工业的环境规制强度值最终的计算结果如下表所示。

表 5-12　1991—2015 年江苏省烟草加工业的环境规制强度值

年份	废水排放量	废水排放达标率	废气排放量	二氧化硫排放量	工业二氧化硫去除率	固体废物产生量	固体废物综合利用量	工业固体废物综合利用率	锅炉烟尘排放达标率	三废综合利用效率	环境规制强度值
1991	−0.096 1	0.120 4	−0.027 0	−0.051 5	0.002 9	0.001 1	0.000 9	0.438 5	0.486 8	0.000 7	0.876 9
1992	−0.071 5	0.126 2	−0.024 1	−0.016 1	0.005 4	−0.005 1	−0.001 2	0.252 6	0.491 9	0.001 2	0.759 1
1993	−0.054 9	0.150 4	−0.006 7	−0.015 8	0.000 6	−0.000 8	−0.001 3	0.351 5	0.464 4	0.001 3	0.889 0

年份	废水排放量	废水排放达标率	废气排放量	二氧化硫排放量	工业二氧化硫去除率	固体废物产生量	固体废物综合利用量	工业固体废物综合利用率	锅炉烟尘排放达标率	三废综合利用效率	环境规制强度值
1994	−0.011 7	0.231 5	−0.003 2	−0.012 1	0.083 4	−0.001 0	−0.001 4	0.337 4	0.494 2	0.001 1	1.118 3
1995	−0.022 1	0.287 5	−0.098 9	0.000 2	0.202 5	−0.011 6	−0.011 5	0.362 9	0.382 4	0.002 1	1.093 5
1996	0.024 1	0.263 7	−0.001 8	0.004 3	0.111 6	0.003 5	0.002 6	0.361 3	0.199 1	0.004 7	0.973 0
1997	0.021 8	0.314 7	0.031 6	0.003 3	0.159 5	0.004 5	0.003 4	0.313 1	0.566 5	0.001 4	1.419 9
1998	0.029 7	0.398 0	0.041 3	0.003 7	0.380 4	0.004 4	0.003 7	0.365 2	0.362 7	0.000 1	1.589 3
1999	0.033 3	0.556 3	0.040 5	0.005 5	0.226 0	0.004 9	0.003 7	0.326 0	0.235 5	0.000 4	1.432 1
2000	0.036 9	0.656 1	0.042 6	0.006 4	0.292 3	0.005 3	0.004 0	0.329 3	0.478 9	0.000 2	1.852 1
2001	0.030 4	0.716 2	0.027 0	0.004 0	0.309 9	0.005 0	0.003 5	0.290 5	0.492 8	0.000 0	1.879 4
2002	0.029 1	0.715 2	0.019 3	0.003 6	0.588 8	0.004 3	0.003 0	0.306 3	0.491 1	0.000 1	2.161 0
2003	0.037 0	0.717 8	0.016 1	0.002 8	1.076 0	0.004 9	0.003 2	0.298 8	0.496 7	0.000 0	2.653 4
2004	0.036 4	0.719 2	0.006 8	0.002 5	0.723 5	0.003 0	0.002 0	0.291 4	0.517 1	0.000 0	2.302 0
2005	0.045 1	0.718 1	0.013 6	0.005 3	0.558 2	0.004 0	0.002 9	0.337 1	0.512 4	0.000 0	2.196 8
2006	0.051 6	0.717 7	0.038 7	0.004 0	0.430 3	0.003 5	0.003 8	0.478 8	0.510 4	0.000 0	2.238 9
2007	0.067 9	0.717 7	0.085 0	0.009 7	0.391 4	0.005 4	0.003 8	0.342 6	0.507 3	0.000 0	2.130 8
2008	0.068 5	0.717 8	0.011 2	0.010 2	0.400 5	0.006 2	0.005 0	0.468 0	0.504 8	0.000 0	2.192 2
2009	0.070 5	0.729 9	0.010 1	0.003 7	0.435 7	0.005 7	0.004 4	0.396 8	0.507 1	0.006 5	2.170 6
2010	0.105 4	0.714 4	0.020 5	0.007 9	0.487 1	0.005 8	0.000 8	0.009 8	0.511 4	0.000 0	1.863 2
2011	0.076 0	0.720 1	0.055 0	0.004 0	0.516 5	0.014 9	0.006 5	0.087 0	0.510 1	0.013 1	2.003 0
2012	0.091 3	0.719 0	0.095 6	0.008 3	0.557 3	0.012 7	0.006 4	0.326 2	0.508 7	0.021 8	2.347 4
2013	0.111 9	0.717 7	0.096 3	0.015 9	0.601 3	0.021 1	0.010 8	0.106 7	0.507 4	0.031 9	2.221 1
2014	0.080 1	0.716 0	0.089 8	0.008 1	0.648 8	0.021 7	0.013 2	0.311 5	0.506 0	0.043 7	2.439 1
2015	0.108 0	0.714 7	0.093 5	0.010 9	0.700 1	0.022 7	0.013 8	0.310 7	0.504 6	0.054 3	2.533 4

从上表的结果中可发现,总体上1991—2015 年这 25 年间江苏省烟

草加工业的环境规制强度值从1991的0.876 9上升至2.533 4,呈现出一个不断上升的态势,说明江苏省的环境规制强度逐步加大,保护环境的意识愈来愈强,对环境愈加重视。

在十项指标中,工业二氧化硫去除率的规制强度值波动幅度显著,1993年的强度值最小,2003年达到最高值,2007年达到低谷之后强度值又呈上升趋势,在未来的几年能够继续提升三废综合利用效率,推动烟草加工业的发展。

（四）纺织业

1. Y_{ij} 的计算

表 5-13　1991—2015 年江苏省纺织业单位产值三废 X_{ij} 数据表

年份	单位产值废水排放量	废水排放达标率	单位产值废气排放量	单位产值二氧化硫排放量	工业二氧化硫去除率	单位产值固体废物产生量	单位产值固体废物综合利用量	工业固体废物综合利用率	锅炉烟尘排放达标率	三废综合利用效率
1991	44.055 1	0.836 7	0.424 0	0.009 8	0.010 4	0.106 8	0.102 0	0.954 7	0.908 5	0.000 3
1992	27.645 5	0.743 1	0.227 0	0.007 4	0.049 5	0.096 0	0.088 9	0.925 8	0.930 9	0.000 4
1993	19.645 0	0.728 0	0.189 7	0.005 0	0.072 0	0.078 2	0.075 1	0.960 5	0.957 8	0.000 5
1994	12.730 2	0.731 0	0.129 6	0.003 7	0.025 3	0.050 5	0.048 4	0.957 3	0.978 4	0.000 2
1995	13.924 2	0.686 5	0.190 2	0.003 5	0.054 4	0.059 3	0.056 8	0.958 0	0.861 9	0.000 2
1996	10.037 0	0.677 9	0.137 7	0.002 5	0.146 3	0.043 0	0.042 3	0.983 2	0.992 0	0.000 1
1997	19.557 4	0.451 5	0.257 8	0.004 9	0.124 4	0.072 9	0.070 5	0.967 5	0.999 9	0.000 1
1998	20.286 0	0.568 0	0.267 5	0.004 8	0.151 8	0.080 0	0.075 7	0.945 3	0.848 4	0.000 2
1999	18.736 8	0.840 7	0.246 9	0.003 3	0.101 8	0.069 3	0.066 9	0.965 3	0.904 5	0.000 2
2000	19.121 7	0.893 4	0.220 2	0.003 3	0.126 8	0.067 2	0.065 9	0.979 9	0.978 4	0.000 2
2001	23.700 7	0.924 8	0.277 0	0.003 5	0.197 4	0.074 5	0.067 6	0.907 1	0.926 9	0.000 2
2002	21.434 5	0.968 3	0.278 6	0.002 9	0.173 1	0.079 3	0.071 9	0.906 3	0.966 6	0.000 2
2003	18.492 3	0.987 9	0.217 9	0.000 3	0.253 4	0.075 5	0.070 2	0.929 7	0.972 8	0.000 3

续表

年份	单位产值废水排放量	废水排放达标率	单位产值废气排放量	单位产值二氧化硫排放量	工业二氧化硫去除率	单位产值固体废物产生量	单位产值固体废物综合利用量	工业固体废物综合利用率	锅炉烟尘排放达标率	三废综合利用效率
2004	18.502 9	0.981 9	0.184 2	0.002 2	0.219 5	0.068 5	0.063 6	0.927 7	0.978 5	0.000 4
2005	15.832 1	0.976 4	0.132 3	0.001 7	0.200 4	0.047 1	0.044 1	0.936 6	0.993 5	0.000 3
2006	13.213 8	0.983 7	0.116 7	0.001 4	0.147 8	0.042 6	0.038 1	0.895 2	0.992 6	0.000 3
2007	12.376 3	0.979 5	0.087 9	0.000 9	0.181 6	0.032 3	0.030 1	0.931 0	0.991 4	0.000 6
2008	10.377 6	0.985 7	0.082 2	0.000 7	0.227 3	0.025 5	0.024 1	0.946 4	0.996 0	0.000 5
2009	12.000 1	0.994 4	0.092 8	0.000 8	0.241 9	0.026 3	0.024 0	0.945 5	0.994 1	0.000 7
2010	10.489 6	0.989 4	0.080 3	0.000 6	0.246 8	0.023 3	0.021 6	0.927 8	0.989 9	0.000 6
2011	10.606 8	0.992 3	0.077 6	0.000 7	0.251 9	0.022 9	0.017 5	0.763 1	0.991 7	0.000 8
2012	10.023 8	0.994 2	0.085 7	0.000 7	0.257 0	0.023 1	0.018 4	0.797 3	0.993 4	0.000 9
2013	8.229 7	0.996 1	0.073 0	0.000 7	0.262 2	0.018 9	0.014 5	0.766 7	0.995 2	0.001 1
2014	6.783 9	0.998 0	0.066 8	0.000 6	0.267 6	0.018 1	0.014 0	0.770 9	0.996 9	0.001 2
2015	6.242 6	0.999 9	0.066 6	0.000 6	0.273 0	0.016 6	0.012 7	0.767 4	0.998 7	0.001 4
β_{ij}	16.161 8	0.876 4	0.168 4	0.002 7	0.170 5	0.052 7	0.049 0	0.908 7	0.965 6	0.000 5

数据来源:1992—2016年《江苏统计年鉴》。

运用标准化值 Y_{ij} 的计算公式,经计算可得:

表5‑14　1991—2015年江苏省纺织业单位产值三废标准化值 Y_{ij} 表

年份	单位产值废水排放量	废水排放达标率	单位产值废气排放量	单位产值二氧化硫排放量	工业二氧化硫去除率	单位产值固体废物产生量	单位产值固体废物综合利用量	工业固体废物综合利用率	锅炉烟尘排放达标率	三废综合利用效率
1991	−0.725 9	0.954 7	−0.518 0	−1.643 0	0.061 2	−0.026 6	−0.080 4	1.050 7	0.940 9	0.710 3
1992	0.289 5	0.847 9	0.652 1	−0.750 9	0.290 0	0.178 8	0.187 1	1.018 8	0.964 1	0.880 5
1993	0.784 5	0.830 7	0.873 6	0.127 2	0.421 9	0.516 0	0.467 3	1.057 1	0.991 9	0.973 3

年份	单位产值废水排放量	废水排放达标率	单位产值废气排放量	单位产值二氧化硫排放量	工业二氧化硫去除率	单位产值固体废物产生量	单位产值固体废物综合利用量	工业固体废物综合利用率	锅炉烟尘排放达标率	三废综合利用效率
1994	1.212 3	0.834 1	1.230 7	0.617 6	0.148 3	1.041 5	1.013 4	1.053 6	1.013 3	0.339 2
1995	1.138 5	0.783 4	0.870 7	0.698 7	0.319 1	0.875 5	0.841 7	1.054 3	0.892 6	0.339 1
1996	1.379 0	0.773 5	1.182 4	0.906 3	0.858 0	1.184 8	1.138 1	1.082 1	1.027 4	0.126 7
1997	0.789 9	0.515 3	0.469 1	0.190 9	0.729 3	0.616 9	0.561 1	1.064 8	1.035 6	0.255 9
1998	0.744 8	0.648 2	0.411 2	0.222 7	0.889 9	0.481 6	0.456 7	1.040 3	0.878 6	0.404 1
1999	0.840 7	0.959 3	0.534 0	0.653 3	0.596 8	0.685 3	0.635 4	1.062 3	0.936 8	0.466 2
2000	0.816 9	1.019 4	0.692 3	0.771 2	0.743 5	0.724 7	0.656 4	1.078 4	1.013 3	0.397 9
2001	0.533 5	1.055 2	0.355 3	0.687 0	1.157 5	0.586 0	0.620 8	0.998 3	0.960 0	0.385 6
2002	0.673 8	1.104 9	0.345 8	0.914 5	1.015 2	0.495 0	0.533 4	0.997 4	1.001 1	0.415 9
2003	0.855 8	1.127 2	0.706 0	1.903 3	1.486 0	0.568 5	0.569 0	1.023 2	1.007 5	0.709 0
2004	0.855 1	1.120 4	0.906 4	1.170 0	1.287 2	0.700 4	0.703 6	1.021 0	1.013 4	0.856 8
2005	1.020 4	1.114 1	1.214 4	1.371 8	1.175 1	1.107 4	1.101 0	1.030 8	1.029 0	0.666 2
2006	1.182 4	1.122 5	1.307 0	1.483 4	0.866 5	1.192 6	1.222 9	0.985 2	1.028 0	0.668 6
2007	1.234 2	1.117 7	1.478 0	1.664 5	1.064 6	1.386 6	1.386 0	1.024 6	1.026 8	1.223 8
2008	1.357 9	1.124 8	1.511 6	1.738 8	1.332 9	1.516 7	1.508 2	1.041 5	1.031 5	0.960 1
2009	1.257 5	1.134 7	1.448 7	1.717 8	1.418 6	1.500 8	1.492 5	1.040 5	1.029 6	1.408 5
2010	1.351 0	1.128 9	1.523 2	1.780 1	1.447 4	1.557 7	1.558 8	1.021 0	1.025 2	1.330 8
2011	1.343 7	1.132 3	1.539 2	1.734 3	1.476 8	1.566 2	1.644 1	0.839 9	1.027 0	1.730 7
2012	1.379 8	1.134 5	1.491 3	1.738 0	1.506 9	1.561 6	1.624 2	0.877 5	1.028 9	1.983 9
2013	1.490 8	1.136 6	1.566 7	1.752 9	1.537 6	1.641 1	1.704 1	0.843 8	1.030 7	2.258 3
2014	1.580 3	1.138 7	1.603 4	1.764 3	1.568 9	1.655 8	1.714 7	0.848 4	1.032 5	2.574 9
2015	1.613 7	1.140 9	1.604 6	1.785 2	1.600 9	1.685 0	1.740 1	0.844 6	1.034 3	2.933 7

2. K_j 的计算

1991—2015 年江苏省工业单位产值三废 X_{ij} 数据的计算过程同制造业。

根据公式 $K_j = \dfrac{E_j}{\sum E_j} \Big/ \dfrac{O_i}{\sum O_i} = \dfrac{E_j}{O_i} * \dfrac{\sum O_i}{\sum E_j} = \dfrac{E_j}{O_i} \Big/ \dfrac{\sum E_j}{\sum O_i} = UE_{ij} \Big/ \overline{UE_{ij}}$，最终可得到 K_j。

表 5-15　K_j 的计算结果

年份	工业废水排放总量	废水排放达标率	工业废气排放总量	工业二氧化硫排放量	工业二氧化硫去除率	工业固体废物产生量	工业固体废物综合利用量	工业固体废物综合利用率	锅炉烟尘排放达标率	三废综合利用效率
1991	0.437 1	1.297 4	0.176 0	0.267 1	0.128 9	0.122 3	0.184 7	1.510 4	1.111 5	0.135 1
1992	0.412 2	1.131 9	0.142 2	0.277 4	0.481 5	0.131 4	0.183 8	1.399 2	1.081 6	0.181 0
1993	0.453 8	1.088 2	0.178 3	0.268 7	0.672 0	0.164 6	0.196 2	1.191 9	1.036 7	0.241 6
1994	0.394 2	1.062 9	0.147 1	0.247 0	0.204 7	0.121 5	0.140 2	1.153 8	1.033 9	0.084 3
1995	0.378 0	0.985 0	0.164 1	0.226 5	0.502 0	0.139 9	0.167 9	1.199 7	1.028 3	0.117 6
1996	0.353 0	0.980 6	0.142 2	0.217 7	0.672 9	0.114 9	0.146 3	1.274 1	1.106 4	0.027 4
1997	0.713 9	0.693 5	0.253 7	0.291 9	1.123 8	0.205 1	0.237 9	1.160 0	1.156 8	0.040 1
1998	0.805 0	0.749 3	0.287 7	0.309 5	1.251 1	0.218 9	0.269 7	1.231 9	1.001 7	0.095 6
1999	0.830 8	0.960 5	0.263 4	0.345 1	0.720 1	0.213 3	0.245 1	1.148 9	1.015 6	0.102 7
2000	0.989 9	0.971 7	0.253 6	0.408 4	0.697 9	0.231 3	0.265 0	1.145 8	0.994 9	0.090 1
2001	1.027 3	0.984 6	0.243 8	0.380 3	1.143 7	0.246 5	0.245 9	0.997 5	0.965 7	0.071 6
2002	1.131 3	1.009 5	0.270 3	0.382 5	0.839 7	0.289 8	0.287 8	0.993 1	0.979 5	0.076 1
2003	1.492 4	1.010 7	0.268 8	0.048 9	0.974 6	0.378 4	0.352 8	0.932 5	0.993 5	0.148 0
2004	1.775 9	1.006 6	0.188 3	0.338 1	0.785 2	0.293 4	0.273 4	0.931 7	1.007 4	0.153 5
2005	1.948 2	0.999 3	0.214 2	0.451 6	0.534 0	0.271 2	0.265 7	0.980 0	1.013 6	0.110 8
2006	2.117 4	1.006 3	0.194 2	0.499 5	0.311 5	0.264 1	0.244 2	0.924 7	1.008 6	0.091 1

年份	工业废水排放总量	废水排放达标率	工业废气排放总量	工业二氧化硫排放量	工业二氧化硫去除率	工业固体废物产生量	工业固体废物综合利用量	工业固体废物综合利用率	锅炉烟尘排放达标率	三废综合利用效率
2007	2.892 8	1.002 1	0.198 7	0.469 9	0.305 7	0.257 7	0.242 5	0.941 1	1.001 3	0.173 3
2008	3.074 5	1.008 6	0.220 9	0.522 4	0.343 9	0.243 6	0.233 4	0.958 0	1.001 0	0.144 2
2009	3.710 4	1.034 7	0.247 7	0.670 1	0.349 7	0.262 2	0.253 0	0.964 8	1.003 7	0.242 5
2010	4.180 0	1.007 5	0.236 8	0.600 2	0.350 3	0.257 0	0.246 4	0.958 6	1.008 0	0.265 1
2011	5.125 1	1.018 5	0.173 4	0.793 3	0.332 8	0.247 4	0.198 0	0.800 6	1.007 1	0.322 9
2012	5.507 6	1.019 0	0.211 6	0.941 3	0.321 7	0.279 4	0.244 2	0.874 2	1.006 1	0.346 7
2013	5.491 3	1.019 0	0.196 5	1.067 2	0.311 1	0.241 9	0.191 8	0.792 8	1.005 2	0.369 6
2014	5.270 7	1.018 5	0.160 1	1.183 5	0.300 8	0.245 3	0.195 4	0.796 3	1.004 3	0.401 2
2015	5.018 1	1.018 5	0.172 4	1.260 5	0.290 8	0.242 1	0.194 0	0.801 4	1.003 4	0.417 0

3. S_i 值的计算

运用离差最大化决策方法计算权重 K,K 值归一化之后的结果分别为 0.601 0、0.399 0、0.312 0、0.357 7、0.330 3、0.361 9、0.325 6、0.312 5、0.417 7、0.582 3。在此作用下,纺织业的环境规制强度值最终的计算结果如下表所示。

表 5-16　1991—2015 年江苏省纺织业的环境规制强度值

年份	废水排放量	废水排放达标率	废气排放量	二氧化硫排放量	工业二氧化硫去除率	固体废物产生量	固体废物综合利用量	工业固体废物综合利用率	锅炉烟尘排放达标率	三废综合利用效率	环境规制强度值
1991	−0.190 7	0.494 2	−0.028 4	−0.156 9	0.002 6	−0.001 2	−0.004 8	0.495 9	0.436 8	0.055 9	1.103 4
1992	0.071 7	0.382 9	0.028 9	−0.074 5	0.046 1	0.008 5	0.011 2	0.445 5	0.435 6	0.092 8	1.448 8
1993	0.213 9	0.360 7	0.048 6	0.012 2	0.093 6	0.030 7	0.029 9	0.393 7	0.429 5	0.136 9	1.749 8

续表

年份	废水排放量	废水排放达标率	废气排放量	二氧化硫排放量	工业二氧化硫去除率	固体废物产生量	固体废物综合利用量	工业固体废物综合利用率	锅炉烟尘排放达标率	三废综合利用效率	环境规制强度值
1994	0.287 2	0.353 7	0.056 5	0.054 6	0.010 0	0.045 8	0.046 2	0.379 9	0.437 6	0.016 6	1.688 1
1995	0.258 7	0.307 9	0.044 6	0.056 6	0.052 9	0.044 3	0.046 0	0.395 3	0.383 4	0.023 2	1.612 9
1996	0.292 6	0.302 7	0.052 7	0.070 6	0.190 7	0.049 2	0.054 2	0.430 8	0.474 8	0.002 0	1.920 3
1997	0.338 9	0.142 6	0.037 1	0.019 9	0.270 7	0.045 8	0.043 5	0.386 0	0.500 4	0.006 0	1.790 9
1998	0.360 3	0.193 8	0.036 9	0.024 7	0.367 8	0.038 2	0.040 1	0.400 5	0.367 6	0.022 5	1.852 3
1999	0.419 8	0.367 7	0.043 9	0.080 6	0.141 9	0.052 9	0.050 7	0.381 4	0.397 4	0.027 9	1.964 2
2000	0.486 0	0.395 2	0.054 8	0.112 7	0.171 4	0.060 7	0.056 6	0.386 1	0.421 1	0.020 9	2.165 4
2001	0.329 4	0.414 6	0.027 0	0.093 5	0.437 3	0.052 3	0.049 7	0.311 2	0.387 2	0.016 1	2.118 2
2002	0.458 1	0.445 0	0.029 2	0.125 1	0.281 6	0.051 9	0.050 0	0.309 5	0.409 6	0.018 4	2.178 4
2003	0.767 6	0.454 6	0.059 2	0.033 3	0.478 4	0.077 8	0.065 4	0.298 2	0.418 1	0.061 1	2.713 7
2004	0.912 7	0.450 0	0.053 3	0.141 5	0.333 8	0.074 4	0.062 6	0.297 3	0.426 4	0.076 6	2.828 6
2005	1.194 8	0.444 2	0.081 2	0.221 6	0.207 3	0.108 7	0.095 3	0.315 7	0.435 7	0.043 0	3.147 3
2006	1.504 7	0.450 7	0.079 2	0.265 0	0.089 1	0.114 0	0.097 2	0.284 7	0.433 1	0.035 5	3.353 2
2007	2.145 8	0.446 9	0.091 6	0.279 8	0.107 5	0.129 3	0.109 4	0.301 3	0.429 5	0.123 5	4.164 7
2008	2.509 1	0.452 6	0.104 2	0.324 9	0.151 4	0.133 7	0.114 6	0.311 8	0.431 3	0.080 6	4.614 2
2009	2.804 2	0.468 4	0.112 0	0.411 7	0.163 9	0.142 4	0.122 9	0.313 7	0.431 6	0.198 9	5.169 8
2010	3.393 8	0.453 8	0.112 5	0.382 2	0.167 5	0.144 9	0.125 1	0.305 9	0.431 7	0.205 4	5.722 8
2011	4.138 9	0.460 1	0.083 3	0.492 1	0.162 3	0.140 2	0.106 0	0.210 1	0.432 0	0.325 4	6.550 5
2012	4.567 2	0.461 2	0.098 5	0.585 2	0.160 1	0.157 9	0.129 2	0.239 7	0.432 4	0.400 5	7.231 9
2013	4.920 0	0.462 1	0.096 0	0.669 1	0.158 0	0.143 7	0.106 4	0.209 0	0.432 8	0.486 0	7.683 2
2014	5.005 8	0.462 8	0.080 1	0.746 9	0.155 9	0.147 0	0.109 1	0.211 1	0.433 1	0.601 5	7.953 3
2015	4.866 9	0.463 6	0.086 3	0.804 2	0.153 8	0.147 6	0.109 9	0.211 5	0.433 5	0.712 4	7.990 4

从上表的结果中可发现,总体上1991—2015年这25年间江苏省纺

织业的环境规制强度值从 1991 年的 1.103 4 上升至 2015 年的 7.990 4，呈现出一个不断上升的态势，说明江苏省的环境规制强度逐步加大，保护环境的意识愈来愈强，对环境愈加重视。

在十项指标中，单位产值废水排放量的环境规制强度值的变动幅度较明显，从 1991 年的 −0.190 7 至 2015 年的 4.866 9，增幅 2 652.12%，环境规制强度值总体呈现快速上升的态势，在 2015 年有微微降低，说明对纺织业的废水排放量的规制强度较大，其余指标都呈微微上升的态势。

（五）服装及其他纤维制品制造业

1. Y_{ij} 的计算

表 5-17 1991—2015 年江苏省服装及其他纤维制品制造业单位产值三废 X_{ij} 数据表

年份	单位产值废水排放量	废水排放达标率	单位产值废气排放量	单位产值二氧化硫排放量	工业二氧化硫去除率	单位产值固体废物产生量	单位产值固体废物综合利用量	工业固体废物综合利用率	锅炉烟尘排放达标率	三废综合利用效率
1991	12.242 1	0.837 9	0.229 4	0.003 8	0.004 8	0.035 0	0.031 2	0.890 8	0.909 6	0.000 1
1992	6.560 5	0.742 0	0.104 7	0.002 5	0.023 4	0.026 8	0.023 2	0.863 8	0.932 1	0.000 1
1993	3.648 2	0.726 9	0.068 5	0.001 3	0.034 5	0.017 1	0.015 3	0.896 3	0.958 9	0.000 1
1994	2.344 5	0.729 9	0.046 4	0.001 0	0.011 8	0.011 0	0.009 8	0.893 3	0.979 6	0.000 0
1995	2.212 2	0.685 5	0.058 7	0.000 8	0.025 9	0.011 1	0.009 9	0.893 9	0.863 0	0.000 0
1996	1.362 1	0.676 9	0.036 3	0.000 6	0.073 3	0.006 9	0.006 3	0.917 4	0.715 4	0.000 0
1997	2.608 9	0.450 9	0.066 8	0.000 9	0.061 5	0.011 5	0.010 3	0.902 8	0.998 8	0.000 0
1998	2.423 6	0.567 2	0.062 1	0.000 8	0.076 2	0.011 3	0.009 9	0.882 0	0.849 4	0.000 0
1999	2.128 6	0.839 5	0.054 5	0.000 7	0.049 7	0.009 3	0.008 4	0.900 7	0.905 6	0.000 0
2000	2.170 7	0.892 1	0.048 6	0.000 5	0.062 8	0.009 0	0.008 2	0.914 3	0.979 6	0.000 0
2001	2.398 7	0.923 4	0.054 5	0.000 5	0.101 9	0.008 9	0.007 5	0.846 4	0.928 1	0.000 0
2002	2.248 6	0.966 8	0.056 8	0.000 4	0.088 1	0.009 8	0.008 3	0.845 7	0.967 8	0.000 0
2003	2.139 8	0.982 4	0.122 7	0.000 0	0.100 3	0.018 2	0.017 6	0.968 8	0.982 5	0.000 1

续表

年份	单位产值废水排放量	废水排放达标率	单位产值废气排放量	单位产值二氧化硫排放量	工业二氧化硫去除率	单位产值固体废物产生量	单位产值固体废物综合利用量	工业固体废物综合利用率	锅炉烟尘排放达标率	三废综合利用效率
2004	2.385 0	0.985 3	0.116 8	0.000 5	0.098 5	0.018 2	0.017 3	0.949 8	0.991 3	0.000 2
2005	1.811 8	0.997 3	0.010 9	0.000 1	0.185 3	0.003 7	0.002 7	0.733 8	0.984 8	0.000 2
2006	1.431 8	0.969 8	0.027 4	0.000 3	0.038 0	0.008 6	0.008 0	0.933 7	0.986 5	0.000 0
2007	1.126 5	0.982 9	0.009 1	0.000 1	0.124 0	0.002 6	0.002 1	0.806 5	0.992 3	0.000 0
2008	1.043 9	0.974 9	0.013 6	0.000 1	0.151 0	0.002 2	0.001 8	0.814 3	0.986 3	0.000 0
2009	1.006 8	0.985 9	0.011 4	0.000 1	0.143 1	0.002 0	0.001 7	0.823 0	1.000 0	0.000 0
2010	0.649 0	0.985 6	0.008 9	0.000 0	0.083 8	0.001 3	0.000 9	0.730 8	1.000 0	0.000 0
2011	0.383 5	0.988 7	0.002 7	0.000 0	0.144 7	0.000 6	0.000 5	0.918 1	0.988 2	0.000 0
2012	0.241 5	0.990 3	0.002 8	0.000 0	0.155 9	0.000 5	0.000 5	0.874 3	0.990 1	0.000 0
2013	0.315 2	0.991 9	0.002 8	0.000 0	0.168 4	0.000 5	0.000 5	0.900 0	0.992 0	0.000 0
2014	0.317 6	0.993 6	0.008 0	0.000 0	0.182 6	0.000 5	0.000 4	0.850 5	0.993 9	0.000 0
2015	0.342 4	0.995 3	0.008 1	0.000 0	0.198 6	0.000 7	0.000 6	0.928 1	0.999 6	0.000 1
β_{ij}	2.221 7	0.874 5	0.049 3	0.000 6	0.095 5	0.009 1	0.008 1	0.875 2	0.955 0	0.000 1

数据来源:1992—2016 年《江苏统计年鉴》。

运用标准化值 Y_{ij} 的计算公式,经计算可得:

表 5‑18　1991—2015 年江苏省服装及其他纤维制品制造业单位产值
三废标准化值 Y_{ij} 表

年份	单位产值废水排放量	废水排放达标率	单位产值废气排放量	单位产值二氧化硫排放量	工业二氧化硫去除率	单位产值固体废物产生量	单位产值固体废物综合利用量	工业固体废物综合利用率	锅炉烟尘排放达标率	三废综合利用效率
1991	−3.510 1	0.958 2	−2.648 9	−4.320 1	0.050 7	−1.853 6	−1.840 8	1.017 9	0.952 5	2.530 6
1992	−0.952 9	0.848 4	−0.122 0	−2.069 5	0.245 3	−0.953 0	−0.854 0	0.987 0	0.976 0	2.675 0

年份	单位产值废水排放量	废水排放达标率	单位产值废气排放量	单位产值二氧化硫排放量	工业二氧化硫去除率	单位产值固体废物产生量	单位产值固体废物综合利用量	工业固体废物综合利用率	锅炉烟尘排放达标率	三废综合利用效率
1993	0.357 9	0.831 2	0.612 3	−0.168 2	0.361 4	0.117 0	0.111 8	1.024 1	1.004 1	2.314 0
1994	0.944 7	0.834 6	1.060 0	0.412 9	0.123 8	0.793 9	0.794 6	1.020 7	1.025 7	0.799 6
1995	1.004 3	0.783 9	0.809 7	0.711 2	0.270 7	0.779 3	0.779 2	1.021 4	0.903 6	0.689 7
1996	1.386 9	0.774 0	1.263 9	1.074 7	0.766 9	1.244 1	1.224 1	1.048 3	0.749 1	0.220 2
1997	0.825 8	0.515 6	0.645 2	0.495 5	0.643 6	0.739 4	0.726 7	1.031 5	1.045 9	0.436 9
1998	0.909 1	0.648 6	0.740 7	0.676 3	0.798 0	0.760 5	0.776 9	1.007 8	0.889 4	0.618 1
1999	1.041 9	0.959 9	0.895 1	1.046 2	0.519 9	0.979 9	0.971 0	1.029 2	0.948 3	0.677 9
2000	1.023 0	1.020 1	1.015 2	1.130 4	0.657 1	1.010 8	0.988 1	1.044 7	1.025 7	0.578 2
2001	0.920 3	1.055 9	0.895 7	1.171 6	1.066 5	1.022 2	1.074 0	0.967 2	0.971 8	0.499 5
2002	0.987 9	1.105 6	0.848 7	1.290 1	0.921 9	0.921 2	0.979 3	0.966 3	1.013 4	0.558 6
2003	1.036 9	1.123 4	−0.487 0	1.925 9	1.050 2	0.000 7	−0.167 1	1.107 0	1.028 9	1.907 8
2004	0.926 5	1.126 7	−0.366 7	1.223 2	1.031 1	−0.007 1	−0.132 8	1.085 3	1.038 0	2.832 6
2005	1.184 5	1.140 5	1.778 3	1.777 4	1.940 3	1.591 1	1.664 3	0.838 5	1.031 4	3.692 3
2006	1.355 6	1.109 0	1.443 7	1.431 0	0.398 3	1.056 8	1.014 7	1.066 9	1.033 0	0.075 2
2007	1.493 0	1.124 0	1.814 6	1.821 8	1.298 4	1.710 6	1.738 8	0.921 5	1.039 1	0.271 3
2008	1.530 1	1.114 7	1.724 6	1.855 7	1.581 2	1.755 9	1.777 6	0.930 5	1.032 8	0.399 8
2009	1.546 9	1.127 3	1.768 4	1.850 7	1.497 9	1.776 8	1.794 5	0.940 4	1.047 1	0.613 3
2010	1.707 9	1.127 0	1.819 2	1.928 0	0.877 2	1.858 2	1.884 1	0.835 0	1.047 1	0.759 6
2011	1.827 4	1.130 5	1.945 1	1.946 4	1.514 8	1.938 9	1.937 3	1.049 1	1.034 7	0.000 0
2012	1.891 3	1.132 4	1.943 0	1.956 6	1.631 6	1.943 3	1.944 6	0.999 0	1.036 7	0.000 0
2013	1.858 1	1.134 2	1.927 4	1.946 9	1.763 1	1.941 8	1.941 4	1.028 4	1.038 7	0.000 0
2014	1.857 0	1.136 2	1.837 8	1.947 3	1.911 3	1.947 9	1.950 5	0.971 8	1.040 7	0.000 0
2015	1.845 9	1.138 1	1.835 9	1.938 0	2.078 7	1.923 6	1.920 6	1.060 5	1.046 7	1.849 8

2. K_j 的计算

1991—2015 年江苏省工业单位产值三废 X_{ij} 数据的计算过程同制造业。

根据公式 $K_j = \dfrac{E_j}{\sum E_j} / \dfrac{O_i}{\sum O_i} = \dfrac{E_j}{O_i} * \dfrac{\sum O_i}{\sum E_j} = \dfrac{E_j}{O_i} / \dfrac{\sum E_j}{\sum O_i} = UE_{ij} / \overline{UE_{ij}}$ ，最终可得到 K_j 。

表 5 - 19 **K_j 的计算结果**

年份	工业废水排放总量	废水排放达标率	工业废气排放总量	工业二氧化硫排放量	工业二氧化硫去除率	工业固体废物产生量	工业固体废物综合利用量	工业固体废物综合利用率	锅炉烟尘排放达标率	三废综合利用效率
1991	0.121 4	1.299 3	0.095 2	0.105 0	0.059 8	0.040 1	0.056 5	1.409 3	1.112 9	0.054 9
1992	0.097 8	1.130 2	0.065 6	0.093 0	0.228 1	0.036 7	0.048 0	1.305 6	1.083 0	0.062 7
1993	0.084 3	1.086 6	0.064 3	0.070 5	0.322 4	0.036 0	0.040 1	1.112 2	1.037 9	0.065 5
1994	0.072 6	1.061 3	0.052 6	0.064 3	0.095 7	0.026 4	0.028 4	1.076 6	1.035 1	0.022 7
1995	0.060 1	0.983 6	0.050 7	0.050 8	0.238 5	0.026 2	0.029 3	1.119 4	1.029 6	0.027 3
1996	0.047 9	0.979 2	0.037 7	0.041 8	0.336 9	0.018 4	0.021 8	1.188 9	0.797 9	0.005 4
1997	0.095 2	0.692 5	0.065 8	0.055 0	0.555 5	0.032 2	0.034 9	1.082 4	1.155 6	0.007 8
1998	0.096 2	0.748 1	0.066 8	0.052 2	0.628 4	0.030 8	0.035 4	1.149 5	1.002 9	0.016 7
1999	0.094 4	0.959 1	0.058 2	0.055 4	0.351 4	0.028 5	0.030 6	1.072 0	1.016 9	0.017 0
2000	0.112 4	0.970 2	0.056 0	0.065 5	0.345 5	0.030 9	0.033 1	1.069 1	0.996 2	0.014 9
2001	0.104 0	0.983 1	0.048 0	0.054 4	0.590 3	0.029 4	0.027 4	0.930 8	0.966 9	0.010 6
2002	0.118 7	1.008 0	0.055 1	0.056 7	0.427 1	0.035 8	0.033 2	0.926 6	0.980 7	0.011 7
2003	0.172 7	1.005 1	0.151 4	0.008 5	0.385 8	0.091 1	0.088 6	0.971 7	1.003 6	0.045 4
2004	0.228 9	1.010 1	0.119 4	0.071 7	0.352 3	0.078 1	0.074 5	0.953 9	1.020 6	0.057 9
2005	0.223 0	1.020 8	0.017 7	0.036 3	0.493 9	0.021 4	0.016 4	0.767 8	1.004 7	0.070 0
2006	0.229 4	0.992 1	0.045 7	0.124 7	0.080 2	0.053 2	0.051 3	0.964 4	1.002 4	0.001 2

年份	工业废水排放总量	废水排放达标率	工业废气排放总量	工业二氧化硫排放量	工业二氧化硫去除率	工业固体废物产生量	工业固体废物综合利用量	工业固体废物综合利用率	锅炉烟尘排放达标率	三废综合利用效率
2007	0.263 3	1.005 5	0.020 7	0.056 6	0.208 8	0.021 0	0.017 1	0.815 2	1.002 3	0.004 4
2008	0.309 3	0.997 4	0.036 5	0.065 4	0.228 5	0.021 2	0.017 5	0.824 3	0.991 2	0.006 8
2009	0.311 3	1.025 7	0.030 5	0.080 4	0.206 8	0.020 2	0.017 0	0.839 8	1.009 6	0.012 0
2010	0.258 6	1.003 7	0.026 3	0.044 6	0.118 9	0.014 2	0.010 7	0.755 0	1.018 2	0.017 3
2011	0.185 3	1.014 7	0.006 1	0.036 3	0.191 2	0.006 0	0.005 8	0.963 2	1.003 5	0.000 0
2012	0.132 7	1.014 9	0.006 9	0.035 3	0.195 1	0.006 2	0.006 0	0.958 6	1.002 7	0.000 0
2013	0.210 3	1.014 7	0.009 5	0.052 0	0.199 8	0.006 8	0.006 3	0.930 6	1.001 2	0.000 0
2014	0.246 8	1.014 1	0.019 2	0.060 0	0.205 2	0.006 4	0.005 6	0.878 6	1.001 2	0.000 0
2015	0.275 2	1.013 9	0.021 0	0.082 5	0.211 5	0.010 1	0.009 8	0.969 2	1.004 3	0.030 0

3. S_i 值的计算

运用离差最大化决策方法计算权重 K，K 值归一化之后的结果分别为 0.509 2、0.490 8、0.285 3、0.295 0、0.419 7、0.294 3、0.275 1、0.430 6、0.355 9、0.644 1。在此作用下，服装及其他纤维制品制造业的环境规制强度值最终的计算结果如下表所示。

表 5 - 20　1991—2015 年江苏省服装及其他纤维制品制造业的环境规制强度值

年份	废水排放量	废水排放达标率	废气排放量	二氧化硫排放量	工业二氧化硫去除率	固体废物产生量	固体废物综合利用量	工业固体废物综合利用率	锅炉烟尘排放达标率	三废综合利用效率	环境规制强度值
1991	−0.217 1	0.611 0	−0.071 9	−0.133 8	0.001 3	−0.021 9	−0.028 6	0.617 7	0.377 2	0.089 5	1.223 4
1992	−0.047 5	0.470 6	−0.002 3	−0.056 8	0.023 5	−0.010 3	−0.011 3	0.554 9	0.376 2	0.108 1	1.405 1
1993	0.015 4	0.443 3	0.011 2	−0.003 5	0.048 9	0.001 2	0.001 2	0.490 4	0.370 9	0.097 7	1.476 8

续表

年份	废水排放量	废水排放达标率	废气排放量	二氧化硫排放量	工业二氧化硫去除率	固体废物产生量	固体废物综合利用量	工业固体废物综合利用率	锅炉烟尘排放达标率	三废综合利用效率	环境规制强度值
1994	0.034 9	0.434 7	0.015 9	0.007 8	0.005 0	0.006 2	0.006 2	0.473 2	0.377 9	0.011 7	1.373 5
1995	0.030 7	0.378 4	0.011 7	0.010 7	0.027 1	0.006 0	0.006 3	0.492 3	0.331 1	0.012 1	1.306 4
1996	0.033 8	0.372 0	0.013 6	0.013 2	0.108 4	0.006 7	0.007 4	0.536 7	0.212 7	0.000 8	1.305 3
1997	0.040 0	0.175 2	0.012 1	0.008 0	0.150 1	0.007 0	0.007 0	0.480 8	0.430 1	0.002 2	1.312 6
1998	0.044 5	0.238 1	0.014 1	0.010 4	0.210 5	0.006 9	0.007 6	0.498 8	0.317 5	0.006 6	1.355 1
1999	0.050 1	0.451 9	0.014 9	0.017 1	0.076 7	0.008 2	0.008 2	0.475 1	0.343 2	0.007 4	1.452 7
2000	0.058 5	0.485 7	0.016 2	0.021 8	0.095 3	0.009 2	0.009 0	0.480 9	0.363 7	0.005 6	1.546 0
2001	0.048 7	0.509 5	0.012 3	0.018 8	0.264 2	0.008 8	0.008 1	0.387 6	0.334 4	0.003 4	1.595 8
2002	0.059 7	0.546 9	0.013 3	0.021 6	0.165 3	0.009 7	0.008 9	0.385 6	0.353 7	0.004 2	1.568 9
2003	0.091 2	0.554 2	−0.021 0	0.004 8	0.170 1	0.000 0	−0.004 1	0.463 2	0.367 5	0.055 8	1.681 7
2004	0.108 0	0.558 6	−0.012 5	0.025 9	0.152 5	−0.000 2	−0.002 7	0.445 8	0.377 0	0.105 6	1.758 0
2005	0.134 5	0.571 4	0.009 0	0.019 0	0.402 2	0.010 0	0.007 5	0.277 2	0.368 7	0.166 6	1.966 1
2006	0.158 4	0.540 0	0.018 8	0.052 6	0.013 4	0.016 5	0.014 3	0.443 1	0.368 5	0.000 1	1.625 7
2007	0.200 2	0.554 7	0.010 7	0.030 4	0.113 8	0.010 6	0.008 2	0.323 5	0.370 6	0.000 8	1.623 4
2008	0.241 0	0.545 7	0.018 0	0.035 8	0.151 6	0.011 0	0.008 6	0.330 3	0.364 3	0.001 8	1.708 0
2009	0.245 2	0.567 5	0.015 4	0.043 9	0.130 0	0.010 6	0.008 4	0.340 1	0.376 2	0.004 8	1.742 0
2010	0.224 9	0.555 2	0.013 7	0.025 3	0.043 8	0.007 8	0.005 6	0.271 5	0.379 5	0.008 4	1.535 6
2011	0.172 4	0.563 1	0.003 4	0.020 8	0.121 5	0.003 4	0.003 1	0.435 1	0.369 5	0.000 0	1.692 4
2012	0.127 8	0.564 1	0.003 9	0.020 4	0.133 6	0.003 6	0.003 2	0.412 3	0.370 0	0.000 0	1.638 8
2013	0.199 0	0.564 9	0.005 3	0.029 9	0.147 8	0.003 9	0.003 4	0.412 1	0.370 4	0.000 0	1.736 6
2014	0.233 4	0.565 5	0.010 1	0.034 4	0.164 6	0.003 7	0.003 0	0.367 7	0.370 8	0.000 0	1.753 1
2015	0.258 7	0.566 4	0.011 0	0.047 1	0.184 5	0.005 7	0.005 2	0.442 6	0.374 1	0.035 7	1.931 0

从上表的结果中可发现,总体上1991—2015年这25年间江苏省服装及其他纤维制品制造业的环境规制强度值从1991年的1.2234上升至2015年的1.9310,呈现出一个不断上升的态势,说明江苏省的环境规制强度逐步加大,保护环境的意识愈来愈强,对环境愈加重视。

在十项指标中,单位产值废气排放量、单位产值二氧化硫排放量、单位产值固体废物产生量、单位产值固体废物综合利用量的环境规制强度值呈现小幅度上升,锅炉烟尘排放达标率、三废综合利用效率除几个年份有所异常外,总体稳定在一个小范围内,变动幅度基本可以忽略。工业固体废物综合利用率呈现波动下降的趋势,但是强度值总体盘桓在0.4左右,下降幅度小。废水排放达标率在1997年达到最低,之后快速上升,2002年之后稳定在一个小范围内。工业二氧化硫去除率呈现波动上升的趋势,波动幅度较大,不够稳定。单位产值废水排放量亦呈现波动上升的趋势,但波动幅度较小,增长态势较为稳定。

（六）皮革、毛皮、羽绒及其制品业

1. Y_{ij} 的计算

表 5 - 21　1991—2015 年江苏省皮革、毛皮、羽绒及其制品业单位产值三废 X_{ij} 数据表

年份	单位产值废水排放量	废水排放达标率	单位产值废气排放量	单位产值二氧化硫排放量	工业二氧化硫去除率	单位产值固体废物产生量	单位产值固体废物综合利用量	工业固体废物综合利用率	锅炉烟尘排放达标率	三废综合利用效率
1991	23.6786	0.3665	0.2143	0.0067	0.0000	0.0708	0.0384	0.5415	0.8924	0.0000
1992	17.8269	0.3492	0.1638	0.0037	0.0584	0.1638	0.1092	0.6667	0.9841	0.0004
1993	8.5586	0.4154	0.0597	0.0018	0.0728	0.0448	0.0299	0.6667	0.9357	0.0001
1994	5.6376	0.3836	0.0308	0.0010	0.1791	0.0308	0.0103	0.3333	0.9737	0.0002
1995	4.7286	0.3996	0.0384	0.0008	0.0414	0.0288	0.0192	0.6667	0.8160	0.0002
1996	3.5990	0.5938	0.0318	0.0007	0.0232	0.0238	0.0159	0.6667	0.9360	0.0000
1997	8.4305	0.2224	0.0610	0.0015	0.0168	0.0305	0.0229	0.7500	1.0000	0.0000

年份	单位产值废水排放量	废水排放达标率	单位产值废气排放量	单位产值二氧化硫排放量	工业二氧化硫去除率	单位产值固体废物产生量	单位产值固体废物综合利用量	工业固体废物综合利用率	锅炉烟尘排放达标率	三废综合利用效率
1998	6.166 5	0.427 7	0.026 7	0.000 7	0.060 0	0.017 8	0.008 9	0.500 0	0.679 1	0.000 1
1999	5.096 6	0.643 6	0.026 5	0.000 5	0.068 9	0.017 6	0.017 6	1.000 0	0.826 1	0.000 1
2000	3.338 0	0.665 9	0.023 6	0.000 5	0.056 9	0.015 7	0.007 9	0.500 0	0.862 6	0.000 2
2001	2.669 3	0.963 5	0.041 7	0.000 5	0.136 5	0.021 3	0.019 9	0.931 6	0.967 5	0.000 4
2002	2.434 0	0.971 0	0.052 9	0.000 6	0.117 5	0.020 6	0.017 6	0.857 1	0.924 5	0.000 4
2003	1.608 8	0.988 5	0.031 1	0.000 5	0.258 9	0.015 7	0.014 7	0.936 9	0.961 1	0.000 1
2004	1.562 4	0.996 3	0.016 8	0.000 2	0.197 2	0.013 8	0.008 7	0.627 2	1.000 0	0.000 0
2005	2.309 7	1.000 0	0.015 9	0.000 2	0.165 4	0.011 9	0.006 3	0.530 5	1.000 0	0.000 5
2006	2.489 1	0.989 0	0.011 9	0.000 2	0.100 3	0.012 9	0.005 3	0.412 3	1.000 0	0.000 7
2007	1.921 8	0.898 3	0.008 8	0.000 1	0.080 1	0.010 4	0.005 2	0.496 6	0.992 8	0.000 4
2008	2.023 0	0.991 0	0.022 9	0.000 2	0.207 6	0.015 9	0.010 3	0.651 2	0.961 8	0.000 4
2009	1.599 8	0.984 2	0.020 1	0.000 2	0.075 5	0.011 2	0.007 7	0.684 7	1.000 0	0.000 4
2010	2.073 7	0.963 8	0.023 9	0.000 2	0.207 8	0.011 2	0.006 7	0.600 8	1.000 0	0.000 4
2011	1.505 1	0.953 2	0.026 7	0.000 1	0.209 6	0.005 8	0.003 0	0.524 5	0.967 1	0.000 2
2012	0.976 4	0.958 7	0.009 1	0.000 1	0.211 5	0.002 9	0.002 1	0.725 6	0.978 0	0.000 2
2013	0.829 3	0.966 0	0.023 5	0.000 2	0.213 3	0.003 2	0.001 8	0.568 7	0.983 4	0.000 2
2014	0.868 2	0.975 0	0.022 9	0.000 1	0.215 2	0.003 4	0.002 0	0.589 0	0.994 4	0.000 2
2015	0.751 7	0.985 9	0.029 5	0.000 2	0.217 1	0.003 1	0.001 8	0.577 2	1.000 0	0.000 2
β_{ij}	4.507 3	0.762 1	0.041 4	0.000 8	0.127 6	0.024 3	0.015 7	0.640 2	0.945 5	0.000 2

数据来源：1992—2016 年《江苏统计年鉴》。

运用标准化值 Y_{ij} 的计算公式，经计算可得：

表 5－22　1991—2015 年江苏省皮革、毛皮、羽绒及其制品业单位产值三废标准化值 Y_{ij} 表

年份	单位产值废水排放量	废水排放达标率	单位产值废气排放量	单位产值二氧化硫排放量	工业二氧化硫去除率	单位产值固体废物产生量	单位产值固体废物综合利用量	工业固体废物综合利用率	锅炉烟尘排放达标率	三废综合利用效率
1991	－3.253 4	0.480 9	－3.179 3	－6.031 5	0.000 0	－0.914 0	－0.438 8	0.845 8	0.943 9	0.171 8
1992	－1.955 1	0.458 2	－1.959 1	－2.403 8	0.457 4	－4.737 3	－4.942 5	1.041 3	1.040 9	1.695 1
1993	0.101 2	0.545 0	0.555 9	－0.128 5	0.570 5	0.156 9	0.100 8	1.041 3	0.989 7	0.339 6
1994	0.749 2	0.503 4	1.256 8	0.842 0	1.403 0	0.735 2	1.348 3	0.520 7	1.029 9	0.703 7
1995	0.950 9	0.524 3	1.072 7	1.047 7	0.324 2	0.816 5	0.780 4	1.041 3	0.863 1	0.692 0
1996	1.201 5	0.779 2	1.231 9	1.163 9	0.181 8	1.019 7	0.989 8	1.041 3	0.990 0	0.118 1
1997	0.129 6	0.291 9	0.526 1	0.196 9	0.131 8	0.745 9	0.546 2	1.171 5	1.057 7	0.186 7
1998	0.631 9	0.561 3	1.353 9	1.185 3	0.469 9	1.267 0	1.433 5	0.781 0	0.718 2	0.393 5
1999	0.869 3	0.844 5	1.360 6	1.361 8	0.539 9	1.274 6	0.878 8	1.562 0	0.873 7	0.628 5
2000	1.259 4	0.873 8	1.430 5	1.395 0	0.445 4	1.353 9	1.500 7	0.781 0	0.912 4	0.741 8
2001	1.407 8	1.264 4	0.991 9	1.371 9	1.069 7	1.122 3	0.736 1	1.455 2	1.023 1	1.744 4
2002	1.460 0	1.274 2	0.721 1	1.232 2	0.920 3	1.153 6	0.878 7	1.338 9	0.977 9	1.539 9
2003	1.643 1	1.297 0	1.248 2	1.960 8	2.028 8	1.353 8	1.064 2	1.463 4	1.016 6	0.608 3
2004	1.653 4	1.307 3	1.594 4	1.729 2	1.544 9	1.430 7	1.448 2	0.979 6	1.057 7	0.152 9
2005	1.487 6	1.312 2	1.614 6	1.777 8	1.295 8	1.512 2	1.600 0	0.828 7	1.057 7	2.007 7
2006	1.447 8	1.297 7	1.713 4	1.812 4	0.785 6	1.467 9	1.661 0	0.643 9	1.057 7	3.040 8
2007	1.573 6	1.178 8	1.786 2	1.858 5	0.627 6	1.570 7	1.670 5	0.775 7	1.050 1	1.950 1
2008	1.551 2	1.300 3	1.446 0	1.734 2	1.626 3	1.346 6	1.342 0	1.017 2	1.017 2	0.863 4
2009	1.645 1	1.291 5	1.513 9	1.735 1	0.591 2	1.537 9	1.511 0	1.069 4	1.057 7	1.811 7
2010	1.539 9	1.264 6	1.421 5	1.753 5	1.628 1	1.540 9	1.573 7	0.938 4	1.057 7	1.718 3
2011	1.666 1	1.250 8	1.355 5	1.898 6	1.642 4	1.761 7	1.806 8	0.819 3	1.022 9	0.655 9
2012	1.783 4	1.258 0	1.779 7	1.912 2	1.656 8	1.878 8	1.864 1	1.133 4	1.034 4	0.699 6
2013	1.816 0	1.267 6	1.431 4	1.901 3	1.671 4	1.868 8	1.884 7	0.888 3	1.040 2	0.743 3

续表

年份	单位产值废水排放量	废水排放达标率	单位产值废气排放量	单位产值二氧化硫排放量	工业二氧化硫去除率	单位产值固体废物产生量	单位产值固体废物综合利用量	工业固体废物综合利用率	锅炉烟尘排放达标率	三废综合利用效率
2014	1.807 4	1.279 4	1.445 3	1.893 4	1.686 1	1.861 6	1.874 0	0.920 0	1.051 8	0.830 8
2015	1.833 2	1.293 7	1.286 9	1.800 1	1.700 9	1.873 9	1.887 5	0.901 5	1.057 7	0.962 0

2. K_j 的计算

1991—2015 年江苏省工业单位产值三废 X_{ij} 数据的计算过程同制造业。

根据公式 $K_j = \dfrac{E_j}{\sum E_j} \Big/ \dfrac{O_i}{\sum O_i} = \dfrac{E_j}{O_i} * \dfrac{\sum O_i}{\sum E_j} = \dfrac{E_j}{O_i} \Big/ \dfrac{\sum E_j}{\sum O_i} = UE_{ij} / \overline{UE_{ij}}$，最终可得到 K_j。

表 5 - 23　K_j 的计算结果

年份	工业废水排放总量	废水排放达标率	工业废气排放总量	工业二氧化硫排放量	工业二氧化硫去除率	工业固体废物产生量	工业固体废物综合利用量	工业固体废物综合利用率	锅炉烟尘排放达标率	三废综合利用效率
1991	0.234 9	0.568 3	0.088 9	0.184 4	0.000 0	0.081 1	0.069 5	0.856 6	1.091 8	0.015 8
1992	0.265 8	0.531 8	0.102 6	0.139 1	0.568 3	0.224 2	0.225 9	1.007 6	1.143 5	0.168 2
1993	0.197 7	0.620 9	0.056 1	0.095 7	0.680 1	0.094 3	0.078 0	0.827 3	1.012 7	0.040 7
1994	0.174 6	0.557 8	0.034 9	0.064 8	1.449 7	0.073 9	0.029 7	0.401 7	1.028 9	0.084 4
1995	0.128 4	0.573 4	0.033 1	0.051 9	0.381 6	0.067 9	0.056 7	0.834 9	0.973 6	0.115 8
1996	0.126 6	0.859 0	0.033 0	0.052 1	0.106 7	0.063 7	0.055 0	0.863 9	1.043 9	0.012 3
1997	0.307 7	0.341 6	0.060 0	0.091 1	0.152 0	0.085 8	0.077 1	0.899 2	1.156 9	0.014 1
1998	0.244 7	0.564 2	0.028 8	0.044 4	0.494 4	0.048 8	0.031 8	0.651 6	0.801 8	0.044 9
1999	0.226 0	0.735 3	0.028 2	0.051 2	0.487 5	0.054 3	0.064 6	1.190 2	0.927 6	0.066 9

年份	工业废水排放总量	废水排放达标率	工业废气排放总量	工业二氧化硫排放量	工业二氧化硫去除率	工业固体废物产生量	工业固体废物综合利用量	工业固体废物综合利用率	锅炉烟尘排放达标率	三废综合利用效率
2000	0.172 8	0.724 2	0.027 1	0.063 0	0.312 9	0.054 0	0.031 6	0.584 7	0.877 2	0.081 1
2001	0.115 7	1.025 9	0.036 7	0.057 0	0.791 0	0.070 6	0.072 3	1.024 4	1.007 9	0.156 3
2002	0.128 5	1.012 3	0.051 4	0.084 8	0.569 7	0.075 2	0.070 6	0.939 2	0.936 8	0.136 1
2003	0.129 8	1.011 3	0.038 4	0.006 2	0.995 8	0.078 8	0.074 0	0.939 6	0.981 6	0.061 3
2004	0.150 0	1.021 3	0.017 2	0.034 6	0.705 2	0.059 3	0.037 3	0.629 9	1.029 5	0.013 2
2005	0.284 2	1.023 5	0.025 8	0.050 0	0.440 7	0.068 3	0.037 9	0.555 1	1.020 2	0.161 1
2006	0.398 9	1.011 8	0.019 7	0.056 8	0.211 3	0.080 3	0.034 2	0.425 8	1.016 1	0.199 9
2007	0.449 2	0.919 0	0.020 0	0.062 1	0.134 9	0.083 2	0.041 7	0.501 9	1.002 8	0.133 3
2008	0.599 3	1.013 9	0.061 6	0.166 6	0.314 0	0.151 9	0.100 1	0.659 2	0.966 6	0.062 6
2009	0.494 7	1.024 0	0.053 7	0.197 0	0.109 1	0.111 9	0.078 2	0.698 6	1.009 6	0.150 6
2010	0.826 4	0.981 4	0.070 6	0.210 8	0.294 9	0.123 0	0.076 4	0.620 7	1.018 2	0.165 2
2011	0.727 2	0.978 3	0.059 6	0.094 8	0.276 9	0.062 7	0.034 5	0.550 2	0.982 1	0.059 1
2012	0.536 5	0.982 6	0.022 5	0.098 8	0.264 7	0.035 6	0.028 3	0.795 5	0.990 5	0.059 0
2013	0.553 3	0.988 2	0.063 3	0.133 5	0.253 0	0.040 8	0.024 0	0.588 0	0.993 3	0.058 7
2014	0.674 5	0.995 1	0.055 0	0.167 6	0.241 9	0.045 5	0.027 7	0.608 4	1.001 8	0.062 5
2015	0.604 2	1.004 3	0.076 4	0.367 5	0.231 2	0.044 7	0.026 9	0.602 7	1.004 7	0.066 0

3. S_i 值 的 计 算

运用离差最大化决策方法计算权重 K，K 值归一化之后的结果分别为 0.419 6、0.580 4、0.304 3、0.264 0、0.431 7、0.238 4、0.207 1、0.554 6、0.454 5、0.545 5。在此作用下，皮革、毛皮、羽绒及其制品业的环境规制强度值最终的计算结果如下表所示。

表 5‑24 1991—2015 年江苏省皮革、毛皮、羽绒及其制品业的环境规制强度值

年份	废水排放量	废水排放达标率	废气排放量	二氧化硫排放量	工业二氧化硫去除率	固体废物产生量	固体废物综合利用量	工业固体废物综合利用率	锅炉烟尘排放达标率	三废综合利用效率	环境规制强度值
1991	−0.320 7	0.158 6	−0.086 0	−0.293 7	0.000 0	−0.017 7	−0.006 3	0.401 8	0.468 4	0.001 5	0.305 9
1992	−0.218 0	0.141 4	−0.061 2	−0.088 3	0.112 2	−0.253 2	−0.231 2	0.581 9	0.541 0	0.155 5	0.680 2
1993	0.008 4	0.196 4	0.009 5	−0.003 2	0.167 5	0.003 5	0.001 6	0.477 8	0.455 5	0.007 5	1.324 5
1994	0.054 9	0.163 0	0.013 3	0.014 4	0.878 0	0.013 0	0.008 3	0.116 0	0.481 6	0.032 4	1.774 9
1995	0.051 2	0.174 5	0.010 8	0.014 4	0.053 4	0.013 2	0.009 2	0.482 1	0.381 9	0.043 7	1.234 4
1996	0.063 8	0.388 5	0.012 4	0.016 0	0.008 4	0.015 5	0.011 3	0.498 9	0.469 7	0.000 8	1.485 2
1997	0.016 7	0.057 9	0.009 6	0.004 7	0.008 7	0.015 3	0.008 7	0.584 3	0.556 2	0.001 4	1.263 4
1998	0.064 9	0.183 8	0.011 8	0.013 9	0.100 3	0.014 7	0.009 4	0.282 2	0.261 8	0.009 6	0.952 5
1999	0.082 4	0.360 4	0.011 7	0.018 4	0.113 6	0.016 5	0.011 8	1.031 1	0.368 4	0.022 9	2.037 2
2000	0.091 3	0.367 3	0.011 8	0.023 2	0.060 2	0.017 4	0.009 8	0.253 2	0.363 7	0.032 8	1.230 9
2001	0.068 3	0.752 8	0.011 1	0.020 6	0.365 2	0.018 9	0.011 0	0.826 7	0.468 8	0.148 2	2.692 3
2002	0.078 7	0.748 6	0.011 3	0.027 6	0.226 3	0.020 7	0.012 8	0.697 4	0.416 4	0.114 3	2.354 1
2003	0.089 5	0.761 3	0.014 6	0.003 2	0.872 1	0.025 4	0.016 3	0.762 6	0.453 5	0.020 3	3.019 0
2004	0.104 0	0.775 0	0.008 3	0.015 8	0.470 3	0.020 2	0.011 2	0.342 2	0.494 9	0.001 1	2.243 1
2005	0.177 4	0.779 5	0.012 7	0.023 5	0.246 5	0.024 6	0.012 6	0.255 1	0.490 4	0.176 5	2.198 8
2006	0.242 3	0.762 1	0.010 3	0.027 2	0.071 7	0.028 1	0.011 8	0.152 1	0.488 5	0.331 6	2.125 5
2007	0.296 6	0.628 7	0.010 9	0.030 5	0.036 5	0.031 1	0.014 4	0.215 9	0.478 6	0.141 8	1.885 2
2008	0.390 1	0.765 2	0.027 1	0.076 3	0.220 5	0.048 8	0.027 8	0.371 9	0.446 9	0.029 5	2.403 9
2009	0.341 5	0.767 6	0.024 7	0.090 2	0.027 8	0.041 0	0.024 5	0.414 4	0.485 3	0.148 8	2.365 9
2010	0.534 0	0.720 4	0.030 5	0.097 6	0.207 3	0.045 2	0.024 9	0.323 0	0.489 5	0.154 9	2.627 2
2011	0.508 4	0.710 2	0.024 6	0.047 5	0.196 4	0.026 3	0.012 9	0.250 0	0.456 6	0.021 1	2.254 1
2012	0.401 5	0.717 5	0.012 2	0.049 2	0.189 3	0.016 0	0.010 9	0.500 0	0.465 7	0.022 5	2.385 5
2013	0.421 6	0.727 0	0.027 6	0.067 0	0.182 6	0.018 2	0.009 4	0.289 7	0.469 6	0.023 8	2.236 5

年份	废水排放量	废水排放达标率	废气排放量	二氧化硫排放量	工业二氧化硫去除率	固体废物产生量	固体废物综合利用量	工业固体废物综合利用率	锅炉烟尘排放达标率	三废综合利用效率	环境规制强度值
2014	0.511 6	0.738 9	0.024 2	0.083 8	0.176 1	0.020 2	0.010 7	0.310 4	0.478 9	0.028 3	2.383 1
2015	0.464 8	0.754 0	0.029 9	0.174 6	0.169 8	0.020 0	0.010 5	0.301 3	0.483 0	0.034 6	2.442 6

从上表的结果中可发现,总体上1991—2015年这25年间江苏省皮革、毛皮、羽绒及其制品业的环境规制强度值从1991年的0.305 9上升至2015年的2.442 6,呈现出一个不断上升的态势,说明江苏省的环境规制强度逐步加大,保护环境的意识愈来愈强,对环境愈加重视。

在十项指标中,单位产值废水排放量、废水排放达标率、工业二氧化硫去除率、工业固体废物综合利用率、锅炉烟尘排放达标率、三废综合利用效率的环境规制强度值波动幅度较大,单位产值废气排放量、单位产值二氧化硫排放量、单位产值固体废物产生量、单位产值固体废物综合利用量的强度值较为稳定。

（七）木材加工及竹、藤、棕、草制品业

1. Y_{ij} 的计算

表 5 - 25　1991—2015 年江苏省木材加工及竹、藤、棕、草制品业单位产值三废 X_{ij} 数据表

年份	单位产值废水排放量	废水排放达标率	单位产值废气排放量	单位产值二氧化硫排放量	工业二氧化硫去除率	单位产值固体废物产生量	单位产值固体废物综合利用率	工业固体废物综合利用率	锅炉烟尘排放达标率	三废综合利用效率
1991	21.190 3	0.105 3	1.197 2	0.009 5	0.001 6	0.085 7	0.073 2	0.853 4	0.795 4	0.001 2
1992	18.756 2	0.119 9	0.969 0	0.016 1	0.003 9	0.098 2	0.089 8	0.914 6	0.827 2	0.004 4
1993	7.512 5	0.080 3	0.409 3	0.008 3	0.009 0	0.028 5	0.027 0	0.948 5	0.857 3	0.002 4
1994	5.264 5	0.070 6	0.322 9	0.005 3	0.022 6	0.020 8	0.019 9	0.954 7	0.876 5	0.002 6

续表

年份	单位产值废水排放量	废水排放达标率	单位产值废气排放量	单位产值二氧化硫排放量	工业二氧化硫去除率	单位产值固体废物产生量	单位产值固体废物综合利用量	工业固体废物综合利用率	锅炉烟尘排放达标率	三废综合利用效率
1995	5.155 9	0.113 8	0.328 4	0.004 3	0.048 6	0.026 0	0.024 9	0.956 6	0.814 5	0.003 8
1996	2.955 7	0.089 9	0.212 0	0.002 2	0.022 1	0.015 6	0.013 8	0.881 4	0.755 1	0.002 7
1997	4.187 4	0.164 0	0.293 8	0.003 0	0.016 9	0.024 1	0.022 6	0.936 9	0.947 2	0.003 5
1998	2.870 8	0.584 2	0.217 2	0.002 4	0.007 3	0.024 9	0.022 5	0.904 6	0.403 8	0.002 8
1999	2.855 7	0.777 8	0.363 3	0.001 8	0.027 3	0.026 4	0.026 1	0.990 8	0.600 9	0.002 1
2000	2.560 7	0.809 8	0.313 2	0.001 7	0.077 5	0.028 7	0.027 3	0.953 1	0.919 9	0.001 3
2001	2.453 7	0.885 0	0.233 3	0.001 6	0.042 2	0.020 5	0.016 3	0.795 6	0.902 5	0.002 0
2002	2.041 6	0.922 6	0.382 4	0.001 7	0.148 7	0.026 0	0.024 4	0.937 5	0.930 3	0.003 3
2003	1.368 6	0.983 4	0.100 5	0.000 1	0.298 4	0.030 5	0.030 1	0.988 7	0.958 3	0.003 2
2004	1.458 7	0.999 8	0.092 3	0.000 5	0.341 6	0.030 0	0.029 7	0.992 0	0.995 2	0.001 5
2005	1.205 7	0.944 8	0.200 2	0.000 8	0.120 3	0.015 7	0.015 4	0.984 0	0.910 1	0.003 9
2006	0.237 4	0.999 8	0.134 0	0.000 5	0.108 2	0.009 9	0.009 5	0.953 9	0.944 4	0.002 6
2007	0.495 3	0.842 7	0.129 9	0.000 8	0.050 9	0.014 2	0.014 2	1.000 0	0.937 5	0.001 2
2008	0.439 3	0.842 4	0.170 8	0.000 6	0.045 1	0.014 7	0.014 7	1.000 0	0.941 6	0.000 9
2009	0.381 9	0.996 2	0.077 4	0.000 5	0.038 9	0.008 3	0.008 3	0.999 8	1.000 0	0.001 5
2010	0.346 6	0.956 4	0.092 4	0.000 3	0.175 1	0.007 3	0.007 3	1.000 0	0.867 5	0.001 2
2011	0.142 7	0.960 7	0.182 3	0.000 5	0.047 7	0.010 1	0.010 0	0.992 4	0.951 6	0.000 3
2012	0.150 6	0.965 1	0.157 1	0.000 4	0.050 4	0.007 0	0.007 0	0.995 5	0.959 5	0.000 3
2013	0.170 6	0.969 4	0.108 8	0.000 3	0.053 3	0.004 2	0.004 2	0.989 2	0.969 5	0.000 4
2014	0.164 4	0.973 8	0.117 9	0.000 3	0.056 4	0.004 8	0.004 5	0.948 3	0.982 0	0.000 6
2015	0.153 4	0.978 2	0.096 9	0.000 4	0.059 6	0.005 5	0.005 3	0.966 3	0.997 4	0.000 9
β_{ij}	3.380 8	0.685 4	0.276 1	0.002 6	0.075 0	0.023 5	0.021 9	0.953 5	0.881 8	0.002 0

数据来源：1992—2016 年《江苏统计年鉴》。

运用标准化值 Y_{ij} 的计算公式,经计算可得:

表 5–26 1991—2015 年江苏省木材加工及竹、藤、棕、草制品业单位产值三废标准化值 Y_{ij} 表

年份	单位产值废水排放量	废水排放达标率	单位产值废气排放量	单位产值二氧化硫排放量	工业二氧化硫去除率	单位产值固体废物产生量	单位产值固体废物综合利用量	工业固体废物综合利用率	锅炉烟尘排放达标率	三废综合利用效率
1991	−4.267 8	0.153 6	−2.336 2	−1.696 4	0.021 3	−1.648 5	−1.338 1	0.895 0	0.902 0	0.606 3
1992	−3.547 8	0.175 0	−1.509 7	−4.403 0	0.052 7	−2.176 6	−2.095 3	0.959 2	0.938 0	2.188 5
1993	−0.222 1	0.117 1	0.517 5	−1.220 9	0.119 9	0.787 6	0.767 2	0.994 7	0.972 2	1.186 4
1994	0.442 8	0.102 9	0.830 5	−0.075 2	0.301 5	1.112 9	1.092 0	1.001 2	0.994 1	1.301 2
1995	0.475 0	0.166 0	0.810 7	0.306 6	0.649 0	0.891 7	0.863 3	1.003 3	0.923 7	1.867 8
1996	1.125 7	0.131 2	1.232 3	1.150 4	0.295 5	1.335 3	1.371 9	0.924 4	0.856 3	1.342 8
1997	0.761 4	0.239 2	0.935 7	0.839 2	0.226 0	0.973 4	0.968 8	0.982 6	1.074 1	1.723 6
1998	1.150 9	0.852 4	1.213 3	1.068 3	0.097 9	0.940 4	0.972 3	0.948 7	0.457 9	1.384 4
1999	1.155 3	1.134 7	0.684 2	1.313 9	0.364 3	0.877 7	0.807 8	1.039 1	0.681 4	1.027 6
2000	1.242 6	1.181 5	0.865 6	1.322 1	1.033 4	0.780 6	0.753 9	0.999 6	1.043 2	0.670 9
2001	1.274 2	1.291 2	1.154 9	1.375 7	0.563 1	1.128 6	1.256 7	0.834 4	1.023 5	0.981 1
2002	1.396 1	1.346 0	0.615 2	1.330 5	1.983 3	0.893 0	0.887 3	0.983 2	1.055 0	1.629 9
2003	1.595 2	1.434 7	1.636 0	1.976 7	3.980 9	0.704 1	0.626 3	1.036 9	1.086 7	1.585 3
2004	1.568 5	1.458 6	1.665 8	1.799 9	4.557 4	0.724 6	0.643 6	1.040 3	1.128 6	0.764 7
2005	1.643 4	1.378 3	1.274 9	1.693 8	1.604 8	1.332 5	1.295 8	1.031 9	1.032 1	1.922 0
2006	1.929 8	1.458 6	1.514 8	1.799 2	1.443 4	1.577 0	1.567 4	1.000 4	1.071 0	1.278 7
2007	1.853 5	1.229 5	1.529 5	1.693 5	0.679 6	1.395 8	1.352 3	1.048 7	1.063 2	0.609 9
2008	1.870 0	1.229 0	1.381 2	1.777 7	0.602 0	1.375 1	1.330 0	1.048 7	1.067 8	0.440 8
2009	1.887 0	1.453 3	1.719 5	1.807 8	0.519 5	1.648 4	1.623 1	1.048 6	1.134 1	0.729 2
2010	1.897 5	1.395 4	1.665 3	1.872 0	2.335 5	1.688 6	1.666 1	1.048 8	0.983 8	0.580 1
2011	1.957 8	1.401 7	1.339 8	1.804 3	0.636 5	1.571 8	1.544 4	1.040 8	1.079 2	0.129 3

年份	单位产值废水排放量	废水排放达标率	单位产值废气排放量	单位产值二氧化硫排放量	工业二氧化硫去除率	单位产值固体废物产生量	单位产值固体废物综合利用量	工业固体废物综合利用率	锅炉烟尘排放达标率	三废综合利用效率
2012	1.955 5	1.408 0	1.430 9	1.854 2	0.673 0	1.701 3	1.681 2	1.044 1	1.088 1	0.144 2
2013	1.949 6	1.414 3	1.606 1	1.879 0	0.711 7	1.819 9	1.809 0	1.037 4	1.099 4	0.194 0
2014	1.951 4	1.420 7	1.573 2	1.887 7	0.752 5	1.797 1	1.793 7	0.994 5	1.113 6	0.288 5
2015	1.954 6	1.427 1	1.649 0	1.843 0	0.795 7	1.767 7	1.759 3	1.013 4	1.131 1	0.422 8

2. K_j 的计算

1991—2015 年江苏省工业单位产值三废 X_{ij} 数据的计算过程同制造业。

根据公式 $K_j = \dfrac{E_j}{\sum E_j} \Big/ \dfrac{O_i}{\sum O_i} = \dfrac{E_j}{O_i} * \dfrac{\sum O_i}{\sum E_j} = \dfrac{E_j}{O_i} \Big/ \dfrac{\sum E_j}{\sum O_i} = UE_{ij} / \overline{UE_{ij}}$，最终可得到 K_j。

表 5 - 27　K_j 的计算结果

年份	工业废水排放总量	废水排放达标率	工业废气排放总量	工业二氧化硫排放量	工业二氧化硫去除率	工业固体废物产生量	工业固体废物综合利用量	工业固体废物综合利用率	锅炉烟尘排放达标率	三废综合利用效率
1991	0.210 2	0.163 3	0.496 8	0.259 5	0.019 7	0.098 1	0.132 5	1.350 0	0.973 1	0.489 2
1992	0.279 6	0.182 7	0.607 0	0.618 1	0.038 4	0.134 3	0.185 7	1.382 3	0.961 1	1.908 6
1993	0.173 5	0.120 0	0.384 7	0.442 4	0.083 9	0.060 0	0.070 6	1.177 0	0.927 9	1.249 5
1994	0.163 0	0.102 6	0.366 5	0.355 1	0.183 0	0.050 1	0.057 7	1.150 6	0.926 3	1.372 0
1995	0.140 0	0.163 3	0.283 5	0.282 2	0.448 6	0.061 5	0.073 7	1.198 0	0.971 8	2.747 7
1996	0.104 0	0.130 1	0.219 8	0.161 9	0.101 8	0.041 7	0.047 7	1.142 2	0.842 2	1.230 1
1997	0.152 9	0.251 8	0.289 1	0.179 3	0.153 0	0.067 9	0.076 2	1.123 3	1.095 8	1.146 5

续表

年份	工业废水排放总量	废水排放达标率	工业废气排放总量	工业二氧化硫排放量	工业二氧化硫去除率	工业固体废物产生量	工业固体废物综合利用量	工业固体废物综合利用率	锅炉烟尘排放达标率	三废综合利用效率
1998	0.113 9	0.770 6	0.233 6	0.155 3	0.060 5	0.068 1	0.080 3	1.179 0	0.476 8	1.389 6
1999	0.126 6	0.888 6	0.387 7	0.168 3	0.193 2	0.081 2	0.095 7	1.179 3	0.674 7	0.961 0
2000	0.132 6	0.880 8	0.360 6	0.215 7	0.426 3	0.098 6	0.109 9	1.114 5	0.935 5	0.644 7
2001	0.106 4	0.942 3	0.205 4	0.173 1	0.244 6	0.067 7	0.059 2	0.874 9	0.940 2	0.772 9
2002	0.107 8	0.961 9	0.371 1	0.225 9	0.721 0	0.095 0	0.097 6	1.027 3	0.942 6	1.266 0
2003	0.110 5	1.006 1	0.124 0	0.011 3	1.147 5	0.152 7	0.151 4	0.991 6	0.978 7	1.404 3
2004	0.140 0	1.024 9	0.094 4	0.078 0	1.221 8	0.128 4	0.127 6	0.996 2	1.024 6	0.581 2
2005	0.148 4	0.967 0	0.324 2	0.210 8	0.320 5	0.090 4	0.093 1	1.029 6	0.928 5	1.356 1
2006	0.038 0	1.022 8	0.223 0	0.185 8	0.228 0	0.061 7	0.060 8	0.985 3	0.959 6	0.739 1
2007	0.115 8	0.862 1	0.293 7	0.411 1	0.085 8	0.113 2	0.114 4	1.010 8	0.946 9	0.366 6
2008	0.130 2	0.861 9	0.458 8	0.425 8	0.068 3	0.140 4	0.142 1	1.012 3	0.946 3	0.280 8
2009	0.118 1	1.036 5	0.206 7	0.437 0	0.056 3	0.082 3	0.084 0	1.020 2	1.009 6	0.532 8
2010	0.138 1	0.974 0	0.272 5	0.334 4	0.248 4	0.080 7	0.083 4	1.033 2	0.883 4	0.490 3
2011	0.068 9	0.986 1	0.407 3	0.559 4	0.063 0	0.108 9	0.113 3	1.041 1	0.966 3	0.102 4
2012	0.082 7	0.989 1	0.388 2	0.501 6	0.063 2	0.084 9	0.092 6	1.091 5	0.971 7	0.107 0
2013	0.113 8	0.991 7	0.292 8	0.500 3	0.063 3	0.054 1	0.055 4	1.022 8	0.979 2	0.134 7
2014	0.127 8	0.993 9	0.282 6	0.540 1	0.063 4	0.064 5	0.063 2	0.979 6	0.989 2	0.190 7
2015	0.123 3	0.996 4	0.250 9	0.881 9	0.063 5	0.079 6	0.080 3	1.009 0	1.002 1	0.255 0

3. S_i 值的计算

运用离差最大化决策方法计算权重 K，K 值归一化之后的结果分别为 0.306 5、0.693 5、0.350 2、0.323 8、0.326 0、0.341 6、0.307 2、0.351 2、0.444 9、0.555 1。在此作用下，木材加工及竹、藤、棕、草制品业的环境规制强度值最终的计算结果如下表所示。

表 5－28　1991—2015 年江苏省木材加工及竹、藤、棕、草制品业的环境规制强度值

年份	废水排放量	废水排放达标率	废气排放量	二氧化硫排放量	工业二氧化硫去除率	固体废物产生量	固体废物综合利用量	工业固体废物综合利用率	锅炉烟尘排放达标率	三废综合利用效率	环境规制强度值
1991	−0.275 0	0.017 4	−0.406 5	−0.142 5	0.000 1	−0.055 3	−0.054 5	0.424 3	0.390 5	0.164 7	0.063 3
1992	−0.304 1	0.022 2	−0.320 9	−0.881 3	0.000 7	−0.099 9	−0.119 5	0.465 6	0.401 1	2.318 6	1.482 5
1993	−0.011 8	0.009 7	0.069 7	−0.174 9	0.003 3	0.016 1	0.016 6	0.411 2	0.401 3	0.822 9	1.564 2
1994	0.022 1	0.007 3	0.106 6	−0.008 6	0.018 0	0.019 1	0.019 3	0.404 6	0.409 6	0.991 0	1.989 0
1995	0.020 4	0.018 8	0.080 5	0.028 0	0.094 5	0.018 7	0.019 5	0.422 1	0.399 4	2.848 8	3.951 2
1996	0.035 9	0.011 8	0.094 9	0.060 3	0.009 8	0.019 0	0.020 1	0.370 8	0.320 9	0.916 9	1.860 5
1997	0.035 7	0.041 8	0.094 8	0.048 7	0.011 3	0.022 6	0.022 7	0.387 6	0.523 6	1.097 0	2.285 7
1998	0.040 2	0.455 5	0.099 3	0.053 7	0.001 9	0.021 9	0.024 0	0.392 8	0.097 1	1.067 8	2.254 3
1999	0.044 8	0.699 3	0.092 9	0.071 6	0.022 9	0.024 3	0.023 8	0.430 4	0.204 5	0.548 2	2.162 8
2000	0.050 5	0.721 7	0.109 3	0.092 9	0.143 6	0.026 3	0.025 5	0.391 3	0.434 2	0.240 1	2.234 7
2001	0.041 5	0.843 8	0.083 1	0.077 1	0.044 9	0.026 1	0.022 9	0.256 4	0.428 1	0.420 9	2.244 8
2002	0.046 1	0.897 9	0.079 9	0.097 3	0.466 2	0.029 0	0.026 6	0.354 7	0.442 4	1.145 4	3.585 6
2003	0.054 0	1.001 0	0.071 0	0.007 2	1.489 2	0.036 7	0.029 1	0.361 1	0.473 2	1.235 8	4.758 5
2004	0.067 3	1.036 7	0.055 0	0.045 5	1.815 3	0.031 8	0.025 3	0.364 0	0.514 4	0.246 7	4.202 0
2005	0.074 7	0.924 3	0.144 8	0.115 6	0.167 7	0.041 1	0.037 0	0.373 1	0.426 4	1.446 8	3.751 6
2006	0.022 5	1.034 6	0.118 3	0.108 3	0.107 3	0.033 2	0.029 3	0.346 2	0.457 2	0.524 6	2.781 4
2007	0.065 8	0.735 0	0.157 3	0.225 4	0.019 0	0.054 0	0.047 5	0.372 3	0.447 9	0.124 1	2.248 3
2008	0.074 6	0.734 7	0.221 9	0.245 1	0.013 4	0.066 0	0.058 1	0.372 8	0.449 5	0.068 7	2.304 8
2009	0.068 3	1.044 6	0.124 4	0.255 8	0.009 5	0.046 4	0.041 9	0.375 7	0.509 4	0.215 7	2.691 7
2010	0.080 3	0.942 5	0.158 9	0.202 7	0.189 1	0.046 5	0.042 7	0.380 6	0.386 7	0.157 9	2.587 9
2011	0.041 4	0.958 5	0.191 1	0.326 9	0.013 1	0.058 4	0.053 8	0.380 6	0.464 0	0.007 3	2.495 1

年份	废水排放量	废水排放达标率	废气排放量	二氧化硫排放量	工业二氧化硫去除率	固体废物产生量	固体废物综合利用量	工业固体废物综合利用率	锅炉烟尘排放达标率	三废综合利用效率	环境规制强度值
2012	0.049 6	0.965 8	0.194 5	0.301 2	0.013 9	0.049 3	0.047 8	0.400 2	0.470 4	0.008 6	2.501 3
2013	0.068 0	0.972 7	0.164 7	0.304 4	0.014 7	0.033 6	0.030 8	0.372 6	0.479 0	0.014 5	2.455 0
2014	0.076 4	0.979 2	0.155 7	0.330 1	0.015 6	0.039 6	0.034 8	0.342 2	0.490 1	0.030 5	2.494 1
2015	0.073 9	0.986 1	0.144 9	0.526 3	0.016 5	0.048 1	0.043 4	0.359 1	0.504 3	0.059 8	2.762 4

从上表的结果中可发现,总体上1991—2015年这25年间江苏省木材加工及竹、藤、棕、草制品业的环境规制强度值从1991年的0.063 3上升至2015年的2.762 4,呈现出一个不断上升的态势,说明江苏省的环境规制强度逐步加大,保护环境的意识愈来愈强,对环境愈加重视。

在十项指标中,三废综合利用效率的波动幅度较为显著。

(八)家具制造业

1. Y_{ij}的计算

表 5 - 29 1991—2015 年江苏省家具制造业单位产值三废 X_{ij} 数据表

年份	单位产值废水排放量	废水排放达标率	单位产值废气排放量	单位产值二氧化硫排放量	工业二氧化硫去除率	单位产值固体废物产生量	单位产值固体废物综合利用量	工业固体废物综合利用率	锅炉烟尘排放达标率	三废综合利用效率
1991	9.120 6	0.084 4	0.310 5	0.007 5	0.000 3	0.004 8	0.003 9	0.811 4	0.824 2	0.000 2
1992	5.879 7	0.126 8	0.219 9	0.005 4	0.002 2	0.006 0	0.005 3	0.869 6	0.857 1	0.000 1
1993	4.436 0	0.084 9	0.175 0	0.005 1	0.005 0	0.003 3	0.003 0	0.901 8	0.888 3	0.000 1
1994	3.303 3	0.074 6	0.146 7	0.003 5	0.012 5	0.002 6	0.002 3	0.907 7	0.908 9	0.000 1
1995	3.253 0	0.120 3	0.150 0	0.002 9	0.027 3	0.003 2	0.002 9	0.909 6	0.844 0	0.000 1
1996	2.067 2	0.095 1	0.107 3	0.001 6	0.012 3	0.002 1	0.001 8	0.838 1	0.782 5	0.000 1

续表

年份	单位产值废水排放量	废水排放达标率	单位产值废气排放量	单位产值二氧化硫排放量	工业二氧化硫去除率	单位产值固体废物产生量	单位产值固体废物综合利用量	工业固体废物综合利用率	锅炉烟尘排放达标率	三废综合利用效率
1997	3.124 6	0.173 4	0.158 7	0.002 3	0.009 4	0.003 5	0.003 1	0.890 8	0.981 4	0.000 1
1998	2.335 3	0.617 8	0.127 9	0.002 0	0.004 0	0.004 0	0.003 4	0.860 1	0.418 4	0.000 1
1999	2.596 3	0.822 4	0.239 1	0.001 7	0.015 2	0.004 7	0.004 4	0.942 0	0.622 6	0.000 0
2000	2.505 2	0.856 3	0.221 8	0.001 8	0.044 1	0.005 2	0.005 2	0.999 1	0.953 2	0.000 1
2001	2.328 2	0.935 8	0.160 3	0.001 6	0.023 6	0.003 8	0.002 9	0.756 4	0.935 2	0.000 1
2002	2.048 1	0.975 6	0.277 7	0.001 8	0.087 5	0.005 1	0.004 6	0.891 4	0.963 9	0.000 2
2003	0.060 7	1.000 0	0.000 2	0.000 9		0.003 9	0.003 7	0.941 0	0.982 0	0.000 4
2004	0.268 2	1.000 0	0.032 5	0.000 2		0.002 7	0.002 7	1.000 0	1.000 0	0.000 4
2005	1.143 2	0.912 0	0.029 2	0.000 1	0.033 2	0.001 7	0.001 4	0.812 5	1.000 0	0.000 3
2006	0.295 9	0.948 6	0.012 4	0.000 1	0.290 1	0.002 9	0.002 3	0.768 9	1.000 0	0.000 0
2007	0.998 4	1.000 0	0.015 8	0.000 1	0.036 1	0.002 3	0.002 2	0.929 9	0.866 7	0.000 0
2008	0.859 9	1.000 0	0.011 2	0.000 0	0.005 4	0.004 4	0.004 2	0.983 1	1.000 0	0.000 3
2009	0.957 2	1.000 0	0.017 6	0.000 0		0.004 4	0.004 2	0.954 9	1.000 0	0.000 0
2010	0.381 9	1.000 0	0.012 2	0.000 1	0.000 0	0.003 4	0.003 2	0.954 5	1.000 0	0.000 0
2011	0.152 3	1.000 0	0.001 1	0.000 0	0.037 7	0.001 4	0.001 3	0.963 0	1.000 0	0.000 0
2012	0.239 5	1.000 0	0.043 5	0.000 0	0.039 4	0.002 0	0.002 0	0.977 3	0.866 7	0.000 0
2013	0.252 5	1.000 0	0.001 6	0.000 0	0.041 1	0.001 2	0.001 0	0.852 9	1.000 0	0.000 3
2014	0.207 8	1.000 0	0.000 9	0.000 0	0.042 9	0.001 1	0.001 1	1.000 0	1.000 0	0.000 0
2015	0.109 2	1.000 0	0.001 0	0.000 0	0.044 8	0.001 0	0.001 0	1.000 0	1.000 0	0.000 6
β_{ij}	1.957 0	0.713 1	0.099 0	0.001 6	0.032 4	0.003 3	0.003 0	0.908 6	0.907 8	0.000 1

数据来源:1992—2016 年《江苏统计年鉴》。

运用标准化值 Y_{ij} 的计算公式,经计算可得:

表 5‑30 1991—2015 年江苏省家具制造业单位产值三废标准化值 Y_{ij} 表

年份	单位产值废水排放量	废水排放达标率	单位产值废气排放量	单位产值二氧化硫排放量	工业二氧化硫去除率	单位产值固体废物产生量	单位产值固体废物综合利用量	工业固体废物综合利用率	锅炉烟尘排放达标率	三废综合利用效率
1991	-2.660 6	0.118 3	-1.137 8	-2.790 1	0.010 3	0.537 6	0.690 2	0.892 9	0.907 9	1.359 0
1992	-1.004 5	0.177 8	-0.222 1	-1.468 4	0.067 2	0.155 4	0.229 3	0.957 0	0.944 2	0.659 6
1993	-0.266 7	0.119 0	0.231 9	-1.286 4	0.153 2	0.991 4	0.995 9	0.992 5	0.978 5	0.551 9
1994	0.312 0	0.104 6	0.517 9	-0.250 0	0.387 7	1.215 7	1.214 1	0.999 0	1.000 6	0.643 3
1995	0.337 8	0.168 7	0.484 5	0.153 9	0.844 6	1.014 9	1.010 8	1.001 0	0.929 8	0.928 4
1996	0.943 7	0.133 4	0.915 5	0.973 2	0.379 9	1.345 0	1.394 0	0.922 3	0.862 0	0.486 1
1997	0.403 4	0.243 1	0.396 1	0.503 3	0.289 8	0.920 8	0.938 7	0.980 4	1.081 1	1.013 3
1998	0.806 7	0.866 3	0.707 4	0.690 3	0.125 0	0.785 6	0.846 9	0.946 6	0.460 6	0.887 2
1999	0.673 3	1.153 3	-0.416 3	0.922 1	0.469 5	0.562 3	0.504 2	1.036 6	0.685 9	0.351 0
2000	0.719 9	1.200 8	-0.241 5	0.854 0	1.363 1	0.400 5	0.235 8	1.099 6	1.050 0	0.517 1
2001	0.810 3	1.312 3	0.380 3	0.976 4	0.730 8	0.835 1	1.027 3	0.832 5	1.030 2	0.733 5
2002	0.953 4	1.368 0	-0.806 0	0.839 4	2.705 9	0.435 3	0.460 3	0.981 0	1.061 9	2.074 5
2003	1.969 0	1.402 3	1.998 0	1.446 5	0.000 0	0.811 3	0.765 2	1.035 6	1.081 7	3.157 5
2004	1.863 0	1.402 3	1.671 8	1.886 9	0.000 0	1.177 5	1.092 0	1.100 5	1.101 6	3.485 2
2005	1.415 8	1.278 9	1.705 0	1.911 7	1.025 4	1.474 3	1.528 5	0.894 1	1.101 6	2.712 1
2006	1.848 8	1.330 2	1.874 3	1.906 9	8.964 9	1.100 5	1.236 5	0.846 3	1.101 6	0.035 2
2007	1.489 8	1.402 3	1.840 5	1.926 4	1.117 3	1.289 9	1.271 0	1.023 4	0.954 7	0.020 9
2008	1.560 6	1.402 3	1.887 0	1.928 0	0.000 0	0.349 5	0.208 7	1.081 9	1.101 6	2.486 6
2009	1.510 9	1.402 3	1.822 2	1.946 6	0.000 0	0.662 7	0.590 3	1.050 9	1.101 6	0.101 1
2010	1.804 8	1.402 3	1.876 7	1.962 4	0.000 0	0.971 0	0.915 7	1.050 5	1.101 6	0.076 4
2011	1.922 2	1.402 3	1.989 3	1.999 0	1.166 2	1.585 5	1.559 5	1.059 8	1.101 6	0.035 2
2012	1.877 6	1.402 3	1.560 8	1.971 5	1.217 4	1.390 5	1.342 5	1.075 5	0.954 7	0.020 9
2013	1.871 0	1.402 3	1.983 5	1.999 3	1.270 8	1.632 5	1.654 0	0.938 7	1.101 6	2.486 6

续表

年份	单位产值废水排放量	废水排放达标率	单位产值废气排放量	单位产值二氧化硫排放量	工业二氧化硫去除率	单位产值固体废物产生量	单位产值固体废物综合利用量	工业固体废物综合利用率	锅炉烟尘排放达标率	三废综合利用效率
2014	1.893 8	1.402 3	1.991 2	1.998 5	1.326 5	1.663 3	1.628 3	1.100 5	1.101 6	0.101 1
2015	1.944 2	1.402 3	1.989 8	1.998 5	1.384 6	1.691 8	1.659 8	1.100 5	1.101 6	0.076 4

2. K_j 的计算

1991—2015 年江苏省工业单位产值三废 X_{ij} 数据的计算过程同制造业。

根据公式 $K_j = \dfrac{E_j}{\sum E_j} \Big/ \dfrac{O_i}{\sum O_i} = \dfrac{E_j}{O_i} * \dfrac{\sum O_i}{\sum E_j} = \dfrac{E_j}{O_i} \Big/ \dfrac{\sum E_j}{\sum O_i} = UE_{ij} \Big/ \overline{UE_{ij}}$，

最终可得到 K_j。

表 5－31　K_j 的计算结果

年份	工业废水排放总量	废水排放达标率	工业废气排放总量	工业二氧化硫排放量	工业二氧化硫去除率	工业固体废物产生量	工业固体废物综合利用量	工业固体废物综合利用率	锅炉烟尘排放达标率	三废综合利用效率
1991	0.090 5	0.130 9	0.128 9	0.204 5	0.004 1	0.005 5	0.007 0	1.283 6	1.008 4	0.065 6
1992	0.087 7	0.193 2	0.137 8	0.203 7	0.021 2	0.008 3	0.010 9	1.314 3	0.995 9	0.034 4
1993	0.102 5	0.126 9	0.164 4	0.274 6	0.046 3	0.007 0	0.007 8	1.119 0	0.961 5	0.034 8
1994	0.102 3	0.108 5	0.166 5	0.234 2	0.101 6	0.006 2	0.006 8	1.094 0	0.959 8	0.040 6
1995	0.088 3	0.172 7	0.129 5	0.187 1	0.252 0	0.007 6	0.008 7	1.139 0	1.007 0	0.081 7
1996	0.072 7	0.137 6	0.111 3	0.119 1	0.056 5	0.005 7	0.006 2	1.086 0	0.872 7	0.026 6
1997	0.114 1	0.266 3	0.156 2	0.140 7	0.084 7	0.009 9	0.010 6	1.068 1	1.135 4	0.040 3
1998	0.092 7	0.814 9	0.137 6	0.132 8	0.033 5	0.010 9	0.012 2	1.121 0	0.494 0	0.053 3
1999	0.115 1	0.939 6	0.255 2	0.160 9	0.107 5	0.014 5	0.016 2	1.121 2	0.699 1	0.019 6

年份	工业废水排放总量	废水排放达标率	工业废气排放总量	工业二氧化硫排放量	工业二氧化硫去除率	工业固体废物产生量	工业固体废物综合利用量	工业固体废物综合利用率	锅炉烟尘排放达标率	三废综合利用效率
2000	0.129 7	0.931 3	0.255 4	0.221 9	0.242 7	0.018 0	0.021 1	1.168 4	0.969 3	0.029 7
2001	0.100 9	0.996 4	0.141 1	0.172 7	0.137 0	0.012 6	0.010 5	0.831 8	0.974 3	0.034 6
2002	0.108 1	1.017 1	0.269 5	0.238 2	0.424 6	0.018 7	0.018 3	0.976 7	0.976 7	0.096 4
2003	0.004 9	1.023 1	0.000 2	0.163 1	0.000 0	0.019 5	0.018 4	0.943 8	1.002 9	0.167 3
2004	0.025 7	1.025 2	0.033 2	0.026 8	0.000 0	0.011 5	0.011 6	1.004 3	1.029 5	0.158 4
2005	0.140 7	0.933 4	0.047 3	0.037 0	0.088 4	0.009 9	0.008 4	0.850 1	1.020 2	0.114 4
2006	0.047 4	0.970 4	0.020 7	0.052 4	0.611 3	0.018 3	0.014 5	0.794 2	1.016 1	0.001 2
2007	0.233 4	1.023 0	0.035 7	0.060 0	0.060 9	0.018 5	0.017 4	0.940 0	0.875 4	0.000 7
2008	0.254 8	1.023 2	0.030 0	0.083 9	0.000 0	0.051 7	0.051 4	0.995 2	1.005 0	0.094 7
2009	0.296 0	1.040 4	0.046 9	0.073 9	0.000 0	0.043 6	0.042 5	0.974 4	1.009 6	0.004 4
2010	0.152 2	1.018 3	0.036 0	0.059 8	0.000 0	0.037 2	0.036 6	0.986 3	1.018 2	0.003 9
2011	0.073 6	1.026 4	0.002 4	0.001 7	0.049 9	0.014 7	0.014 8	1.010 2	1.015 5	0.001 7
2012	0.131 6	1.024 9	0.107 4	0.059 6	0.049 3	0.024 1	0.025 9	1.071 5	0.877 8	0.000 9
2013	0.168 5	1.023 0	0.004 4	0.001 7	0.048 8	0.015 4	0.013 6	0.881 9	1.010 1	0.103 3
2014	0.161 4	1.020 6	0.002 1	0.004 3	0.048 2	0.014 9	0.015 4	1.033 0	1.007 4	0.004 0
2015	0.087 8	1.018 6	0.002 6	0.005 2	0.047 7	0.014 7	0.015 4	1.044 2	1.004 7	0.002 8

3. S_i 值 的 计 算

运用离差最大化决策方法计算权重 K，K 值归一化之后的结果分别为 0.369 1、0.630 9、0.413 3、0.399 1、0.187 6、0.349 7、0.343 6、0.306 7、0.442 8、0.557 2。在此作用下，家具制造业的环境规制强度值最终的计算结果如下表所示。

表 5‑32　1991—2015 年江苏省家具制造业的环境规制强度值

年份	废水排放量	废水排放达标率	废气排放量	二氧化硫排放量	工业二氧化硫去除率	固体废物产生量	固体废物综合利用量	工业固体废物综合利用率	锅炉烟尘排放达标率	三废综合利用效率	环境规制强度值
1991	−0.088 9	0.009 8	−0.060 6	−0.227 8	0.000 0	0.001 0	0.001 7	0.351 5	0.405 4	0.049 7	0.441 8
1992	−0.032 5	0.021 7	−0.012 6	−0.119 4	0.000 3	0.000 4	0.000 9	0.385 8	0.416 4	0.012 6	0.673 5
1993	−0.010 1	0.009 5	0.015 8	−0.141 0	0.001 3	0.002 4	0.002 7	0.340 6	0.416 6	0.010 7	0.648 5
1994	0.011 8	0.007 2	0.035 6	−0.023 4	0.007 4	0.002 6	0.002 8	0.335 2	0.425 2	0.014 5	0.819 0
1995	0.011 0	0.018 4	0.025 9	0.011 5	0.039 9	0.002 7	0.003 0	0.349 7	0.414 6	0.042 3	0.919 0
1996	0.025 3	0.011 6	0.042 1	0.046 2	0.004 0	0.002 7	0.003 0	0.307 2	0.333 1	0.007 2	0.782 5
1997	0.017 0	0.040 8	0.025 6	0.028 3	0.004 6	0.003 2	0.003 4	0.321 1	0.543 6	0.022 8	1.010 3
1998	0.027 6	0.445 4	0.040 2	0.036 6	0.000 8	0.003 0	0.003 5	0.325 4	0.100 8	0.026 3	1.009 7
1999	0.028 6	0.683 6	−0.043 9	0.059 2	0.009 5	0.002 8	0.002 8	0.356 5	0.212 3	0.003 8	1.315 4
2000	0.034 5	0.705 5	−0.025 5	0.075 6	0.062 1	0.002 5	0.001 7	0.394 0	0.450 7	0.008 6	1.709 7
2001	0.030 2	0.824 9	0.022 2	0.067 3	0.018 8	0.003 7	0.003 7	0.212 4	0.444 4	0.014 1	1.641 7
2002	0.038 0	0.877 8	−0.089 8	0.079 8	0.215 6	0.002 8	0.002 9	0.293 9	0.459 3	0.111 4	1.991 7
2003	0.003 6	0.905 2	0.000 2	0.094 2	0.000 0	0.005 5	0.004 8	0.299 8	0.480 4	0.294 3	2.087 9
2004	0.017 7	0.907 0	0.022 9	0.020 2	0.000 0	0.004 8	0.004 3	0.339 0	0.502 2	0.307 6	2.125 7
2005	0.073 5	0.753 1	0.033 3	0.028 2	0.017 0	0.005 1	0.004 4	0.233 1	0.497 6	0.172 9	1.818 4
2006	0.032 4	0.814 4	0.016 0	0.039 9	1.028 2	0.007 0	0.006 2	0.206 1	0.495 7	0.000 0	2.645 9
2007	0.128 3	0.905 1	0.027 1	0.046 2	0.012 6	0.008 4	0.007 6	0.295 0	0.370 1	0.000 0	1.800 5
2008	0.146 7	0.905 2	0.023 4	0.064 6	0.000 0	0.006 3	0.003 7	0.330 2	0.490 2	0.131 3	2.101 7
2009	0.165 1	0.920 5	0.035 4	0.057 4	0.000 0	0.010 1	0.008 6	0.314 1	0.492 5	0.000 2	2.003 8
2010	0.101 4	0.900 9	0.027 9	0.046 8	0.012 6	0.011 5	0.317 8	0.496 7	0.000 2	1.915 8
2011	0.052 2	0.908 0	0.001 9	0.001 3	0.010 9	0.008 1	0.007 9	0.328 4	0.495 3	0.000 0	1.814 3
2012	0.091 2	0.906 7	0.069 3	0.046 9	0.011 3	0.011 7	0.011 9	0.353 4	0.371 1	0.000 0	1.873 5
2013	0.116 4	0.905 1	0.003 6	0.001 4	0.011 6	0.008 8	0.007 7	0.253 9	0.492 7	0.143 1	1.944 2

续表

年份	废水排放量	废水排放达标率	废气排放量	二氧化硫排放量	工业二氧化硫去除率	固体废物产生量	固体废物综合利用量	工业固体废物综合利用率	锅炉烟尘排放达标率	三废综合利用效率	环境规制强度值
2014	0.112 8	0.902 9	0.001 7	0.003 4	0.012 0	0.008 7	0.008 6	0.348 7	0.491 4	0.000 2	1.890 5
2015	0.063 0	0.901 2	0.002 1	0.004 1	0.012 4	0.008 7	0.008 8	0.352 5	0.490 1	0.000 1	1.843 0

从上表的结果中可发现,总体上 1991—2015 年这 25 年间江苏省家具制造业的环境规制强度值从 1991 年的 0.441 8 上升至 2015 年的 1.843 0,呈现出一个不断上升的态势,说明江苏省的环境规制强度逐步加大,保护环境的意识愈来愈强,对环境愈加重视。

在十项指标中,工业二氧化硫去除率在 2006 年达到最高值,其余都稳定在一个小范围内。废水排放达标率在 1998 年以前的强度值较小,1998 年后都保持在一个较高的水平且较为稳定。工业固体废物综合利用率徘徊在 0.3 左右,锅炉烟尘排放达标率徘徊在 0.4 左右,其余的均稳定在一个较低的数值。

(九)造纸和纸制品业

1. Y_{ij} 的计算

表 5-33 1991—2015 年江苏省造纸和纸制品业单位产值三废 X_{ij} 数据表

年份	单位产值废水排放量	废水排放达标率	单位产值废气排放量	单位产值二氧化硫排放量	工业二氧化硫去除率	单位产值固体废物产生量	单位产值固体废物综合利用量	工业固体废物综合利用率	锅炉烟尘排放达标率	三废综合利用效率
1991	323.422 5	0.121 7	1.835 8	0.026 7	0.065 7	0.538 9	0.429 8	0.797 7	0.844 1	0.005 1
1992	245.668 7	0.186 8	1.476 4	0.023 9	0.066 2	0.481 5	0.407 5	0.846 2	0.877 8	0.003 0
1993	199.383 7	0.111 8	1.197 6	0.022 7	0.091 0	0.430 3	0.381 5	0.886 6	0.909 7	0.002 4
1994	192.588 1	0.081 0	1.073 1	0.022 1	0.161 1	0.357 6	0.319 1	0.892 4	0.930 2	0.003 0

续表

年份	单位产值废水排放量	废水排放达标率	单位产值废气排放量	单位产值二氧化硫排放量	工业二氧化硫去除率	单位产值固体废物产生量	单位产值固体废物综合利用量	工业固体废物综合利用率	锅炉烟尘排放达标率	三废综合利用效率
1995	187.858 0	0.118 6	0.986 5	0.016 3	0.298 0	0.403 9	0.361 2	0.894 2	0.864 4	0.003 8
1996	119.580 8	0.093 7	0.707 1	0.009 1	0.158 3	0.269 0	0.221 6	0.823 9	0.801 3	0.002 0
1997	173.560 2	0.170 8	1.004 2	0.012 7	0.125 2	0.425 6	0.372 7	0.875 8	0.994 9	0.004 0
1998	116.278 8	0.608 7	0.725 4	0.010 0	0.057 8	0.429 3	0.363 0	0.845 6	0.428 5	0.003 2
1999	105.314 7	0.810 4	1.104 7	0.006 7	0.189 0	0.414 0	0.383 4	0.926 1	0.637 7	0.001 0
2000	73.964 0	0.843 7	0.745 9	0.005 2	0.410 8	0.335 3	0.329 3	0.982 3	0.976 2	0.001 1
2001	70.827 8	0.922 1	0.555 4	0.004 8	0.267 9	0.251 6	0.187 1	0.743 7	0.957 7	0.001 6
2002	59.465 4	0.961 3	0.918 3	0.005 1	0.591 8	0.322 5	0.282 6	0.876 3	0.987 2	0.004 3
2003	56.674 2	0.993 6	0.750 8	0.000 5	0.302 2	0.286 5	0.276 1	0.963 7	0.991 4	0.005 5
2004	46.706 1	0.974 2	0.745 6	0.004 7	0.333 4	0.310 0	0.302 3	0.975 4	0.995 0	0.006 0
2005	35.061 7	0.983 8	0.558 4	0.003 5	0.507 8	0.274 4	0.271 8	0.990 3	0.999 1	0.002 7
2006	32.310 8	0.988 6	0.677 7	0.002 7	0.603 3	0.400 6	0.254 8	0.636 1	0.995 3	0.001 2
2007	22.693 9	0.990 4	0.382 1	0.002 8	0.461 2	0.298 3	0.278 7	0.934 2	0.997 4	0.001 0
2008	17.330 3	0.957 1	0.313 0	0.001 7	0.517 4	0.176 4	0.166 6	0.944 0	0.993 5	0.002 8
2009	19.285 6	0.932 9	0.408 9	0.001 7	0.657 7	0.214 4	0.206 0	0.960 9	0.998 8	0.002 8
2010	15.964 2	0.987 9	0.460 3	0.003 1	0.468 6	0.177 3	0.169 9	0.958 2	0.994 4	0.001 7
2011	16.261 6	0.956 7	0.688 7	0.003 1	0.463 7	0.191 8	0.182 2	0.949 9	0.995 4	0.002 8
2012	14.580 0	0.963 4	0.572 5	0.003 3	0.474 6	0.175 1	0.167 9	0.958 9	0.996 3	0.003 1
2013	10.614 8	0.972 3	0.561 4	0.002 7	0.487 1	0.170 8	0.160 6	0.940 2	0.997 3	0.003 4
2014	10.938 2	0.983 6	0.419 6	0.002 0	0.501 1	0.147 0	0.099 7	0.678 5	0.998 3	0.003 9
2015	10.416 6	0.997 8	0.564 7	0.001 2	0.516 3	0.131 3	0.110 4	0.840 7	0.999 3	0.004 4
β_{ij}	87.070 0	0.708 5	0.777 4	0.007 9	0.351 1	0.304 5	0.267 4	0.884 9	0.926 4	0.003 0

数据来源：1992—2016 年《江苏统计年鉴》。

运用标准化值 Y_{ij} 的计算公式,经计算可得:

表 5 - 34 1991—2015 年江苏省造纸和纸制品业单位产值三废标准化值 Y_{ij} 表

年份	单位产值废水排放量	废水排放达标率	单位产值废气排放量	单位产值二氧化硫排放量	工业二氧化硫去除率	单位产值固体废物产生量	单位产值固体废物综合利用量	工业固体废物综合利用率	锅炉烟尘排放达标率	三废综合利用效率
1991	−1.714 5	0.171 8	−0.361 5	−1.370 3	0.187 2	0.230 5	0.392 7	0.901 5	0.911 1	1.672 7
1992	−0.821 5	0.263 7	0.100 7	−1.022 9	0.188 5	0.418 8	0.476 4	0.956 3	0.947 5	0.977 2
1993	−0.289 9	0.157 8	0.459 5	−0.862 5	0.259 1	0.587 1	0.573 6	1.001 9	0.981 9	0.786 5
1994	−0.211 9	0.114 3	0.619 6	−0.784 5	0.458 8	0.825 6	0.806 6	1.008 5	1.004 0	0.979 8
1995	−0.157 6	0.167 4	0.731 0	−0.054 1	0.848 8	0.673 7	0.649 5	1.010 6	0.933 0	1.271 5
1996	0.626 6	0.132 3	1.090 4	0.855 6	0.450 8	1.116 8	1.171 3	0.931 1	0.865 0	0.666 8
1997	0.006 7	0.241 1	0.708 2	0.398 2	0.356 5	0.602 5	0.606 3	0.989 7	1.073 9	1.334 7
1998	0.664 5	0.859 1	1.066 8	0.743 6	0.164 6	0.590 4	0.642 7	0.955 6	0.462 5	1.047 6
1999	0.790 5	1.143 8	0.578 9	1.157 6	0.538 4	0.640 5	0.566 3	1.046 6	0.688 3	0.337 6
2000	1.150 5	1.190 9	1.040 4	1.348 1	1.170 0	0.899 1	0.768 6	1.110 1	1.053 7	0.362 1
2001	1.186 5	1.301 5	1.285 6	1.400 1	0.763 0	1.173 9	1.300 4	0.840 4	1.033 8	0.529 1
2002	1.317 0	1.356 8	0.818 7	1.350 8	1.685 7	0.940 9	0.943 2	0.990 3	1.065 6	1.428 3
2003	1.349 1	1.402 4	1.034 2	1.936 4	0.860 7	1.059 1	0.967 5	1.089 0	1.070 1	1.821 9
2004	1.463 6	1.375 0	1.040 9	1.402 2	0.949 7	0.982 5	0.869 5	1.102 3	1.074 0	1.990 3
2005	1.597 3	1.388 5	1.281 7	1.560 3	1.446 5	1.098 8	0.983 7	1.119 2	1.078 4	0.881 8
2006	1.628 9	1.395 2	1.128 2	1.664 9	1.718 3	0.684 6	1.047 3	0.718 8	1.074 3	0.397 4
2007	1.739 4	1.397 8	1.508 5	1.648 5	1.313 6	1.020 4	0.957 9	1.055 8	1.076 5	0.321 7
2008	1.801 0	1.350 9	1.597 3	1.782 8	1.473 7	1.420 6	1.377 1	1.066 9	1.072 4	0.919 5
2009	1.778 5	1.316 7	1.474 0	1.784 6	1.873 4	1.295 9	1.229 6	1.085 9	1.078 1	0.927 1
2010	1.816 7	1.394 8	1.407 9	1.612 8	1.334 8	1.417 8	1.364 7	1.082 9	1.073 3	0.557 2
2011	1.813 2	1.350 3	1.114 1	1.613 7	1.320 8	1.370 3	1.318 9	1.073 5	1.074 4	0.924 7
2012	1.832 5	1.359 7	1.263 5	1.586 4	1.351 7	1.425 0	1.372 2	1.083 7	1.075 5	1.013 9

续表

年份	单位产值废水排放量	废水排放达标率	单位产值废气排放量	单位产值二氧化硫排放量	工业二氧化硫去除率	单位产值固体废物产生量	单位产值固体废物综合利用量	工业固体废物综合利用率	锅炉烟尘排放达标率	三废综合效率
2013	1.878 1	1.372 2	1.277 8	1.654 4	1.387 5	1.439 1	1.399 5	1.062 5	1.076 5	1.129 5
2014	1.874 4	1.388 2	1.460 2	1.745 0	1.427 3	1.517 4	1.627 1	0.766 8	1.077 6	1.274 8
2015	1.880 4	1.408 3	1.273 5	1.848 4	1.470 6	1.568 9	1.587 3	0.950 0	1.078 7	1.446 5

2. K_j 的计算

1991—2015 年江苏省工业单位产值三废 X_{ij} 数据的计算过程同制造业。

根据公式 $K_j = \dfrac{E_j}{\sum E_j} \Big/ \dfrac{O_i}{\sum O_i} = \dfrac{E_j}{O_i} * \dfrac{\sum O_i}{\sum E_j} = \dfrac{E_j}{O_i} \Big/ \dfrac{\sum E_j}{\sum O_i} = UE_{ij} \Big/ \overline{UE_{ij}}$，最终可得到 K_j。

表 5 - 35　K_j 的计算结果

年份	工业废水排放总量	废水排放达标率	工业废气排放总量	工业二氧化硫排放量	工业二氧化硫去除率	工业固体废物产生量	工业固体废物综合利用量	工业固体废物综合利用率	锅炉烟尘排放达标率	三废综合效率
1991	3.208 6	0.188 7	0.761 8	0.729 9	0.811 7	0.616 8	0.778 4	1.261 9	1.032 7	2.032 6
1992	3.662 8	0.284 6	0.924 9	0.900 4	0.644 2	0.658 9	0.842 8	1.279 0	1.019 9	1.283 4
1993	4.605 4	0.167 2	1.125 4	1.213 1	0.849 7	0.905 5	0.996 2	1.100 2	0.984 6	1.247 5
1994	5.963 6	0.117 8	1.218 0	1.470 0	1.303 9	0.859 8	0.924 8	1.075 5	0.982 9	1.555 9
1995	5.100 3	0.170 1	0.851 5	1.056 1	2.748 7	0.953 4	1.067 7	1.119 8	1.031 3	2.816 9
1996	4.205 8	0.135 6	0.733 3	0.673 0	0.727 9	0.718 8	0.767 5	1.067 7	0.893 7	0.919 9
1997	6.335 5	0.262 4	0.988 1	0.763 6	1.130 8	1.197 1	1.257 0	1.050 0	1.151 0	1.337 1
1998	4.614 1	0.802 9	0.780 2	0.646 3	0.476 5	1.174 2	1.294 0	1.102 0	0.505 9	1.583 7

年份	工业废水排放总量	废水排放达标率	工业废气排放总量	工业二氧化硫排放量	工业二氧化硫去除率	工业固体废物产生量	工业固体废物综合利用量	工业固体废物综合利用率	锅炉烟尘排放达标率	三废综合利用效率
1999	4.669 9	0.925 8	1.178 8	0.637 7	1.337 2	1.274 1	1.404 4	1.102 3	0.716 0	0.475 5
2000	3.828 9	0.917 7	0.858 9	0.640 1	2.260 9	1.153 6	1.325 0	1.148 6	0.992 7	0.523 9
2001	3.070 1	0.981 8	0.488 9	0.513 4	1.552 2	0.831 8	0.680 3	0.817 8	0.997 8	0.627 7
2002	3.138 5	1.002 2	0.891 2	0.675 9	2.870 5	1.178 1	1.131 3	0.960 3	1.000 3	1.670 9
2003	4.574 0	1.016 6	0.926 2	0.095 1	1.162 2	1.436 7	1.388 6	0.966 5	1.012 6	2.430 6
2004	4.482 8	0.998 7	0.762 5	0.719 4	1.192 6	1.327 5	1.300 4	0.979 6	1.024 4	2.278 0
2005	4.314 5	1.006 9	0.904 3	0.933 8	1.353 2	1.581 5	1.638 8	1.036 2	1.019 3	0.937 0
2006	5.177 5	1.011 3	1.128 0	0.957 3	1.271 5	2.486 0	1.633 3	0.657 0	1.011 4	0.345 9
2007	5.304 4	1.013 1	0.863 8	1.454 7	0.776 6	2.377 5	2.245 1	0.944 3	1.007 3	0.291 2
2008	5.134 3	0.979 3	0.840 7	1.283 7	0.782 7	1.687 0	1.612 2	0.955 7	0.998 5	0.882 3
2009	5.963 1	0.970 7	1.091 1	1.511 2	0.950 8	2.136 6	2.094 9	0.980 5	1.008 4	1.020 1
2010	6.361 5	1.006 0	1.357 5	3.122 2	0.665 1	1.954 8	1.935 6	0.990 1	1.012 5	0.709 3
2011	7.857 4	0.981 9	1.539 0	3.407 7	0.612 7	2.074 4	2.067 3	0.996 6	1.010 8	1.102 5
2012	8.011 2	0.987 4	1.414 5	4.390 2	0.594 1	2.117 0	2.225 7	1.051 3	1.009 1	1.132 2
2013	7.082 8	0.994 6	1.511 6	4.409 6	0.577 9	2.183 4	2.122 6	0.972 2	1.007 4	1.181 4
2014	8.498 4	1.003 9	1.006 0	3.782 2	0.563 2	1.986 9	1.392 6	0.700 7	1.005 7	1.269 4
2015	8.373 3	1.016 4	1.462 0	2.627 9	0.549 9	1.914 3	1.680 5	0.877 9	1.004 0	1.314 1

3. S_i 值的计算

运用离差最大化决策方法计算权重 K,K 值归一化之后的结果分别为 0.435 3、0.564 7、0.346 0、0.399 3、0.254 7、0.388 2、0.371 7、0.240 1、0.363 0、0.637 0。在此作用下,造纸和纸制品业的环境规制强度值最终的计算结果如下表所示。

表 5‑36 1991—2015 年江苏省造纸和纸制品业的环境规制强度值

年份	废水排放量	废水排放达标率	废气排放量	二氧化硫排放量	工业二氧化硫去除率	固体废物产生量	固体废物综合利用量	工业固体废物综合利用率	锅炉烟尘排放达标率	三废综合利用效率	环境规制强度值
1991	−2.394 6	0.018 3	−0.095 3	−0.399 4	0.038 7	0.055 2	0.113 6	0.273 1	0.341 5	2.165 8	0.117 0
1992	−1.309 8	0.042 4	0.032 2	−0.367 8	0.030 9	0.107 1	0.149 2	0.293 7	0.350 8	0.798 9	0.127 6
1993	−0.581 2	0.014 9	0.178 9	−0.417 8	0.056 1	0.206 4	0.212 4	0.264 7	0.351 0	0.625 0	0.910 2
1994	−0.550 0	0.007 6	0.261 1	−0.460 5	0.152 4	0.275 6	0.277 3	0.260 4	0.358 3	0.971 1	1.553 3
1995	−0.349 8	0.016 1	0.215 4	−0.022 8	0.594 1	0.249 4	0.257 8	0.271 7	0.349 3	2.281 5	3.862 7
1996	1.147 2	0.010 1	0.276 7	0.229 9	0.083 6	0.311 6	0.334 2	0.238 7	0.280 6	0.390 7	3.303 3
1997	0.018 4	0.035 7	0.242 1	0.121 4	0.102 7	0.280 0	0.283 3	0.249 5	0.448 7	1.136 9	2.918 6
1998	1.334 7	0.389 6	0.288 0	0.191 9	0.020 0	0.269 1	0.309 1	0.252 9	0.084 9	1.056 8	4.197 0
1999	1.606 9	0.598 0	0.236 1	0.294 8	0.183 4	0.316 8	0.295 6	0.277 0	0.178 9	0.102 3	4.089 7
2000	1.917 6	0.617 1	0.309 2	0.344 6	0.673 7	0.402 6	0.378 5	0.306 1	0.379 7	0.120 8	5.450 0
2001	1.585 7	0.721 5	0.217 5	0.287 0	0.301 7	0.379 1	0.328 8	0.165 0	0.374 4	0.211 6	4.572 3
2002	1.799 3	0.767 8	0.252 5	0.364 5	1.232 4	0.430 3	0.396 6	0.228 3	0.386 9	1.520 2	7.379 0
2003	2.686 1	0.805 1	0.331 4	0.073 5	0.254 8	0.590 7	0.499 4	0.252 7	0.393 3	2.820 9	8.707 9
2004	2.856 0	0.775 5	0.274 6	0.402 8	0.288 5	0.506 2	0.420 3	0.259 3	0.399 4	2.888 1	9.070 6
2005	3.000 0	0.789 5	0.401 0	0.581 8	0.498 5	0.674 6	0.599 2	0.278 5	0.399 0	0.526 3	7.748 3
2006	3.671 2	0.796 8	0.440 3	0.636 4	0.556 5	0.660 7	0.635 8	0.113 4	0.394 4	0.087 6	7.992 9
2007	4.016 2	0.799 7	0.450 8	0.957 5	0.259 8	0.941 8	0.799 4	0.239 4	0.393 7	0.059 7	8.917 9
2008	4.025 1	0.747 0	0.464 6	0.913 8	0.293 8	0.930 3	0.825 3	0.244 8	0.388 7	0.516 8	9.350 2
2009	4.616 5	0.721 7	0.556 5	1.076 8	0.453 7	1.074 9	0.957 5	0.255 6	0.394 6	0.602 4	10.710 2
2010	5.030 6	0.792 5	0.661 3	2.010 6	0.226 2	1.075 9	0.981 7	0.257 4	0.394 5	0.251 8	11.682 1
2011	6.201 8	0.748 7	0.593 3	2.195 8	0.206 1	1.103 5	1.013 4	0.256 9	0.394 2	0.649 4	13.363 2
2012	6.390 6	0.758 2	0.618 4	2.781 0	0.204 6	1.171 1	1.135 2	0.273 6	0.393 9	0.731 2	14.457 7
2013	5.790 4	0.770 7	0.668 3	2.912 9	0.204 2	1.219 8	1.104 2	0.248 0	0.393 7	0.850 0	14.162 1

年份	废水排放量	废水排放达标率	废气排放量	二氧化硫排放量	工业二氧化硫去除率	固体废物产生量	固体废物综合利用量	工业固体废物综合利用率	锅炉烟尘排放达标率	三废综合利用效率	环境规制强度值
2014	6.934 0	0.787 0	0.508 3	2.635 4	0.204 8	1.170 4	0.842 3	0.129 0	0.393 4	1.030 8	14.635 2
2015	6.853 8	0.808 3	0.644 2	1.939 6	0.206 0	1.165 9	0.991 5	0.200 2	0.393 1	1.210 9	14.413 4

从上表的结果中可发现,总体上1991—2015年这25年间江苏省造纸和纸制品业的环境规制强度值从1991年的0.117 0上升至2015年的14.413 4,呈现出一个不断上升的态势,说明江苏省的环境规制强度逐步加大,保护环境的意识愈来愈强,对环境愈加重视。

在十项指标中,单位产值废水排放量呈现出波动上升的趋势,且上升趋势明显。单位产值二氧化硫排放量在2007—2013年上升趋势显著,之后有下降之势,需要有所关注。三废综合利用效率波动幅度较大,在2007—2015年后呈现较为稳定的上升态势。

（十）印刷和记录媒介复制业

1. Y_{ij} 的计算

表5-37　1991—2015年江苏省印刷和记录媒介复制业单位产值三废 X_{ij} 数据表

年份	单位产值废水排放量	废水排放达标率	单位产值废气排放量	单位产值二氧化硫排放量	工业二氧化硫去除率	单位产值固体废物产生量	单位产值固体废物综合利用率	工业固体废物综合利用率	锅炉烟尘排放达标率	三废综合利用效率
1991	10.888 3	0.721 1	0.114 6	0.007 1	0.000 0	0.021 3	0.015 5	0.725 7	0.905 4	0.000 1
1992	7.664 4	0.831 6	0.040 3	0.002 6	0.009 1	0.040 3	0.040 3	1.000 0	0.927 3	0.000 0
1993	5.680 8	0.804 2	0.030 1	0.001 5	0.000 0	0.030 1	0.000 0	0.000 0	0.869 6	0.000 1
1994	3.901 6	0.847 1	0.024 9	0.000 5	0.027 5	0.000 0	0.000 0	0.000 0	0.766 7	0.000 1
1995	3.626 8	0.648 3	0.050 0	0.000 2	0.000 0	0.025 0	0.025 0	1.000 0	0.790 7	0.000 1

续表

年份	单位产值废水排放量	废水排放达标率	单位产值废气排放量	单位产值二氧化硫排放量	工业二氧化硫去除率	单位产值固体废物产生量	单位产值固体废物综合利用量	工业固体废物综合利用率	锅炉烟尘排放达标率	三废综合利用效率
1996	1.065 7	0.516 1	0.017 2	0.000 2	0.000 0	0.000 0	0.000 0	1.000 0	0.608 7	0.000 0
1997	1.714 5	0.625 0	0.016 5	0.000 2	0.015 7	0.000 0	0.000 0	1.000 0	1.000 0	0.000 0
1998	1.912 1	0.439 3	0.017 9	0.000 1	0.017 5	0.008 0	0.007 9	0.977 8	0.767 4	0.000 0
1999	1.794 7	0.625 0	0.018 7	0.000 3	0.007 1	0.012 0	0.010 7	0.890 6	0.755 6	0.000 0
2000	1.904 4	0.951 9	0.054 9	0.000 1	0.377 8	0.000 0	0.000 0	1.000 0	0.973 0	0.000 0
2001	2.105 1	0.859 8	0.019 7	0.000 1	0.209 0	0.007 3	0.007 3	1.000 0	0.830 0	0.000 0
2002	1.404 3	0.913 0	0.025 3	0.000 1	0.196 4	0.006 0	0.006 0	1.000 0	0.984 4	0.000 0
2003	0.849 7	1.000 0	0.027 3	0.000 0	0.147 1	0.004 8	0.004 8	1.000 0	0.902 1	0.000 0
2004	0.672 5	0.962 5	0.025 1	0.000 3	0.105 9	0.012 5	0.011 9	0.948 7	1.000 0	0.000 0
2005	0.919 4	0.978 6	0.016 6	0.000 1	0.089 0	0.006 3	0.005 6	0.882 4	1.000 0	0.000 0
2006	0.727 8	0.970 6	0.028 6	0.000 2	0.000 0	0.007 5	0.006 9	0.916 9	0.978 5	0.000 1
2007	3.680 0	0.995 0	0.020 7	0.000 5	0.026 2	0.002 5	0.002 1	0.859 4	0.750 0	0.000 1
2008	0.728 2	1.000 0	0.037 7	0.000 5	0.017 5	0.003 6	0.003 5	0.971 3	0.903 8	0.000 0
2009	0.988 2	0.999 6	0.027 3	0.000 2	0.060 9	0.003 2	0.003 1	0.978 1	1.000 0	0.000 0
2010	1.107 1	0.999 8	0.032 2	0.000 1	0.070 3	0.002 4	0.002 4	1.000 0	1.000 0	0.000 0
2011	0.248 7	0.997 5	0.032 8	0.000 1	0.025 3	0.002 2	0.001 2	0.560 0	0.943 9	0.000 1
2012	0.210 7	0.998 1	0.025 9	0.000 0	0.036 4	0.001 4	0.000 5	0.338 2	0.957 6	0.000 1
2013	0.206 9	0.998 7	0.048 3	0.000 1	0.051 4	0.001 1	0.001 0	0.890 4	0.971 5	0.000 1
2014	0.183 6	0.999 4	0.043 7	0.000 0	0.070 5	0.001 0	0.000 8	0.821 9	0.985 7	0.000 1
2015	0.180 5	1.000 0	0.043 9	0.000 0	0.094 0	0.001 2	0.001 1	0.957 0	1.000 0	0.000 1
β_{ij}	2.174 6	0.867 3	0.033 6	0.000 6	0.066 2	0.008 0	0.006 3	0.868 7	0.902 9	0.000 0

数据来源:1992—2016 年《江苏统计年鉴》。

运用标准化值 Y_{ij} 的计算公式,经计算可得:

表 5‑38　1991—2015 年江苏省印刷和记录媒介复制业单位产值三废标准化值 Y_{ij} 表

年份	单位产值废水排放量	废水排放达标率	单位产值废气排放量	单位产值二氧化硫排放量	工业二氧化硫去除率	单位产值固体废物产生量	单位产值固体废物综合利用量	工业固体废物综合利用率	锅炉烟尘排放达标率	三废综合利用效率
1991	−3.006 9	0.831 4	−1.411 1	−9.828 5	0.000 0	−0.666 9	−0.452 7	0.835 3	1.002 8	1.063 4
1992	−1.524 5	0.958 8	0.799 4	−2.395 0	0.137 4	−3.049 0	−4.399 1	1.151 1	1.027 0	0.998 0
1993	−0.612 3	0.927 3	1.105 4	−0.538 7	0.000 0	−1.762 1	2.000 0	0.000 0	0.963 1	1.301 4
1994	0.205 9	0.976 8	1.260 4	1.122 3	0.415 9	2.000 0	2.000 0	1.151 1	0.849 1	1.485 9
1995	0.332 2	0.747 5	0.511 2	1.633 3	0.000 0	−1.130 7	−1.967 9	1.151 1	0.875 8	2.681 7
1996	1.510 0	0.595 1	1.488 4	1.748 0	0.000 0	2.000 0	2.000 0	1.151 1	0.674 2	0.000 0
1997	1.211 6	0.720 6	1.509 4	1.656 7	0.238 0	2.000 0	2.000 0	1.151 1	1.107 6	0.747 8
1998	1.120 7	0.506 5	1.468 2	1.833 3	0.265 1	0.993 5	0.752 7	1.125 5	0.850 0	0.073 7
1999	1.174 7	0.720 6	1.443 6	1.564 0	0.107 2	0.502 4	0.309 6	1.025 2	0.836 8	0.346 9
2000	1.124 3	1.097 6	0.365 0	1.829 2	5.708 3	2.000 0	2.000 0	1.151 1	1.077 6	0.415 3
2001	1.032 0	0.991 4	1.414 5	1.652 6	3.157 4	1.088 9	0.845 3	1.151 1	0.919 3	0.081 1
2002	1.354 2	1.052 7	1.248 4	1.816 8	2.968 1	1.245 5	1.043 7	1.151 1	1.090 3	0.730 6
2003	1.609 3	1.153 0	1.187 9	1.937 2	2.222 1	1.398 2	1.237 3	1.151 1	0.999 2	0.108 5
2004	1.690 8	1.109 8	1.252 8	1.452 7	1.599 9	0.435 6	0.119 0	1.092 1	1.107 6	0.715 8
2005	1.577 2	1.128 4	1.507 2	1.789 4	1.345 2	1.209 7	1.116 1	1.015 8	1.107 6	0.114 2
2006	1.665 3	1.119 1	1.149 5	1.740 8	0.000 0	1.058 0	0.905 3	1.055 5	1.083 8	1.342 3
2007	0.307 8	1.147 2	1.385 4	1.635 4	0.395 2	1.690 6	1.663 0	0.989 3	0.830 7	1.584 1
2008	1.665 1	1.153 0	0.878 0	1.106 8	0.264 3	1.544 6	1.439 4	1.118 0	1.001 1	0.567 1
2009	1.545 6	1.152 5	1.186 6	1.704 1	0.920 5	1.601 3	1.505 8	1.125 9	1.107 6	0.760 2
2010	1.490 9	1.152 8	1.041 7	1.761 5	1.062 2	1.694 0	1.612 2	1.151 1	1.107 6	0.770 4
2011	1.885 6	1.150 1	1.023 8	1.895 0	0.381 7	1.722 1	1.802 8	0.644 6	1.045 4	1.342 3
2012	1.903 1	1.150 8	1.228 5	1.950 5	0.549 3	1.830 1	1.927 2	0.389 3	1.060 6	1.584 1
2013	1.904 9	1.151 6	0.563 2	1.986 7	0.776 7	1.864 8	1.847 4	1.024 9	1.076 0	2.061 8

续表

年份	单位产值废水排放量	废水排放达标率	单位产值废气排放量	单位产值二氧化硫排放量	工业二氧化硫去除率	单位产值固体废物产生量	单位产值固体废物综合利用量	工业固体废物综合利用率	锅炉烟尘排放达标率	三废综合利用效率
2014	1.915 6	1.152 3	0.699 3	1.972 0	1.065 9	1.876 1	1.870 9	0.946 1	1.091 7	2.061 8
2015	1.917 0	1.153 0	0.693 4	1.974 0	1.419 9	1.853 3	1.822 0	1.101 6	1.107 6	2.061 8

2. K_j 的计算

1991—2015 年江苏省工业单位产值三废 X_{ij} 数据的计算过程同制造业。

根据公式 $K_j = \dfrac{E_j}{\sum E_j} \bigg/ \dfrac{O_i}{\sum O_i} = \dfrac{E_j}{O_i} * \dfrac{\sum O_i}{\sum E_j} = \dfrac{E_j}{O_i} \bigg/ \dfrac{\sum E_j}{\sum O_i} = UE_{ij} \big/ \overline{UE_{ij}}$，最终可得到 K_j。

表 5 - 39　K_j 的计算结果

年份	工业废水排放总量	废水排放达标率	工业废气排放总量	工业二氧化硫排放量	工业二氧化硫去除率	工业固体废物产生量	工业固体废物综合利用量	工业固体废物综合利用率	锅炉烟尘排放达标率	三废综合利用效率
1991	0.108 0	1.118 1	0.047 6	0.194 1	0.000 0	0.024 4	0.028 0	1.148 0	1.107 7	0.020 7
1992	0.114 3	1.266 7	0.025 3	0.099 2	0.088 5	0.055 2	0.083 4	1.511 4	1.077 4	0.021 0
1993	0.131 2	1.202 2	0.028 2	0.081 5	0.000 0	0.063 3	0.000 0	0.000 0	0.941 2	0.033 1
1994	0.120 8	1.231 8	0.028 2	0.035 1	0.222 8	0.000 0	0.000 0	1.205 2	0.810 1	0.037 8
1995	0.098 5	0.930 2	0.043 2	0.014 3	0.000 0	0.059 0	0.073 9	1.252 3	0.943 4	0.095 2
1996	0.037 5	0.746 6	0.017 8	0.011 2	0.000 0	0.000 0	0.000 0	1.295 8	0.678 9	0.000 0
1997	0.062 6	0.959 9	0.016 2	0.012 4	0.142 3	0.000 0	0.000 0	1.199 0	1.156 9	0.012 0
1998	0.075 9	0.579 4	0.019 2	0.006 5	0.144 6	0.022 0	0.028 0	1.274 3	0.906 2	0.001 8
1999	0.079 6	0.714 1	0.019 9	0.025 0	0.050 2	0.036 8	0.039 0	1.060 0	0.848 4	0.007 8

年份	工业废水排放总量	废水排放达标率	工业废气排放总量	工业二氧化硫排放量	工业二氧化硫去除率	工业固体废物产生量	工业固体废物综合利用量	工业固体废物综合利用率	锅炉烟尘排放达标率	三废综合利用效率
2000	0.098 6	1.035 3	0.063 3	0.012 7	2.079 2	0.000 0	0.000 0	1.169 4	0.989 4	0.009 6
2001	0.091 2	0.915 4	0.017 3	0.022 5	1.210 7	0.024 1	0.026 5	1.099 7	0.864 7	0.001 5
2002	0.074 1	0.951 8	0.024 5	0.014 5	0.952 7	0.022 0	0.024 1	1.095 8	0.997 4	0.013 7
2003	0.068 6	1.023 1	0.033 7	0.007 1	0.565 6	0.024 1	0.024 2	1.003 0	0.921 4	0.002 3
2004	0.064 5	0.986 7	0.025 7	0.049 9	0.378 7	0.053 5	0.051 0	0.952 8	1.029 5	0.013 1
2005	0.113 1	1.001 6	0.026 8	0.033 9	0.237 2	0.036 4	0.033 6	0.923 3	1.020 2	0.001 9
2006	0.116 6	0.993 0	0.047 6	0.056 1	0.000 0	0.046 7	0.044 2	0.947 1	0.994 3	0.018 7
2007	0.860 2	1.017 8	0.046 7	0.114 3	0.044 0	0.019 7	0.017 1	0.868 7	0.757 5	0.023 0
2008	0.215 7	1.023 1	0.101 3	0.400 0	0.026 5	0.034 8	0.034 2	0.983 2	0.908 4	0.008 7
2009	0.305 6	1.040 0	0.072 9	0.157 3	0.088 1	0.031 7	0.031 7	0.998 1	1.009 6	0.013 4
2010	0.441 2	1.018 1	0.095 0	0.145 7	0.099 8	0.026 9	0.027 8	1.033 2	1.018 2	0.015 7
2011	0.120 2	1.023 8	0.073 3	0.070 2	0.033 4	0.024 0	0.014 1	0.587 5	0.958 5	0.025 6
2012	0.115 8	1.023 0	0.064 0	0.039 8	0.045 5	0.016 4	0.006 1	0.370 8	0.969 8	0.028 3
2013	0.138 1	1.021 7	0.130 0	0.012 9	0.061 0	0.013 8	0.012 7	0.920 7	0.981 3	0.034 5
2014	0.142 7	1.020 0	0.104 8	0.031 5	0.079 3	0.013 4	0.011 4	0.849 0	0.992 9	0.032 9
2015	0.145 1	1.018 6	0.113 6	0.034 2	0.100 1	0.017 1	0.017 1	0.999 3	1.004 7	0.030 0

3. S_i 值的计算

运用离差最大化决策方法计算权重 K,K 值归一化之后的结果分别为 0.430 2、0.569 8、0.469 2、0.249 1、0.281 7、0.356 6、0.236 7、0.406 7、0.613 8、0.386 2。在此作用下,印刷和记录媒介复制业的环境规制强度值最终的计算结果如下表所示。

表 5‑40　1991—2015 年江苏省印刷和记录媒介复制业的环境规制强度值

年份	废水排放量	废水排放达标率	废气排放量	二氧化硫排放量	工业二氧化硫去除率	固体废物产生量	固体废物综合利用量	工业固体废物综合利用率	锅炉烟尘排放达标率	三废综合利用效率	环境规制强度值
1991	−0.139 7	0.529 7	−0.031 5	−0.475 2	0.000 0	−0.005 8	−0.003 0	0.390 0	0.681 8	0.008 5	0.954 7
1992	−0.074 9	0.692 0	0.009 5	−0.059 2	0.003 4	−0.060 0	−0.086 9	0.707 6	0.679 2	0.008 1	1.818 8
1993	−0.034 6	0.635 2	0.014 7	−0.010 9	0.000 0	−0.039 7	0.000 0	0.000 0	0.556 4	0.016 6	1.137 6
1994	0.010 7	0.685 6	0.016 7	0.009 8	0.026 1	0.000 0	0.000 0	0.564 2	0.422 2	0.021 7	1.757 0
1995	0.014 1	0.396 2	0.010 4	0.005 8	0.000 0	−0.023 8	−0.034 4	0.586 3	0.507 1	0.098 6	1.560 1
1996	0.024 3	0.253 2	0.012 4	0.004 9	0.000 0	0.000 0	0.000 0	0.606 6	0.280 9	0.000 0	1.182 4
1997	0.032 6	0.394 2	0.011 5	0.005 1	0.009 5	0.000 0	0.000 0	0.561 3	0.786 5	0.003 5	1.804 2
1998	0.036 6	0.167 2	0.013 2	0.003 0	0.010 8	0.007 8	0.005 0	0.583 3	0.472 8	0.000 1	1.299 7
1999	0.040 2	0.293 2	0.013 5	0.009 7	0.001 5	0.006 6	0.002 9	0.442 0	0.435 8	0.001 0	1.246 4
2000	0.047 7	0.647 5	0.010 8	0.005 8	3.343 4	0.000 0	0.000 0	0.547 4	0.654 5	0.001 5	5.258 7
2001	0.040 5	0.517 1	0.011 5	0.009 3	1.076 8	0.009 3	0.006 0	0.514 8	0.487 9	0.003 9	2.672 7
2002	0.043 2	0.570 9	0.014 4	0.006 5	0.796 6	0.009 8	0.006 0	0.513 0	0.667 5	0.003 9	2.631 7
2003	0.047 5	0.672 2	0.018 8	0.003 4	0.354 0	0.012 0	0.007 1	0.469 5	0.565 1	0.000 1	2.149 7
2004	0.046 9	0.624 0	0.015 1	0.018 1	0.170 7	0.008 3	0.001 4	0.423 2	0.699 9	0.003 6	2.011 2
2005	0.076 8	0.644 0	0.019 0	0.015 1	0.089 9	0.015 7	0.008 9	0.381 4	0.693 6	0.000 1	1.944 4
2006	0.083 5	0.633 2	0.025 7	0.024 3	0.000 0	0.017 6	0.009 5	0.406 6	0.661 5	0.009 7	1.871 6
2007	0.113 9	0.665 3	0.030 3	0.046 6	0.004 9	0.011 9	0.006 7	0.349 5	0.386 2	0.014 1	1.629 4
2008	0.154 5	0.672 2	0.041 7	0.110 3	0.002 0	0.019 2	0.011 7	0.447 1	0.558 2	0.001 9	2.018 6
2009	0.203 2	0.683 0	0.040 6	0.066 8	0.022 8	0.018 1	0.011 3	0.457 0	0.686 4	0.003 9	2.193 1
2010	0.283 0	0.668 7	0.046 4	0.063 9	0.029 8	0.016 3	0.010 6	0.483 7	0.692 2	0.004 7	2.299 4
2011	0.097 5	0.670 9	0.035 2	0.033 1	0.003 6	0.014 7	0.006 0	0.154 0	0.615 0	0.013 3	1.643 5
2012	0.094 8	0.670 8	0.036 9	0.019 4	0.007 0	0.010 7	0.002 8	0.058 7	0.631 4	0.017 3	1.549 8
2013	0.113 1	0.670 4	0.034 3	0.006 4	0.013 3	0.009 2	0.005 6	0.383 8	0.648 1	0.027 5	1.911 8

年份	废水排放量	废水排放达标率	废气排放量	二氧化硫排放量	工业二氧化硫去除率	固体废物产生量	固体废物综合利用量	工业固体废物综合利用率	锅炉烟尘排放达标率	三废综合利用效率	环境规制强度值
2014	0.117 6	0.669 7	0.034 4	0.015 5	0.023 8	0.009 0	0.005 0	0.326 7	0.665 3	0.026 2	1.893 1
2015	0.119 6	0.669 2	0.037 0	0.016 8	0.040 0	0.011 3	0.007 4	0.447 7	0.683 0	0.023 9	2.056 0

从上表的结果中可发现,总体上1991—2015年这25年间江苏省印刷和记录媒介复制业的环境规制强度值从1991年的0.954 7上升至2015年的2.056 0,呈现出一个不断上升的态势,说明江苏省的环境规制强度逐步加大,保护环境的意识愈来愈强,对环境愈加重视。

在十项指标中,工业二氧化硫去除率的强度值在2000年达到最高值,其余年份都较为稳定,剩余的九项指标整体都稳定在一个范围内。

(十一)石油加工及炼焦业

1. Y_{ij} 的计算

表5-41　1991—2015年江苏省石油加工及炼焦业单位产值三废 X_{ij} 数据表

年份	单位产值废水排放量	废水排放达标率	单位产值废气排放量	单位产值二氧化硫排放量	工业二氧化硫去除率	单位产值固体废物产生量	单位产值固体废物综合利用量	工业固体废物综合利用率	锅炉烟尘排放达标率	三废综合利用效率
1991	95.902 5	0.595 3	1.807 1	0.015 7	0.481 2	0.127 7	0.112 3	0.880 0	0.933 7	0.007 4
1992	73.835 5	0.727 5	1.644 9	0.010 7	0.592 7	0.138 4	0.123 0	0.888 9	0.946 8	0.007 1
1993	42.685 6	0.665 0	0.845 4	0.006 8	0.486 0	0.085 8	0.085 8	1.000 0	0.941 6	0.007 7
1994	31.403 8	0.687 2	0.714 5	0.006 2	0.473 8	0.081 4	0.081 4	1.000 0	0.993 7	0.009 1
1995	44.621 5	0.774 4	0.265 7	0.003 2	0.427 0	0.039 4	0.028 0	0.711 5	0.980 5	0.000 6

年份	单位产值废水排放量	废水排放达标率	单位产值废气排放量	单位产值二氧化硫排放量	工业二氧化硫去除率	单位产值固体废物产生量	单位产值固体废物综合利用量	工业固体废物综合利用率	锅炉烟尘排放达标率	三废综合利用效率
1996	17.997 1	0.827 9	0.471 8	0.002 9	0.831 8	0.053 3	0.053 3	1.000 0	0.882 5	0.005 7
1997	14.144 0	0.884 6	0.235 0	0.002 5	0.051 2	0.019 6	0.019 6	1.000 0	1.000 0	0.010 7
1998	14.039 6	0.902 7	0.466 3	0.003 3	0.834 5	0.051 8	0.045 3	0.875 0	0.961 3	0.009 6
1999	8.718 5	0.772 9	0.385 2	0.002 8	0.840 5	0.038 0	0.038 0	1.000 0	0.989 8	0.008 6
2000	7.192 9	0.989 4	0.248 2	0.002 7	0.872 1	0.028 0	0.024 0	0.857 1	1.000 0	0.007 2
2001	9.049 5	0.984 6	0.361 4	0.002 7	0.893 2	0.028 7	0.021 5	0.750 7	0.993 5	0.004 0
2002	9.708 9	0.977 0	0.790 1	0.002 7	0.925 8	0.029 2	0.025 3	0.867 6	0.987 3	0.008 3
2003	5.064 3	0.989 8	0.286 2	0.000 2	0.929 7	0.020 0	0.015 7	0.783 6	0.846 0	0.007 0
2004	7.348 2	0.979 7	0.323 8	0.002 7	0.915 0	0.034 4	0.028 0	0.813 0	0.744 3	0.006 2
2005	5.852 8	0.962 8	0.239 2	0.002 0	0.933 6	0.025 6	0.021 4	0.834 1	1.000 0	0.006 7
2006	13.039 0	0.988 5	0.831 5	0.004 3	0.901 5	0.124 4	0.100 6	0.808 5	0.826 2	0.012 0
2007	10.339 6	0.966 9	0.736 0	0.003 8	0.916 9	0.126 2	0.086 5	0.686 1	0.998 8	0.011 7
2008	8.558 2	0.983 8	0.611 2	0.003 1	0.914 8	0.073 8	0.068 3	0.925 6	0.999 4	0.008 5
2009	7.468 6	0.981 0	0.785 8	0.003 4	0.918 4	0.068 0	0.066 3	0.974 8	1.000 0	0.008 8
2010	4.918 0	0.975 6	0.503 8	0.002 0	0.937 2	0.050 1	0.045 6	0.911 1	0.992 7	0.005 0
2011	3.360 7	0.975 3	0.475 7	0.002 2	0.911 8	0.037 5	0.036 7	0.980 2	0.895 0	0.005 8
2012	2.801 3	0.974 8	0.416 9	0.001 8	0.910 8	0.030 8	0.030 3	0.986 6	0.903 1	0.006 8
2013	2.994 2	0.974 4	0.496 5	0.002 1	0.909 8	0.047 5	0.047 2	0.992 4	0.913 3	0.008 0
2014	2.351 1	0.974 1	0.491 9	0.001 8	0.909 0	0.044 4	0.044 2	0.995 2	0.925 3	0.009 3
2015	2.311 3	0.973 7	0.530 1	0.001 7	0.908 3	0.044 8	0.044 5	0.993 7	0.938 8	0.010 9
β_{ij}	17.828 3	0.899 6	0.598 6	0.003 7	0.785 1	0.057 9	0.051 7	0.900 6	0.943 7	0.007 7

数据来源:1992—2016 年《江苏统计年鉴》。

运用标准化值 Y_{ij} 的计算公式,经计算可得:

表 5‑42　1991—2015 年江苏省石油加工及炼焦业单位产值三废标准化值 Y_{ij} 表

年份	单位产值废水排放量	废水排放达标率	单位产值废气排放量	单位产值二氧化硫排放量	工业二氧化硫去除率	单位产值固体废物产生量	单位产值固体废物综合利用量	工业固体废物综合利用率	锅炉烟尘排放达标率	三废综合利用效率
1991	−3.379 2	0.661 8	−1.019 1	−2.216 8	0.612 9	−0.203 3	−0.172 4	0.977 1	0.989 3	0.959 2
1992	−2.141 5	0.808 7	−0.748 0	−0.875 1	0.754 9	−0.387 9	−0.378 2	0.987 0	1.003 2	0.916 8
1993	−0.394 3	0.739 3	0.587 7	0.176 4	0.619 0	0.519 8	0.341 6	1.110 3	0.997 7	0.998 9
1994	0.238 5	0.763 9	0.806 2	0.317 1	0.603 5	0.595 0	0.425 9	1.110 3	1.052 9	1.183 2
1995	−0.502 9	0.860 8	1.556 1	1.147 4	0.543 9	1.320 6	1.458 4	0.790 0	1.038 9	0.081 4
1996	0.990 5	0.920 4	1.211 8	1.229 3	1.059 6	1.080 6	0.969 9	1.110 3	0.935 1	0.741 1
1997	1.206 7	0.983 4	1.607 4	1.315 7	0.065 2	1.662 0	1.621 4	1.110 3	1.059 6	1.384 8
1998	1.212 5	1.003 5	1.221 0	1.099 4	1.062 9	1.105 8	1.123 4	0.971 5	1.018 6	1.246 1
1999	1.511 0	0.859 2	1.356 5	1.233 1	1.070 6	1.344 5	1.265 6	1.110 3	1.048 8	1.111 0
2000	1.596 5	1.099 9	1.585 4	1.278 4	1.110 9	1.516 4	1.535 6	0.951 7	1.059 6	0.933 2
2001	1.492 4	1.094 6	1.396 3	1.283 0	1.137 7	1.504 9	1.583 6	0.833 5	1.052 7	0.523 5
2002	1.455 4	1.086 1	0.680 0	1.388 9	1.179 3	1.496 0	1.510 1	0.963 4	1.046 2	1.075 2
2003	1.715 9	1.100 3	1.521 9	1.943 1	1.184 3	1.655 1	1.697 2	0.870 0	0.896 4	0.908 6
2004	1.587 8	1.089 1	1.459 0	1.276 1	1.165 5	1.405 5	1.458 5	0.902 7	0.788 7	0.805 1
2005	1.671 7	1.070 3	1.600 4	1.465 8	1.189 2	1.557 4	1.586 4	0.926 2	1.059 6	0.864 0
2006	1.268 6	1.098 8	0.610 8	0.835 2	1.148 3	−0.146 8	0.055 4	0.897 7	0.875 4	1.560 5
2007	1.420 0	1.074 9	0.770 4	0.967 8	1.168 0	−0.177 3	0.326 4	0.761 8	1.058 4	1.520 1
2008	1.520 0	1.093 7	0.978 8	1.153 5	1.165 2	0.725 5	0.678 4	1.027 7	1.059 0	1.103 2
2009	1.581 1	1.090 5	0.687 2	1.091 3	1.169 8	0.827 0	0.718 9	1.082 3	1.059 6	1.137 9
2010	1.724 1	1.084 5	1.158 4	1.472 5	1.193 7	1.136 0	1.118 0	1.011 6	1.051 9	0.646 0
2011	1.811 5	1.084 2	1.205 3	1.396 4	1.161 5	1.353 1	1.289 6	1.088 3	0.948 3	0.755 8
2012	1.842 9	1.083 7	1.303 5	1.512 7	1.160 1	1.469 2	1.413 3	1.095 5	0.957 0	0.884 2
2013	1.832 1	1.083 2	1.170 5	1.444 5	1.158 9	1.179 5	1.087 7	1.101 9	0.967 8	1.034 4

年份	单位产值废水排放量	废水排放达标率	单位产值废气排放量	单位产值二氧化硫排放量	工业二氧化硫去除率	单位产值固体废物产生量	单位产值固体废物综合利用量	工业固体废物综合利用率	锅炉烟尘排放达标率	三废综合利用效率
2014	1.868 1	1.082 8	1.178 2	1.518 5	1.157 9	1.234 3	1.146 2	1.105 0	0.980 5	1.210 1
2015	1.870 4	1.082 5	1.114 4	1.545 7	1.156 9	1.226 9	1.139 3	1.103 3	0.994 8	1.415 6

2. K_j 的计算

1991—2015 年江苏省工业单位产值三废 X_{ij} 数据的计算过程同制造业。

根据公式 $K_j = \dfrac{E_j}{\sum E_j} / \dfrac{O_i}{\sum O_i} = \dfrac{E_j}{O_i} * \dfrac{\sum O_i}{\sum E_j} = \dfrac{E_j}{O_i} / \dfrac{\sum E_j}{\sum O_i} = UE_{ij} / \overline{UE_{ij}}$，最终可得到 K_j。

表 5 - 43　K_j 的计算结果

年份	工业废水排放总量	废水排放达标率	工业废气排放总量	工业二氧化硫排放量	工业二氧化硫去除率	工业固体废物产生量	工业固体废物综合利用量	工业固体废物综合利用率	锅炉烟尘排放达标率	三废综合利用效率
1991	0.951 4	0.923 1	0.749 9	0.428 1	5.941 6	0.146 1	0.203 4	1.392 2	1.142 3	2.964 2
1992	1.100 8	1.108 1	1.030 4	0.401 4	5.769 9	0.189 3	0.254 4	1.343 5	1.100 0	3.062 1
1993	0.986 0	0.994 1	0.794 4	0.362 3	4.538 9	0.180 5	0.224 0	1.240 9	1.019 1	4.029 2
1994	0.972 4	0.999 3	0.811 1	0.416 5	3.835 7	0.195 7	0.235 9	1.205 2	1.050 0	4.778 1
1995	1.211 5	1.111 1	0.229 4	0.205 5	3.938 5	0.092 9	0.082 8	0.891 0	1.169 8	0.458 6
1996	0.633 0	1.197 6	0.489 3	0.212 5	3.825 1	0.142 4	0.184 5	1.295 8	0.984 3	2.600 2
1997	0.516 3	1.358 6	0.231 2	0.152 9	0.462 5	0.055 1	0.066 0	1.199 0	1.156 9	3.527 8
1998	0.557 1	1.190 7	0.501 4	0.217 2	6.878 7	0.141 7	0.161 6	1.140 3	1.135 0	4.790 2
1999	0.386 6	0.883 0	0.411 0	0.272 1	5.946 1	0.116 9	0.139 1	1.190 2	1.111 4	3.979 1

年份	工业废水排放总量	废水排放达标率	工业废气排放总量	工业二氧化硫排放量	工业二氧化硫去除率	工业固体废物产生量	工业固体废物综合利用量	工业固体废物综合利用率	锅炉烟尘排放达标率	三废综合利用效率
2000	0.372 4	1.076 1	0.285 8	0.332 1	4.800 0	0.096 4	0.096 6	1.002 3	1.016 9	3.434 1
2001	0.392 3	1.048 3	0.318 2	0.287 6	5.175 0	0.094 8	0.078 3	0.825 5	1.035 0	1.579 4
2002	0.512 4	1.018 6	0.766 8	0.298 2	4.490 4	0.106 7	0.101 4	0.950 7	1.000 4	3.198 5
2003	0.408 7	1.012 7	0.353 1	0.039 8	3.575 5	0.100 2	0.078 8	0.785 9	0.864 0	3.082 2
2004	0.705 3	1.004 3	0.331 1	0.408 4	3.272 8	0.147 5	0.120 5	0.816 5	0.766 3	2.343 4
2005	0.720 2	0.985 4	0.387 4	0.531 9	2.487 7	0.147 8	0.129 0	0.872 8	1.020 2	2.334 7
2006	2.089 4	1.011 2	1.383 9	1.559 6	1.900 1	0.771 9	0.644 6	0.835 1	0.839 5	3.454 1
2007	2.416 7	0.989 1	1.663 8	2.002 5	1.544 0	1.005 4	0.697 2	0.693 5	1.008 8	3.499 0
2008	2.535 4	1.006 6	1.641 6	2.345 0	1.383 9	0.706 0	0.661 5	0.937 0	1.004 4	2.692 1
2009	2.309 3	1.020 7	2.096 9	2.987 9	1.327 5	0.677 3	0.673 7	0.994 7	1.009 6	3.184 0
2010	1.959 8	0.993 5	1.485 7	1.993 5	1.329 9	0.551 9	0.519 6	0.941 4	1.010 8	2.091 3
2011	1.623 9	1.001 0	1.063 0	2.495 8	1.204 7	0.405 5	0.416 9	1.028 3	0.908 8	2.291 4
2012	1.539 2	0.999 1	1.029 9	2.424 6	1.140 1	0.371 8	0.402 2	1.081 7	0.914 7	2.510 8
2013	1.997 9	0.996 8	1.336 9	3.322 1	1.079 2	0.607 7	0.623 6	1.026 1	0.922 5	2.751 1
2014	1.826 7	0.994 1	1.179 4	3.348 3	1.021 7	0.599 8	0.616 6	1.028 0	0.932 1	3.064 0
2015	1.857 9	0.991 9	1.372 3	3.691 2	0.967 3	0.653 1	0.677 6	1.037 6	0.943 2	3.270 3

3. S_i 值的计算

运用离差最大化决策方法计算权重 K,K 值归一化之后的结果分别为 0.565 8、0.434 2、0.319 7、0.344 9、0.335 4、0.330 2、0.322 8、0.347 0、0.474 3、0.525 7。在此作用下,石油加工及炼焦业的环境规制强度值最终的计算结果如下表所示。

表 5‑44　1991—2015 年江苏省石油加工及炼焦业的环境规制强度值

年份	废水排放量	废水排放达标率	废气排放量	二氧化硫排放量	工业二氧化硫去除率	固体废物产生量	固体废物综合利用量	工业固体废物综合利用率	锅炉烟尘排放达标率	三废综合利用效率	环境规制强度值
1991	−1.819 1	0.265 3	−0.244 3	−0.327 3	1.221 5	−0.009 8	−0.011 3	0.472 0	0.536 0	1.494 7	1.577 7
1992	−1.333 8	0.389 1	−0.246 4	−0.121 2	1.461 0	−0.024 3	−0.031 1	0.460 1	0.523 4	1.475 8	2.552 6
1993	−0.219 9	0.319 1	0.149 3	0.022 0	0.942 3	0.031 0	0.024 7	0.478 1	0.483 2	2.115 9	4.344 8
1994	0.131 2	0.331 5	0.209 1	0.045 6	0.776 4	0.038 5	0.032 4	0.464 4	0.524 4	2.972 1	5.525 5
1995	−0.344 7	0.415 3	0.114 1	0.081 3	0.718 5	0.040 5	0.039 0	0.244 3	0.576 4	0.019 6	1.904 4
1996	0.354 7	0.478 6	0.189 6	0.090 1	1.359 4	0.050 8	0.057 8	0.499 3	0.436 6	1.013 1	4.529 8
1997	0.352 5	0.580 1	0.118 8	0.069 4	0.010 1	0.030 2	0.034 6	0.462 0	0.581 4	2.568 3	4.807 4
1998	0.382 2	0.518 8	0.195 7	0.082 3	2.452 3	0.051 7	0.058 6	0.384 4	0.548 3	3.137 9	7.812 4
1999	0.330 5	0.329 4	0.178 3	0.115 7	2.135 2	0.051 9	0.056 8	0.458 6	0.552 8	2.324 1	6.533 3
2000	0.336 4	0.513 9	0.144 8	0.146 4	1.788 4	0.048 3	0.047 9	0.331 0	0.511 1	1.684 7	5.553 0
2001	0.331 2	0.498 2	0.142 0	0.127 3	1.974 7	0.047 1	0.040 0	0.238 7	0.516 8	0.434 7	4.350 8
2002	0.422 0	0.480 3	0.166 7	0.142 9	1.776 1	0.052 7	0.049 4	0.317 8	0.496 4	1.807 9	5.712 2
2003	0.396 8	0.483 8	0.171 8	0.026 7	1.420 2	0.054 8	0.043 1	0.237 3	0.367 4	1.472 2	4.674 0
2004	0.633 6	0.474 9	0.154 5	0.179 8	1.279 4	0.068 5	0.056 7	0.255 8	0.286 6	0.991 9	4.381 6
2005	0.681 2	0.457 9	0.198 2	0.268 9	0.992 2	0.076 0	0.066 0	0.280 5	0.512 7	1.060 4	4.594 1
2006	1.499 7	0.482 5	0.270 3	0.449 3	0.731 8	−0.037 4	0.011 5	0.260 1	0.348 6	2.833 5	6.849 8
2007	1.941 8	0.461 6	0.409 8	0.668 4	0.604 9	−0.058 9	0.073 5	0.183 5	0.506 4	2.796 1	7.586 8
2008	2.180 5	0.478 0	0.513 7	0.932 9	0.540 9	0.169 1	0.144 8	0.334 1	0.504 5	1.561 3	7.360 0
2009	2.065 8	0.483 3	0.460 7	1.124 7	0.520 9	0.184 9	0.156 0	0.373 6	0.507 4	1.904 7	7.782 3
2010	1.911 8	0.467 8	0.550 2	1.012 5	0.532 5	0.207 0	0.187 5	0.330 5	0.504 3	0.710 2	6.414 4
2011	1.664 4	0.471 2	0.409 6	1.202 1	0.469 3	0.181 2	0.173 6	0.388 3	0.408 8	0.910 4	6.278 9
2012	1.604 9	0.470 1	0.429 2	1.265 0	0.443 6	0.180 4	0.183 5	0.411 2	0.415 2	1.167 0	6.570 1
2013	2.071 0	0.468 8	0.500 3	1.655 1	0.419 5	0.236 7	0.218 9	0.392 3	0.423 5	1.496 0	7.882 1

年份	废水排放量	废水排放达标率	废气排放量	二氧化硫排放量	工业二氧化硫去除率	固体废物产生量	固体废物综合利用量	工业固体废物综合利用率	锅炉烟尘排放达标率	三废综合利用效率	环境规制强度值
2014	1.930 8	0.467 4	0.444 2	1.753 5	0.396 8	0.244 4	0.228 1	0.394 2	0.433 5	1.949 1	8.242 1
2015	1.966 2	0.466 2	0.488 9	1.967 8	0.375 4	0.264 6	0.249 2	0.397 2	0.445 1	2.433 7	9.054 2

从上表的结果中可发现,总体上1991—2015年这25年间江苏省石油加工及炼焦业的环境规制强度值从1991年的1.577 7上升至2015年的9.054 2,呈现出一个不断上升的态势,说明江苏省的环境规制强度逐步加大,保护环境的意识愈来愈强,对环境愈加重视。

在十项指标中,单位产值废水排放量呈现波动上升的趋势,三废综合利用效率波动幅度较大,工业二氧化硫去除率在1998年达到最高值,之后逐渐降低,需要重视。单位产值二氧化硫排放量在2006年后上升速度较快。

（十二）化学原料及化学制品制造业

1. Y_{ij} 的计算

表5-45　1991—2015年江苏省化学原料及化学制品制造业单位产值三废 X_{ij} 数据表

年份	单位产值废水排放量	废水排放达标率	单位产值废气排放量	单位产值二氧化硫排放量	工业二氧化硫去除率	单位产值固体废物产生量	单位产值固体废物综合利用量	工业固体废物综合利用率	锅炉烟尘排放达标率	三废综合利用效率
1991	314.059 1	0.606 0	4.360 7	0.041 9	0.373 2	1.533 3	1.192 0	0.777 4	0.775 4	0.010 6
1992	267.377 3	0.577 0	3.305 8	0.033 0	0.363 8	1.183 6	1.067 5	0.901 9	0.942 3	0.009 6
1993	199.095 0	0.601 8	2.124 0	0.029 9	0.372 1	0.981 5	0.860 1	0.876 3	0.971 7	0.008 1
1994	148.822 9	0.628 5	1.715 3	0.024 6	0.409 7	0.818 9	0.737 6	0.900 7	0.965 3	0.009 0
1995	123.961 1	0.615 1	1.694 9	0.015 0	0.293 7	0.624 3	0.596 0	0.954 7	0.744 1	0.006 4

续表

年份	单位产值废水排放量	废水排放达标率	单位产值废气排放量	单位产值二氧化硫排放量	工业二氧化硫去除率	单位产值固体废物产生量	单位产值固体废物综合利用量	工业固体废物综合利用率	锅炉烟尘排放达标率	三废综合利用效率
1996	117.468 6	0.598 4	1.395 9	0.018 1	0.319 7	0.632 6	0.560 7	0.886 3	0.817 7	0.008 0
1997	106.629 2	0.662 4	1.749 3	0.018 9	0.256 4	0.655 1	0.567 3	0.866 0	1.000 0	0.008 5
1998	90.707 2	0.726 2	1.213 4	0.016 0	0.302 1	0.530 7	0.438 0	0.825 2	0.782 1	0.007 0
1999	84.206 3	0.865 9	1.126 6	0.012 9	0.275 0	0.472 9	0.405 7	0.857 8	0.882 1	0.006 8
2000	68.087 7	0.899 7	0.921 3	0.009 6	0.353 1	0.336 8	0.305 2	0.906 3	0.959 6	0.007 4
2001	75.706 9	0.914 9	1.071 4	0.010 0	0.355 0	0.404 6	0.386 8	0.956 0	0.935 0	0.008 6
2002	58.929 6	0.948 9	0.995 0	0.000 9	0.875 2	0.366 2	0.362 7	0.990 4	0.982 0	0.004 8
2003	41.852 6	0.960 6	0.809 7	0.000 7	0.474 8	0.291 4	0.275 2	0.944 2	0.983 2	0.004 4
2004	30.083 1	0.961 5	0.658 8	0.005 5	0.397 4	0.250 4	0.248 0	0.990 3	0.984 4	0.003 7
2005	23.494 4	0.964 2	0.531 2	0.004 4	0.538 3	0.206 2	0.196 9	0.954 7	0.987 8	0.008 2
2006	15.654 5	0.962 9	0.387 9	0.002 4	0.443 4	0.159 5	0.150 7	0.945 1	0.975 6	0.006 7
2007	11.813 9	0.966 2	0.353 9	0.001 8	0.507 9	0.148 3	0.140 0	0.943 9	0.982 6	0.003 1
2008	8.974 2	0.961 6	0.314 5	0.001 3	0.503 6	0.106 8	0.103 7	0.971 3	0.992 8	0.002 9
2009	8.440 3	0.954 8	0.316 7	0.001 1	0.478 6	0.093 0	0.089 5	0.962 4	0.996 4	0.002 5
2010	5.758 0	0.977 6	0.223 5	0.001 0	0.444 8	0.071 7	0.066 9	0.933 0	0.997 0	0.002 5
2011	4.222 1	0.961 0	0.214 8	0.000 8	0.453 3	0.056 3	0.050 1	0.889 3	0.991 5	0.002 7
2012	3.655 9	0.964 6	0.217 6	0.000 7	0.461 9	0.049 0	0.043 6	0.889 2	0.992 8	0.003 0
2013	2.672 9	0.968 8	0.171 5	0.000 6	0.470 6	0.040 0	0.038 0	0.942 1	0.994 0	0.003 2
2014	2.167 9	0.973 7	0.582 3	0.000 5	0.479 6	0.033 6	0.030 3	0.901 6	0.995 7	0.003 5
2015	2.055 7	0.979 4	0.191 3	0.000 5	0.488 6	0.034 9	0.029 7	0.851 5	0.997 3	0.003 8
β_{ij}	72.635 9	0.848 1	1.065 9	0.010+1	0.427 7	0.403 3	0.357 7	0.912 7	0.945 2	0.005 8

数据来源：1992—2016 年《江苏统计年鉴》。

运用标准化值 Y_{ij} 的计算公式，经计算可得：

表 5－46 1991—2015 年江苏省化学原料及化学制品制造业单位产值三废标准化值 Yᵢⱼ表

年份	单位产值废水排放量	废水排放达标率	单位产值废气排放量	单位产值二氧化硫排放量	工业二氧化硫去除率	单位产值固体废物产生量	单位产值固体废物综合利用量	工业固体废物综合利用率	锅炉烟尘排放达标率	三废综合利用效率
1991	－2.323 7	0.714 6	－2.091 1	－2.159 0	0.872 7	－1.802 1	－1.332 4	0.851 7	0.820 4	1.832 1
1992	－1.681 1	0.680 3	－1.101 5	－1.275 3	0.850 6	－0.934 9	－0.984 5	0.988 2	0.997 0	1.648 4
1993	－0.741 0	0.709 6	0.007 3	－0.966 0	0.870 2	－0.433 7	－0.404 7	0.960 2	1.028 1	1.397 3
1994	－0.048 9	0.741 0	0.390 8	－0.442 2	0.958 0	－0.030 6	－0.062 1	0.986 9	1.021 3	1.555 4
1995	0.293 4	0.725 3	0.409 9	0.516 9	0.686 6	0.451 9	0.333 7	1.046 0	0.787 3	1.101 9
1996	0.382 8	0.705 6	0.690 4	0.206 5	0.747 5	0.431 3	0.432 4	0.971 1	0.865 2	1.383 6
1997	0.532 0	0.781 1	0.358 8	0.125 4	0.599 5	0.375 8	0.414 0	0.948 8	1.058 0	1.466 5
1998	0.751 2	0.856 3	0.861 6	0.411 2	0.706 4	0.684 0	0.775 5	0.904 2	0.827 5	1.213 4
1999	0.840 7	1.021 0	0.943 1	0.718 9	0.643 0	0.827 5	0.865 9	0.939 9	0.933 3	1.180 0
2000	1.062 6	1.060 9	1.135 6	1.051 9	0.825 6	1.165 0	1.146 8	0.992 9	1.015 3	1.269 2
2001	0.957 7	1.078 9	0.994 8	1.003 6	0.830 1	0.996 7	0.918 6	1.047 4	0.989 3	1.478 0
2002	1.188 7	1.118 9	1.066 5	1.910 0	2.046 4	1.091 9	0.985 9	1.085 1	1.038 9	0.831 1
2003	1.423 8	1.132 7	1.240 4	1.930 5	1.110 2	1.277 3	1.230 7	1.034 5	1.040 7	0.761 6
2004	1.585 8	1.133 8	1.381 9	1.457 3	0.929 3	1.379 1	1.306 7	1.085 0	1.041 5	0.629 9
2005	1.676 5	1.136 9	1.501 7	1.563 9	1.258 7	1.488 6	1.449 5	1.046 0	1.045 1	1.413 7
2006	1.784 5	1.135 4	1.636 1	1.761 5	1.036 8	1.604 5	1.578 6	1.035 5	1.032 1	1.158 2
2007	1.837 4	1.139 3	1.667 9	1.823 0	1.187 7	1.632 2	1.608 6	1.034 2	1.039 6	0.525 5
2008	1.876 4	1.133 8	1.704 9	1.872 3	1.177 4	1.735 2	1.710 0	1.064 2	1.050 5	0.496 0
2009	1.883 8	1.125 9	1.702 8	1.891 1	1.119 0	1.769 3	1.749 7	1.054 4	1.054 2	0.435 9
2010	1.920 7	1.152 7	1.790 0	1.902 8	1.040 1	1.822 3	1.813 1	1.022 2	1.054 8	0.432 1
2011	1.941 9	1.133 2	1.798 5	1.917 4	1.059 9	1.860 3	1.859 9	0.974 4	1.049 0	0.469 5
2012	1.949 7	1.137 4	1.795 8	1.929 6	1.080 0	1.878 4	1.878 1	0.974 4	1.050 4	0.510 1
2013	1.963 2	1.142 4	1.839 1	1.943 8	1.100 4	1.900 0	1.893 7	1.032 2	1.051 9	0.554 2

续表

年份	单位产值废水排放量	废水排放达标率	单位产值废气排放量	单位产值二氧化硫排放量	工业二氧化硫去除率	单位产值固体废物产生量	单位产值固体废物综合利用量	工业固体废物综合利用率	锅炉烟尘排放达标率	三废综合利用效率
2014	1.970 2	1.148 2	1.453 7	1.950 6	1.121 3	1.916 6	1.915 2	0.987 8	1.053 5	0.602 2
2015	1.971 7	1.154 9	1.820 6	1.954 3	1.142 6	1.913 5	1.917 0	0.932 9	1.055 1	0.654 2

2. K_j 的计算

1991—2015 年江苏省工业单位产值三废 X_{ij} 数据的计算过程同制造业。

根据公式 $K_j = \dfrac{E_j}{\sum E_j} \Big/ \dfrac{O_i}{\sum O_i} = \dfrac{E_j}{O_i} * \dfrac{\sum O_i}{\sum E_j} = \dfrac{E_j}{O_i} \Big/ \dfrac{\sum E_j}{\sum O_i} = UE_{ij} / \overline{UE_{ij}}$，最终可得到 K_j。

表 5-47　K_j 的计算结果

年份	工业废水排放总量	废水排放达标率	工业废气排放总量	工业二氧化硫排放量	工业二氧化硫去除率	工业固体废物产生量	工业固体废物综合利用量	工业固体废物综合利用率	锅炉烟尘排放达标率	三废综合利用效率
1991	3.115 7	0.939 8	1.809 6	1.146 4	4.608 6	1.755 1	2.158 5	1.229 8	0.948 7	4.267 9
1992	3.986 4	0.878 9	2.070 9	1.241 7	3.541 6	1.619 8	2.208 0	1.363 2	1.094 9	4.150 6
1993	4.598 8	0.899 5	1.996 0	1.599 9	3.475 9	2.065 5	2.246 2	1.087 5	1.051 8	4.248 8
1994	4.608 4	0.913 8	1.946 9	1.641 1	3.317 0	1.968 9	2.137 3	1.085 6	1.020 1	4.734 9
1995	3.365 5	0.882 6	1.463 0	0.970 6	2.708 4	1.473 8	1.762 0	1.195 5	0.887 8	4.679 8
1996	4.131 5	0.865 6	1.447 7	1.342 5	1.470 1	1.690 7	1.941 8	1.148 5	0.912 0	3.659 6
1997	3.892 3	1.017 3	1.721 3	1.137 4	2.316 8	1.842 7	1.913 2	1.038 3	1.156 9	2.816 3
1998	3.599 4	0.957 9	1.305 0	1.040 3	2.490 5	1.451 7	1.561 3	1.075 5	0.923 5	3.516 6
1999	3.733 9	0.989 3	1.202 1	1.234 5	1.945 4	1.455 3	1.485 9	1.021 0	0.990 5	3.185 9

年份	工业废水排放总量	废水排放达标率	工业废气排放总量	工业二氧化硫排放量	工业二氧化硫去除率	工业固体废物产生量	工业固体废物综合利用量	工业固体废物综合利用率	锅炉烟尘排放达标率	三废综合利用效率
2000	3.524 7	0.978 6	1.060 9	1.185 0	1.943 3	1.158 7	1.227 9	1.059 7	0.975 9	3.520 8
2001	3.281 5	0.974 1	0.943 3	1.085 2	2.056 9	1.337 9	1.406 4	1.051 3	0.974 1	3.361 4
2002	3.110 3	0.989 3	0.965 7	0.119 2	4.244 9	1.337 8	1.451 8	1.085 2	0.995 0	1.863 8
2003	3.377 8	0.982 8	0.998 9	0.132 2	1.826 1	1.461 4	1.383 9	0.947 0	1.004 2	1.947 7
2004	2.887 4	0.985 7	0.673 7	0.831 4	1.421 5	1.072 4	1.066 6	0.994 6	1.013 5	1.382 2
2005	2.891 1	0.986 8	0.860 2	1.178 8	1.434 3	1.188 5	1.187 3	0.998 9	1.007 7	2.879 8
2006	2.508 5	0.985 1	0.645 5	0.867 2	0.934 6	0.989 9	0.966 3	0.976 2	0.991 4	1.932 6
2007	2.761 3	0.988 4	0.800 1	0.932 4	0.855 3	1.182 0	1.127 8	0.954 1	0.992 4	0.911 9
2008	2.658 7	0.983 9	0.844 7	0.960 8	0.761 8	1.020 9	1.003 9	0.983 3	0.997 8	0.912 4
2009	2.609 7	0.993 4	0.845 2	0.972 4	0.691 8	0.927 2	0.910 5	0.982 0	1.006 0	0.919 4
2010	2.294 5	0.995 5	0.659 1	0.997 4	0.631 3	0.790 2	0.761 7	0.963 9	1.015 2	1.054 4
2011	2.040 1	0.986 4	0.480 1	0.927 0	0.598 9	0.609 4	0.568 5	0.933 0	1.006 9	1.073 0
2012	2.008 8	0.988 6	0.537 6	0.951 2	0.578 2	0.592 7	0.577 9	0.974 9	1.005 5	1.092 0
2013	1.783 5	0.991 1	0.461 9	0.913 2	0.558 3	0.515 8	0.502 4	0.974 1	1.004 3	1.111 2
2014	1.684 3	0.993 8	1.396 0	0.933 2	0.539 0	0.454 6	0.423 4	0.931 3	1.003 1	1.149 4
2015	1.652 4	0.997 7	0.495 1	1.007 5	0.520 4	0.508 5	0.452 2	0.889 1	1.001 9	1.139 4

3. S_i 值 的 计 算

运用离差最大化决策方法计算权重 K，K 值归一化之后的结果分别
为 0.398 6、0.601 4、0.255 0、0.458 6、0.286 4、0.322 3、0.347 9、
0.329 8、0.375 1、0.624 9。在此作用下，化学原料及化学制品制造业的
环境规制强度值最终的计算结果如下表所示。

表 5‑48　1991—2015 年江苏省化学原料及化学制品制造业的环境规制强度值

年份	废水排放量	废水排放达标率	废气排放量	二氧化硫排放量	工业二氧化硫去除率	固体废物产生量	固体废物综合利用量	工业固体废物综合利用率	锅炉烟尘排放达标率	三废综合利用效率	环境规制强度值
1991	−2.885 9	0.403 9	−0.965 0	−1.135 1	1.151 9	−1.019 4	−1.000 5	0.345 5	0.291 9	4.886 1	0.073 5
1992	−2.671 2	0.359 6	−0.581 7	−0.726 2	0.862 8	−0.488 1	−0.756 3	0.444 3	0.409 4	4.275 5	1.128 2
1993	−1.358 3	0.383 9	0.003 7	−0.708 8	0.866 2	−0.288 7	−0.316 2	0.344 4	0.405 6	3.709 9	3.041 7
1994	−0.089 8	0.407 3	0.194 0	−0.332 8	0.910 1	−0.019 4	−0.046 2	0.353 3	0.390 8	4.602 2	6.369 5
1995	0.393 6	0.385 0	0.152 9	0.230 1	0.532 6	0.214 7	0.204 5	0.412 4	0.262 2	3.222 3	6.010 2
1996	0.630 4	0.367 3	0.254 9	0.127 1	0.314 7	0.235 0	0.292 1	0.367 8	0.296 0	3.164 2	6.049 6
1997	0.825 4	0.477 9	0.157 5	0.065 4	0.397 8	0.223 1	0.275 6	0.324 9	0.459 1	2.580 9	5.787 6
1998	1.077 8	0.493 3	0.286 7	0.196 2	0.503 9	0.320 1	0.421 3	0.320 7	0.286 7	2.666 5	6.573 0
1999	1.251 3	0.607 5	0.289 1	0.407 0	0.358 3	0.388 1	0.447 6	0.316 5	0.346 7	2.349 2	6.761 2
2000	1.492 9	0.624 3	0.307 2	0.571 6	0.459 5	0.435 1	0.489 9	0.347 0	0.371 7	2.792 4	7.891 6
2001	1.252 7	0.632 0	0.239 3	0.499 5	0.489 0	0.429 8	0.449 5	0.363 2	0.361 5	3.104 5	7.820 9
2002	1.473 7	0.665 7	0.262 6	0.104 4	2.487 8	0.470 8	0.498 0	0.388 4	0.387 8	0.968 0	7.707 2
2003	1.917 0	0.669 5	0.316 0	0.117 0	0.580 6	0.601 6	0.592 5	0.323 1	0.391 8	0.927 0	6.436 1
2004	1.825 1	0.672 1	0.237 4	0.555 6	0.378 3	0.476 7	0.484 9	0.355 9	0.395 9	0.544 1	5.926 1
2005	1.932 0	0.674 7	0.329 4	0.845 4	0.517 1	0.570 2	0.598 7	0.344 6	0.395 1	2.544 0	8.751 3
2006	1.784 3	0.672 7	0.269 3	0.700 5	0.277 5	0.511 9	0.530 7	0.333 4	0.383 9	1.398 7	6.862 7
2007	2.022 3	0.677 2	0.340 3	0.779 5	0.290 9	0.621 8	0.631 1	0.325 4	0.387 0	0.299 4	6.375 1
2008	1.988 6	0.670 9	0.367 2	0.825 0	0.256 9	0.571 0	0.597 2	0.345 1	0.393 2	0.282 8	6.297 8
2009	1.959 6	0.672 6	0.367 0	0.843 3	0.221 7	0.528 7	0.554 2	0.341 5	0.397 8	0.250 4	6.136 9
2010	1.756 7	0.690 2	0.300 9	0.870 4	0.188 1	0.464 1	0.480 2	0.325 0	0.401 7	0.284 7	5.762 0
2011	1.579 1	0.672 2	0.220 2	0.815 2	0.181 8	0.365 4	0.367 9	0.299 8	0.396 2	0.314 8	5.212 4
2012	1.561 1	0.676 2	0.246 2	0.841 7	0.178 8	0.358 9	0.377 6	0.313 3	0.396 2	0.348 1	5.298 1
2013	1.395 6	0.680 9	0.216 6	0.814 0	0.175 9	0.315 8	0.331 0	0.331 6	0.396 3	0.384 9	5.042 6

年份	废水排放量	废水排放达标率	废气排放量	二氧化硫排放量	工业二氧化硫去除率	固体废物产生量	固体废物综合利用量	工业固体废物综合利用率	锅炉烟尘排放达标率	三废综合利用效率	环境规制强度值
2014	1.322 7	0.686 2	0.517 5	0.834 8	0.173 1	0.280 8	0.282 1	0.303 4	0.396 4	0.432 5	5.229 5
2015	1.298 7	0.692 9	0.229 9	0.903 0	0.170 3	0.313 6	0.301 6	0.273 6	0.396 5	0.465 8	5.045 8

从上表的结果中可发现,总体上1991—2015年这25年间江苏省化学原料和化学制品制造业的环境规制强度值从1991年的0.073 5上升至2015年的5.045 8,呈现出一个不断上升的态势,说明江苏省的环境规制强度逐步加大,保护环境的意识愈来愈强,对环境愈加重视。

在十项指标中,三废综合利用效率呈现波动下降的态势,在后几年有所上涨,但总体降低的趋势很明显。工业二氧化硫去除率在2002年达到最高值,其余均保持在稳定的数值范围内。单位产值废水排放量波动上升,强度值较剩余指标比较高。

（十三）医药制造业

1. Y_{ij} 的计算

表 5 - 49　1991—2015 年江苏省医药制造业单位产值三废 X_{ij} 数据表

年份	单位产值废水排放量	废水排放达标率	单位产值废气排放量	单位产值二氧化硫排放量	工业二氧化硫去除率	单位产值固体废物产生量	单位产值固体废物综合利用量	工业固体废物综合利用率	锅炉烟尘排放达标率	三废综合利用效率
1991	99.976 2	0.391 8	0.761 5	0.022 3	0.120 0	0.373 4	0.359 5	0.962 6	0.941 4	0.002 1
1992	97.220 7	0.575 7	1.141 2	0.018 9	0.113 1	0.450 9	0.425 2	0.942 9	0.935 9	0.003 9
1993	68.395 4	0.550 2	0.568 7	0.015 0	0.120 0	0.297 9	0.270 8	0.909 1	0.949 2	0.003 6
1994	56.617 6	0.544 4	0.567 4	0.012 0	0.068 9	0.207 3	0.174 6	0.842 1	0.897 6	0.003 8
1995	52.761 8	0.590 4	0.432 6	0.008 5	0.103 4	0.191 2	0.181 1	0.947 4	0.838 5	0.001 7

年份	单位产值废水排放量	废水排放达标率	单位产值废气排放量	单位产值二氧化硫排放量	工业二氧化硫去除率	单位产值固体废物产生量	单位产值固体废物综合利用量	工业固体废物综合利用率	锅炉烟尘排放达标率	三废综合利用效率
1996	42.416 3	0.593 9	0.663 9	0.022 4	0.852 5	0.177 7	0.168 3	0.947 4	0.681 9	0.003 4
1997	36.860 7	0.618 5	0.352 4	0.008 5	0.128 9	0.144 6	0.135 6	0.937 5	1.000 0	0.002 0
1998	35.305 6	0.652 9	0.265 7	0.005 8	0.295 3	0.117 2	0.109 4	0.933 3	0.795 4	0.004 0
1999	31.561 3	0.854 2	0.298 2	0.004 2	0.180 3	0.096 9	0.089 5	0.923 1	0.841 5	0.001 5
2000	31.617 0	0.929 9	0.226 6	0.003 5	0.222 2	0.088 1	0.088 1	1.000 0	0.988 4	0.000 7
2001	24.633 5	0.949 4	0.252 5	0.003 3	0.324 6	0.094 4	0.083 7	0.886 0	0.976 6	0.000 0
2002	18.887 3	0.980 9	0.184 5	0.002 1	0.150 4	0.073 4	0.065 4	0.891 4	0.990 7	0.000 2
2003	16.001 7	0.997 7	0.134 6	0.000 2	0.263 7	0.060 5	0.057 2	0.945 1	0.984 6	0.000 7
2004	14.492 0	0.994 0	0.100 8	0.001 1	0.159 9	0.052 5	0.049 0	0.932 6	0.977 6	0.001 1
2005	14.080 9	0.998 8	0.059 3	0.000 8	0.110 9	0.033 1	0.030 1	0.911 0	0.964 1	0.001 0
2006	13.267 5	0.996 7	0.053 2	0.000 6	0.103 3	0.027 4	0.026 5	0.966 9	0.955 6	0.004 4
2007	8.545 1	0.965 2	0.064 1	0.000 6	0.155 7	0.026 8	0.024 4	0.911 5	0.987 2	0.003 7
2008	5.758 6	0.988 8	0.155 2	0.000 3	0.197 0	0.018 8	0.017 7	0.942 5	0.973 2	0.003 3
2009	4.690 7	0.986 3	0.043 2	0.000 3	0.090 5	0.016 1	0.015 1	0.940 8	1.000 0	0.002 8
2010	3.588 5	0.985 0	0.026 5	0.000 2	0.160 6	0.013 3	0.012 0	0.900 3	0.857 4	0.003 0
2011	2.593 7	0.985 8	0.033 6	0.000 2	0.126 8	0.006 6	0.006 0	0.909 7	0.977 2	0.002 6
2012	2.213 3	0.985 4	0.050 1	0.000 2	0.144 2	0.004 9	0.004 2	0.853 3	0.978 6	0.002 9
2013	1.861 0	0.985 0	0.040 2	0.000 1	0.166 0	0.004 7	0.004 2	0.892 8	0.979 9	0.003 3
2014	1.592 1	0.984 7	0.048 4	0.000 2	0.192 5	0.003 8	0.003 8	0.901 3	0.981 3	0.003 8
2015	1.433 4	0.984 3	0.053 8	0.000 1	0.224 2	0.003 4	0.003 0	0.895 7	0.982 7	0.004 3
β_{ij}	27.454 9	0.842 8	0.263 1	0.005 3	0.191 0	0.103 4	0.096 2	0.921 1	0.937 5	0.002 5

数据来源:1992—2016年《江苏统计年鉴》。

运用标准化值 Y_{ij} 的计算公式,经计算可得:

表 5‐50　1991—2015 年江苏省医药制造业单位产值三废标准化值 Y_{ij} 表

年份	单位产值废水排放量	废水排放达标率	单位产值废气排放量	单位产值二氧化硫排放量	工业二氧化硫去除率	单位产值固体废物产生量	单位产值固体废物综合利用量	工业固体废物综合利用率	锅炉烟尘排放达标率	三废综合利用效率
1991	−1.641 5	0.464 9	−0.894 1	−2.244 3	0.628 4	−1.611 1	−1.737 9	1.045 2	1.004 2	0.833 3
1992	−1.541 1	0.683 1	−2.336 8	−1.594 1	0.592 0	−2.360 6	−2.421 0	1.023 7	0.998 3	1.513 7
1993	−0.491 2	0.652 8	−0.161 3	−0.852 6	0.628 5	−0.880 7	−0.815 9	0.987 0	1.012 5	1.400 7
1994	−0.062 2	0.646 0	−0.156 2	−0.293 0	0.360 7	−0.004 7	0.184 8	0.914 3	0.957 5	1.494 9
1995	0.078 2	0.700 5	0.355 8	0.390 9	0.541 3	0.151 4	0.116 9	1.028 6	0.894 4	0.649 7
1996	0.455 1	0.704 7	−0.523 1	−2.256 1	4.463 7	0.281 9	0.249 8	1.028 6	0.727 4	1.316 4
1997	0.657 4	0.733 9	0.660 7	0.376 8	0.674 7	0.601 9	0.590 6	1.017 9	1.066 7	0.792 5
1998	0.714 0	0.774 6	0.990 1	0.889 2	1.546 1	0.866 3	0.862 0	1.013 3	0.848 4	1.561 2
1999	0.850 4	1.013 6	0.866 6	1.192 2	0.943 9	1.062 7	1.069 7	1.002 2	0.897 7	0.575 1
2000	0.848 4	1.103 4	1.138 8	1.332 5	1.163 5	1.147 9	1.083 7	1.085 7	1.054 3	0.280 2
2001	1.102 8	1.126 5	1.040 3	1.376 1	1.699 7	1.086 9	1.130 0	0.962 0	1.041 7	0.018 5
2002	1.312 1	1.163 9	1.299 0	1.594 3	0.787 5	1.290 5	1.319 9	0.967 8	1.056 8	0.060 4
2003	1.417 2	1.183 8	1.488 3	1.962 6	1.380 9	1.414 5	1.405 0	1.026 1	1.050 2	0.284 5
2004	1.472 2	1.179 4	1.617 1	1.794 9	0.837 1	1.492 0	1.490 5	1.012 6	1.042 9	0.432 9
2005	1.487 1	1.185 1	1.774 8	1.846 0	0.580 6	1.680 3	1.686 9	0.989 1	1.028 5	0.404 1
2006	1.516 8	1.182 6	1.797 8	1.887 8	0.540 7	1.735 0	1.724 5	1.049 8	1.019 4	1.721 3
2007	1.688 8	1.145 2	1.756 5	1.893 6	0.815 0	1.741 2	1.746 3	0.989 6	1.053 0	1.435 5
2008	1.790 3	1.173 2	1.410 1	1.935 0	1.031 7	1.818 0	1.815 9	1.023 3	1.038 1	1.285 4
2009	1.829 2	1.170 3	1.835 7	1.944 2	0.473 7	1.844 7	1.842 9	1.021 5	1.066 7	1.117 5
2010	1.869 3	1.168 8	1.899 1	1.961 8	0.840 8	1.871 6	1.875 7	0.977 4	0.914 6	1.183 7
2011	1.905 5	1.169 6	1.872 2	1.968 3	0.663 9	1.936 3	1.937 7	0.987 7	1.042 4	1.016 7
2012	1.919 4	1.169 2	1.809 7	1.968 9	0.755 0	1.952 6	1.956 5	0.926 5	1.043 9	1.152 8
2013	1.932 2	1.168 7	1.847 3	1.973 1	0.869 0	1.954 9	1.956 7	0.969 3	1.045 3	1.307 0

续表

年份	单位产值废水排放量	废水排放达标率	单位产值废气排放量	单位产值二氧化硫排放量	工业二氧化硫去除率	单位产值固体废物产生量	单位产值固体废物综合利用量	工业固体废物综合利用率	锅炉烟尘排放达标率	三废综合利用效率
2014	1.942 0	1.168 3	1.816 2	1.969 4	1.007 9	1.959 1	1.960 4	0.978 5	1.046 8	1.481 9
2015	1.947 8	1.167 9	1.795 5	1.982 2	1.173 9	1.967 2	1.968 4	0.972 4	1.048 2	1.680 2

2. K_j 的计算

1991—2015 年江苏省工业单位产值三废 X_{ij} 数据的计算过程同制造业。

根据公式 $K_j = \dfrac{E_j}{\sum E_j} / \dfrac{O_i}{\sum O_i} = \dfrac{E_j}{O_i} * \dfrac{\sum O_i}{\sum E_j} = \dfrac{E_j}{O_i} / \dfrac{\sum E_j}{\sum O_i} = UE_{ij} / \overline{UE_{ij}}$，最终可得到 K_j。

表 5 - 51　K_j 的计算结果

年份	工业废水排放总量	废水排放达标率	工业废气排放总量	工业二氧化硫排放量	工业二氧化硫去除率	工业固体废物产生量	工业固体废物综合利用量	工业固体废物综合利用率	锅炉烟尘排放达标率	三废综合利用效率
1991	0.991 8	0.607 6	0.316 0	0.609 7	1.481 8	0.427 4	0.651 0	1.522 9	1.151 8	0.851 9
1992	1.449 5	0.877 0	0.714 9	0.710 1	1.100 8	0.617 1	0.879 4	1.425 0	1.087 4	1.672 7
1993	1.579 8	0.822 4	0.534 5	0.801 9	1.121 2	0.626 9	0.707 2	1.128 1	1.027 4	1.869 1
1994	1.753 2	0.791 6	0.644 0	0.802 9	0.557 7	0.498 4	0.505 9	1.014 9	0.948 5	1.997 0
1995	1.432 5	0.847 1	0.373 4	0.548 7	0.953 6	0.451 3	0.535 4	1.186 4	1.000 4	1.211 0
1996	1.491 8	0.859 1	0.688 6	1.660 2	3.920 3	0.474 8	0.582 9	1.227 6	0.760 5	1.527 9
1997	1.345 5	0.950 0	0.346 8	0.513 2	1.164 3	0.406 7	0.457 1	1.124 1	1.156 9	0.667 9
1998	1.401 0	0.861 2	0.285 8	0.379 0	2.434 3	0.320 7	0.390 1	1.216 3	0.939 2	1.985 5
1999	1.399 5	0.976 0	0.318 2	0.405 6	1.275 3	0.298 3	0.327 7	1.098 7	0.944 9	0.681 5

年份	工业废水排放总量	废水排放达标率	工业废气排放总量	工业二氧化硫排放量	工业二氧化硫去除率	工业固体废物产生量	工业固体废物综合利用量	工业固体废物综合利用率	锅炉烟尘排放达标率	三废综合利用效率
2000	1.636 7	1.011 4	0.260 9	0.434 7	1.223 1	0.303 2	0.354 6	1.169 4	1.005 1	0.341 1
2001	1.067 7	1.010 8	0.222 3	0.354 1	1.880 9	0.312 2	0.304 2	0.974 3	1.017 4	0.018 5
2002	0.996 9	1.022 6	0.179 0	0.280 1	0.729 5	0.268 0	0.261 8	0.976 8	1.003 9	0.059 4
2003	1.291 4	1.020 7	0.166 1	0.037 1	1.014 3	0.303 6	0.287 8	0.947 9	1.005 6	0.319 3
2004	1.390 9	1.019 0	0.103 0	0.163 7	0.571 9	0.225 0	0.210 8	0.936 7	1.006 5	0.416 9
2005	1.732 7	1.022 3	0.096 0	0.216 9	0.295 5	0.190 5	0.181 6	0.953 2	0.983 6	0.361 2
2006	2.126 0	1.019 6	0.088 6	0.212 6	0.217 6	0.170 1	0.169 8	0.998 7	0.971 0	1.260 5
2007	1.997 3	0.987 4	0.144 9	0.292 0	0.262 1	0.213 3	0.196 5	0.921 3	0.997 1	1.093 2
2008	1.706 0	1.011 7	0.416 9	0.254 8	0.298 1	0.179 9	0.171 7	0.954 1	0.978 0	1.037 7
2009	1.450 3	1.026 2	0.115 4	0.259 4	0.130 8	0.160 1	0.153 7	0.960 0	1.009 6	1.034 5
2010	1.430 0	1.003 1	0.078 3	0.204 3	0.227 9	0.146 4	0.136 2	0.930 2	0.873 0	1.267 6
2011	1.253 2	1.011 8	0.075 2	0.185 3	0.167 5	0.071 3	0.068 0	0.954 4	0.992 4	1.019 8
2012	1.216 1	1.009 9	0.123 7	0.219 1	0.180 5	0.059 3	0.055 5	0.935 6	0.991 1	1.083 0
2013	1.241 7	1.007 7	0.108 2	0.227 8	0.196 9	0.059 6	0.055 0	0.923 2	0.989 8	1.150 1
2014	1.237 0	1.004 9	0.115 9	0.301 1	0.216 4	0.057 1	0.053 2	0.931 0	0.988 6	1.241 4
2015	1.152 2	1.002 7	0.139 3	0.204 6	0.238 8	0.049 4	0.046 2	0.935 3	0.987 3	1.284 1

3. S_i 值的计算

运用离差最大化决策方法计算权重 K, K 值归一化之后的结果分别为 0.465 6、0.534 4、0.325 5、0.396 5、0.278 0、0.299 5、0.274 5、0.426 0、0.351 7、0.648 3。在此作用下,医药制造业的环境规制强度值最终的计算结果如下表所示。

表 5‑52　1991—2015 年江苏省医药制造业的环境规制强度值

年份	废水排放量	废水排放达标率	废气排放量	二氧化硫排放量	工业二氧化硫去除率	固体废物产生量	固体废物综合利用量	工业固体废物综合利用率	锅炉烟尘排放达标率	三废综合利用效率	环境规制强度值
1991	−0.758 0	0.150 9	−0.092 0	−0.542 6	0.258 9	−0.206 2	−0.310 5	0.678 1	0.406 8	0.460 3	0.045 6
1992	−1.040 1	0.320 1	−0.543 8	−0.448 8	0.181 2	−0.436 3	−0.584 4	0.621 4	0.381 8	1.641 5	0.092 7
1993	−0.361 3	0.286 9	−0.028 1	−0.271 1	0.195 9	−0.165 4	−0.158 4	0.474 3	0.365 8	1.697 2	2.036 0
1994	−0.050 8	0.273 3	−0.032 7	−0.093 3	0.055 9	−0.000 7	0.025 7	0.395 3	0.319 4	1.935 4	2.827 4
1995	0.052 2	0.317 1	0.043 3	0.085 1	0.143 5	0.020 5	0.017 2	0.519 8	0.314 7	0.510 1	2.023 4
1996	0.316 1	0.323 5	−0.117 2	−1.485 1	4.864 7	0.040 1	0.040 0	0.537 9	0.194 5	1.303 9	6.018 4
1997	0.411 9	0.372 6	0.074 6	0.076 7	0.218 4	0.073 3	0.074 1	0.487 4	0.434 0	0.343 2	2.566 1
1998	0.465 8	0.356 5	0.092 1	0.133 6	1.046 3	0.083 2	0.092 3	0.525 1	0.280 2	2.009 5	5.084 7
1999	0.554 1	0.528 6	0.089 8	0.191 7	0.334 6	0.094 9	0.096 2	0.469 1	0.298 3	0.254 1	2.911 6
2000	0.646 5	0.596 4	0.096 7	0.229 7	0.395 6	0.104 2	0.105 5	0.540 8	0.372 7	0.062 0	3.150 1
2001	0.548 2	0.608 5	0.075 3	0.193 2	0.888 1	0.101 6	0.094 4	0.399 3	0.372 7	0.000 2	3.282 2
2002	0.609 0	0.636 1	0.075 7	0.177 1	0.159 7	0.103 6	0.094 9	0.402 7	0.373 1	0.002 3	2.634 1
2003	0.852 1	0.645 7	0.080 5	0.028 8	0.389 4	0.128 6	0.111 0	0.414 4	0.371 4	0.058 9	3.080 8
2004	0.953 4	0.642 2	0.054 2	0.116 5	0.133 1	0.100 5	0.086 2	0.404 1	0.369 2	0.117 0	2.976 4
2005	1.199 8	0.647 4	0.055 4	0.158 7	0.047 7	0.095 9	0.084 1	0.401 6	0.355 8	0.094 6	3.141 0
2006	1.501 4	0.644 4	0.051 8	0.159 1	0.032 7	0.088 4	0.080 4	0.446 6	0.348 1	1.406 7	4.759 6
2007	1.570 5	0.604 3	0.082 8	0.219 2	0.059 4	0.111 2	0.094 2	0.388 4	0.369 3	1.017 4	4.516 6
2008	1.422 0	0.634 3	0.191 3	0.195 5	0.085 5	0.098 0	0.085 6	0.415 9	0.357 1	0.864 7	4.349 9
2009	1.235 2	0.641 8	0.068 9	0.200 0	0.017 2	0.088 4	0.077 7	0.417 8	0.378 8	0.749 4	3.875 3
2010	1.244 6	0.626 5	0.048 4	0.158 9	0.053 0	0.082 1	0.070 1	0.387 3	0.280 8	0.972 8	3.924 7
2011	1.111 9	0.632 4	0.045 8	0.144 6	0.030 9	0.041 3	0.036 2	0.401 5	0.363 8	0.672 2	3.480 7
2012	1.086 8	0.631 0	0.072 9	0.171 0	0.037 9	0.034 7	0.029 8	0.369 3	0.363 9	0.809 4	3.606 5
2013	1.117 1	0.629 3	0.065 1	0.178 2	0.047 6	0.034 9	0.029 5	0.381 2	0.363 9	0.974 5	3.821 3

年份	废水排放量	废水排放达标率	废气排放量	二氧化硫排放量	工业二氧化硫去除率	固体废物产生量	固体废物综合利用量	工业固体废物综合利用率	锅炉烟尘排放达标率	三废综合利用效率	环境规制强度值
2014	1.118 5	0.627 4	0.068 5	0.235 1	0.060 6	0.033 5	0.028 6	0.388 1	0.363 9	1.192 6	4.117 0
2015	1.044 9	0.625 8	0.081 4	0.160 8	0.077 9	0.029 1	0.025 0	0.387 4	0.364 0	1.398 7	4.195 1

从上表的结果中可发现,总体上1991—2015年这25年间江苏省医药制造业的环境规制强度值从1991年的0.045 6上升至2015年的4.195 1,呈现出一个不断上升的态势,说明江苏省的环境规制强度逐步加大,保护环境的意识愈来愈强,对环境愈加重视。

在十项指标中,工业二氧化硫去除率的强度值在1996年达到最高值,其余指标都较为稳定。

(十四)化学纤维制造业

1. Y_{ij}的计算

表5‐53 1991—2015年江苏省化学纤维制造业单位产值三废 X_{ij} 数据表

年份	单位产值废水排放量	废水排放达标率	单位产值废气排放量	单位产值二氧化硫排放量	工业二氧化硫去除率	单位产值固体废物产生量	单位产值固体废物综合利用率	工业固体废物综合利用率	锅炉烟尘排放达标率	三废综合利用效率
1991	55.986 7	0.780 2	1.897 0	0.033 7	0.012 1	0.277 2	0.078 5	0.283 2	0.938 9	0.000 4
1992	49.178 2	0.761 9	1.773 4	0.033 1	0.005 5	0.292 0	0.140 6	0.481 5	0.938 9	0.000 4
1993	36.885 8	0.786 0	1.558 0	0.027 9	0.010 2	0.248 2	0.137 0	0.551 7	0.952 6	0.000 3
1994	23.210 8	0.732 2	1.169 8	0.019 6	0.021 1	0.180 0	0.108 0	0.600 0	0.967 8	0.000 3
1995	19.462 0	0.685 4	1.004 2	0.016 6	0.036 9	0.116 6	0.051 4	0.440 0	0.972 5	0.000 1
1996	23.072 9	0.700 4	1.175 5	0.018 4	0.043 9	0.202 9	0.119 6	0.589 7	0.964 6	0.000 2
1997	24.750 1	0.678 9	1.395 6	0.019 6	0.240 4	0.223 3	0.147 2	0.659 1	0.999 5	0.000 4

续表

年份	单位产值废水排放量	废水排放达标率	单位产值废气排放量	单位产值二氧化硫排放量	工业二氧化硫去除率	单位产值固体废物产生量	单位产值固体废物综合利用量	工业固体废物综合利用率	锅炉烟尘排放达标率	三废综合利用效率
1998	21.008 7	0.751 5	1.375 4	0.012 7	0.048 7	0.208 9	0.132 5	0.634 1	0.959 2	0.000 6
1999	18.722 8	0.812 5	1.097 8	0.009 3	0.044 4	0.204 7	0.139 4	0.680 9	0.957 8	0.000 1
2000	15.148 9	0.990 2	1.089 2	0.006 1	0.082 2	0.124 1	0.096 5	0.777 8	0.997 6	0.000 1
2001	19.197 6	0.995 7	1.267 2	0.005 8	0.123 6	0.117 6	0.096 5	0.820 9	0.971 6	0.000 7
2002	14.277 6	0.992 4	1.025 2	0.005 0	0.038 0	0.121 2	0.113 0	0.933 0	0.995 9	0.000 7
2003	9.056 8	0.910 8	0.596 3	0.000 4	0.042 7	0.096 0	0.083 1	0.866 1	0.998 0	0.000 8
2004	8.667 2	0.929 3	0.709 8	0.003 7	0.049 4	0.088 0	0.074 7	0.848 1	1.000 0	0.000 7
2005	6.970 5	0.974 4	0.655 4	0.003 4	0.076 7	0.086 4	0.083 8	0.970 0	1.000 0	0.000 3
2006	6.441 5	0.991 1	0.474 9	0.002 8	0.155 7	0.067 2	0.066 5	0.989 7	1.000 0	0.000 9
2007	4.147 0	0.981 6	0.472 4	0.002 1	0.364 9	0.061 7	0.059 5	0.964 0	1.000 0	0.000 5
2008	4.193 8	0.987 3	0.423 0	0.002 6	0.309 4	0.061 3	0.058 7	0.957 6	1.000 0	0.001 1
2009	4.371 2	0.942 1	0.719 0	0.001 9	0.471 1	0.057 4	0.055 4	0.966 0	0.809 8	0.000 8
2010	3.290 4	0.994 7	0.408 6	0.001 3	0.552 3	0.053 6	0.053 1	0.990 6	0.854 9	0.000 9
2011	3.216 1	0.988 3	0.218 5	0.001 0	0.545 6	0.041 3	0.037 8	0.915 3	0.882 1	0.001 2
2012	2.778 7	0.990 0	0.209 4	0.000 8	0.538 9	0.033 3	0.031 8	0.954 8	0.910 2	0.001 5
2013	2.552 2	0.991 6	0.192 3	0.000 6	0.532 3	0.028 0	0.026 7	0.950 7	0.939 2	0.001 9
2014	2.431 3	0.993 3	0.215 9	0.000 7	0.525 8	0.032 2	0.031 4	0.975 5	0.969 1	0.002 5
2015	2.264 2	0.995 0	0.172 6	0.000 5	0.519 3	0.034 1	0.030 1	0.880 1	1.000 0	0.003 2
β_{ij}	15.251 3	0.893 5	0.851 9	0.009 2	0.215 6	0.122 3	0.082 1	0.787 2	0.959 2	0.000 8

数据来源:1992—2016 年《江苏统计年鉴》。

运用标准化值 Y_{ij} 的计算公式,经计算可得:

表 5‑54　1991—2015 年江苏省化学纤维制造业单位产值三废标准化值 Y_{ij} 表

年份	单位产值废水排放量	废水排放达标率	单位产值废气排放量	单位产值二氧化硫排放量	工业二氧化硫去除率	单位产值固体废物产生量	单位产值固体废物综合利用量	工业固体废物综合利用率	锅炉烟尘排放达标率	三废综合利用效率
1991	−1.670 9	0.873 2	−0.226 9	−1.671 4	0.056 1	−0.266 8	1.044 0	0.359 7	0.978 9	0.470 1
1992	−1.224 5	0.852 7	−0.081 8	−1.602 5	0.025 3	−0.387 4	0.287 9	0.611 6	0.978 3	0.485 1
1993	−0.418 5	0.879 5	0.171 1	−1.039 0	0.047 5	−0.030 0	0.331 8	0.700 9	0.993 1	0.417 8
1994	0.478 1	0.819 5	0.626 7	−0.137 1	0.097 6	0.528 3	0.684 8	0.762 2	1.009 0	0.395 4
1995	0.723 9	0.767 1	0.821 0	0.194 0	0.171 0	1.045 2	1.374 3	0.558 9	1.013 9	0.158 7
1996	0.487 2	0.783 9	0.620 1	−0.001 9	0.203 5	0.341 2	0.543 0	0.749 2	1.005 6	0.273 8
1997	0.377 2	0.759 9	0.361 7	−0.133 1	1.114 8	0.174 1	0.207 5	0.837 2	1.042 0	0.528 3
1998	0.622 5	0.841 1	0.385 3	0.618 0	0.225 8	0.292 1	0.386 8	0.805 6	1.000 0	0.745 9
1999	0.772 4	0.909 3	0.711 3	0.985 8	0.205 9	0.325 8	0.302 2	0.864 9	0.998 5	0.131 3
2000	1.006 7	1.108 3	0.721 4	1.336 8	0.381 3	0.985 3	0.824 8	0.988 0	1.040 1	0.171 1
2001	0.741 3	1.114 4	0.512 4	1.372 0	0.573 4	1.038 6	0.824 8	1.042 7	1.012 9	0.884 6
2002	1.063 8	1.110 8	0.796 5	1.459 5	0.176 0	1.009 3	0.623 2	1.185 2	1.038 3	0.827 9
2003	1.406 2	1.019 4	1.300 0	1.954 7	0.197 9	1.215 3	0.987 7	1.100 2	1.040 5	0.926 1
2004	1.431 7	1.040 1	1.166 7	1.596 3	0.229 3	1.280 2	1.090 8	1.077 3	1.042 5	0.889 5
2005	1.543 0	1.090 6	1.230 6	1.629 9	0.355 7	1.293 7	0.979 5	1.232 3	1.042 5	0.374 7
2006	1.577 6	1.109 2	1.442 5	1.699 8	0.722 2	1.450 7	1.190 3	1.257 6	1.042 5	1.059 1
2007	1.728 1	1.098 6	1.445 4	1.766 7	1.692 6	1.495 2	1.275 2	1.224 6	1.042 5	0.561 4
2008	1.725 0	1.105 0	1.503 4	1.711 5	1.434 6	1.498 8	1.285 2	1.216 4	1.042 5	1.345 6
2009	1.713 4	1.054 4	1.156 0	1.792 0	2.184 8	1.530 8	1.324 9	1.227 1	0.844 3	0.936 7
2010	1.784 3	1.113 3	1.520 4	1.854 9	2.561 3	1.561 4	1.352 9	1.258 9	0.891 2	1.090 5
2011	1.789 1	1.106 1	1.743 4	1.890 0	2.529 9	1.662 1	1.539 4	1.162 8	0.919 6	1.401 8
2012	1.817 8	1.108 0	1.754 1	1.914 5	2.499 0	1.728 0	1.613 1	1.212 9	0.948 9	1.802 0
2013	1.832 7	1.109 9	1.774 3	1.939 5	2.468 3	1.770 8	1.675 4	1.207 7	0.979 2	2.316 5

续表

年份	单位产值废水排放量	废水排放达标率	单位产值废气排放量	单位产值二氧化硫排放量	工业二氧化硫去除率	单位产值固体废物产生量	单位产值固体废物综合利用量	工业固体废物综合利用率	锅炉烟尘排放达标率	三废综合利用效率
2014	1.840 6	1.111 8	1.746 5	1.928 8	2.438 1	1.736 5	1.617 1	1.239 1	1.010 4	2.977 9
2015	1.851 5	1.113 6	1.797 4	1.941 1	2.408 2	1.720 8	1.633 9	1.118 0	1.042 5	3.828 1

2. K_j 的计算

1991—2015 年江苏省工业单位产值三废 X_{ij} 数据的计算过程同制造业。

根据公式 $K_j = \dfrac{E_j}{\sum E_j} / \dfrac{O_i}{\sum O_i} = \dfrac{E_j}{O_i} * \dfrac{\sum O_i}{\sum E_j} = \dfrac{E_j}{O_i} / \dfrac{\sum E_j}{\sum O_i} = UE_{ij} / \overline{UE_{ij}}$，最终可得到 K_j。

表 5 - 55 K_j 的计算结果

年份	工业废水排放总量	废水排放达标率	工业废气排放总量	工业二氧化硫排放量	工业二氧化硫去除率	工业固体废物产生量	工业固体废物综合利用量	工业固体废物综合利用率	锅炉烟尘排放达标率	三废综合利用效率
1991	0.555 4	1.209 8	0.787 2	0.921 1	0.149 4	0.317 3	0.142 1	0.448 0	1.148 7	0.157 7
1992	0.733 2	1.160 5	1.110 9	1.243 0	0.053 2	0.399 5	0.290 7	0.727 7	1.090 3	0.175 9
1993	0.852 0	1.175 0	1.464 1	1.492 0	0.095 6	0.522 4	0.357 7	0.684 6	1.031 0	0.183 0
1994	0.718 7	1.064 7	1.327 9	1.307 0	0.170 4	0.432 7	0.312 9	0.723 1	1.022 7	0.173 4
1995	0.528 4	0.983 4	0.866 8	1.075 7	0.340 2	0.275 6	0.151 9	0.551 0	1.160 3	0.097 1
1996	0.811 5	1.013 2	1.219 1	1.363 9	0.201 8	0.542 1	0.414 3	0.764 2	1.075 8	0.104 2
1997	0.903 5	1.042 7	1.373 2	1.178 0	2.172 1	0.628 1	0.496 3	0.790 2	1.156 3	0.146 1
1998	0.833 6	0.991 2	1.479 2	0.823 5	0.401 3	0.571 3	0.472 0	0.826 4	1.132 6	0.311 3
1999	0.830 2	0.928 2	1.171 4	0.889 5	0.314 2	0.630 1	0.510 6	0.810 4	1.075 4	0.051 1

年份	工业废水排放总量	废水排放达标率	工业废气排放总量	工业二氧化硫排放量	工业二氧化硫去除率	工业固体废物产生量	工业固体废物综合利用量	工业固体废物综合利用率	锅炉烟尘排放达标率	三废综合利用效率
2000	0.784 2	1.077 0	1.254 2	0.754 3	0.452 6	0.426 9	0.388 3	0.909 5	1.014 5	0.068 4
2001	0.832 1	1.060 1	1.115 6	0.622 6	0.716 4	0.388 7	0.350 9	0.902 7	1.012 2	0.289 7
2002	0.753 6	1.034 6	0.995 0	0.651 8	0.184 1	0.442 6	0.452 5	1.022 4	1.009 2	0.267 4
2003	0.730 9	0.931 8	0.735 6	0.078 5	0.164 2	0.481 2	0.418 0	0.868 7	1.019 4	0.341 1
2004	0.831 9	0.952 7	0.725 9	0.562 8	0.176 8	0.377 0	0.321 1	0.851 7	1.029 5	0.281 1
2005	0.857 8	0.997 3	1.061 4	0.910 6	0.204 4	0.497 7	0.505 2	1.015 0	1.020 2	0.109 9
2006	1.032 2	1.013 9	0.790 3	0.993 3	0.328 3	0.416 9	0.426 1	1.022 3	1.016 1	0.254 5
2007	0.969 3	1.004 2	1.067 9	1.118 6	0.614 5	0.492 0	0.479 4	0.974 4	1.010 0	0.140 3
2008	1.242 5	1.010 2	1.136 1	1.975 0	0.468 0	0.586 0	0.568 0	0.969 3	1.005 0	0.356 5
2009	1.351 6	0.980 2	1.918 5	1.690 3	0.681 0	0.571 7	0.563 6	0.985 7	0.817 6	0.284 5
2010	1.311 2	1.012 9	1.205 0	1.362 6	0.783 8	0.591 3	0.605 2	1.023 5	0.870 5	0.383 2
2011	1.554 0	1.014 3	0.488 4	1.124 4	0.720 8	0.447 0	0.429 2	0.960 3	0.895 8	0.461 4
2012	1.526 8	1.014 6	0.517 4	1.051 4	0.674 6	0.402 2	0.421 1	1.046 8	0.921 8	0.555 5
2013	1.702 9	1.014 5	0.517 8	0.894 7	0.631 4	0.358 3	0.352 3	0.983 0	0.948 7	0.668 9
2014	1.889 0	1.013 8	0.517 7	1.223 9	0.591 0	0.435 7	0.439 0	1.007 7	0.976 3	0.818 6
2015	1.820 0	1.013 5	0.446 8	1.182 5	0.553 1	0.497 9	0.457 6	0.919 0	1.004 7	0.960 1

3. S_i 值的计算

运用离差最大化决策方法计算权重 K，K 值归一化之后的结果分别为 0.490 8、0.509 2、0.270 5、0.335 1、0.394 4、0.320 1、0.358 4、0.321 5、0.550 4、0.449 6。在此作用下，化学纤维制造业的环境规制强度值最终的计算结果如下表所示。

表 5‑56　1991—2015 年江苏省化学纤维制造业的环境规制强度值

年份	废水排放量	废水排放达标率	废气排放量	二氧化硫排放量	工业二氧化硫去除率	固体废物产生量	固体废物综合利用量	工业固体废物综合利用率	锅炉烟尘排放达标率	三废综合利用效率	环境规制强度值
1991	−0.455 5	0.537 9	−0.048 3	−0.515 9	0.003 3	−0.027 1	0.053 2	0.051 8	0.618 9	0.033 3	0.251 6
1992	−0.440 7	0.503 9	−0.024 6	−0.667 5	0.000 5	−0.049 5	0.030 0	0.143 1	0.587 0	0.038 4	0.120 7
1993	−0.175 0	0.526 4	0.067 8	−0.519 5	0.001 8	−0.005 0	0.042 5	0.154 3	0.563 6	0.034 4	0.691 2
1994	0.168 7	0.444 3	0.225 1	−0.060 1	0.006 6	0.073 2	0.076 8	0.177 2	0.567 9	0.030 8	1.710 5
1995	0.187 7	0.384 1	0.192 5	0.069 9	0.022 9	0.092 2	0.074 9	0.099 0	0.647 5	0.006 9	1.777 8
1996	0.194 0	0.404 4	0.204 5	−0.000 9	0.016 2	0.059 2	0.080 6	0.184 1	0.595 4	0.012 8	1.750 4
1997	0.167 3	0.403 4	0.134 4	−0.052 5	0.955 0	0.035 0	0.036 9	0.212 7	0.663 2	0.034 7	2.590 0
1998	0.254 7	0.424 5	0.154 2	0.170 6	0.035 7	0.053 4	0.065 2	0.214 0	0.623 4	0.104 4	2.100 4
1999	0.314 7	0.429 8	0.225 4	0.293 8	0.025 5	0.065 7	0.055 3	0.225 3	0.591 1	0.003 0	2.229 7
2000	0.387 5	0.607 8	0.244 7	0.337 9	0.068 1	0.134 7	0.114 7	0.288 9	0.580 7	0.005 3	2.770 3
2001	0.302 7	0.601 5	0.154 6	0.286 2	0.162 0	0.129 2	0.103 7	0.302 6	0.564 3	0.115 2	2.722 2
2002	0.393 5	0.585 2	0.214 4	0.318 8	0.012 8	0.143 0	0.101 1	0.389 6	0.576 7	0.099 5	2.834 4
2003	0.504 5	0.483 7	0.258 7	0.051 4	0.012 8	0.187 2	0.148 0	0.307 3	0.583 8	0.142 0	2.679 2
2004	0.584 5	0.504 6	0.229 1	0.301 1	0.016 0	0.154 5	0.125 5	0.295 0	0.590 8	0.112 4	2.913 5
2005	0.649 6	0.553 8	0.353 3	0.497 3	0.028 7	0.206 1	0.177 4	0.402 1	0.585 4	0.018 5	3.472 2
2006	0.799 2	0.572 7	0.308 4	0.565 8	0.093 5	0.193 6	0.181 8	0.413 2	0.583 1	0.121 2	3.832 4
2007	0.822 1	0.561 8	0.417 6	0.662 2	0.410 1	0.235 5	0.219 1	0.383 6	0.579 6	0.035 4	4.326 9
2008	1.051 9	0.568 4	0.462 0	1.132 7	0.264 8	0.281 1	0.261 6	0.379 1	0.576 7	0.215 6	5.194 1
2009	1.136 6	0.526 3	0.599 9	1.015 0	0.586 9	0.280 2	0.267 6	0.388 9	0.380 0	0.119 8	5.301 1
2010	1.148 2	0.574 2	0.495 6	0.846 0	0.791 8	0.295 0	0.293 4	0.414 1	0.427 0	0.187 9	5.474 3
2011	1.364 5	0.571 3	0.230 3	0.712 1	0.719 2	0.237 8	0.236 8	0.359 0	0.453 4	0.290 8	5.175 3
2012	1.362 2	0.572 4	0.245 5	0.674 5	0.664 9	0.222 5	0.243 4	0.408 2	0.481 5	0.450 1	5.325 3
2013	1.531 8	0.573 3	0.248 5	0.581 5	0.614 7	0.203 1	0.211 5	0.381 7	0.511 3	0.696 7	5.554 0

续表

年份	废水排放量	废水排放达标率	废气排放量	二氧化硫排放量	工业二氧化硫去除率	固体废物产生量	固体废物综合利用量	工业固体废物综合利用率	锅炉烟尘排放达标率	三废综合利用效率	环境规制强度值
2014	1.706 5	0.573 9	0.244 6	0.791 0	0.568 3	0.242 2	0.254 5	0.401 4	0.542 9	1.096 0	6.421 2
2015	1.653 9	0.574 7	0.217 2	0.769 1	0.525 3	0.274 2	0.268 0	0.330 3	0.576 5	1.652 4	6.841 9

从上表的结果中可发现，总体上1991—2015年这25年间江苏省化学纤维制造业的环境规制强度值从1991年的0.251 6上升至2015年的6.841 9，呈现出一个不断上升的态势，说明江苏省的环境规制强度逐步加大，保护环境的意识愈来愈强，对环境愈加重视。

在十项指标中，单位产值废水排放量呈现波动上升的趋势，在2015年有稍许下降，但未影响其总体上升的态势。单位产值二氧化硫排放量在2008年达到最高值，在后几年亦有所上升。工业二氧化硫去除率在1997年达到最高值，在2010年达到第二个高峰，但后几年的强度值仍然较高。三废综合利用效率在2009年前波动上升，在2009年后呈现稳定上升态势。

（十五）橡胶制品业

1. Y_{ij} 的计算

表 5－57　1991—2015 年江苏省橡胶制品业单位产值三废 X_{ij} 数据表

年份	单位产值废水排放量	废水排放达标率	单位产值废气排放量	单位产值二氧化硫排放量	工业二氧化硫去除率	单位产值固体废物产生量	单位产值固体废物综合利用量	工业固体废物综合利用率	锅炉烟尘排放达标率	三废综合利用效率
1991	36.360 4	0.822 2	3.710 2	0.009 9	0.011 0	0.110 6	0.105 2	0.950 9	0.812 2	0.001 9
1992	28.135 1	0.917 4	0.513 5	0.009 0	0.009 0	0.081 1	0.081 1	1.000 0	0.815 1	0.003 3
1993	22.260 0	0.894 1	0.267 3	0.008 9	0.000 0	0.145 8	0.145 8	1.000 0	0.872 8	0.002 0

续表

年份	单位产值废水排放量	废水排放达标率	单位产值废气排放量	单位产值二氧化硫排放量	工业二氧化硫去除率	单位产值固体废物产生量	单位产值固体废物综合利用量	工业固体废物综合利用率	锅炉烟尘排放达标率	三废综合利用效率
1994	15.434 5	0.940 4	0.198 3	0.006 1	0.003 0	0.072 1	0.054 1	0.750 0	0.901 4	0.002 7
1995	14.798 9	0.877 0	0.331 1	0.004 2	0.000 8	0.066 2	0.066 2	1.000 0	0.790 2	0.000 5
1996	8.508 7	0.928 6	0.281 6	0.003 6	0.136 9	0.059 3	0.044 5	0.750 0	0.789 7	0.000 9
1997	9.333 1	0.894 7	0.270 7	0.003 8	0.209 0	0.071 2	0.071 2	1.000 0	1.000 0	0.001 5
1998	9.415 0	0.738 9	0.172 5	0.003 6	0.096 3	0.057 5	0.043 1	0.750 0	0.786 6	0.000 0
1999	6.001 0	0.987 2	0.167 1	0.003 6	0.064 4	0.051 4	0.051 4	1.000 0	0.868 4	0.001 3
2000	4.863 5	0.973 6	0.688 1	0.002 8	0.034 6	0.046 7	0.046 7	1.000 0	0.981 2	0.000 1
2001	4.766 6	0.936 2	0.284 4	0.003 0	0.047 3	0.029 5	0.029 2	0.990 0	0.972 8	0.000 5
2002	3.994 1	0.957 1	0.409 4	0.001 5	0.055 5	0.031 2	0.030 6	0.978 9	0.978 3	0.000 3
2003	2.912 6	0.981 1	0.441 1	0.000 1	0.162 1	0.028 2	0.027 3	0.970 8	0.919 9	0.000 3
2004	3.500 3	0.970 6	0.301 0	0.001 1	0.062 2	0.023 8	0.023 2	0.975 1	0.975 2	0.000 3
2005	2.081 0	0.990 4	0.346 0	0.000 9	0.204 0	0.023 5	0.022 2	0.955 9	0.881 4	0.000 2
2006	1.158 9	0.964 6	0.288 3	0.000 9	0.314 5	0.024 6	0.022 8	0.927 5	0.987 8	0.000 2
2007	1.362 1	0.965 3	0.244 7	0.000 6	0.464 1	0.017 6	0.017 1	0.971 4	1.000 0	0.000 2
2008	1.064 6	0.969 6	0.326 9	0.000 3	0.267 2	0.011 0	0.010 7	0.973 1	1.000 0	0.000 3
2009	0.930 8	0.967 4	0.337 7	0.000 3	0.283 0	0.009 9	0.009 5	0.961 4	1.000 0	0.000 3
2010	1.267 4	0.988 4	0.395 7	0.000 2	0.397 5	0.009 3	0.009 0	0.974 4	0.989 7	0.000 5
2011	0.388 8	0.989 2	0.091 4	0.000 1	0.415 3	0.004 5	0.004 4	0.956 6	0.991 7	0.000 7
2012	0.409 1	0.989 9	0.056 2	0.000 1	0.433 9	0.003 8	0.003 4	0.895 0	0.993 8	0.000 8
2013	0.340 2	0.990 7	0.086 2	0.000 1	0.453 3	0.003 9	0.003 5	0.907 5	0.995 9	0.001 0
2014	0.280 0	0.991 4	0.069 3	0.000 1	0.473 6	0.003 7	0.003 5	0.937 5	0.997 9	0.001 2
2015	0.227 3	0.992 2	0.067 9	0.000 1	0.494 8	0.003 4	0.003 3	0.957 6	1.000 0	0.001 5
β_{ij}	7.191 8	0.944 7	0.413 9	0.002 6	0.203 7	0.039 6	0.037 2	0.941 3	0.932 1	0.000 9

数据来源:1992—2016 年《江苏统计年鉴》。

运用标准化值 Y_{ij} 的计算公式,经计算可得:

表5-58 1991—2015年江苏省橡胶制品业单位产值三废标准化值 Y_{ij} 表

年份	单位产值废水排放量	废水排放达标率	单位产值废气排放量	单位产值二氧化硫排放量	工业二氧化硫去除率	单位产值固体废物产生量	单位产值固体废物综合利用量	工业固体废物综合利用率	锅炉烟尘排放达标率	三废综合利用效率
1991	−3.055 8	0.870 3	−6.964 9	−1.787 2	0.054 0	−0.794 4	−0.830 5	1.010 1	0.871 3	2.103 6
1992	−1.912 1	0.971 1	0.759 2	−1.448 2	0.044 0	−0.048 7	−0.182 3	1.062 3	0.874 5	3.498 5
1993	−1.095 2	0.946 4	1.354 1	−1.409 6	0.000 0	−1.684 2	−1.924 5	1.062 3	0.936 4	2.230 4
1994	−0.146 1	0.995 4	1.520 8	−0.336 5	0.014 5	0.177 6	0.544 1	0.796 7	0.967 0	3.019 1
1995	−0.057 8	0.928 3	1.200 0	0.396 9	0.003 9	0.326 9	0.217 8	1.062 3	0.847 8	0.511 9
1996	0.816 9	0.982 9	1.319 5	0.606 1	0.671 8	0.501 8	0.803 0	0.796 7	0.847 3	1.038 0
1997	0.702 2	0.947 0	1.345 8	0.541 3	1.026 0	0.199 8	0.082 4	1.062 3	1.072 9	1.688 7
1998	0.690 9	0.782 2	1.583 2	0.610 2	0.472 5	0.547 2	0.839 3	0.796 7	0.843 9	0.034 9
1999	1.165 6	1.044 9	1.596 4	0.622 7	0.316 2	0.701 2	0.616 5	1.062 3	0.931 7	1.439 1
2000	1.323 7	1.030 6	0.337 3	0.910 4	0.169 6	0.821 2	0.744 3	1.062 3	1.052 7	0.081 2
2001	1.337 2	0.991 0	1.312 8	0.829 7	0.232 0	1.254 1	1.213 3	1.051 7	1.043 7	0.499 8
2002	1.444 6	1.013 1	1.010 8	1.441 2	0.272 6	1.211 4	1.177 6	1.039 9	1.049 6	0.343 3
2003	1.595 0	1.038 5	0.934 1	1.944 2	0.795 5	1.288 5	1.264 2	1.031 3	0.986 9	0.355 9
2004	1.513 3	1.027 4	1.272 7	1.578 2	0.305 1	1.399 5	1.376 3	1.035 8	1.046 2	0.384 5
2005	1.710 6	1.048 3	1.163 9	1.637 2	1.001 1	1.413 6	1.402 9	1.015 5	0.945 6	0.205 0
2006	1.838 9	1.021 0	1.303 5	1.665 0	1.543 9	1.378 7	1.386 2	0.985 3	1.059 8	0.186 5
2007	1.810 6	1.021 8	1.408 8	1.777 7	2.278 1	1.554 2	1.538 7	1.031 9	1.072 9	0.260 0
2008	1.852 0	1.026 4	1.210 2	1.854 4	1.311 6	1.723 1	1.712 9	1.033 8	1.072 9	0.381 8
2009	1.870 6	1.024 0	1.184 1	1.872 7	1.389 4	1.750 8	1.744 8	1.021 3	1.072 9	0.383 5
2010	1.823 8	1.046 3	1.043 9	1.918 1	1.951 1	1.766 0	1.757 2	1.035 1	1.061 8	0.601 4
2011	1.945 9	1.047 1	1.779 2	1.952 7	2.038 5	1.885 0	1.882 9	1.016 2	1.064 0	0.736 6
2012	1.943 1	1.047 9	1.864 2	1.953 3	2.129 8	1.904 2	1.908 7	0.950 8	1.066 2	0.902 0

续表

年份	单位产值废水排放量	废水排放达标率	单位产值废气排放量	单位产值二氧化硫排放量	工业二氧化硫去除率	单位产值固体废物产生量	单位产值固体废物综合利用量	工业固体废物综合利用率	锅炉烟尘排放达标率	三废综合利用效率
2013	1.952 7	1.048 7	1.791 8	1.960 3	2.225 2	1.902 6	1.905 9	0.964 0	1.068 4	1.104 7
2014	1.961 1	1.049 5	1.832 6	1.954 5	2.324 8	1.905 9	1.906 0	0.995 9	1.070 6	1.352 8
2015	1.968 4	1.050 3	1.836 0	1.954 6	2.429 0	1.914 1	1.912 4	1.017 3	1.072 9	1.656 7

2. K_j 的计算

1991—2015 年江苏省工业单位产值三废 X_{ij} 数据的计算过程同制造业。

根据公式 $K_j = \dfrac{E_j}{\sum E_j} \Big/ \dfrac{O_i}{\sum O_i} = \dfrac{E_j}{O_i} * \dfrac{\sum O_i}{\sum E_j} = \dfrac{E_j}{O_i} \Big/ \dfrac{\sum E_j}{\sum O_i} = \mathrm{UE}_{ij} / \overline{\mathrm{UE}_{ij}}$，最终可得到 K_j。

表 5 - 59　K_j 的计算结果

年份	工业废水排放总量	废水排放达标率	工业废气排放总量	工业二氧化硫排放量	工业二氧化硫去除率	工业固体废物产生量	工业固体废物综合利用量	工业固体废物综合利用率	锅炉烟尘排放达标率	三废综合利用效率
1991	0.360 7	1.274 9	1.539 7	0.269 4	0.135 7	0.126 6	0.190 4	1.504 3	0.993 6	0.764 4
1992	0.419 5	1.397 4	0.321 7	0.337 4	0.087 2	0.111 0	0.167 7	1.511 4	0.947 1	1.374 0
1993	0.514 2	1.336 5	0.251 2	0.474 7	0.000 0	0.306 8	0.380 8	1.240 9	0.944 7	1.057 9
1994	0.477 9	1.367 5	0.225 1	0.405 2	0.023 9	0.173 4	0.156 7	0.903 9	0.952 5	1.433 6
1995	0.401 8	1.258 3	0.285 8	0.270 7	0.007 3	0.156 3	0.195 7	1.252 3	0.942 8	0.339 1
1996	0.299 3	1.343 3	0.292 1	0.269 3	0.629 3	0.158 5	0.154 0	0.971 9	0.880 8	0.428 2
1997	0.340 7	1.374 0	0.266 4	0.228 4	1.888 7	0.200 4	0.240 3	1.199 0	1.156 9	0.505 8
1998	0.373 6	0.974 0	0.185 5	0.234 8	0.793 5	0.157 3	0.153 7	0.977 4	0.928 8	0.015 8

续表

年份	工业废水排放总量	废水排放达标率	工业废气排放总量	工业二氧化硫排放量	工业二氧化硫去除率	工业固体废物产生量	工业固体废物综合利用量	工业固体废物综合利用率	锅炉烟尘排放达标率	三废综合利用效率
1999	0.266 1	1.127 8	0.178 3	0.342 5	0.455 6	0.158 2	0.188 3	1.190 2	0.975 1	0.606 1
2000	0.251 8	1.058 9	0.792 3	0.351 4	0.190 2	0.160 5	0.187 7	1.169 4	0.997 8	0.035 1
2001	0.206 6	0.996 8	0.250 4	0.328 9	0.273 8	0.097 6	0.106 3	1.088 7	1.013 5	0.177 3
2002	0.210 8	0.997 9	0.397 3	0.191 1	0.269 3	0.114 0	0.122 3	1.072 7	0.991 3	0.120 1
2003	0.235 1	1.003 7	0.544 3	0.027 4	0.623 2	0.141 2	0.137 5	0.973 7	0.939 5	0.142 0
2004	0.336 0	0.995 0	0.307 8	0.166 8	0.222 3	0.101 8	0.099 7	0.979 3	1.004 0	0.131 6
2005	0.256 1	1.013 6	0.560 4	0.253 1	0.543 4	0.133 7	0.133 8	1.000 2	0.899 2	0.065 1
2006	0.185 7	0.986 8	0.479 8	0.314 4	0.662 9	0.152 6	0.146 2	0.958 0	1.003 7	0.048 5
2007	0.318 4	0.987 5	0.553 1	0.302 3	0.781 5	0.140 6	0.138 1	0.981 9	1.010 0	0.070 4
2008	0.315 4	0.992 1	0.877 8	0.282 7	0.404 2	0.104 8	0.103 2	0.985 1	1.005 0	0.109 5
2009	0.287 8	1.006 5	0.901 0	0.293 3	0.409 1	0.098 3	0.096 4	0.981 1	1.009 6	0.126 2
2010	0.505 0	1.006 6	1.167 0	0.216 9	0.564 1	0.102 1	0.102 8	1.006 8	1.007 7	0.228 9
2011	0.187 9	1.015 3	0.204 3	0.137 1	0.548 7	0.049 2	0.049 4	1.003 6	1.007 1	0.262 6
2012	0.224 8	1.014 6	0.138 9	0.162 9	0.543 2	0.045 8	0.045 0	0.981 3	1.006 5	0.301 2
2013	0.227 0	1.013 5	0.232 0	0.166 2	0.537 7	0.049 3	0.046 2	0.938 3	1.005 9	0.345 5
2014	0.217 5	1.011 9	0.166 1	0.221 7	0.532 3	0.050 3	0.048 8	0.968 4	1.005 3	0.402 8
2015	0.182 7	1.010 7	0.175 7	0.258 6	0.527 0	0.049 6	0.049 6	1.000 0	1.004 7	0.450 0

3. S_i 值的计算

运用离差最大化决策方法计算权重 K，K 值归一化之后的结果分别为 0.470 8、0.529 2、0.132 2、0.390 4、0.477 4、0.286 5、0.258 5、0.455 0、0.548 3、0.451 7。在此作用下，橡胶制品业的环境规制强度值最终的计算结果如下表所示。

表 5‑60   1991—2015 年江苏省橡胶制品业的环境规制强度值

年份	废水排放量	废水排放达标率	废气排放量	二氧化硫排放量	工业二氧化硫去除率	固体废物产生量	固体废物综合利用量	工业固体废物综合利用率	锅炉烟尘排放达标率	三废综合利用效率	环境规制强度值
1991	−0.519 0	0.587 1	−1.417 7	−0.188 0	0.003 5	−0.028 8	−0.040 9	0.691 4	0.474 7	0.726 3	0.288 7
1992	−0.377 6	0.718 1	0.032 3	−0.190 8	0.001 8	−0.001 5	−0.007 9	0.730 5	0.454 1	2.171 3	3.530 4
1993	−0.265 1	0.669 4	0.045 0	−0.261 2	0.000 0	−0.148 1	−0.189 4	0.599 8	0.485 0	1.065 8	2.001 1
1994	−0.032 9	0.720 4	0.045 3	−0.053 2	0.000 2	0.008 8	0.022 0	0.327 7	0.505 0	1.955 0	3.498 2
1995	−0.010 9	0.618 1	0.045 3	0.042 0	0.000 0	0.014 6	0.011 0	0.605 3	0.438 2	0.078 4	1.842 1
1996	0.115 1	0.698 7	0.051 0	0.063 7	0.201 8	0.022 8	0.032 0	0.352 3	0.409 2	0.200 8	2.147 3
1997	0.112 6	0.688 6	0.047 4	0.048 3	0.925 2	0.011 5	0.005 1	0.579 5	0.680 6	0.385 8	3.484 6
1998	0.121 5	0.403 4	0.038 8	0.055 9	0.179 0	0.024 7	0.033 4	0.354 3	0.429 8	0.000 2	1.641 1
1999	0.146 0	0.623 6	0.037 6	0.083 3	0.068 8	0.031 8	0.030 0	0.575 3	0.498 1	0.394 0	2.488 5
2000	0.156 9	0.577 5	0.035 3	0.124 9	0.015 4	0.037 8	0.036 1	0.565 2	0.576 0	0.001 3	2.126 4
2001	0.130 1	0.522 7	0.043 5	0.106 6	0.030 3	0.035 1	0.033 3	0.521 0	0.580 0	0.040 0	2.042 5
2002	0.143 4	0.535 0	0.053 1	0.107 5	0.035 0	0.039 6	0.037 2	0.507 6	0.570 5	0.018 6	2.047 5
2003	0.176 5	0.551 6	0.067 2	0.020 8	0.236 7	0.052 1	0.044 9	0.456 9	0.508 4	0.022 8	2.138 0
2004	0.239 4	0.541 0	0.051 3	0.102 7	0.032 4	0.040 8	0.035 5	0.461 5	0.576 0	0.022 9	2.103 9
2005	0.206 2	0.562 3	0.086 2	0.161 8	0.259 7	0.054 2	0.048 5	0.462 1	0.466 3	0.006 0	2.313 4
2006	0.160 8	0.533 2	0.082 7	0.204 3	0.488 6	0.060 3	0.052 4	0.429 5	0.583 2	0.004 1	2.599 0
2007	0.271 4	0.534 0	0.103 0	0.209 8	0.849 0	0.062 6	0.054 9	0.461 0	0.594 1	0.008 3	3.149 0
2008	0.275 0	0.538 9	0.140 4	0.204 7	0.253 1	0.051 7	0.045 7	0.463 4	0.591 2	0.018 9	2.583 0
2009	0.253 4	0.545 4	0.141 0	0.214 4	0.271 4	0.049 3	0.043 5	0.455 9	0.593 9	0.021 9	2.590 2
2010	0.433 6	0.557 3	0.161 1	0.162 4	0.525 9	0.051 7	0.046 7	0.474 2	0.586 7	0.062 2	3.061 2
2011	0.172 1	0.562 6	0.048 0	0.104 5	0.533 9	0.026 2	0.024 0	0.464 0	0.587 6	0.087 4	2.610 8
2012	0.205 7	0.562 6	0.034 2	0.124 2	0.552 3	0.025 0	0.022 2	0.424 5	0.588 4	0.122 7	2.661 8
2013	0.208 7	0.562 4	0.055 0	0.127 2	0.571 2	0.026 8	0.022 8	0.411 6	0.589 3	0.172 4	2.747 3

年份	废水排放量	废水排放达标率	废气排放量	二氧化硫排放量	工业二氧化硫去除率	固体废物产生量	固体废物综合利用量	工业固体废物综合利用率	锅炉烟尘排放达标率	三废综合利用效率	环境规制强度值
2014	0.200 8	0.562 0	0.040 2	0.169 2	0.590 8	0.027 5	0.024 0	0.438 8	0.590 1	0.246 1	2.889 7
2015	0.169 3	0.561 7	0.042 6	0.197 3	0.611 1	0.027 2	0.024 5	0.462 9	0.591 0	0.336 8	3.024 5

从上表的结果中可发现,总体上1991—2015年这25年间江苏省橡胶制品业的环境规制强度值从1991年的0.288 7上升至2015年的3.024 5,呈现出一个不断上升的态势,说明江苏省的环境规制强度逐步加大,保护环境的意识愈来愈强,对环境愈加重视。

在十项指标中,工业二氧化硫去除率的强度值较其余指标而言波动幅度较大,三废综合利用效率在1991—1996年的波动幅度很大,但1996—2015年的强度值较为平稳。废水排放达标率、工业固体废物综合利用率、锅炉烟尘排放达标率比较平稳,徘徊在0.5左右。

(十六)塑料制品业

1. Y_{ij}的计算

表 5‑61　1991—2015年江苏省塑料制品业单位产值三废 X_{ij} 数据表

年份	单位产值废水排放量	废水排放达标率	单位产值废气排放量	单位产值二氧化硫排放量	工业二氧化硫去除率	单位产值固体废物产生量	单位产值固体废物综合利用量	工业固体废物综合利用率	锅炉烟尘排放达标率	三废综合利用效率
1991	19.952 4	0.845 8	0.412 4	0.002 6	0.001 8	0.050 8	0.047 4	0.932 3	0.960 4	0.000 4
1992	11.120 1	0.957 4	0.277 1	0.002 2	0.001 0	0.034 6	0.023 1	0.666 7	0.961 7	0.000 2
1993	8.642 7	0.938 9	0.272 5	0.001 9	0.008 1	0.025 5	0.025 5	1.000 0	0.996 3	0.000 2
1994	6.430 2	0.945 7	0.171 2	0.001 5	0.005 8	0.020 5	0.013 7	0.666 7	0.958 5	0.000 9
1995	3.224 6	0.807 2	0.146 3	0.001 0	0.010 5	0.018 4	0.018 3	1.000 0	0.710 7	0.000 3

年份	单位产值废水排放量	废水排放达标率	单位产值废气排放量	单位产值二氧化硫排放量	工业二氧化硫去除率	单位产值固体废物产生量	单位产值固体废物综合利用量	工业固体废物综合利用率	锅炉烟尘排放达标率	三废综合利用效率
1996	2.455 0	0.695 6	0.129 8	0.001 2	0.062 2	0.015 6	0.015 6	1.000 0	0.860 1	0.000 1
1997	5.907 5	0.904 1	0.134 5	0.002 4	0.185 0	0.043 2	0.038 4	0.888 9	1.000 0	0.000 1
1998	5.152 8	0.904 3	0.110 5	0.001 8	0.187 5	0.034 0	0.029 8	0.875 0	0.893 3	0.000 7
1999	1.682 2	0.973 0	0.102 1	0.000 7	0.015 6	0.011 3	0.011 3	1.000 0	0.902 7	0.000 1
2000	1.030 2	0.961 4	0.090 4	0.000 3	0.056 6	0.007 2	0.007 2	1.000 0	0.988 8	0.000 5
2001	1.129 5	0.967 4	0.120 7	0.000 8	0.130 9	0.010 8	0.010 5	0.965 9	0.974 2	0.000 3
2002	1.379 2	0.982 1	0.093 0	0.000 3	0.153 4	0.015 6	0.013 6	0.874 1	0.964 5	0.000 2
2003	1.499 3	0.989 8	0.070 1	0.000 2	0.438 1	0.018 3	0.015 3	0.836 1	0.984 6	0.000 7
2004	0.781 6	0.927 8	0.037 5	0.000 2	0.207 5	0.006 4	0.006 1	0.944 6	0.944 2	0.000 0
2005	0.652 2	0.973 2	0.036 1	0.000 2	0.149 2	0.003 7	0.003 7	0.989 7	1.000 0	0.000 7
2006	0.296 5	0.968 1	0.058 5	0.000 1	0.095 8	0.002 2	0.002 1	0.942 7	1.000 0	0.001 1
2007	0.592 1	0.922 6	0.051 2	0.000 2	0.076 0	0.003 3	0.002 9	0.898 0	0.943 2	0.001 5
2008	0.595 1	0.986 3	0.067 7	0.000 2	0.433 1	0.004 2	0.003 6	0.838 3	1.000 0	0.001 3
2009	0.570 1	0.982 0	0.063 6	0.000 1	0.432 4	0.004 1	0.003 4	0.828 0	1.000 0	0.001 8
2010	0.321 4	0.979 7	0.045 0	0.000 1	0.787 3	0.003 1	0.002 9	0.936 5	1.000 0	0.001 4
2011	0.211 0	0.981 7	0.022 4	0.000 1	0.475 6	0.001 7	0.001 5	0.900 1	0.971 2	0.001 6
2012	0.205 9	0.983 8	0.012 8	0.000 0	0.498 8	0.001 3	0.001 1	0.842 2	0.978 3	0.001 7
2013	0.163 0	0.985 8	0.018 7	0.000 0	0.523 1	0.001 3	0.001 1	0.853 9	0.985 5	0.001 9
2014	0.131 7	0.987 9	0.014 7	0.000 0	0.548 6	0.001 2	0.001 1	0.882 1	0.992 7	0.002 0
2015	0.114 6	0.990 0	0.015 5	0.000 0	0.575 3	0.001 2	0.001 1	0.901 1	1.000 0	0.002 2
β_{ij}	2.969 6	0.941 7	0.103 0	0.000 7	0.242 4	0.013 6	0.012 0	0.898 5	0.958 8	0.000 9

数据来源:1992—2016 年《江苏统计年鉴》。

运用标准化值 Y_{ij} 的计算公式,经计算可得:

表 5‑62 1991—2015 年江苏省塑料制品业单位产值三废标准化值 Y$_{ij}$ 表

年份	单位产值废水排放量	废水排放达标率	单位产值废气排放量	单位产值二氧化硫排放量	工业二氧化硫去除率	单位产值固体废物产生量	单位产值固体废物综合利用量	工业固体废物综合利用率	锅炉烟尘排放达标率	三废综合利用效率
1991	−4.718 8	0.898 2	−2.005 0	−1.584 3	0.007 5	−1.740 6	−1.946 0	1.037 6	1.001 7	0.468 1
1992	−1.744 6	1.016 7	−0.691 6	−1.076 1	0.004 3	−0.550 5	0.076 0	0.742 0	1.003 0	0.192 1
1993	−0.910 4	0.997 1	−0.646 4	−0.585 3	0.033 5	0.119 3	−0.128 1	1.112 9	1.039 0	0.205 7
1994	−0.165 3	1.004 3	0.337 3	−0.100 9	0.024 0	0.487 5	0.859 0	0.742 0	0.999 6	0.977 8
1995	0.914 1	0.857 2	0.579 1	0.655 2	0.043 4	0.653 6	0.476 5	1.112 9	0.741 3	0.287 6
1996	1.173 3	0.738 7	0.739 8	0.392 6	0.256 7	0.853 6	0.702 8	1.112 9	0.897 0	0.165 0
1997	0.010 7	0.960 1	0.693 9	−1.323 8	0.763 1	−1.182 5	−1.200 9	0.989 3	1.042 9	0.134 1
1998	0.264 8	0.960 3	0.926 4	−0.524 8	0.773 7	−0.504 1	−0.479 3	0.973 8	0.931 6	0.852 2
1999	1.433 5	1.033 3	1.008 7	0.981 0	0.064 4	1.165 0	1.055 2	1.112 9	0.941 4	0.135 3
2000	1.653 1	1.021 0	1.122 3	1.526 5	0.233 5	1.467 7	1.397 7	1.112 9	1.031 3	0.550 8
2001	1.619 7	1.027 3	0.828 2	0.935 3	0.540 1	1.203 0	1.128 9	1.075 0	1.016 0	0.365 3
2002	1.535 6	1.042 9	1.096 6	1.529 0	0.633 1	0.853 6	0.866 1	0.972 8	1.005 9	0.240 3
2003	1.495 1	1.051 1	1.319 4	1.961 9	1.807 5	0.654 7	0.727 2	0.930 5	1.026 8	0.746 0
2004	1.736 8	0.985 3	1.636 0	1.723 6	0.856 3	1.525 2	1.492 5	1.051 3	0.984 7	0.033 9
2005	1.780 4	1.033 5	1.649 4	1.755 4	0.615 7	1.727 1	1.694 3	1.101 5	1.042 9	0.804 8
2006	1.900 1	1.028 1	1.432 0	1.861 4	0.395 2	1.835 8	1.824 9	1.049 2	1.042 9	1.310 4
2007	1.800 6	0.979 8	1.502 8	1.769 5	0.313 7	1.759 4	1.755 5	0.999 4	0.983 7	1.700 7
2008	1.799 6	1.047 4	1.342 1	1.797 5	1.786 8	1.687 8	1.703 2	0.933 0	1.042 9	1.529 4
2009	1.808 0	1.042 8	1.382 4	1.803 1	1.783 9	1.700 1	1.719 0	0.921 5	1.042 9	2.047 2
2010	1.891 8	1.040 3	1.563 3	1.823 0	3.248 5	1.773 6	1.760 1	1.042 3	1.042 9	1.627 8
2011	1.929 0	1.042 5	1.782 2	1.927 0	1.962 1	1.875 4	1.873 0	1.001 8	1.012 9	1.774 6
2012	1.930 7	1.044 7	1.875 7	1.933 2	2.057 8	1.903 6	1.908 2	0.937 3	1.020 3	1.934 8
2013	1.945 1	1.046 9	1.818 7	1.946 0	2.158 2	1.906 8	1.910 0	0.950 3	1.027 8	2.109 3

年份	单位产值废水排放量	废水排放达标率	单位产值废气排放量	单位产值二氧化硫排放量	工业二氧化硫去除率	单位产值固体废物产生量	单位产值固体废物综合利用量	工业固体废物综合利用率	锅炉烟尘排放达标率	三废综合利用效率
2014	1.955 6	1.049 1	1.856 8	1.939 2	2.263 4	1.911 5	1.911 7	0.981 8	1.035 3	2.299 6
2015	1.961 4	1.051 3	1.849 7	1.934 9	2.373 8	1.913 5	1.911 8	1.002 9	1.042 9	2.507 1

2. K_j 的计算

1991—2015 年江苏省工业单位产值三废 X_{ij} 数据的计算过程同制造业。

根据公式 $K_j = \dfrac{E_j}{\sum E_j} / \dfrac{O_i}{\sum O_i} = \dfrac{E_j}{O_i} * \dfrac{\sum O_i}{\sum E_j} = \dfrac{E_j}{O_i} / \dfrac{\sum E_j}{\sum O_i} = UE_{ij} / \overline{UE_{ij}}$，最终可得到 K_j。

表 5 - 63 K_j 的计算结果

年份	工业废水排放总量	废水排放达标率	工业废气排放总量	工业二氧化硫排放量	工业二氧化硫去除率	工业固体废物产生量	工业固体废物综合利用量	工业固体废物综合利用率	锅炉烟尘排放达标率	三废综合利用效率
1991	0.197 9	1.311 5	0.171 1	0.071 1	0.022 6	0.058 2	0.085 8	1.474 9	1.175 0	0.164 9
1992	0.165 8	1.458 4	0.173 6	0.083 9	0.010 1	0.047 4	0.047 8	1.007 6	1.117 4	0.073 1
1993	0.199 6	1.403 5	0.256 1	0.100 3	0.075 7	0.053 8	0.066 7	1.240 9	1.078 3	0.094 6
1994	0.199 1	1.375 1	0.194 3	0.101 5	0.047 0	0.049 4	0.039 7	0.803 5	1.012 8	0.450 0
1995	0.087 5	1.158 2	0.126 3	0.063 3	0.097 0	0.043 2	0.054 1	1.252 3	0.848 0	0.184 7
1996	0.086 3	1.006 2	0.134 6	0.086 5	0.286 1	0.041 6	0.053 9	1.295 8	0.959 3	0.066 0
1997	0.215 6	1.388 5	0.132 3	0.145 1	1.671 3	0.121 6	0.129 6	1.065 8	1.156 9	0.038 9
1998	0.204 5	1.192 8	0.118 9	0.118 9	1.545 7	0.093 0	0.106 1	1.140 3	1.054 8	0.373 4
1999	0.074 6	1.111 7	0.108 9	0.070 6	0.110 4	0.034 9	0.041 5	1.190 2	1.013 5	0.055 2

续表

年份	工业废水排放总量	废水排放达标率	工业废气排放总量	工业二氧化硫排放量	工业二氧化硫去除率	工业固体废物产生量	工业固体废物综合利用量	工业固体废物综合利用率	锅炉烟尘排放达标率	三废综合利用效率
2000	0.053 3	1.045 7	0.104 1	0.042 6	0.311 5	0.024 9	0.029 1	1.169 4	1.005 6	0.231 0
2001	0.049 0	1.029 9	0.106 2	0.083 4	0.758 4	0.035 8	0.038 0	1.062 2	1.014 9	0.125 6
2002	0.072 8	1.023 8	0.090 3	0.044 9	0.744 2	0.056 9	0.054 5	0.957 8	0.977 3	0.081 5
2003	0.121 0	1.012 7	0.086 5	0.005 2	1.684 8	0.091 6	0.076 8	0.838 6	1.005 6	0.288 4
2004	0.075 0	0.951 1	0.038 3	0.030 5	0.742 3	0.027 6	0.026 2	0.948 7	0.972 1	0.011 2
2005	0.080 3	0.996 0	0.058 5	0.047 6	0.397 6	0.021 4	0.022 1	1.035 6	1.020 2	0.247 8
2006	0.047 5	0.990 4	0.097 3	0.036 2	0.201 9	0.013 8	0.013 5	0.973 7	1.016 1	0.330 5
2007	0.138 4	0.943 8	0.115 7	0.087 4	0.128 0	0.026 0	0.023 6	0.907 7	0.952 6	0.446 1
2008	0.176 3	1.009 2	0.181 9	0.109 5	0.655 2	0.040 5	0.034 4	0.848 6	1.005 0	0.425 3
2009	0.176 3	1.021 7	0.169 7	0.126 4	0.625 0	0.040 6	0.034 3	0.844 9	1.009 6	0.652 8
2010	0.128 1	0.997 6	0.132 6	0.130 7	1.117 3	0.033 9	0.032 8	0.967 7	1.018 2	0.600 5
2011	0.101 9	1.007 6	0.050 1	0.058 9	0.628 3	0.018 3	0.017 3	0.944 3	0.986 2	0.613 2
2012	0.113 2	1.008 3	0.031 6	0.064 9	0.624 4	0.015 8	0.014 6	0.923 3	0.990 8	0.626 1
2013	0.108 7	1.008 5	0.050 3	0.063 0	0.620 5	0.016 2	0.014 3	0.882 9	0.995 4	0.639 4
2014	0.102 3	1.008 3	0.035 3	0.082 6	0.616 6	0.016 2	0.014 8	0.911 3	1.000 0	0.663 6
2015	0.092 1	1.008 5	0.040 1	0.103 3	0.612 8	0.017 1	0.016 1	0.940 9	1.004 7	0.660 1

3. S_i 值的计算

运用离差最大化决策方法计算权重 K, K 值归一化之后的结果分别为 0.445 3、0.554 7、0.261 6、0.381 6、0.356 8、0.295 8、0.298 2、0.406 0、0.333 6、0.666 4。在此作用下,塑料制品业的环境规制强度值最终的计算结果如下表所示。

表 5‑64　1991—2015 年江苏省塑料制品业的环境规制强度值

年份	废水排放量	废水排放达标率	废气排放量	二氧化硫排放量	工业二氧化硫去除率	固体废物产生量	固体废物综合利用量	工业固体废物综合利用率	锅炉烟尘排放达标率	三废综合利用效率	环境规制强度值
1991	−0.415 9	0.653 4	−0.089 8	−0.043 0	0.000 1	−0.029 9	−0.049 8	0.621 3	0.392 7	0.051 4	1.090 5
1992	−0.128 8	0.822 5	−0.031 4	−0.034 4	0.000 0	−0.007 7	0.001 1	0.303 5	0.373 9	0.009 4	1.308 0
1993	−0.080 9	0.776 3	−0.043 3	−0.022 4	0.000 9	0.001 9	−0.002 5	0.560 7	0.373 8	0.013 0	1.577 3
1994	−0.014 7	0.766 0	0.017 1	−0.003 9	0.000 4	0.007 1	0.010 2	0.242 0	0.337 8	0.293 2	1.655 3
1995	0.035 6	0.550 7	0.019 1	0.015 8	0.001 5	0.008 3	0.007 7	0.565 8	0.209 7	0.035 4	1.449 8
1996	0.045 1	0.412 3	0.026 0	0.013 0	0.026 2	0.010 5	0.011 3	0.585 5	0.287 1	0.007 3	1.424 2
1997	0.001 0	0.739 4	0.024 0	−0.073 3	0.455 1	−0.042 5	−0.046 4	0.428 1	0.402 5	0.003 5	1.891 4
1998	0.024 1	0.635 4	0.028 8	−0.023 8	0.426 7	−0.013 9	−0.015 2	0.450 9	0.327 8	0.212 0	2.052 9
1999	0.047 6	0.637 2	0.028 7	0.026 4	0.002 5	0.012 0	0.013 1	0.537 8	0.318 3	0.005 0	1.628 7
2000	0.039 3	0.592 2	0.030 6	0.024 8	0.026 0	0.010 8	0.012 1	0.528 4	0.346 0	0.084 8	1.694 8
2001	0.035 3	0.586 9	0.023 0	0.029 8	0.146 1	0.012 7	0.012 8	0.463 6	0.344 0	0.030 6	1.684 8
2002	0.049 8	0.592 3	0.025 9	0.026 2	0.168 1	0.014 4	0.014 1	0.378 3	0.327 9	0.013 0	1.610 0
2003	0.080 6	0.590 4	0.029 8	0.003 9	1.086 6	0.017 7	0.016 7	0.316 8	0.344 5	0.143 4	2.630 4
2004	0.058 0	0.519 8	0.016 4	0.020 0	0.226 8	0.012 5	0.011 7	0.404 9	0.319 3	0.000 3	1.589 7
2005	0.063 6	0.571 0	0.025 2	0.031 9	0.087 3	0.010 9	0.011 2	0.463 1	0.355 0	0.132 9	1.752 1
2006	0.040 2	0.564 8	0.036 5	0.025 7	0.028 5	0.007 5	0.007 3	0.414 8	0.353 5	0.288 6	1.767 5
2007	0.111 0	0.513 0	0.045 5	0.059 0	0.014 3	0.013 6	0.012 4	0.368 3	0.312 6	0.505 6	1.955 2
2008	0.141 3	0.586 4	0.063 9	0.075 1	0.417 7	0.020 2	0.017 5	0.321 5	0.349 7	0.433 5	2.426 7
2009	0.141 9	0.591 0	0.061 4	0.087 0	0.397 8	0.020 4	0.017 6	0.316 1	0.351 3	0.890 6	2.875 0
2010	0.107 9	0.575 7	0.054 2	0.090 9	1.295 0	0.017 8	0.017 2	0.409 5	0.354 3	0.651 4	3.573 9
2011	0.087 6	0.582 7	0.023 4	0.043 3	0.439 9	0.010 2	0.009 7	0.384 1	0.333 2	0.725 2	2.639 1
2012	0.097 3	0.584 3	0.015 5	0.047 9	0.458 4	0.008 9	0.008 3	0.351 4	0.337 3	0.807 3	2.716 6
2013	0.094 2	0.585 7	0.023 9	0.046 8	0.477 8	0.009 1	0.008 1	0.340 7	0.341 3	0.898 7	2.826 3

续表

年份	废水排放量	废水排放达标率	废气排放量	二氧化硫排放量	工业二氧化硫去除率	固体废物产生量	固体废物综合利用量	工业固体废物综合利用率	锅炉烟尘排放达标率	三废综合利用效率	环境规制强度值
2014	0.089 1	0.586 8	0.017 2	0.061 1	0.498 0	0.009 2	0.008 4	0.363 2	0.345 4	1.017 0	2.995 4
2015	0.080 5	0.588 1	0.019 4	0.076 3	0.519 0	0.009 7	0.009 2	0.383 1	0.349 6	1.102 8	3.137 6

从上表的结果中可发现，总体上1991—2015 年这 25 年间江苏省塑料制品业的环境规制强度值从 1991 年的 1.090 5 上升至 2015 年的 3.137 6，呈现出一个不断上升的态势，说明江苏省的环境规制强度逐步加大，保护环境的意识愈来愈强，对环境愈加重视。

在十项指标中，工业二氧化硫去除率波动幅度较大，三废综合利用效率波动性次之，但总体呈现上升之势；废水排放达标率、工业固体废物综合利用率、锅炉烟尘排放达标率相对稳定，徘徊在0.5左右。

（十七）非金属矿物制品业

1. Y_{ij} 的计算

表 5-65　1991—2015 年江苏省非金属矿物制品业单位产值三废 X_{ij} 数据表

年份	单位产值废水排放量	废水排放达标率	单位产值废气排放量	单位产值二氧化硫排放量	工业二氧化硫去除率	单位产值固体废物产生量	单位产值固体废物综合利用量	工业固体废物综合利用率	锅炉烟尘排放达标率	三废综合利用效率
1991	35.689 1	0.724 8	7.401 9	0.036 2	0.028 6	0.380 5	0.327 1	0.859 6	0.824 2	0.006 4
1992	30.017 2	0.756 9	3.814 4	0.037 7	0.046 6	0.387 6	0.332 2	0.857 1	0.858 7	0.008 1
1993	14.788 4	0.860 4	2.381 4	0.021 0	0.051 8	0.171 7	0.156 5	0.911 1	0.915 8	0.005 9
1994	12.289 2	0.793 5	2.278 0	0.020 6	0.049 2	0.190 1	0.169 0	0.888 9	0.901 3	0.004 8
1995	13.696 1	0.780 0	2.572 3	0.018 7	0.073 2	0.288 5	0.210 7	0.730 8	0.714 3	0.003 7
1996	7.978 1	0.742 1	2.137 7	0.012 9	0.132 4	0.174 7	0.123 7	0.708 3	0.883 6	0.004 1

年份	单位产值废水排放量	废水排放达标率	单位产值废气排放量	单位产值二氧化硫排放量	工业二氧化硫去除率	单位产值固体废物产生量	单位产值固体废物综合利用量	工业固体废物综合利用率	锅炉烟尘排放达标率	三废综合利用效率
1997	6.860 7	0.706 9	3.300 6	0.036 6	0.055 7	0.168 0	0.163 1	0.970 6	1.000 0	0.004 2
1998	10.243 4	0.921 7	3.739 1	0.038 2	0.111 7	0.200 5	0.197 3	0.984 1	0.839 3	0.011 1
1999	8.774 1	0.933 0	3.988 0	0.030 2	0.138 7	0.169 6	0.163 7	0.965 5	0.858 7	0.009 5
2000	6.380 1	0.960 2	4.365 2	0.022 1	0.143 2	0.231 2	0.221 1	0.956 0	0.975 8	0.016 1
2001	16.364 3	0.992 5	6.430 8	0.018 2	0.090 5	0.122 1	0.120 6	0.987 7	0.924 9	0.026 8
2002	7.402 2	0.979 7	6.148 6	0.018 3	0.184 7	0.133 3	0.130 6	0.980 2	0.946 8	0.037 3
2003	7.267 2	0.995 6	6.090 8	0.002 0	0.128 9	0.244 4	0.242 6	0.992 5	0.928 3	0.043 3
2004	7.715 6	0.979 4	4.416 1	0.013 6	0.115 2	0.148 6	0.146 6	0.986 6	0.917 7	0.038 4
2005	3.775 1	0.998 7	3.794 5	0.010 4	0.197 3	0.112 4	0.111 8	0.995 0	0.955 9	0.029 1
2006	2.849 8	0.992 3	3.140 2	0.007 3	0.208 2	0.348 6	0.347 0	0.995 4	0.987 9	0.039 4
2007	1.408 7	0.984 2	0.265 1	0.001 9	0.601 6	0.024 0	0.030 1	1.253 0	0.977 2	0.003 4
2008	1.651 4	0.987 8	1.374 1	0.003 6	0.300 4	0.069 9	0.069 0	0.987 5	0.978 9	0.040 4
2009	1.591 2	0.972 4	1.333 2	0.003 0	0.295 4	0.066 0	0.065 0	0.983 7	1.000 0	0.041 5
2010	1.011 9	0.983 3	1.044 8	0.001 4	0.344 0	0.072 9	0.072 1	0.989 7	0.962 7	0.032 2
2011	0.252 1	0.986 1	0.539 0	0.000 7	0.374 6	0.038 7	0.038 0	0.982 1	0.969 4	0.033 4
2012	0.266 9	0.988 8	0.472 6	0.000 6	0.408 0	0.037 2	0.036 9	0.991 1	0.976 0	0.035 0
2013	0.222 1	0.991 5	0.433 0	0.000 5	0.444 4	0.031 9	0.031 8	0.994 5	0.982 7	0.037 0
2014	0.219 8	0.994 3	0.445 2	0.000 6	0.484 0	0.036 5	0.036 3	0.994 3	0.989 5	0.039 3
2015	0.299 4	0.997 1	0.542 8	0.000 6	0.527 2	0.008 8	0.008 4	0.950 3	0.996 3	0.042 1
β_{ij}	7.960 6	0.920 1	2.898 0	0.014 3	0.221 4	0.154 3	0.142 0	0.955 8	0.930 7	0.023 7

数据来源:1992—2016 年《江苏统计年鉴》。

运用标准化值 Y_{ij} 的计算公式,经计算可得:

表 5 - 66　1991—2015 年江苏省非金属矿物制品业单位产值三废标准化值 Y_{ij} 表

年份	单位产值废水排放量	废水排放达标率	单位产值废气排放量	单位产值二氧化硫排放量	工业二氧化硫去除率	单位产值固体废物产生量	单位产值固体废物综合利用量	工业固体废物综合利用率	锅炉烟尘排放达标率	三废综合利用效率
1991	−2.483 2	0.787 7	−0.554 2	−0.533 6	0.129 2	−0.466 2	−0.303 0	0.899 4	0.885 6	0.271 7
1992	−1.770 7	0.822 6	0.683 8	−0.643 1	0.210 3	−0.511 9	−0.338 8	0.896 7	0.922 7	0.342 0
1993	0.142 3	0.935 1	1.178 2	0.528 3	0.234 0	0.887 0	0.898 5	0.953 2	0.984 0	0.249 2
1994	0.456 2	0.862 4	1.213 9	0.554 1	0.222 3	0.768 1	0.810 5	0.930 0	0.968 4	0.202 8
1995	0.279 5	0.847 7	1.112 4	0.691 7	0.330 4	0.131 8	0.516 9	0.764 5	0.767 5	0.156 2
1996	0.997 8	0.806 5	1.262 4	1.097 4	0.597 8	0.867 8	1.128 8	0.741 1	0.949 4	0.171 0
1997	1.138 2	0.768 2	0.861 0	−0.566 0	0.251 7	0.911 3	0.852 1	1.015 4	1.074 5	0.178 8
1998	0.713 2	1.001 7	0.709 8	−0.677 9	0.504 5	0.700 8	0.611 1	1.029 6	0.901 9	0.468 7
1999	0.897 8	1.014 0	0.623 9	−0.115 4	0.626 6	0.901 0	0.847 4	1.010 1	0.922 6	0.402 5
2000	1.198 5	1.043 5	0.493 7	0.449 7	0.646 6	0.501 6	0.443 8	1.000 2	1.048 5	0.678 2
2001	−0.055 7	1.078 6	−0.219 1	0.722 8	0.408 8	1.209 0	1.151 3	1.033 4	0.993 8	1.129 9
2002	1.070 1	1.064 8	−0.121 7	0.719 4	0.834 1	1.136 3	1.080 3	1.025 5	1.017 3	1.573 7
2003	1.087 1	1.082 0	−0.101 7	1.861 4	0.582 2	0.416 1	0.292 3	1.038 4	0.998 1	1.828 3
2004	1.030 8	1.064 4	0.476 1	1.047 6	0.520 4	1.036 8	0.967 7	1.032 2	0.986 0	1.618 5
2005	1.525 8	1.085 4	0.690 6	1.274 7	0.891 2	1.271 7	1.212 8	1.041 0	1.027 1	1.228 7
2006	1.642 0	1.078 5	0.916 4	1.491 7	0.940 5	−0.259 1	−0.442 9	1.041 4	1.061 5	1.662 7
2007	1.823 0	1.069 6	1.908 5	1.863 7	2.717 1	1.844 1	1.787 9	1.310 9	1.050 9	0.141 8
2008	1.792 6	1.073 5	1.525 8	1.744 7	1.356 8	1.547 0	1.514 0	1.033 1	1.051 8	1.706 9
2009	1.800 1	1.056 8	1.540 0	1.791 5	1.334 2	1.572 0	1.542 0	1.029 1	1.074 5	1.750 1
2010	1.872 9	1.068 7	1.639 5	1.900 5	1.553 4	1.527 6	1.492 0	1.035 4	1.034 5	1.359 9
2011	1.968 3	1.071 7	1.814 0	1.954 1	1.691 8	1.749 2	1.732 4	1.027 4	1.041 6	1.408 6
2012	1.966 5	1.074 6	1.836 9	1.956 8	1.842 7	1.758 8	1.740 3	1.036 9	1.048 8	1.476 6
2013	1.972 1	1.077 6	1.850 6	1.964 6	2.006 9	1.793 0	1.776 4	1.040 5	1.056 0	1.559 3

续表

年份	单位产值废水排放量	废水排放达标率	单位产值废气排放量	单位产值二氧化硫排放量	工业二氧化硫去除率	单位产值固体废物产生量	单位产值固体废物综合利用量	工业固体废物综合利用率	锅炉烟尘排放达标率	三废综合利用效率
2014	1.972 4	1.080 6	1.846 4	1.960 8	2.185 9	1.763 5	1.744 6	1.040 3	1.063 2	1.658 5
2015	1.962 4	1.083 6	1.812 7	1.960 6	2.380 7	1.942 7	1.940 8	0.994 2	1.070 5	1.775 8

2. K_j 的计算

1991—2015 年江苏省工业单位产值三废 X_{ij} 数据的计算过程同制造业。

根据公式 $K_j = \dfrac{E_j}{\sum E_j} \Big/ \dfrac{O_i}{\sum O_i} = \dfrac{E_j}{O_i} * \dfrac{\sum O_i}{\sum E_j} = \dfrac{E_j}{O_i} \Big/ \dfrac{\sum E_j}{\sum O_i} = UE_{ij} / \overline{UE_{ij}}$，最终可得到 K_j。

表 5 - 67　K_j 的计算结果

年份	工业废水排放总量	废水排放达标率	工业废气排放总量	工业二氧化硫排放量	工业二氧化硫去除率	工业固体废物产生量	工业固体废物综合利用量	工业固体废物综合利用率	锅炉烟尘排放达标率	三废综合利用效率
1991	0.354 1	1.123 9	3.071 6	0.988 6	0.353 2	0.435 6	0.592 4	1.360 0	1.008 3	2.583 8
1992	0.447 5	1.152 9	2.389 5	1.418 5	0.453 2	0.530 4	0.687 1	1.295 5	0.997 7	3.515 0
1993	0.341 6	1.286 1	2.237 9	1.123 8	0.484 0	0.361 4	0.408 6	1.130 6	0.991 2	3.092 9
1994	0.380 5	1.153 9	2.585 7	1.375 4	0.398 5	0.457 0	0.489 6	1.071 3	0.952 4	2.520 2
1995	0.371 8	1.119 2	2.220 4	1.211 9	0.674 8	0.680 5	0.622 8	0.915 1	0.852 2	2.707 4
1996	0.280 6	1.073 5	2.217 0	0.956 3	0.608 6	0.466 9	0.428 6	0.917 9	0.985 4	1.845 9
1997	0.250 4	1.085 6	3.247 8	2.204 0	0.503 5	0.472 5	0.549 9	1.163 7	1.156 9	1.401 5
1998	0.406 5	1.215 8	4.021 2	2.481 9	0.920 9	0.548 4	0.703 3	1.282 5	0.991 0	5.545 3
1999	0.389 1	1.066 0	4.255 5	2.885 4	0.981 5	0.521 9	0.599 7	1.149 2	0.964 1	4.436 4

续表

年份	工业废水排放总量	废水排放达标率	工业废气排放总量	工业二氧化硫排放量	工业二氧化硫去除率	工业固体废物产生量	工业固体废物综合利用量	工业固体废物综合利用率	锅炉烟尘排放达标率	三废综合利用效率
2000	0.330 3	1.044 3	5.026 3	2.742 7	0.788 0	0.795 5	0.889 4	1.118 0	0.992 4	7.680 7
2001	0.709 3	1.056 7	5.661 5	1.969 1	0.524 5	0.403 6	0.438 4	1.086 2	0.963 6	10.490 4
2002	0.390 7	1.021 4	5.967 3	2.401 9	0.895 8	0.486 8	0.522 9	1.074 1	0.959 3	14.407 7
2003	0.586 5	1.018 6	7.514 4	0.373 2	0.495 8	1.225 5	1.219 9	0.995 4	0.948 7	19.088 0
2004	0.740 5	1.004 0	4.516 2	2.065 2	0.412 1	0.636 6	0.630 7	0.990 8	0.944 8	14.497 4
2005	0.464 6	1.022 2	6.144 9	2.775 3	0.525 8	0.647 6	0.674 3	1.041 1	0.975 2	10.217 7
2006	0.456 7	1.015 2	5.226 3	2.615 9	0.438 9	2.163 4	2.224 4	1.028 2	1.003 9	11.326 4
2007	0.329 3	1.006 8	0.599 2	1.016 6	1.013 1	0.191 7	0.242 7	1.266 5	0.987 0	1.004 2
2008	0.489 2	1.010 7	3.690 4	2.718 7	0.454 5	0.668 4	0.668 1	0.999 6	0.983 7	12.818 2
2009	0.492 0	1.011 7	3.557 6	2.635 6	0.427 0	0.658 2	0.660 6	1.003 7	1.009 6	15.070 2
2010	0.403 2	1.001 4	3.081 3	1.446 1	0.488 1	0.803 7	0.821 8	1.022 6	0.980 3	13.547 6
2011	0.121 8	1.012 1	1.204 5	0.729 5	0.494 9	0.418 7	0.431 4	1.030 3	0.984 4	13.143 5
2012	0.146 6	1.013 4	1.167 6	0.826 9	0.510 8	0.450 0	0.489 0	1.086 6	0.988 5	12.904 3
2013	0.148 4	1.014 4	1.165 9	0.814 3	0.527 1	0.408 2	0.419 8	1.028 4	0.992 7	12.763 5
2014	0.170 7	1.014 8	1.067 4	1.048 1	0.544 0	0.493 3	0.506 7	1.027 1	0.996 8	12.924 0
2015	0.240 7	1.015 6	1.405 1	1.230 5	0.561 4	0.128 9	0.128 0	0.992 4	1.001 0	12.625 3

3. S_i 值 的 计 算

运用离差最大化决策方法计算权重 K,K 值归一化之后的结果分别为 0.502 1、0.497 9、0.363 6、0.374 2、0.262 2、0.397 3、0.329 5、0.273 2、0.346 5、0.653 5。在此作用下,非金属矿物制品业的环境规制强度值最终的计算结果如下表所示。

表 5‑68　1991—2015 年江苏省非金属矿物制品业的环境规制强度值

年份	废水排放量	废水排放达标率	废气排放量	二氧化硫排放量	工业二氧化硫去除率	固体废物产生量	固体废物综合利用量	工业固体废物综合利用率	锅炉烟尘排放达标率	三废综合利用效率	环境规制强度值
1991	−0.441 5	0.440 8	−0.618 9	−0.197 4	0.012 0	−0.080 7	−0.059 1	0.334 2	0.309 4	0.458 7	0.157 5
1992	−0.397 9	0.472 2	0.594 1	−0.341 3	0.025 0	−0.107 9	−0.076 7	0.317 4	0.319 0	0.785 5	1.589 3
1993	0.024 4	0.598 8	0.958 8	0.222 2	0.029 7	0.127 4	0.121 0	0.294 4	0.338 0	0.503 6	3.218 2
1994	0.087 2	0.495 5	1.141 3	0.285 2	0.023 2	0.139 5	0.130 8	0.272 2	0.319 6	0.334 0	3.228 3
1995	0.052 2	0.472 4	0.898 0	0.313 7	0.058 5	0.035 6	0.106 1	0.191 5	0.226 6	0.276 3	2.630 5
1996	0.140 6	0.431 1	1.017 6	0.392 7	0.095 4	0.161 0	0.159 4	0.185 8	0.324 2	0.206 2	3.114 0
1997	0.143 1	0.415 3	1.016 8	−0.466 8	0.033 2	0.171 1	0.154 4	0.322 8	0.430 7	0.163 7	2.384 4
1998	0.145 6	0.606 4	1.037 8	−0.629 6	0.121 8	0.152 7	0.141 6	0.360 2	0.309 7	1.698 6	3.945 3
1999	0.175 4	0.538 2	0.965 3	−0.124 6	0.161 2	0.186 8	0.167 4	0.317 1	0.308 2	1.166 9	3.862 0
2000	0.198 8	0.542 6	0.902 3	0.461 5	0.133 6	0.158 5	0.130 1	0.305 5	0.360 5	3.404 2	6.597 6
2001	−0.019 8	0.567 5	−0.450 9	0.532 6	0.056 2	0.193 9	0.166 3	0.306 6	0.331 8	7.746 0	9.430 1
2002	0.209 9	0.541 5	−0.264 0	0.646 6	0.195 9	0.219 8	0.186 1	0.300 9	0.338 2	14.817 4	17.192 3
2003	0.320 1	0.548 8	−0.278 0	0.259 9	0.075 7	0.202 6	0.117 5	0.282 4	0.328 1	22.805 9	24.663 1
2004	0.383 3	0.532 1	0.781 9	0.809 6	0.056 2	0.262 6	0.201 1	0.279 4	0.322 8	15.333 4	18.962 0
2005	0.355 9	0.552 4	1.543 1	1.323 8	0.122 9	0.327 2	0.269 4	0.296 1	0.347 1	8.204 2	13.342 1
2006	0.376 5	0.545 1	1.741 5	1.460 2	0.108 2	−0.222 7	−0.324 6	0.292 5	0.369 2	12.306 8	16.652 8
2007	0.301 4	0.536 2	0.415 8	0.708 9	0.721 8	0.140 4	0.143 0	0.453 6	0.359 1	0.093 0	3.873 3
2008	0.440 3	0.540 2	2.047 4	1.774 9	0.161 7	0.410 8	0.333 3	0.282 1	0.358 5	14.298 2	20.647 4
2009	0.444 7	0.532 4	1.992 0	1.766 8	0.149 4	0.411 0	0.335 8	0.282 2	0.375 9	17.235 3	23.525 4
2010	0.379 2	0.532 8	1.836 8	1.028 4	0.198 8	0.487 6	0.404 0	0.289 3	0.351 4	12.039 8	17.548 3
2011	0.120 4	0.540 0	0.794 5	0.533 4	0.219 6	0.291 0	0.246 3	0.289 2	0.355 3	12.099 2	15.488 8
2012	0.144 8	0.542 2	0.779 8	0.605 5	0.246 8	0.314 4	0.280 4	0.307 8	0.359 2	12.451 9	16.032 9
2013	0.146 9	0.544 3	0.784 5	0.598 6	0.277 4	0.290 8	0.245 7	0.292 3	0.363 2	13.005 9	16.549 6

年份	废水排放量	废水排放达标率	废气排放量	二氧化硫排放量	工业二氧化硫去除率	固体废物产生量	固体废物综合利用量	工业固体废物综合利用率	锅炉烟尘排放达标率	三废综合利用效率	环境规制强度值
2014	0.169 1	0.546 0	0.716 6	0.769 0	0.311 8	0.345 6	0.291 3	0.291 9	0.367 2	14.007 0	17.815 6
2015	0.237 1	0.548 0	0.926 1	0.902 8	0.350 5	0.099 5	0.081 8	0.269 5	0.371 3	14.651 2	18.437 8

从上表的结果中可发现,总体上1991—2015年这25年间江苏省非金属和矿物制品业的环境规制强度值从1991年的0.157 5上升至2015年的18.437 8,呈现出一个不断上升的态势,说明江苏省的环境规制强度逐步加大,保护环境的意识愈来愈强,对环境愈加重视。

在十项指标中,三废综合利用效率的波动幅度异常。

（十八）黑色金属冶炼及压延加工业

1. Y_{ij} 的计算

表5-69　1991—2015年江苏省黑色金属冶炼及压延加工业单位产值三废 X_{ij} 数据表

年份	单位产值废水排放量	废水排放达标率	单位产值废气排放量	单位产值二氧化硫排放量	工业二氧化硫去除率	单位产值固体废物产生量	单位产值固体废物综合利用量	工业固体废物综合利用率	锅炉烟尘排放达标率	三废综合利用效率
1991	227.576 1	0.771 7	5.910 8	0.036 2	0.185 9	2.315 8	2.008 2	0.867 2	0.770 0	0.006 9
1992	211.360 7	0.798 0	3.513 8	0.034 8	0.198 0	1.990 5	1.696 1	0.852 1	0.946 5	0.005 9
1993	111.284 3	0.840 8	1.647 2	0.019 6	0.188 1	1.151 7	1.004 1	0.871 8	0.981 4	0.005 0
1994	95.736 4	0.894 2	1.562 5	0.017 7	0.190 1	1.032 0	0.951 3	0.921 8	0.979 7	0.005 2
1995	121.780 1	0.800 2	1.972 2	0.022 0	0.211 9	1.290 7	1.215 0	0.941 3	0.985 1	0.002 2
1996	106.476 0	0.895 4	2.043 8	0.019 3	0.237 3	1.221 5	1.115 7	0.913 4	0.905 8	0.010 2
1997	100.997 5	0.820 8	2.246 0	0.018 5	0.254 7	1.403 0	1.390 1	0.990 8	1.000 0	0.008 6
1998	91.237 3	0.861 9	2.237 1	0.017 4	0.090 2	1.449 8	1.305 8	0.900 7	0.862 8	0.007 6

续表

年份	单位产值废水排放量	废水排放达标率	单位产值废气排放量	单位产值二氧化硫排放量	工业二氧化硫去除率	单位产值固体废物产生量	单位产值固体废物综合利用量	工业固体废物综合利用率	锅炉烟尘排放达标率	三废综合利用效率
1999	80.053 3	0.904 6	2.300 7	0.013 8	0.266 6	1.340 9	1.234 9	0.920 9	0.854 7	0.007 2
2000	56.216 1	0.926 2	1.875 5	0.010 1	0.141 4	1.111 9	1.023 2	0.920 2	0.982 4	0.003 5
2001	46.377 8	0.950 2	3.669 1	0.009 0	0.110 0	1.014 9	0.868 7	0.856 0	0.990 8	0.003 1
2002	33.352 0	0.972 1	3.345 4	0.007 0	0.136 1	0.697 8	0.587 6	0.842 1	0.998 0	0.003 0
2003	17.554 3	0.970 1	2.207 0	0.004 6	0.193 7	0.580 1	0.515 1	0.888 0	0.998 9	0.003 3
2004	13.025 8	0.970 7	1.769 4	0.003 2	0.079 8	0.458 1	0.414 9	0.905 7	0.999 6	0.002 8
2005	11.414 3	0.966 1	1.477 3	0.003 0	0.118 4	0.481 2	0.452 9	0.941 3	0.999 6	0.006 1
2006	6.440 4	0.981 1	1.479 3	0.002 7	0.048 9	0.499 3	0.474 2	0.949 6	0.975 2	0.007 6
2007	4.358 9	0.992 8	0.825 1	0.001 8	0.184 4	0.327 1	0.309 7	0.946 6	0.999 1	0.010 5
2008	3.078 2	0.995 9	0.763 0	0.001 6	0.124 4	0.301 3	0.286 8	0.951 7	0.999 8	0.008 7
2009	3.514 0	0.839 0	0.887 1	0.002 0	0.200 8	0.362 0	0.345 8	0.955 1	0.999 6	0.005 0
2010	2.555 3	0.992 5	0.907 0	0.001 5	0.284 7	0.377 8	0.361 4	0.956 7	1.000 0	0.006 2
2011	4.764 7	0.944 7	5.619 3	0.004 2	0.286 4	1.156 6	1.111 5	0.961 0	0.997 5	0.005 4
2012	3.075 3	0.946 8	5.031 4	0.003 4	0.288 1	1.069 1	0.922 9	0.863 3	0.997 7	0.005 6
2013	2.616 5	0.950 5	4.824 2	0.003 2	0.289 8	1.043 6	1.007 4	0.965 3	0.997 8	0.005 8
2014	2.468 0	0.955 8	5.197 3	0.002 8	0.291 5	1.103 0	1.074 4	0.974 1	0.998 0	0.006 1
2015	2.592 0	0.962 9	5.249 6	0.002 7	0.293 3	1.015 3	1.013 6	0.998 3	0.998 2	0.006 3
β_{ij}	54.396 2	0.916 2	2.742 4	0.010 5	0.195 8	0.991 8	0.907 7	0.922 2	0.968 7	0.005 9

数据来源：1992—2016 年《江苏统计年鉴》。

运用标准化值 Y_{ij} 的计算公式，经计算可得：

表 5 - 70　1991—2015 年江苏省黑色金属冶炼及压延加工业单位产值
三废标准化值 Y_{ij} 表

年份	单位产值废水排放量	废水排放达标率	单位产值废气排放量	单位产值二氧化硫排放量	工业二氧化硫去除率	单位产值固体废物产生量	单位产值固体废物综合利用量	工业固体废物综合利用率	锅炉烟尘排放达标率	三废综合利用效率
1991	−2.183 7	0.842 3	−0.155 3	−1.452 8	0.949 4	−0.334 9	−0.212 6	0.940 3	0.794 9	1.173 3
1992	−1.885 6	0.870 9	0.718 7	−1.318 0	1.011 3	−0.007 0	0.131 3	0.924 0	0.977 0	0.996 3
1993	−0.045 8	0.917 7	1.399 4	0.126 1	0.960 8	0.838 8	0.893 8	0.945 3	1.013 1	0.849 9
1994	0.240 0	0.976 0	1.430 3	0.312 8	0.970 8	0.959 4	0.951 9	0.999 6	1.011 3	0.880 7
1995	−0.238 8	0.873 4	1.280 9	−0.096 3	1.082 4	0.698 6	0.661 4	1.020 7	1.017 0	0.364 3
1996	0.042 6	0.977 3	1.254 7	0.160 0	1.212 0	0.768 4	0.770 7	0.990 5	0.935 1	1.723 4
1997	0.143 3	0.895 9	1.181 0	0.233 6	1.301 2	0.585 4	0.468 5	1.074 4	1.032 3	1.456 5
1998	0.322 7	0.940 8	1.184 3	0.342 8	0.460 6	0.538 2	0.561 4	0.976 6	0.890 7	1.289 6
1999	0.528 3	0.987 4	1.161 1	0.680 7	1.362 0	0.648 1	0.639 5	0.998 6	0.882 3	1.218 4
2000	0.966 5	1.010 9	1.316 1	1.040 0	0.722 5	0.878 9	0.872 7	0.997 9	1.014 2	0.585 6
2001	1.147 4	1.037 1	0.662 1	1.144 9	0.561 9	0.976 7	1.042 9	0.928 2	1.022 8	0.519 7
2002	1.386 9	1.061 0	0.780 2	1.330 2	0.695 2	1.296 5	1.352 6	0.913 1	1.030 2	0.504 2
2003	1.677 3	1.058 8	1.195 3	1.563 8	0.989 4	1.415 1	1.432 5	0.962 9	1.031 2	0.551 4
2004	1.760 5	1.059 4	1.354 8	1.690 8	0.407 8	1.538 1	1.542 8	0.982 1	1.031 8	0.466 3
2005	1.790 2	1.054 5	1.461 3	1.716 4	0.604 7	1.514 8	1.501 0	1.020 7	1.031 9	1.037 7
2006	1.881 6	1.070 8	1.460 6	1.737 9	0.249 6	1.496 5	1.477 6	1.029 7	1.006 6	1.294 5
2007	1.919 9	1.083 6	1.699 1	1.827 9	0.942 1	1.670 2	1.658 9	1.026 5	1.031 4	1.773 2
2008	1.943 4	1.087 0	1.721 8	1.850 2	0.635 2	1.696 2	1.684 1	1.032 0	1.032 1	1.479 2
2009	1.935 4	0.915 7	1.676 5	1.810 1	1.025 5	1.635 0	1.619 1	1.035 7	1.031 8	0.845 3
2010	1.953 0	1.083 3	1.669 3	1.859 5	1.454 1	1.619 1	1.601 8	1.037 4	1.032 3	1.048 8
2011	1.912 4	1.031 1	−0.049 0	1.597 5	1.462 8	0.833 8	0.775 5	1.042 0	1.029 7	0.913 4
2012	1.943 5	1.033 4	0.165 4	1.673 9	1.471 5	0.922 0	0.983 2	0.936 1	1.029 9	0.949 4

年份	单位产值废水排放量	废水排放达标率	单位产值废气排放量	单位产值二氧化硫排放量	工业二氧化硫去除率	单位产值固体废物产生量	单位产值固体废物综合利用量	工业固体废物综合利用率	锅炉烟尘排放达标率	三废综合利用效率
2013	1.951 9	1.037 4	0.240 9	1.692 3	1.480 3	0.947 8	0.890 1	1.046 8	1.030 0	0.986 9
2014	1.954 6	1.043 2	0.104 9	1.736 4	1.489 1	0.887 9	0.816 3	1.056 3	1.030 2	1.025 8
2015	1.952 3	1.051 0	0.085 8	1.739 4	1.498 0	0.976 3	0.883 3	1.082 5	1.030 4	1.066 3

2. K_j 的计算

1991—2015 年江苏省工业单位产值三废 X_{ij} 数据的计算过程同制造业。

根据公式 $K_j = \dfrac{E_j}{\sum E_j} \Big/ \dfrac{O_i}{\sum O_i} = \dfrac{E_j}{O_i} * \dfrac{\sum O_i}{\sum E_j} = \dfrac{E_j}{O_i} \Big/ \dfrac{\sum E_j}{\sum O_i} = UE_{ij} \Big/ \overline{UE_{ij}}$，最终可得到 K_j。

表 5 - 71　K_j 的计算结果

年份	工业废水排放总量	废水排放达标率	工业废气排放总量	工业二氧化硫排放量	工业二氧化硫去除率	工业固体废物产生量	工业固体废物综合利用量	工业固体废物综合利用率	锅炉烟尘排放达标率	三废综合利用效率
1991	2.257 7	1.196 7	2.452 9	0.989 5	2.295 0	2.650 8	3.636 6	1.371 9	0.942 1	2.782 1
1992	3.151 3	1.215 5	2.201 2	1.307 7	1.927 4	2.724 0	3.508 1	1.287 9	1.099 7	2.553 4
1993	2.570 5	1.256 8	1.548 0	1.050 8	1.756 8	2.423 7	2.622 1	1.081 8	1.062 2	2.630 3
1994	2.964 6	1.300 2	1.773 5	1.178 6	1.538 7	2.481 3	2.756 6	1.111 0	1.035 2	2.729 0
1995	3.306 3	1.148 2	1.702 6	1.426 2	1.954 1	3.046 6	3.591 7	1.178 8	1.175 4	1.575 0
1996	3.744 9	1.295 3	2.119 6	1.431 9	1.091 1	3.264 5	3.864 0	1.183 6	1.010 3	4.639 7
1997	3.686 8	1.260 6	2.210 1	1.114 2	2.301 8	3.946 3	4.688 1	1.188 0	1.156 9	2.847 0
1998	3.620 4	1.136 9	2.405 9	1.128 0	0.743 3	3.965 7	4.654 9	1.173 8	1.018 8	3.804 0

年份	工业废水排放总量	废水排放达标率	工业废气排放总量	工业二氧化硫排放量	工业二氧化硫去除率	工业固体废物产生量	工业固体废物综合利用量	工业固体废物综合利用率	锅炉烟尘排放达标率	三废综合利用效率
1999	3.549 8	1.033 5	2.455 0	1.321 6	1.886 3	4.126 5	4.523 1	1.096 1	0.959 7	3.348 5
2000	2.910 1	1.007 4	2.159 6	1.247 4	0.778 5	3.825 7	4.116 8	1.076 1	0.999 1	1.653 5
2001	2.010 3	1.011 7	3.230 2	0.968 2	0.637 4	3.355 7	3.158 7	0.941 3	1.032 2	1.203 1
2002	1.760 3	1.013 4	3.246 7	0.922 7	0.660 1	2.548 8	2.351 9	0.922 8	1.011 3	1.150 9
2003	1.416 7	0.992 5	2.722 8	0.862 8	0.744 9	2.908 8	2.590 6	0.890 6	1.020 3	1.435 2
2004	1.250 2	0.995 1	1.809 5	0.492 4	0.285 6	1.962 2	1.784 9	0.909 6	1.029 1	1.041 5
2005	1.404 6	0.988 8	2.392 3	0.796 9	0.315 4	2.772 9	2.731 0	0.984 9	1.019 8	2.151 7
2006	1.032 0	1.003 7	2.462 1	0.990 6	0.103 0	3.098 8	3.039 5	0.980 9	0.990 9	2.198 7
2007	1.018 8	1.015 7	1.865 2	0.942 3	0.310 6	2.607 3	2.494 7	0.956 8	1.009 1	3.132 0
2008	0.912 0	1.019 0	2.049 1	1.171 5	0.188 1	2.880 8	2.775 4	0.963 4	1.004 8	2.769 6
2009	1.086 5	0.872 9	2.367 2	1.762 8	0.290 2	3.607 4	3.515 7	0.974 6	1.009 2	1.814 9
2010	1.018 2	1.010 7	2.675 1	1.499 5	0.404 0	4.165 3	4.117 2	0.988 4	1.018 2	2.605 1
2011	2.302 2	0.969 7	12.558 3	4.698 3	0.378 3	12.512 0	12.613 8	1.008 1	1.012 9	2.124 9
2012	1.689 8	0.970 4	12.430 2	4.580 5	0.360 6	12.926 3	12.234 2	0.946 5	1.010 4	2.068 7
2013	1.745 9	0.972 3	12.989 4	5.193 7	0.343 8	13.340 8	13.316 0	0.998 1	1.007 9	2.014 1
2014	1.917 5	0.975 5	12.460 7	5.173 1	0.327 7	14.911 5	15.004 9	1.006 3	1.005 3	1.993 1
2015	2.083 6	0.980 9	13.589 8	5.977 0	0.312 3	14.802 9	15.431 5	1.042 5	1.002 8	1.890 2

3. S_i 值的计算

运用离差最大化决策方法计算权重 K，K 值归一化之后的结果分别为 0.544 8、0.455 2、0.297 3、0.340 7、0.362 0、0.325 6、0.318 1、0.356 3、0.433 5、0.566 5。在此作用下，黑色金属冶炼及压延加工业的环境规制强度值最终的计算结果如下表所示。

表 5‑72 1991—2015 年江苏省黑色金属冶炼及压延加工业的环境规制强度值

年份	废水排放量	废水排放达标率	废气排放量	二氧化硫排放量	工业二氧化硫去除率	固体废物产生量	固体废物综合利用量	工业固体废物综合利用率	锅炉烟尘排放达标率	三废综合利用效率	环境规制强度值
1991	−2.685 9	0.458 9	−0.113 2	−0.489 8	0.788 8	−0.289 1	−0.245 9	0.459 6	0.324 6	1.849 2	0.057 2
1992	−3.237 2	0.481 9	0.470 3	−0.587 2	0.705 6	−0.006 2	0.146 5	0.424 0	0.465 8	1.441 1	0.304 7
1993	−0.064 2	0.525 0	0.644 0	0.045 2	0.611 0	0.661 9	0.745 5	0.364 4	0.466 5	1.266 4	5.265 7
1994	0.387 6	0.577 6	0.754 1	0.125 6	0.540 7	0.775 1	0.834 7	0.395 7	0.453 8	1.361 6	6.206 7
1995	−0.430 1	0.456 5	0.648 3	−0.046 8	0.765 7	0.693 1	0.755 7	0.428 7	0.518 2	0.325 1	4.114 3
1996	0.086 9	0.576 2	0.790 7	0.078 0	0.478 7	0.816 8	0.947 4	0.417 7	0.409 5	4.529 8	9.131 7
1997	0.287 8	0.514 1	0.776 0	0.088 7	1.084 2	0.752 2	0.698 6	0.454 8	0.517 7	2.349 1	7.523 2
1998	0.636 5	0.486 9	0.847 1	0.131 7	0.123 9	0.695 0	0.831 2	0.408 4	0.393 3	2.779 0	7.333 1
1999	1.021 7	0.464 5	0.847 4	0.306 5	0.930 0	0.870 7	0.920 1	0.390 0	0.367 0	2.311 2	8.429 3
2000	1.532 4	0.463 6	0.845 0	0.442 0	0.203 6	1.094 8	1.142 8	0.382 6	0.439 2	0.548 5	7.094 5
2001	1.256 6	0.477 6	0.635 9	0.377 7	0.129 7	1.067 2	1.047 9	0.311 3	0.457 7	0.354 2	6.115 6
2002	1.330 0	0.489 4	0.753 0	0.418 2	0.166 1	1.075 9	1.012 0	0.300 2	0.451 6	0.328 7	6.325 2
2003	1.294 6	0.478 4	0.967 5	0.459 7	0.266 8	1.340 2	1.180 4	0.305 5	0.456 1	0.448 3	7.197 6
2004	1.199 1	0.479 9	0.728 8	0.283 6	0.042 2	0.982 6	0.876 0	0.318 3	0.460 3	0.275 1	5.646 0
2005	1.369 9	0.474 6	1.039 4	0.466 0	0.069 1	1.367 7	1.304 0	0.358 2	0.456 2	1.264 9	8.169 9
2006	1.057 9	0.489 2	1.069 1	0.586 5	0.009 3	1.510 0	1.428 6	0.359 9	0.432 4	1.612 4	8.555 3
2007	1.065 6	0.501 0	0.942 2	0.586 8	0.105 9	1.417 8	1.316 4	0.349 9	0.451 2	3.146 1	9.883 1
2008	0.965 6	0.504 2	1.048 9	0.738 5	0.043 3	1.591 0	1.486 8	0.354 2	0.449 5	2.320 8	9.502 7
2009	1.145 6	0.363 9	1.179 9	1.087 1	0.107 7	1.920 4	1.810 7	0.359 6	0.451 4	0.869 1	9.295 5
2010	1.083 4	0.498 4	1.327 6	0.950 0	0.212 6	2.195 8	2.097 8	0.365 3	0.455 7	1.547 8	10.734 4
2011	2.398 6	0.455 1	−0.183 0	2.557 1	0.200 3	3.397 0	3.111 5	0.374 3	0.452 2	1.099 4	13.862 7
2012	1.789 1	0.456 5	0.611 1	2.612 2	0.192 1	3.880 7	3.826 2	0.315 7	0.451 1	1.112 6	15.247 3
2013	1.856 5	0.459 1	0.930 3	2.994 6	0.184 2	4.116 8	3.770 2	0.372 3	0.450 0	1.126 0	16.260 0

续表

年份	废水排放量	废水排放达标率	废气排放量	二氧化硫排放量	工业二氧化硫去除率	固体废物产生量	固体废物综合利用量	工业固体废物综合利用率	锅炉烟尘排放达标率	三废综合利用效率	环境规制强度值
2014	2.041 9	0.463 2	0.388 5	3.060 4	0.176 6	4.311 0	3.896 1	0.378 7	0.449 0	1.158 2	16.323 7
2015	2.216 2	0.469 3	0.346 6	3.542 0	0.169 4	4.705 6	4.335 9	0.402 1	0.447 9	1.141 8	17.776 8

从上表的结果中可发现,总体上1991—2015年这25年间江苏省黑色金属冶炼和压延加工业的环境规制强度值从1991年的0.057 2上升至2015年的17.776 8,呈现出一个不断上升的态势,说明江苏省的环境规制强度逐步加大,保护环境的意识愈来愈强,对环境愈加重视。

在十项指标中,单位产值废水排放量在1991—1996年的强度值波动异常,在1996—2015年呈现波动上升的状态,单位产值二氧化硫排放量、单位产值固体废物产生量、单位产值固体废物综合利用量在后几年上升速度较之前更快。

（十九）有色金属冶炼及压延加工业

1. Y_{ij} 的计算

表5-73　1991—2015年江苏省有色金属冶炼及压延加工业单位产值三废 X_{ij} 数据表

年份	单位产值废水排放量	废水排放达标率	单位产值废气排放量	单位产值二氧化硫排放量	工业二氧化硫去除率	单位产值固体废物产生量	单位产值固体废物综合利用量	工业固体废物综合利用率	锅炉烟尘排放达标率	三废综合利用效率
1991	30.852 5	0.864 9	0.351 8	0.002 6	0.000 0	0.233 0	0.224 4	0.963 0	0.919 5	0.001 8
1992	14.143 3	0.844 5	0.137 5	0.001 6	0.018 4	0.137 5	0.085 9	0.625 0	0.979 2	0.000 7
1993	7.533 7	0.901 1	0.132 7	0.001 6	0.000 0	0.061 2	0.051 0	0.833 3	1.000 0	0.000 9
1994	5.422 3	0.896 2	0.092 6	0.002 3	0.000 0	0.046 3	0.046 3	1.000 0	0.972 2	0.000 6
1995	4.678 0	0.908 3	0.067 0	0.001 5	0.007 6	0.040 2	0.033 5	0.833 3	0.875 0	0.000 0

年份	单位产值废水排放量	废水排放达标率	单位产值废气排放量	单位产值二氧化硫排放量	工业二氧化硫去除率	单位产值固体废物产生量	单位产值固体废物综合利用量	工业固体废物综合利用率	锅炉烟尘排放达标率	三废综合利用效率
1996	3.939 0	0.851 2	0.052 8	0.000 6	0.008 4	0.029 3	0.029 3	1.000 0	0.717 4	0.000 2
1997	6.159 6	0.820 2	0.124 6	0.001 7	0.078 8	0.055 4	0.055 4	1.000 0	1.000 0	0.000 3
1998	5.911 4	0.697 1	0.317 0	0.002 8	0.056 3	0.099 8	0.052 8	0.529 4	0.967 3	0.000 5
1999	4.367 3	0.882 6	0.453 8	0.002 5	0.056 8	0.085 4	0.053 4	0.625 0	0.980 4	0.005 8
2000	3.872 0	0.898 5	0.498 9	0.003 2	0.117 2	0.106 0	0.044 2	0.416 7	0.879 6	0.004 7
2001	3.573 3	0.963 8	0.186 2	0.001 3	0.033 3	0.067 1	0.066 0	0.984 3	0.966 3	0.004 5
2002	3.608 2	0.982 5	0.329 5	0.001 3	0.037 2	0.098 4	0.254 4	2.586 5	0.898 2	0.002 6
2003	2.966 5	0.997 3	0.362 8	0.000 3	0.049 5	0.100 8	0.331 2	3.285 8	0.849 2	0.006 9
2004	2.565 5	0.959 4	0.149 7	0.000 8	0.114 1	0.053 5	0.053 0	0.991 4	1.000 0	0.000 7
2005	1.288 4	0.994 0	0.118 4	0.000 3	0.201 8	0.045 0	0.044 4	0.987 4	0.768 7	0.004 8
2006	0.625 9	0.998 6	0.085 6	0.000 2	0.153 3	0.010 5	0.010 4	0.982 7	0.957 0	0.003 0
2007	0.610 7	0.975 6	0.150 6	0.000 2	0.073 9	0.006 2	0.006 0	0.964 6	1.000 0	0.008 0
2008	0.602 1	0.984 3	0.111 1	0.000 2	0.108 6	0.004 5	0.004 0	0.906 6	1.000 0	0.001 3
2009	0.672 3	0.996 8	0.098 6	0.000 1	0.070 5	0.003 8	0.003 7	0.957 5	1.000 0	0.001 2
2010	0.567 2	0.995 2	0.115 9	0.000 1	0.082 2	0.004 5	0.004 2	0.929 1	1.000 0	0.001 0
2011	0.361 3	0.992 2	0.101 9	0.000 1	0.084 6	0.010 9	0.008 1	0.738 3	1.000 0	0.004 6
2012	0.234 7	0.993 8	0.075 7	0.000 1	0.087 1	0.008 0	0.005 9	0.745 8	1.000 0	0.005 3
2013	0.250 2	0.995 6	0.049 3	0.000 1	0.089 7	0.007 8	0.006 0	0.769 0	1.000 0	0.006 0
2014	0.154 6	0.997 5	0.040 6	0.000 1	0.092 3	0.004 6	0.004 2	0.909 6	1.000 0	0.006 9
2015	0.163 5	0.999 6	0.046 4	0.000 1	0.095 1	0.005 6	0.005 1	0.908 0	1.000 0	0.007 9
β_{ij}	4.204 9	0.935 6	0.170 0	0.001 0	0.068 7	0.053 0	0.059 3	1.018 9	0.949 2	0.003 2

数据来源:1992—2016 年《江苏统计年鉴》。

运用标准化值 Y_{ij} 的计算公式,经计算可得:

表 5－74 1991—2015 年江苏省有色金属冶炼及压延加工业单位产值
三废标准化值 Y_{ij} 表

年份	单位产值废水排放量	废水排放达标率	单位产值废气排放量	单位产值二氧化硫排放量	工业二氧化硫去除率	单位产值固体废物产生量	单位产值固体废物综合利用量	工业固体废物综合利用率	锅炉烟尘排放达标率	三废综合利用效率
1991	−5.337 2	0.924 4	−0.069 2	−0.594 2	0.000 0	−2.395 2	−1.782 7	0.945 1	0.968 8	0.546 6
1992	−1.363 5	0.902 6	1.191 5	0.448 4	0.267 7	−0.593 7	0.551 3	0.613 4	1.031 6	0.225 5
1993	0.208 4	0.963 1	1.219 5	0.374 9	0.000 0	0.844 5	1.139 4	0.817 9	1.053 5	0.266 3
1994	0.710 5	0.957 8	1.455 7	−0.327 7	0.000 0	1.126 9	1.219 7	0.981 4	1.024 3	0.181 7
1995	0.887 5	0.970 8	1.605 8	0.526 6	0.111 1	1.241 4	1.435 0	0.817 9	0.921 8	0.012 1
1996	1.063 2	0.909 8	1.689 7	1.451 5	0.122 8	1.447 1	1.505 8	0.981 4	0.755 8	0.060 8
1997	0.535 1	0.876 7	1.267 3	0.278 2	1.147 5	0.955 5	1.066 5	0.981 4	1.053 5	0.098 4
1998	0.594 2	0.745 1	0.135 7	−0.805 9	0.820 5	0.117 3	1.109 2	0.519 6	1.019 0	0.149 7
1999	0.961 4	0.943 4	−0.669 0	−0.452 7	0.826 6	0.388 4	1.099 8	0.613 4	1.032 9	1.818 6
2000	1.079 2	0.960 3	−0.934 1	−1.186 3	1.707 6	0.001 0	1.255 6	0.408 9	0.926 7	1.480 1
2001	1.150 2	1.030 1	0.905 2	0.668 5	0.485 0	0.735 0	0.887 2	0.966 0	1.018 0	1.408 7
2002	1.141 9	1.050 1	0.062 4	1.220 2	0.541 9	0.144 1	−2.289 9	2.538 5	0.946 3	0.821 6
2003	1.294 5	1.065 9	−0.133 9	1.725 9	0.720 2	0.098 2	−3.584 8	3.224 9	0.894 6	2.136 4
2004	1.389 9	1.025 4	1.119 7	1.217 3	1.661 6	0.991 4	1.106 3	0.973 0	1.053 5	0.212 7
2005	1.693 6	1.062 4	1.303 5	1.744 6	2.938 7	1.151 1	1.250 9	0.969 1	0.809 8	1.509 4
2006	1.851 2	1.067 3	1.496 5	1.834 2	2.232 6	1.801 1	1.825 9	0.964 5	1.008 2	0.939 5
2007	1.854 8	1.042 7	1.114 5	1.764 2	1.076 1	1.882 2	1.898 4	0.946 7	1.053 5	2.491 5
2008	1.856 8	1.052 0	1.346 8	1.815 2	1.581 7	1.915 6	1.931 6	0.889 8	1.053 5	0.395 9
2009	1.840 1	1.065 3	1.420 1	1.857 7	1.026 4	1.928 0	1.938 4	0.939 8	1.053 5	0.385 4
2010	1.865 1	1.063 7	1.318 3	1.871 1	1.196 5	1.915 7	1.930 0	0.911 9	1.053 5	0.318 8
2011	1.914 1	1.060 4	1.400 9	1.883 1	1.231 9	1.793 6	1.863 8	0.724 6	1.053 5	1.430 6
2012	1.944 2	1.062 2	1.554 8	1.909 8	1.268 4	1.849 9	1.900 0	0.732 0	1.053 5	1.639 4

年份	单位产值废水排放量	废水排放达标率	单位产值废气排放量	单位产值二氧化硫排放量	工业二氧化硫去除率	单位产值固体废物产生量	单位产值固体废物综合利用量	工业固体废物综合利用率	锅炉烟尘排放达标率	三废综合利用效率
2013	1.940 5	1.064 1	1.710 2	1.888 8	1.305 9	1.852 9	1.898 9	0.754 8	1.053 5	1.876 3
2014	1.963 2	1.066 2	1.761 3	1.940 9	1.344 6	1.913 0	1.929 3	0.892 7	1.053 5	2.144 3
2015	1.961 1	1.068 4	1.726 9	1.945 4	1.384 4	1.894 8	1.914 7	0.891 2	1.053 5	2.449 7

2. K_j 的计算

1991—2015 年江苏省工业单位产值三废 X_{ij} 数据的计算过程同制造业。

根据公式 $K_j = \dfrac{E_j}{\sum E_j} / \dfrac{O_i}{\sum O_i} = \dfrac{E_j}{O_i} * \dfrac{\sum O_i}{\sum E_j} = \dfrac{E_j}{O_i} / \dfrac{\sum E_j}{\sum O_i} = UE_{ij} / \overline{UE_{ij}}$，最终可得到 K_j。

表 5-75 K_j 的计算结果

年份	工业废水排放总量	废水排放达标率	工业废气排放总量	工业二氧化硫排放量	工业二氧化硫去除率	工业固体废物产生量	工业固体废物综合利用量	工业固体废物综合利用率	锅炉烟尘排放达标率	三废综合利用效率
1991	0.306 1	1.341 2	0.146 0	0.071 3	0.000 0	0.266 7	0.406 3	1.523 5	1.125 0	0.703 8
1992	0.210 9	1.286 3	0.086 1	0.058 7	0.178 9	0.188 1	0.177 7	0.944 6	1.137 7	0.313 8
1993	0.174 0	1.347 0	0.124 7	0.087 4	0.000 0	0.128 9	0.133 3	1.034 1	1.082 4	0.447 6
1994	0.167 9	1.303 1	0.105 1	0.156 0	0.000 0	0.111 3	0.134 1	1.205 2	1.027 4	0.305 8
1995	0.127 0	1.303 3	0.057 8	0.096 2	0.070 4	0.094 9	0.099 1	1.043 6	1.044 0	0.028 4
1996	0.138 5	1.231 3	0.054 7	0.040 9	0.038 8	0.078 3	0.101 5	1.295 8	0.800 1	0.088 9
1997	0.224 8	1.259 7	0.122 6	0.104 2	0.711 9	0.155 7	0.186 7	1.199 0	1.156 9	0.104 4
1998	0.234 6	0.919 5	0.340 9	0.183 2	0.464 4	0.273 0	0.188 3	0.689 9	1.142 1	0.239 7

续表

年份	工业废水排放总量	废水排放达标率	工业废气排放总量	工业二氧化硫排放量	工业二氧化硫去除率	工业固体废物产生量	工业固体废物综合利用量	工业固体废物综合利用率	锅炉烟尘排放达标率	三废综合利用效率
1999	0.193 7	1.008 4	0.484 3	0.235 7	0.401 5	0.262 9	0.195 6	0.743 9	1.100 9	2.714 1
2000	0.200 4	0.977 3	0.574 5	0.397 2	0.645 3	0.364 6	0.177 6	0.487 2	0.894 5	2.269 5
2001	0.154 9	1.026 1	0.163 9	0.144 6	0.193 0	0.221 7	0.240 0	1.082 4	1.006 7	1.770 9
2002	0.190 4	1.024 3	0.319 8	0.103 1	0.180 5	0.359 3	1.018 4	2.834 2	0.910 1	1.018 4
2003	0.239 4	1.020 3	0.447 6	0.052 0	0.190 2	0.505 5	1.665 8	3.295 5	0.867 3	3.020 1
2004	0.246 2	0.983 5	0.153 1	0.119 6	0.408 1	0.229 0	0.228 0	0.995 7	1.029 5	0.258 0
2005	0.158 5	1.017 4	0.191 8	0.068 9	0.537 6	0.259 3	0.267 9	1.033 2	0.784 2	1.699 6
2006	0.100 3	1.021 6	0.142 5	0.060 1	0.323 1	0.065 4	0.066 4	1.015 0	0.972 4	0.866 6
2007	0.142 7	0.998 0	0.340 4	0.123 9	0.124 4	0.049 8	0.048 5	0.975 0	1.010 0	2.389 8
2008	0.178 4	1.007 1	0.298 3	0.138 7	0.164 3	0.042 6	0.039 1	0.917 8	1.005 0	0.402 5
2009	0.207 9	1.037 1	0.263 1	0.126 7	0.101 9	0.038 0	0.037 1	0.977 1	1.009 6	0.449 4
2010	0.226 0	1.013 4	0.341 9	0.131 9	0.116 6	0.049 3	0.047 3	0.960 0	1.018 2	0.430 0
2011	0.174 6	1.018 3	0.227 7	0.130 9	0.111 8	0.118 3	0.091 7	0.774 5	1.015 5	1.807 3
2012	0.129 0	1.018 6	0.187 0	0.121 6	0.109 0	0.096 2	0.078 6	0.817 7	1.012 8	1.939 9
2013	0.166 9	1.018 5	0.132 7	0.180 1	0.106 4	0.099 7	0.079 2	0.795 2	1.010 1	2.079 5
2014	0.120 1	1.018 1	0.097 3	0.111 3	0.103 8	0.062 3	0.058 6	0.939 6	1.007 4	2.262 5
2015	0.131 4	1.018 3	0.120 2	0.120 1	0.101 2	0.081 3	0.077 1	0.948 2	1.004 7	2.358 2

3. S_i 值的计算

运用离差最大化决策方法计算权重 K,K 值归一化之后的结果分别为 0.414 5、0.585 5、0.334 0、0.324 2、0.341 8、0.358 1、0.294 6、0.347 3、0.407 7、0.592 3。在此作用下,有色金属冶炼及压延加工业的环境规制强度值最终的计算结果如下表所示。

表 5－76 1991—2015 年江苏省有色金属冶炼及压延加工业的环境规制强度值

年份	废水排放量	废水排放达标率	废气排放量	二氧化硫排放量	工业二氧化硫去除率	固体废物产生量	固体废物综合利用量	工业固体废物综合利用率	锅炉烟尘排放达标率	三废综合利用效率	环境规制强度值
1991	−0.677 1	0.725 9	−0.003 4	−0.013 7	0.000 0	−0.228 7	−0.213 4	0.500 1	0.444 3	0.227 9	0.761 9
1992	−0.119 2	0.679 8	0.034 3	0.008 5	0.016 4	−0.040 0	0.028 9	0.201 2	0.478 5	0.041 9	1.330 3
1993	0.015 0	0.759 5	0.050 8	0.010 6	0.000 0	0.039 0	0.044 7	0.293 7	0.464 9	0.070 6	1.748 9
1994	0.049 4	0.730 8	0.051 1	−0.016 6	0.000 0	0.044 9	0.048 2	0.410 8	0.429 0	0.032 9	1.780 6
1995	0.046 7	0.740 8	0.031 0	0.016 4	0.002 7	0.042 2	0.041 9	0.296 4	0.392 4	0.000 2	1.610 7
1996	0.061 1	0.655 9	0.030 9	0.019 3	0.001 6	0.040 6	0.045 0	0.441 7	0.246 5	0.003 2	1.545 8
1997	0.049 9	0.646 6	0.051 9	0.009 4	0.279 2	0.053 3	0.058 7	0.408 7	0.496 9	0.006 1	2.060 6
1998	0.057 8	0.401 1	0.015 5	−0.047 9	0.130 3	0.011 5	0.061 5	0.124 5	0.474 5	0.021 3	1.250 0
1999	0.077 2	0.557 0	−0.108 2	−0.034 6	0.113 4	0.036 6	0.063 4	0.158 5	0.463 6	2.923 5	4.250 4
2000	0.089 7	0.549 5	−0.179 2	−0.152 8	0.376 6	0.000 1	0.065 7	0.069 2	0.338 0	1.989 5	3.146 3
2001	0.073 8	0.618 8	0.049 5	0.031 3	0.032 0	0.058 4	0.062 7	0.363 2	0.417 8	1.477 6	3.185 2
2002	0.090 1	0.629 7	0.006 7	0.040 8	0.033 4	0.018 5	−0.687 0	2.498 7	0.351 1	0.495 6	3.477 6
2003	0.128 5	0.636 7	−0.020 0	0.029 1	0.046 8	0.017 8	−1.759 2	3.691 0	0.316 3	3.821 6	6.908 6
2004	0.141 9	0.590 5	0.057 2	0.047 2	0.231 8	0.081 3	0.074 3	0.336 5	0.442 2	0.032 9	2.035 3
2005	0.111 3	0.632 8	0.083 5	0.039 0	0.540 0	0.106 9	0.098 7	0.347 7	0.258 9	1.519 5	3.738 4
2006	0.077 0	0.638 4	0.071 2	0.035 7	0.246 6	0.042 2	0.035 7	0.340 0	0.399 7	0.482 2	2.368 8
2007	0.109 7	0.609 3	0.126 7	0.070 9	0.045 8	0.033 5	0.027 1	0.320 6	0.433 8	3.526 6	5.304 0
2008	0.137 8	0.620 3	0.134 2	0.081 6	0.088 8	0.029 3	0.022 3	0.283 6	0.431 7	0.094 4	1.923 4
2009	0.158 5	0.646 9	0.124 8	0.076 3	0.035 7	0.026 2	0.021 2	0.318 9	0.433 6	0.102 6	1.944 9
2010	0.174 7	0.631 1	0.150 5	0.080 0	0.047 7	0.033 8	0.026 9	0.304 0	0.437 4	0.081 2	1.967 4
2011	0.138 5	0.632 2	0.106 5	0.079 9	0.047 1	0.076 0	0.050 3	0.194 9	0.436 2	1.531 4	3.293 1
2012	0.103 9	0.633 5	0.097 1	0.075 3	0.047 3	0.063 7	0.044 0	0.207 9	0.435 0	1.883 7	3.591 3
2013	0.134 3	0.634 6	0.075 8	0.110 3	0.047 5	0.066 1	0.044 3	0.208 4	0.433 8	2.310 9	4.066 1

续表

年份	废水排放量	废水排放达标率	废气排放量	二氧化硫排放量	工业二氧化硫去除率	固体废物产生量	固体废物综合利用量	工业固体废物综合利用率	锅炉烟尘排放达标率	三废综合利用效率	环境规制强度值
2014	0.097 8	0.635 5	0.057 2	0.070 0	0.047 7	0.042 7	0.033 3	0.291 3	0.432 7	2.873 6	4.581 9
2015	0.106 8	0.637 0	0.069 3	0.075 8	0.047 9	0.055 1	0.043 5	0.293 5	0.431 5	3.421 8	5.182 2

从上表的结果中可发现,总体上1991—2015年这25年间江苏省有色金属冶炼和压延加工业的环境规制强度值从1991年的0.761 9上升至2015年的5.182 2,呈现出一个不断上升的态势,说明江苏省的环境规制强度逐步加大,保护环境的意识愈来愈强,对环境愈加重视。

在十项指标中,三废综合利用效率波动幅度较大,单位产值固体废物综合利用量在2003年达到最低,工业固体废物综合利用率亦在2003年达到最高值,其余指标都较为平稳。

（二十）金属制品业

1. Y_{ij} 的计算

表 5-77　1991—2015 年江苏省金属制品业单位产值三废 X_{ij} 数据表

年份	单位产值废水排放量	废水排放达标率	单位产值废气排放量	单位产值二氧化硫排放量	工业二氧化硫去除率	单位产值固体废物产生量	单位产值固体废物综合利用量	工业固体废物综合利用率	锅炉烟尘排放达标率	三废综合利用效率
1991	13.477 2	0.791 0	0.190 4	0.003 8	0.002 0	0.062 4	0.051 6	0.826 5	0.900 7	0.000 0
1992	9.793 4	0.813 7	0.678 4	0.002 8	0.010 7	0.039 0	0.031 2	0.800 0	0.885 9	0.000 3
1993	5.079 0	0.853 2	0.075 0	0.001 5	0.000 0	0.037 5	0.037 5	1.000 0	0.930 2	0.000 3
1994	3.715 4	0.886 9	0.052 1	0.001 0	0.000 0	0.024 3	0.020 8	0.857 1	0.877 8	0.000 2
1995	6.561 2	0.635 4	0.068 3	0.000 7	0.040 1	0.028 8	0.028 8	1.000 0	0.898 9	0.000 2
1996	4.192 1	0.703 3	0.136 5	0.000 6	0.043 6	0.066 7	0.066 7	1.000 0	0.931 0	0.000 2

续表

年份	单位产值废水排放量	废水排放达标率	单位产值废气排放量	单位产值二氧化硫排放量	工业二氧化硫去除率	单位产值固体废物产生量	单位产值固体废物综合利用量	工业固体废物综合利用率	锅炉烟尘排放达标率	三废综合利用效率
1997	5.354 7	0.661 6	0.115 6	0.002 0	0.034 3	0.028 1	0.025 0	0.888 9	1.000 0	0.000 2
1998	3.219 9	0.759 4	0.103 3	0.001 8	0.008 4	0.018 2	0.015 2	0.833 3	0.856 1	0.000 0
1999	3.733 1	0.882 7	0.126 7	0.001 9	0.014 4	0.038 6	0.035 8	0.928 6	0.821 8	0.000 2
2000	3.120 9	0.957 6	0.057 5	0.001 2	0.041 5	0.032 5	0.027 5	0.846 2	0.975 7	0.000 2
2001	3.362 4	0.942 5	0.088 8	0.000 6	0.074 8	0.012 4	0.010 5	0.847 7	0.891 4	0.000 1
2002	3.854 1	0.966 8	0.105 8	0.000 6	0.254 0	0.017 5	0.014 1	0.808 5	0.941 0	0.000 1
2003	2.680 0	0.985 5	0.069 6	0.000 6	0.256 4	0.012 8	0.010 6	0.828 0	0.953 9	0.000 1
2004	2.476 4	0.982 5	0.089 0	0.000 4	0.102 2	0.011 7	0.009 3	0.793 2	0.963 5	0.000 1
2005	3.894 4	0.991 6	0.126 6	0.000 4	0.148 7	0.014 4	0.013 2	0.918 3	0.994 6	0.002 3
2006	2.155 2	0.953 0	0.218 9	0.000 4	0.067 2	0.016 8	0.014 4	0.861 2	0.985 4	0.000 6
2007	2.838 9	0.976 3	0.135 5	0.000 4	0.249 8	0.040 9	0.039 8	0.972 6	0.989 7	0.001 4
2008	2.549 4	0.985 9	0.099 2	0.000 3	0.150 2	0.026 6	0.025 3	0.952 0	0.990 0	0.001 2
2009	2.824 6	0.991 6	0.091 3	0.000 3	0.121 7	0.027 2	0.026 3	0.968 4	0.997 9	0.001 4
2010	2.167 4	0.987 1	0.073 2	0.000 2	0.110 1	0.014 0	0.013 0	0.922 4	0.993 4	0.001 0
2011	1.036 4	0.984 8	0.332 0	0.000 2	0.114 0	0.022 7	0.021 5	0.943 7	0.994 2	0.001 3
2012	0.875 8	0.985 9	0.286 9	0.000 2	0.118 1	0.019 4	0.018 6	0.958 5	0.995 0	0.001 6
2013	0.789 6	0.987 0	0.235 2	0.000 1	0.122 3	0.019 7	0.018 4	0.932 3	0.995 8	0.001 9
2014	0.679 1	0.988 1	0.242 5	0.000 1	0.126 6	0.017 6	0.016 5	0.936 9	0.996 6	0.002 3
2015	0.674 7	0.989 3	0.147 4	0.000 1	0.131 1	0.012 2	0.011 3	0.924 3	0.997 5	0.002 8
β_{ij}	3.644 2	0.905 7	0.157 8	0.000 9	0.093 7	0.026 5	0.024 1	0.901 9	0.950 3	0.000 8

数据来源:1992—2016 年《江苏统计年鉴》。

运用标准化值 Y_{ij} 的计算公式,经计算可得:

表 5 - 78　1991—2015 年江苏省金属制品业单位产值三废标准化值 Y_{ij} 表

年份	单位产值废水排放量	废水排放达标率	单位产值废气排放量	单位产值二氧化硫排放量	工业二氧化硫去除率	单位产值固体废物产生量	单位产值固体废物综合利用量	工业固体废物综合利用率	锅炉烟尘排放达标率	三废综合利用效率
1991	−1.698 2	0.873 3	0.794 0	−2.427 2	0.021 2	−0.357 9	−0.140 1	0.916 3	0.947 7	0.046 2
1992	−0.687 4	0.898 4	−2.298 0	−1.260 6	0.114 0	0.527 9	0.706 7	0.887 0	0.932 2	0.374 9
1993	0.606 3	0.942 0	1.524 6	0.242 4	0.000 0	0.583 3	0.444 3	1.108 7	0.978 8	0.396 3
1994	0.980 5	0.979 2	1.670 0	0.840 5	0.000 0	1.082 2	1.136 1	0.950 3	0.923 6	0.213 2
1995	0.199 6	0.701 6	1.567 0	1.202 5	0.427 8	0.913 4	0.806 7	1.108 7	0.945 8	0.278 6
1996	0.849 7	0.776 5	1.135 2	1.292 4	0.465 8	−0.519 8	−0.767 1	1.108 7	0.979 7	0.260 1
1997	0.530 6	0.730 5	1.267 6	−0.311 7	0.365 9	0.938 3	0.963 6	0.985 5	1.052 2	0.279 7
1998	1.116 4	0.838 5	1.345 6	−0.123 0	0.089 4	1.311 8	1.370 2	0.923 9	0.900 8	0.040 0
1999	0.975 6	0.974 5	1.197 1	−0.152 7	0.154 2	0.543 6	0.514 9	1.029 5	0.864 7	0.271 2
2000	1.143 6	1.057 3	1.635 9	0.663 9	0.442 8	0.773 4	0.860 3	0.938 1	1.026 7	0.253 5
2001	1.077 3	1.040 7	1.437 2	1.249 9	0.798 4	1.532 1	1.564 4	0.939 8	0.938 0	0.090 4
2002	0.942 4	1.067 4	1.329 5	1.306 6	2.711 0	1.341 1	1.414 9	0.896 4	0.990 1	0.087 4
2003	1.264 6	1.088 1	1.558 9	1.951 5	2.736 9	1.514 9	1.558 9	0.918 1	1.003 7	0.094 1
2004	1.320 5	1.084 8	1.435 9	1.561 7	1.090 9	1.559 5	1.616 3	0.879 5	1.013 8	0.092 7
2005	0.931 4	1.094 8	1.198 0	1.551 4	1.587 2	1.455 6	1.451 1	1.018 1	1.046 6	2.916 1
2006	1.408 6	1.052 3	0.612 8	1.578 1	0.717 4	1.367 5	1.401 8	0.954 8	1.036 9	0.730 7
2007	1.221 0	1.077 9	1.141 5	1.547 9	2.666 5	0.455 0	0.349 9	1.078 4	1.041 4	1.779 6
2008	1.300 4	1.088 5	1.371 3	1.654 1	1.603 0	0.995 5	0.949 9	1.055 5	1.042 5	1.450 5
2009	1.224 9	1.094 9	1.421 6	1.647 4	1.298 5	0.974 2	0.909 1	1.073 7	1.050 0	1.715 5
2010	1.405 2	1.089 9	1.536 2	1.794 5	1.175 0	1.469 7	1.462 8	1.022 7	1.045 3	1.312 4
2011	1.715 6	1.087 4	−0.103 6	1.779 1	1.217 3	1.141 6	1.110 5	1.046 3	1.046 1	1.598 2
2012	1.759 7	1.088 5	0.182 5	1.815 6	1.260 4	1.266 1	1.227 5	1.062 7	1.047 0	1.946 4
2013	1.783 3	1.089 7	0.509 6	1.848 6	1.305 1	1.256 6	1.238 9	1.033 6	1.047 9	2.370 3

续表

年份	单位产值废水排放量	废水排放达标率	单位产值废气排放量	单位产值二氧化硫排放量	工业二氧化硫去除率	单位产值固体废物产生量	单位产值固体废物综合利用量	工业固体废物综合利用率	锅炉烟尘排放达标率	三废综合利用效率
2014	1.813 6	1.091 0	0.463 7	1.862 5	1.351 4	1.335 7	1.316 5	1.038 7	1.048 7	2.886 6
2015	1.814 9	1.092 3	1.065 9	1.884 4	1.399 3	1.538 8	1.531 9	1.024 7	1.049 6	3.515 3

2. K_j 的计算

1991—2015 年江苏省工业单位产值三废 X_{ij} 数据的计算过程同制造业。

根据公式 $K_j = \dfrac{E_j}{\sum E_j} / \dfrac{O_i}{\sum O_i} = \dfrac{E_j}{O_i} * \dfrac{\sum O_i}{\sum E_j} = \dfrac{E_j}{O_i} / \dfrac{\sum E_j}{\sum O_i} = UE_{ij} / \overline{UE_{ij}}$，最终可得到 K_j。

表 5-79　K_j 的计算结果

年份	工业废水排放总量	废水排放达标率	工业废气排放总量	工业二氧化硫排放量	工业二氧化硫去除率	工业固体废物产生量	工业固体废物综合利用量	工业固体废物综合利用率	锅炉烟尘排放达标率	三废综合利用效率
1991	0.133 7	1.226 5	0.079 0	0.104 6	0.024 5	0.071 5	0.093 5	1.307 5	1.101 9	0.014 8
1992	0.146 0	1.239 4	0.425 0	0.106 0	0.103 9	0.053 4	0.064 5	1.209 1	1.029 3	0.129 5
1993	0.117 3	1.275 4	0.070 5	0.081 3	0.000 0	0.079 0	0.098 0	1.240 9	1.006 9	0.165 3
1994	0.115 1	1.289 7	0.059 1	0.066 8	0.000 0	0.058 4	0.060 4	1.033 0	0.927 6	0.089 0
1995	0.178 1	0.911 7	0.059 0	0.044 7	0.369 7	0.067 9	0.085 1	1.252 3	1.072 4	0.162 4
1996	0.147 4	1.017 4	0.141 6	0.045 4	0.200 7	0.178 3	0.231 1	1.295 8	1.038 4	0.094 4
1997	0.195 5	1.016 1	0.113 7	0.120 2	0.309 7	0.079 1	0.084 3	1.065 8	1.156 9	0.073 7
1998	0.127 8	1.001 7	0.111 1	0.119 1	0.069 0	0.049 9	0.054 1	1.086 0	1.010 8	0.015 9
1999	0.165 5	1.008 4	0.135 2	0.177 8	0.102 2	0.118 7	0.131 2	1.105 2	0.922 7	0.100 5

续表

年份	工业废水排放总量	废水排放达标率	工业废气排放总量	工业二氧化硫排放量	工业二氧化硫去除率	工业固体废物产生量	工业固体废物综合利用量	工业固体废物综合利用率	锅炉烟尘排放达标率	三废综合利用效率
2000	0.161 6	1.041 5	0.066 2	0.143 1	0.228 3	0.111 8	0.110 6	0.989 5	0.992 2	0.096 5
2001	0.145 7	1.003 5	0.078 2	0.070 0	0.433 4	0.041 0	0.038 2	0.932 1	0.928 7	0.028 2
2002	0.203 4	1.007 9	0.102 7	0.078 8	1.231 9	0.063 7	0.056 5	0.885 9	0.953 4	0.026 9
2003	0.216 3	1.008 3	0.085 9	0.007 9	0.986 1	0.064 4	0.053 5	0.830 5	0.974 2	0.033 0
2004	0.237 7	1.007 2	0.091 1	0.057 6	0.365 6	0.050 0	0.039 8	0.796 7	0.992 0	0.027 9
2005	0.479 2	1.014 9	0.205 0	0.104 0	0.396 2	0.083 1	0.079 8	0.960 9	1.014 7	0.815 1
2006	0.345 4	0.975 0	0.364 4	0.131 5	0.141 7	0.104 0	0.092 5	0.889 6	1.001 3	0.167 3
2007	0.663 5	0.998 8	0.306 3	0.204 1	0.420 7	0.326 1	0.320 6	0.983 1	0.999 6	0.423 8
2008	0.755 3	1.008 7	0.266 5	0.223 0	0.227 2	0.254 3	0.245 1	0.963 7	0.995 9	0.366 1
2009	0.873 4	1.031 7	0.243 6	0.269 8	0.175 9	0.270 7	0.267 5	0.988 2	1.007 5	0.496 6
2010	0.863 7	1.005 2	0.215 9	0.180 8	0.156 3	0.154 8	0.147 6	0.953 1	1.011 5	0.439 5
2011	0.500 8	1.010 8	0.742 0	0.212 6	0.150 7	0.245 9	0.243 5	0.990 0	1.009 6	0.501 3
2012	0.481 2	1.010 5	0.708 7	0.213 5	0.147 8	0.235 0	0.246 9	1.050 9	1.007 7	0.571 8
2013	0.526 8	1.009 7	0.633 4	0.210 7	0.145 0	0.251 7	0.242 6	0.964 0	1.005 9	0.652 2
2014	0.527 6	1.008 5	0.581 4	0.222 4	0.142 3	0.237 9	0.230 2	0.967 8	1.004 0	0.756 1
2015	0.542 4	1.007 7	0.381 7	0.218 6	0.139 6	0.178 1	0.171 9	0.965 1	1.002 1	0.840 1

3. S_i 值的计算

运用离差最大化决策方法计算权重 K，K 值归一化之后的结果分别为 0.603 9、0.396 1、0.233 3、0.481 4、0.285 3、0.369 8、0.311 2、0.319 0、0.427 3、0.572 7。在此作用下，金属制品业的环境规制强度值最终的计算结果如下表所示。

表 5‐80　1991—2015 年江苏省金属制品业的环境规制强度值

年份	废水排放量	废水排放达标率	废气排放量	二氧化硫排放量	工业二氧化硫去除率	固体废物产生量	固体废物综合利用量	工业固体废物综合利用率	锅炉烟尘排放达标率	三废综合利用效率	环境规制强度值
1991	−0.137 1	0.424 3	0.014 6	−0.122 2	0.000 1	−0.009 5	−0.004 1	0.382 2	0.446 2	0.000 4	0.995 0
1992	−0.060 6	0.441 1	−0.227 8	−0.064 3	0.003 4	0.010 4	0.014 2	0.342 1	0.410 0	0.027 8	0.896 2
1993	0.043 0	0.475 9	0.025 1	0.009 5	0.000 0	0.017 0	0.013 5	0.438 9	0.421 1	0.037 5	1.481 5
1994	0.068 1	0.500 2	0.023 0	0.027 0	0.000 0	0.023 4	0.021 3	0.313 2	0.366 1	0.010 9	1.353 3
1995	0.021 5	0.253 4	0.021 6	0.025 9	0.045 1	0.022 9	0.021 4	0.442 9	0.433 4	0.025 9	1.314 0
1996	0.075 7	0.312 9	0.037 5	0.028 2	0.026 7	−0.034 3	−0.055 2	0.458 3	0.434 7	0.014 1	1.298 6
1997	0.062 6	0.294 0	0.033 6	−0.018 0	0.032 3	0.027 4	0.025 3	0.335 1	0.520 2	0.011 8	1.324 3
1998	0.086 1	0.332 7	0.034 9	−0.007 1	0.001 8	0.024 2	0.023 1	0.320 1	0.389 1	0.000 4	1.205 2
1999	0.097 5	0.389 3	0.037 8	−0.013 1	0.004 5	0.023 9	0.021 0	0.363 0	0.340 9	0.015 6	1.280 4
2000	0.111 6	0.436 1	0.025 3	0.045 7	0.028 8	0.032 0	0.029 6	0.296 1	0.435 3	0.014 0	1.454 5
2001	0.094 8	0.413 6	0.026 2	0.042 1	0.098 7	0.023 2	0.018 6	0.279 5	0.372 2	0.001 5	1.370 5
2002	0.115 8	0.426 1	0.031 9	0.049 5	0.952 8	0.031 6	0.024 9	0.253 3	0.403 4	0.001 3	2.290 7
2003	0.165 2	0.434 6	0.031 2	0.007 4	0.770 0	0.036 1	0.026 0	0.243 2	0.417 8	0.001 8	2.133 3
2004	0.189 5	0.432 8	0.030 5	0.043 3	0.113 8	0.028 8	0.020 0	0.223 5	0.429 7	0.001 5	1.513 4
2005	0.269 5	0.440 1	0.057 3	0.077 6	0.179 4	0.044 7	0.036 0	0.312 1	0.453 8	1.361 3	3.232 0
2006	0.293 8	0.406 4	0.052 1	0.099 9	0.029 0	0.052 6	0.040 3	0.271 0	0.443 6	0.070 0	1.758 6
2007	0.489 3	0.426 4	0.081 6	0.152 1	0.320 0	0.054 9	0.034 9	0.338 2	0.444 8	0.431 9	2.774 1
2008	0.593 1	0.434 9	0.085 3	0.177 6	0.103 9	0.093 6	0.072 5	0.324 5	0.443 7	0.304 2	2.633 3
2009	0.646 0	0.447 4	0.080 8	0.214 0	0.065 1	0.097 5	0.075 7	0.338 5	0.452 0	0.487 9	2.905 0
2010	0.733 0	0.434 0	0.077 4	0.156 2	0.052 4	0.084 1	0.067 2	0.310 9	0.451 8	0.330 3	2.697 2
2011	0.518 8	0.435 4	−0.017 9	0.182 1	0.052 3	0.103 8	0.084 1	0.330 5	0.451 3	0.458 8	2.599 2

年份	废水排放量	废水排放达标率	废气排放量	二氧化硫排放量	工业二氧化硫去除率	固体废物产生量	固体废物综合利用量	工业固体废物综合利用率	锅炉烟尘排放达标率	三废综合利用效率	环境规制强度值
2012	0.511 4	0.435 7	0.030 2	0.186 6	0.053 2	0.110 0	0.094 3	0.356 2	0.450 8	0.637 3	2.865 8
2013	0.567 4	0.435 8	0.075 3	0.187 5	0.054 0	0.116 9	0.093 5	0.317 9	0.450 4	0.885 3	3.184 1
2014	0.577 9	0.435 8	0.062 9	0.199 5	0.054 9	0.117 5	0.094 3	0.320 7	0.449 9	1.249 9	3.563 2
2015	0.594 4	0.436 0	0.094 9	0.198 3	0.055 7	0.101 3	0.081 9	0.315 5	0.449 4	1.691 3	4.018 8

从上表的结果中可发现,总体上1991—2015年这25年间江苏省金属制品业的环境规制强度值从1991年的0.995 0上升至2015年的4.018 8,呈现出一个不断上升的态势,说明江苏省的环境规制强度逐步加大,保护环境的意识愈来愈强,对环境愈加重视。

在十项指标中,三废综合利用效率在2004—2015年波动上升,工业二氧化硫去除率波动幅度次之。

(二十一)通用设备制造业

1. Y_{ij}的计算

表 5 - 81 1991—2015 年江苏省通用设备制造业单位产值三废 X_{ij} 数据表

年份	单位产值废水排放量	废水排放达标率	单位产值废气排放量	单位产值二氧化硫排放量	工业二氧化硫去除率	单位产值固体废物产生量	单位产值固体废物综合利用量	工业固体废物综合利用率	锅炉烟尘排放达标率	三废综合利用效率
1991	8.778 4	0.795 8	0.089 7	0.005 6	0.002 3	0.050 0	0.033 8	0.676 1	0.939 4	0.000 3
1992	6.005 4	0.853 2	0.060 0	0.003 4	0.030 4	0.059 3	0.051 9	0.874 2	0.928 7	0.000 2
1993	4.450 5	0.861 3	0.049 6	0.002 8	0.021 2	0.045 3	0.042 4	0.936 2	0.907 1	0.000 2
1994	3.870 6	0.864 1	0.035 8	0.002 4	0.026 5	0.038 3	0.035 4	0.924 6	0.923 0	0.000 2
1995	3.291 5	0.827 0	0.038 8	0.001 2	0.018 5	0.029 6	0.026 5	0.897 1	0.750 1	0.000 1

年份	单位产值废水排放量	废水排放达标率	单位产值废气排放量	单位产值二氧化硫排放量	工业二氧化硫去除率	单位产值固体废物产生量	单位产值固体废物综合利用量	工业固体废物综合利用率	锅炉烟尘排放达标率	三废综合利用效率
1996	2.458 1	0.752 0	0.067 5	0.001 5	0.045 7	0.026 0	0.024 4	0.937 0	0.886 7	0.000 2
1997	2.649 7	0.806 6	0.030 0	0.001 4	0.057 8	0.025 4	0.024 3	0.957 5	0.999 3	0.000 1
1998	2.572 6	0.874 8	0.043 3	0.001 2	0.264 6	0.029 2	0.029 3	1.004 3	0.872 4	0.000 1
1999	2.016 8	0.868 6	0.040 7	0.000 8	0.052 0	0.024 5	0.024 4	0.996 6	0.949 0	0.000 1
2000	1.692 9	0.954 9	0.034 9	0.000 7	0.048 5	0.019 8	0.019 6	0.993 4	0.961 3	0.000 1
2001	1.378 7	0.947 0	0.022 0	0.000 4	0.191 5	0.011 3	0.010 8	0.962 3	0.958 2	0.000 1
2002	1.502 6	0.970 0	0.030 7	0.000 4	0.050 9	0.017 4	0.016 6	0.957 8	0.970 5	0.000 2
2003	1.501 6	0.984 1	0.034 8	0.000 3	0.060 8	0.017 6	0.015 5	0.882 9	0.934 5	0.000 2
2004	1.149 3	0.938 4	0.059 5	0.000 2	0.054 0	0.012 3	0.011 4	0.932 4	0.982 3	0.000 2
2005	0.810 1	0.986 7	0.024 3	0.000 2	0.079 7	0.008 4	0.008 2	0.967 5	0.903 2	0.000 2
2006	0.703 8	0.982 3	0.029 2	0.000 1	0.008 0	0.007 8	0.006 6	0.845 2	0.988 8	0.000 2
2007	0.496 2	0.983 6	0.050 9	0.000 1	0.151 0	0.006 1	0.005 1	0.830 6	0.995 0	0.000 3
2008	0.387 8	0.989 0	0.023 3	0.000 1	0.052 3	0.004 5	0.004 1	0.906 1	1.000 0	0.000 1
2009	0.448 7	0.971 0	0.021 5	0.000 1	0.052 4	0.004 1	0.003 7	0.907 2	1.000 0	0.000 2
2010	0.309 5	0.971 8	0.022 0	0.000 0	0.041 8	0.004 4	0.004 0	0.898 9	1.000 0	0.000 1
2011	0.542 9	0.975 0	0.065 8	0.000 1	0.066 8	0.006 2	0.004 9	0.790 7	0.997 5	0.000 2
2012	0.507 0	0.976 5	0.049 3	0.000 1	0.071 1	0.004 8	0.003 6	0.741 3	0.998 1	0.000 2
2013	0.484 0	0.978 4	0.036 4	0.000 1	0.076 2	0.004 8	0.003 7	0.770 3	0.998 8	0.000 2
2014	0.445 0	0.980 5	0.037 0	0.000 1	0.082 1	0.004 4	0.003 3	0.748 6	0.999 4	0.000 2
2015	0.409 9	0.983 0	0.105 7	0.000 0	0.088 9	0.003 9	0.002 7	0.705 7	1.000 0	0.000 3
β_{ij}	1.954 6	0.923 0	0.044 1	0.000 9	0.067 8	0.018 6	0.016 6	0.881 8	0.953 7	0.000 2

数据来源：1992—2016 年《江苏统计年鉴》。

运用标准化值 Y_{ij} 的计算公式，经计算可得：

表 5‑82 1991—2015 年江苏省通用设备制造业单位产值三废标准化值 Y_{ij} 表

年份	单位产值废水排放量	废水排放达标率	单位产值废气排放量	单位产值二氧化硫排放量	工业二氧化硫去除率	单位产值固体废物产生量	单位产值固体废物综合利用量	工业固体废物综合利用率	锅炉烟尘排放达标率	三废综合利用效率
1991	−2.491 3	0.862 2	−0.034 3	−4.115 1	0.034 2	−0.685 3	−0.029 2	0.766 8	0.985 0	1.633 4
1992	−1.072 5	0.924 3	0.639 8	−1.718 2	0.448 0	−1.188 3	−1.115 1	0.991 4	0.973 8	0.965 7
1993	−0.277 0	0.933 1	0.875 7	−1.045 0	0.313 0	−0.436 8	−0.549 7	1.061 7	0.951 1	0.900 1
1994	0.019 7	0.936 2	1.188 5	−0.581 3	0.391 3	−0.056 1	−0.124 7	1.048 5	0.967 8	0.829 0
1995	0.316 0	0.896 0	1.119 8	0.682 0	0.273 5	0.410 9	0.406 7	1.017 4	0.786 5	0.390 5
1996	0.742 4	0.814 7	0.468 8	0.335 1	0.674 1	0.602 4	0.536 4	1.062 6	0.929 7	1.240 9
1997	0.644 4	0.873 9	1.318 8	0.530 8	0.853 1	0.634 5	0.538 7	1.085 9	1.047 8	0.285 3
1998	0.683 8	0.947 7	1.018 7	0.663 2	3.902 1	0.432 8	0.240 9	1.138 9	0.914 7	0.562 3
1999	0.968 2	0.941 0	1.077 9	1.111 2	0.767 1	0.681 3	0.531 2	1.130 2	0.995 0	0.471 1
2000	1.133 9	1.034 5	1.209 4	1.245 2	0.716 1	0.937 5	0.820 3	1.126 6	1.008 0	0.459 1
2001	1.294 6	1.025 9	1.500 6	1.514 6	2.824 1	1.395 0	1.349 3	1.091 3	1.004 7	0.729 2
2002	1.231 2	1.050 9	1.303 5	1.515 7	0.750 7	1.067 3	1.001 6	1.086 2	1.017 5	1.076 7
2003	1.231 7	1.066 2	1.211 3	1.965 9	0.896 1	1.054 9	1.067 4	1.001 3	0.979 8	1.280 7
2004	1.412 0	1.016 7	0.650 7	1.747 5	0.796 3	1.340 4	1.312 7	1.057 4	1.029 9	1.101 2
2005	1.585 6	1.069 0	1.449 8	1.830 7	1.175 1	1.546 2	1.509 3	1.097 2	0.947 0	1.267 3
2006	1.639 9	1.064 2	1.337 1	1.889 3	0.118 7	1.581 6	1.604 8	0.958 5	1.036 7	1.156 1
2007	1.746 1	1.065 6	0.846 6	1.907 7	2.226 9	1.672 4	1.695 9	0.942 0	1.043 3	1.708 1
2008	1.801 6	1.071 5	1.472 5	1.933 5	0.771 5	1.759 3	1.756 5	1.027 6	1.048 5	0.793 5
2009	1.770 4	1.051 9	1.513 0	1.939 7	0.772 7	1.782 1	1.779 1	1.028 8	1.048 5	0.853 8
2010	1.841 7	1.052 8	1.501 8	1.951 0	0.616 9	1.762 6	1.761 5	1.019 4	1.048 5	0.782 7
2011	1.722 2	1.056 3	0.507 4	1.908 2	0.984 8	1.666 7	1.705 5	0.896 6	1.045 9	1.280 7
2012	1.740 6	1.058 0	0.882 7	1.928 3	1.048 4	1.742 6	1.786 7	0.840 7	1.046 6	1.101 2
2013	1.752 4	1.060 0	1.174 3	1.941 5	1.123 7	1.742 0	1.777 8	0.873 6	1.047 2	1.267 3

续表

年份	单位产值废水排放量	废水排放达标率	单位产值废气排放量	单位产值二氧化硫排放量	工业二氧化硫去除率	单位产值固体废物产生量	单位产值固体废物综合利用量	工业固体废物综合利用率	锅炉烟尘排放达标率	三废综合利用效率
2014	1.772 3	1.062 3	1.161 1	1.957 7	1.211 0	1.761 4	1.800 4	0.848 9	1.047 9	1.156 1
2015	1.790 3	1.064 9	−0.395 7	1.960 8	1.310 7	1.792 4	1.836 3	0.800 3	1.048 5	1.708 1

2. K_j 的计算

1991—2015 年江苏省工业单位产值三废 X_{ij} 数据的计算过程同制造业。

根据公式 $K_j = \dfrac{E_j}{\sum E_j} / \dfrac{O_i}{\sum O_i} = \dfrac{E_j}{O_i} * \dfrac{\sum O_i}{\sum E_j} = \dfrac{E_j}{O_i} / \dfrac{\sum E_j}{\sum O_i} = UE_{ij} / \overline{UE_{ij}}$，最终可得到 K_j。

表 5-83　K_j 的计算结果

年份	工业废水排放总量	废水排放达标率	工业废气排放总量	工业二氧化硫排放量	工业二氧化硫去除率	工业固体废物产生量	工业固体废物综合利用量	工业固体废物综合利用率	锅炉烟尘排放达标率	三废综合利用效率
1991	0.087 1	1.234 0	0.037 2	0.154 2	0.028 6	0.057 2	0.061 2	1.069 6	1.149 4	0.122 5
1992	0.089 5	1.299 6	0.037 6	0.129 0	0.295 7	0.081 2	0.107 3	1.321 3	1.079 1	0.078 3
1993	0.102 8	1.287 4	0.046 6	0.150 3	0.198 2	0.095 4	0.110 8	1.161 7	0.981 9	0.088 1
1994	0.119 9	1.256 6	0.040 6	0.158 7	0.214 8	0.092 0	0.102 5	1.114 3	0.975 3	0.081 2
1995	0.089 4	1.186 7	0.033 5	0.078 9	0.171 0	0.069 8	0.078 4	1.123 4	0.895 0	0.053 4
1996	0.086 5	1.087 9	0.070 0	0.114 0	0.210 2	0.069 5	0.084 4	1.214 2	0.988 9	0.105 7
1997	0.096 7	1.238 8	0.029 6	0.081 5	0.522 6	0.071 5	0.082 0	1.148 1	1.156 1	0.017 6
1998	0.102 1	1.153 9	0.046 5	0.080 1	2.180 9	0.079 8	0.104 4	1.308 8	1.030 1	0.052 5
1999	0.089 4	0.992 3	0.043 4	0.078 3	0.367 9	0.075 5	0.089 6	1.186 2	1.065 5	0.040 9

续表

年份	工业废水排放总量	废水排放达标率	工业废气排放总量	工业二氧化硫排放量	工业二氧化硫去除率	工业固体废物产生量	工业固体废物综合利用量	工业固体废物综合利用率	锅炉烟尘排放达标率	三废综合利用效率
2000	0.087 6	1.038 6	0.040 1	0.086 3	0.267 2	0.068 0	0.079 0	1.161 7	0.977 6	0.041 0
2001	0.059 8	1.008 2	0.019 4	0.048 4	1.109 4	0.037 2	0.039 4	1.058 2	0.998 3	0.053 4
2002	0.079 3	1.011 3	0.029 8	0.058 7	0.246 9	0.063 4	0.066 5	1.049 6	0.983 4	0.077 7
2003	0.121 2	1.006 9	0.042 9	0.005 9	0.233 7	0.088 2	0.078 1	0.885 6	0.954 4	0.105 4
2004	0.110 3	0.962 0	0.060 9	0.035 4	0.193 1	0.052 6	0.049 2	0.936 5	1.011 3	0.077 8
2005	0.099 7	1.009 9	0.039 3	0.041 9	0.212 3	0.048 7	0.049 3	1.012 3	0.921 5	0.083 1
2006	0.112 8	1.005 0	0.048 7	0.036 8	0.017 0	0.048 3	0.042 2	0.873 0	1.004 7	0.062 1
2007	0.116 0	1.006 2	0.115 0	0.044 5	0.254 2	0.048 6	0.040 8	0.839 6	1.005 0	0.095 4
2008	0.114 9	1.011 9	0.062 5	0.045 7	0.079 1	0.042 8	0.039 3	0.917 3	1.005 0	0.047 0
2009	0.138 7	1.010 2	0.057 3	0.049 3	0.075 7	0.040 4	0.037 4	0.925 7	1.009 6	0.058 0
2010	0.123 3	0.989 6	0.064 8	0.046 0	0.059 4	0.048 7	0.045 2	0.928 8	1.018 2	0.061 5
2011	0.262 3	1.000 7	0.147 1	0.094 3	0.088 2	0.067 1	0.055 6	0.829 5	1.013 0	0.094 2
2012	0.278 6	1.000 9	0.121 7	0.088 6	0.089 0	0.057 9	0.047 1	0.812 8	1.010 9	0.075 9
2013	0.323 0	1.000 9	0.098 1	0.086 9	0.090 4	0.061 4	0.048 9	0.796 5	1.008 8	0.081 8
2014	0.345 8	1.000 7	0.088 7	0.073 1	0.092 3	0.060 0	0.046 4	0.773 3	1.006 8	0.071 0
2015	0.329 5	1.001 3	0.273 5	0.079 2	0.094 7	0.056 3	0.041 5	0.736 9	1.004 7	0.095 8

3. S_i 值的计算

运用离差最大化决策方法计算权重 K,K 值归一化之后的结果分别为 0.570 4、0.429 6、0.406 0、0.358 0、0.236 0、0.322 1、0.276 4、0.401 5、0.395 7、0.604 3。在此作用下,通用设备制造业的环境规制强度值最终的计算结果如下表所示。

表 5‑84 1991—2015 年江苏省通用设备制造业的环境规制强度值

年份	废水排放量	废水排放达标率	废气排放量	二氧化硫排放量	工业二氧化硫去除率	固体废物产生量	固体废物综合利用量	工业固体废物综合利用率	锅炉烟尘排放达标率	三废综合利用效率	环境规制强度值
1991	−0.123 8	0.457 1	−0.000 5	−0.227 2	0.000 2	−0.012 6	−0.000 5	0.329 3	0.448 0	0.120 9	0.990 9
1992	−0.054 8	0.516 1	0.009 8	−0.079 3	0.031 3	−0.031 1	−0.033 1	0.525 9	0.415 8	0.045 7	1.346 3
1993	−0.016 2	0.516 1	0.016 6	−0.056 2	0.014 6	−0.013 4	−0.016 8	0.495 2	0.369 5	0.047 9	1.357 2
1994	0.001 3	0.505 4	0.019 6	−0.033 0	0.019 8	−0.001 7	−0.003 5	0.469 1	0.373 5	0.040 7	1.391 3
1995	0.016 1	0.456 8	0.015 2	0.019 3	0.011 0	0.009 2	0.008 8	0.458 9	0.278 5	0.012 5	1.286 5
1996	0.036 6	0.380 8	0.013 3	0.013 7	0.033 4	0.013 5	0.012 5	0.518 1	0.363 8	0.079 2	1.464 9
1997	0.035 5	0.465 0	0.015 8	0.015 5	0.105 2	0.014 6	0.012 2	0.500 6	0.479 3	0.003 0	1.646 9
1998	0.039 8	0.469 8	0.019 3	0.019 0	2.008 4	0.011 1	0.007 0	0.598 5	0.372 9	0.017 8	3.563 5
1999	0.049 4	0.401 2	0.019 0	0.031 2	0.066 6	0.016 6	0.013 1	0.538 2	0.419 5	0.011 7	1.566 5
2000	0.056 7	0.461 6	0.019 7	0.038 5	0.045 2	0.020 5	0.017 9	0.525 5	0.389 9	0.011 4	1.586 8
2001	0.044 1	0.444 4	0.011 8	0.026 2	0.739 4	0.016 7	0.014 7	0.463 7	0.396 9	0.023 5	2.181 5
2002	0.055 7	0.456 6	0.015 8	0.031 9	0.043 7	0.021 8	0.018 4	0.457 7	0.395 9	0.050 6	1.548 1
2003	0.085 1	0.461 2	0.021 1	0.004 2	0.049 4	0.030 0	0.023 0	0.356 0	0.370 0	0.081 6	1.481 7
2004	0.088 8	0.420 2	0.016 1	0.022 1	0.036 3	0.022 7	0.017 9	0.397 6	0.412 2	0.051 2	1.485 6
2005	0.090 2	0.463 8	0.023 1	0.027 4	0.058 9	0.024 2	0.020 5	0.446 0	0.345 3	0.063 6	1.563 1
2006	0.105 5	0.459 5	0.026 4	0.024 9	0.000 5	0.024 6	0.018 7	0.336 0	0.412 2	0.043 4	1.451 6
2007	0.115 5	0.460 6	0.039 5	0.030 4	0.133 6	0.026 2	0.019 1	0.317 5	0.414 9	0.098 5	1.655 9
2008	0.118 1	0.465 8	0.037 4	0.031 7	0.014 4	0.024 3	0.019 1	0.378 4	0.417 0	0.022 5	1.528 5
2009	0.140 1	0.456 5	0.035 2	0.034 2	0.013 8	0.023 2	0.018 4	0.382 3	0.418 9	0.029 9	1.552 6
2010	0.129 8	0.447 6	0.039 5	0.032 1	0.008 6	0.027 6	0.022 0	0.380 2	0.422 5	0.029 1	1.538 8
2011	0.257 7	0.454 1	0.030 3	0.064 4	0.020 5	0.036 0	0.026 2	0.298 6	0.419 2	0.072 9	1.680 1
2012	0.276 6	0.454 9	0.043 6	0.061 2	0.022 0	0.032 5	0.023 2	0.274 3	0.418 6	0.050 5	1.657 5
2013	0.322 8	0.455 8	0.046 7	0.060 4	0.024 0	0.034 4	0.024 0	0.279 4	0.418 0	0.062 6	1.728 2

年份	废水排放量	废水排放达标率	废气排放量	二氧化硫排放量	工业二氧化硫去除率	固体废物产生量	固体废物综合利用量	工业固体废物综合利用率	锅炉烟尘排放达标率	三废综合利用效率	环境规制强度值
2014	0.349 5	0.456 7	0.041 8	0.051 2	0.026 4	0.034 0	0.023 1	0.263 6	0.417 4	0.049 6	1.713 4
2015	0.336 5	0.458 1	−0.043 9	0.055 6	0.029 3	0.032 5	0.021 1	0.236 8	0.416 8	0.098 9	1.641 6

从上表的结果中可发现,总体上 1991—2015 年这 25 年间江苏省通用设备制造业的环境规制强度值从 1991 年的 0.990 9 上升至 2015 年的 1.641 6,呈现出一个不断上升的态势,说明江苏省的环境规制强度逐步加大,保护环境的意识愈来愈强,对环境愈加重视。

在十项指标中,工业二氧化硫去除率在 1998、2001 年出现两次峰值,其余的强度值均比较稳定,剩余指标都在一个稳定的数值范围内。

(二十二)专用设备制造业

1. Y_{ij} 的计算

表 5－85　1991—2015 年江苏省专用设备制造业单位产值三废 X_{ij} 数据表

年份	单位产值废水排放量	废水排放达标率	单位产值废气排放量	单位产值二氧化硫排放量	工业二氧化硫去除率	单位产值固体废物产生量	单位产值固体废物综合利用量	工业固体废物综合利用率	锅炉烟尘排放达标率	三废综合利用效率
1991	7.222 6	0.790 4	0.063 8	0.003 4	0.005 9	0.033 2	0.022 9	0.689 3	0.947 1	0.000 5
1992	4.941 1	0.847 4	0.042 7	0.002 1	0.074 4	0.039 5	0.035 2	0.891 2	0.936 3	0.000 3
1993	3.189 2	0.855 4	0.030 7	0.001 5	0.052 7	0.026 3	0.025 1	0.954 4	0.914 5	0.000 2
1994	2.499 8	0.858 3	0.020 0	0.001 1	0.065 4	0.020 0	0.018 8	0.942 6	0.930 5	0.000 2
1995	2.550 6	0.821 4	0.026 0	0.000 7	0.046 3	0.018 5	0.016 9	0.914 4	0.756 2	0.000 1
1996	1.917 7	0.746 9	0.045 5	0.000 9	0.109 5	0.016 4	0.015 7	0.955 3	0.893 9	0.000 4
1997	2.242 2	0.801 1	0.022 0	0.000 8	0.136 1	0.017 4	0.017 0	0.976 2	0.991 5	0.000 1

年份	单位产值废水排放量	废水排放达标率	单位产值废气排放量	单位产值二氧化硫排放量	工业二氧化硫去除率	单位产值固体废物产生量	单位产值固体废物综合利用量	工业固体废物综合利用率	锅炉烟尘排放达标率	三废综合利用效率
1998	2.336 2	0.868 8	0.034 0	0.000 8	0.480 1	0.021 9	0.021 4	0.977 5	0.879 5	0.000 2
1999	1.876 4	0.862 7	0.032 7	0.000 6	0.123 5	0.018 7	0.018 5	0.985 1	0.956 7	0.000 2
2000	1.586 3	0.948 4	0.028 2	0.000 5	0.115 8	0.015 3	0.014 9	0.974 6	0.969 2	0.000 2
2001	1.293 6	0.940 5	0.017 9	0.000 3	0.378 1	0.008 5	0.008 4	0.981 1	0.966 0	0.000 3
2002	1.264 4	0.972 0	0.024 7	0.000 3	0.197 7	0.018 9	0.018 6	0.980 2	0.981 0	0.000 1
2003	1.158 6	0.998 9	0.028 3	0.000 2	0.080 0	0.003 3	0.002 8	0.856 3	0.982 2	0.000 2
2004	1.024 8	0.950 0	0.032 0	0.000 2	0.283 6	0.017 4	0.017 1	0.982 8	1.000 0	0.000 0
2005	1.093 6	0.999 7	0.072 8	0.000 3	0.787 1	0.013 7	0.013 4	0.982 6	1.000 0	0.000 1
2006	0.625 4	0.969 8	0.030 4	0.000 1	0.085 8	0.002 7	0.002 5	0.924 0	0.976 9	0.000 2
2007	0.547 6	0.975 3	0.020 6	0.000 1	0.039 5	0.002 6	0.002 0	0.789 0	0.978 0	0.000 5
2008	0.450 9	0.969 2	0.018 8	0.000 0	0.019 9	0.003 0	0.002 7	0.905 4	1.000 0	0.002 8
2009	0.481 9	0.975 4	0.016 7	0.000 0	0.018 6	0.002 8	0.002 4	0.852 0	1.000 0	0.002 4
2010	0.295 8	0.919 3	0.018 6	0.000 0	0.022 4	0.003 1	0.002 9	0.937 2	1.000 0	0.000 5
2011	0.173 8	0.965 2	0.031 9	0.000 0	0.029 4	0.003 1	0.002 9	0.915 4	0.988 9	0.000 7
2012	0.198 5	0.968 9	0.045 0	0.000 0	0.038 7	0.001 5	0.001 4	0.893 2	0.991 7	0.001 0
2013	0.164 3	0.974 0	0.031 5	0.000 0	0.050 9	0.001 3	0.000 9	0.714 9	0.994 5	0.001 4
2014	0.128 2	0.980 8	0.024 6	0.000 0	0.067 0	0.000 8	0.000 7	0.946 4	0.997 2	0.001 9
2015	0.134 6	0.989 3	0.022 1	0.000 0	0.088 2	0.001 0	0.000 8	0.800 9	1.000 0	0.002 7
β_{ij}	1.575 9	0.917 9	0.031 3	0.000 6	0.135 9	0.012 4	0.011 4	0.908 9	0.961 3	0.000 7

数据来源:1992—2016年《江苏统计年鉴》。

运用标准化值 Y_{ij} 的计算公式,经计算可得:

表 5‑86　1991—2015 年江苏省专用设备制造业单位产值三废标准化值 Y_{ij} 表

年份	单位产值废水排放量	废水排放达标率	单位产值废气排放量	单位产值二氧化硫排放量	工业二氧化硫去除率	单位产值固体废物产生量	单位产值固体废物综合利用量	工业固体废物综合利用率	锅炉烟尘排放达标率	三废综合利用效率
1991	−2.583 1	0.861 1	−0.041 4	−4.175 4	0.043 7	−0.672 8	−0.004 0	0.758 4	0.985 3	0.744 0
1992	−1.135 4	0.923 2	0.635 1	−1.754 9	0.547 9	−1.173 4	−1.076 4	0.980 6	0.974 0	0.439 9
1993	−0.023 7	0.931 9	1.017 4	−0.678 2	0.388 1	−0.112 5	−0.193 2	1.050 1	0.951 4	0.357 1
1994	0.413 8	0.935 0	1.360 8	−0.046 2	0.481 2	0.393 6	0.352 9	1.037 1	0.968 0	0.296 4
1995	0.381 5	0.894 9	1.168 1	0.746 4	0.340 5	0.510 3	0.518 0	1.006 3	0.786 7	0.167 5
1996	0.783 2	0.813 7	0.543 1	0.405 8	0.805 9	0.681 0	0.629 4	1.051 1	0.929 9	0.535 9
1997	0.577 2	0.872 7	1.296 9	0.474 0	1.002 1	0.602 2	0.515 7	1.074 1	1.031 1	0.133 7
1998	0.517 6	0.946 5	0.913 1	0.510 0	3.533 8	0.237 5	0.125 9	1.075 5	0.915 0	0.282 7
1999	0.809 3	0.939 8	0.953 6	0.985 1	0.908 6	0.493 3	0.385 3	1.083 8	0.995 3	0.242 6
2000	0.993 4	1.033 2	1.096 5	1.131 9	0.852 5	0.772 9	0.699 1	1.072 3	1.008 2	0.238 1
2001	1.179 1	1.024 6	1.428 5	1.441 0	2.783 0	1.313 3	1.267 2	1.079 4	1.005 0	0.378 7
2002	1.197 7	1.058 9	1.210 2	1.385 8	1.455 4	0.477 4	0.376 7	1.078 4	1.020 5	0.137 0
2003	1.264 8	1.088 3	1.095 3	1.976 7	0.588 8	1.737 2	1.755 2	0.942 2	1.021 8	0.231 4
2004	1.349 7	1.034 9	0.975 4	1.637 9	2.087 5	0.603 5	0.507 1	1.081 3	1.040 3	0.056 8
2005	1.306 1	1.088 0	−0.328 4	1.477 5	5.793 0	0.901 5	0.825 8	1.081 1	1.040 3	0.106 9
2006	1.603 2	1.056 6	1.027 3	1.907 8	0.631 3	1.783 8	1.782 7	1.016 6	1.016 2	0.279 9
2007	1.652 6	1.062 5	1.342 2	1.899 1	0.290 9	1.793 0	1.822 3	0.868 1	1.017 4	0.694 6
2008	1.713 9	1.055 9	1.399 4	1.931 7	0.146 2	1.761 3	1.765 0	0.996 1	1.040 3	4.157 9
2009	1.694 2	1.062 6	1.466 7	1.931 8	0.136 5	1.773 0	1.789 6	0.937 5	1.040 3	3.507 4
2010	1.812 3	1.001 5	1.404 2	1.964 4	0.164 5	1.749 5	1.744 6	1.031 0	1.040 3	0.732 6
2011	1.889 7	1.051 5	0.979 2	1.968 3	0.216 5	1.747 3	1.748 4	1.007 2	1.028 8	1.027 0
2012	1.874 0	1.055 5	0.560 1	1.961 0	0.284 9	1.876 5	1.880 0	0.982 7	1.031 7	1.439 6
2013	1.895 7	1.061 1	0.993 4	1.970 9	0.374 8	1.894 9	1.918 3	0.786 5	1.034 5	2.018 0

年份	单位产值废水排放量	废水排放达标率	单位产值废气排放量	单位产值二氧化硫排放量	工业二氧化硫去除率	单位产值固体废物产生量	单位产值固体废物综合利用量	工业固体废物综合利用率	锅炉烟尘排放达标率	三废综合利用效率
2014	1.918 7	1.068 4	1.212 0	1.966 4	0.493 2	1.937 1	1.935 2	1.041 3	1.037 4	2.828 8
2015	1.914 6	1.077 7	1.291 4	1.981 0	0.649 0	1.918 7	1.929 1	0.881 1	1.040 3	3.965 4

2. K_j 的计算

1991—2015 年江苏省工业单位产值三废 X_{ij} 数据的计算过程同制造业。

根据公式 $K_j = \dfrac{E_j}{\sum E_j} / \dfrac{O_i}{\sum O_i} = \dfrac{E_j}{O_i} * \dfrac{\sum O_i}{\sum E_j} = \dfrac{E_j}{O_i} / \dfrac{\sum E_j}{\sum O_i} = UE_{ij} / \overline{UE_{ij}}$，最终可得到 K_j。

表 5-87　K_j 的计算结果

年份	工业废水排放总量	废水排放达标率	工业废气排放总量	工业二氧化硫排放量	工业二氧化硫去除率	工业固体废物产生量	工业固体废物综合利用量	工业固体废物综合利用率	锅炉烟尘排放达标率	三废综合利用效率
1991	0.071 7	1.225 7	0.026 5	0.093 8	0.073 3	0.038 1	0.041 5	1.090 5	1.158 7	0.201 0
1992	0.073 7	1.290 8	0.026 7	0.078 4	0.724 7	0.054 0	0.072 8	1.347 0	1.087 9	0.128 5
1993	0.073 7	1.278 7	0.028 9	0.079 6	0.492 5	0.055 3	0.065 5	1.184 4	0.989 9	0.125 9
1994	0.077 4	1.248 0	0.022 7	0.075 7	0.529 3	0.048 0	0.054 6	1.136 1	0.983 3	0.104 7
1995	0.069 2	1.178 6	0.022 4	0.045 2	0.426 7	0.043 7	0.050 1	1.145 3	0.902 3	0.082 5
1996	0.067 4	1.080 5	0.047 2	0.065 7	0.503 5	0.043 8	0.054 3	1.237 9	0.997 0	0.164 4
1997	0.081 8	1.230 4	0.021 6	0.051 0	1.230 2	0.048 9	0.057 2	1.170 5	1.146 7	0.029 8
1998	0.092 7	1.146 0	0.036 5	0.053 7	3.957 9	0.060 0	0.076 4	1.274 0	1.038 5	0.095 0
1999	0.083 2	0.985 6	0.034 9	0.053 9	0.873 4	0.057 7	0.067 6	1.172 5	1.074 2	0.076 0

年份	工业废水排放总量	废水排放达标率	工业废气排放总量	工业二氧化硫排放量	工业二氧化硫去除率	工业固体废物产生量	工业固体废物综合利用量	工业固体废物综合利用率	锅炉烟尘排放达标率	三废综合利用效率
2000	0.082 1	1.031 5	0.032 5	0.059 8	0.637 5	0.052 5	0.059 8	1.139 6	0.985 6	0.076 6
2001	0.056 1	1.001 4	0.015 7	0.033 5	2.190 8	0.028 2	0.030 5	1.078 9	1.006 4	0.099 9
2002	0.066 7	1.013 4	0.024 0	0.044 8	0.959 1	0.069 2	0.074 3	1.074 0	0.994 0	0.035 6
2003	0.093 5	1.022 0	0.034 9	0.002 4	0.307 7	0.016 4	0.014 1	0.858 8	1.003 2	0.068 7
2004	0.098 4	0.973 9	0.032 7	0.030 5	1.014 4	0.074 4	0.073 4	0.987 0	1.029 5	0.014 4
2005	0.134 6	1.022 2	0.117 8	0.077 8	2.097 2	0.078 7	0.081 0	1.028 2	1.020 2	0.025 3
2006	0.100 2	0.992 2	0.050 6	0.018 5	0.180 8	0.016 7	0.015 9	0.954 4	0.992 6	0.054 2
2007	0.128 0	0.997 7	0.046 5	0.029 3	0.066 6	0.020 5	0.016 4	0.797 5	0.987 8	0.139 8
2008	0.133 6	0.991 7	0.050 4	0.028 3	0.030 0	0.028 4	0.026 0	0.916 5	1.005 0	0.887 2
2009	0.149 0	1.014 9	0.044 5	0.033 5	0.026 8	0.028 1	0.024 5	0.869 4	1.009 6	0.858 2
2010	0.117 9	0.936 1	0.054 9	0.020 1	0.031 7	0.034 4	0.033 3	0.968 3	1.018 2	0.207 4
2011	0.084 0	0.990 6	0.071 3	0.019 6	0.038 9	0.034 0	0.032 7	0.960 4	1.004 3	0.272 3
2012	0.109 1	0.993 0	0.111 2	0.029 0	0.048 5	0.018 6	0.018 2	0.979 3	1.004 4	0.357 5
2013	0.109 6	0.996 5	0.084 7	0.026 0	0.060 4	0.016 7	0.012 3	0.739 2	1.004 5	0.469 4
2014	0.099 6	1.001 0	0.059 0	0.034 9	0.075 3	0.010 6	0.010 3	0.977 7	1.004 6	0.626 4
2015	0.108 2	1.007 7	0.057 3	0.023 0	0.093 9	0.014 8	0.012 3	0.836 3	1.004 7	0.801 1

3. S_i 值的计算

运用离差最大化决策方法计算权重 K，K 值归一化之后的结果分别为 0.522 7、0.477 3、0.420 4、0.250 5、0.329 1、0.293 0、0.260 0、0.447 0、0.412 7、0.587 3。在此作用下，专用设备制造业的环境规制强度值最终的计算结果如下表所示。

表 5‑88 1991—2015 年江苏省专用设备制造业的环境规制强度值

年份	废水排放量	废水排放达标率	废气排放量	二氧化硫排放量	工业二氧化硫去除率	固体废物产生量	固体废物综合利用量	工业固体废物综合利用率	锅炉烟尘排放达标率	三废综合利用效率	环境规制强度值
1991	−0.096 7	0.503 7	−0.000 5	−0.098 1	0.001 1	−0.007 5	0.000 0	0.369 7	0.471 2	0.087 8	1.230 7
1992	−0.043 7	0.568 7	0.007 1	−0.034 5	0.130 7	−0.018 6	−0.020 4	0.590 4	0.437 3	0.033 2	1.650 3
1993	−0.000 9	0.568 8	0.012 3	−0.013 5	0.062 9	−0.001 8	−0.003 3	0.556 0	0.388 7	0.026 4	1.595 5
1994	0.016 7	0.557 0	0.013 0	−0.000 9	0.083 8	0.005 5	0.005 0	0.526 7	0.392 8	0.018 2	1.617 9
1995	0.013 8	0.503 4	0.011 0	0.008 4	0.047 8	0.006 5	0.006 7	0.515 2	0.292 9	0.008 1	1.414 0
1996	0.027 6	0.419 6	0.010 8	0.006 7	0.133 5	0.008 7	0.008 9	0.581 6	0.382 6	0.051 8	1.631 8
1997	0.024 7	0.512 5	0.011 1	0.006 1	0.405 7	0.008 6	0.007 7	0.562 0	0.488 0	0.002 3	2.029 3
1998	0.025 1	0.517 7	0.014 0	0.006 9	4.602 9	0.004 2	0.002 5	0.612 5	0.392 2	0.015 8	6.193 7
1999	0.035 2	0.442 1	0.014 0	0.013 3	0.261 2	0.008 3	0.006 8	0.568 0	0.441 2	0.010 8	1.801 0
2000	0.042 6	0.508 7	0.015 0	0.016 9	0.178 9	0.011 9	0.010 9	0.546 2	0.410 1	0.010 7	1.751 9
2001	0.034 6	0.489 7	0.009 4	0.012 1	2.006 5	0.010 9	0.010 0	0.520 6	0.417 4	0.022 2	3.533 4
2002	0.041 8	0.512 2	0.012 2	0.015 6	0.459 4	0.009 7	0.007 3	0.517 7	0.418 6	0.002 9	1.997 4
2003	0.061 8	0.530 9	0.016 1	0.001 2	0.059 6	0.008 3	0.006 4	0.361 7	0.423 0	0.009 3	1.478 4
2004	0.069 4	0.481 0	0.013 4	0.012 5	0.696 9	0.013 2	0.009 7	0.477 1	0.442 0	0.000 5	2.215 7
2005	0.091 9	0.530 8	−0.016 3	0.028 8	3.998 2	0.020 8	0.017 4	0.496 9	0.438 0	0.001 6	5.608 1
2006	0.084 0	0.500 4	0.021 8	0.008 8	0.037 6	0.008 7	0.007 4	0.433 7	0.416 3	0.008 9	1.527 6
2007	0.110 6	0.505 9	0.026 2	0.013 9	0.006 4	0.010 8	0.007 8	0.309 4	0.414 8	0.057 0	1.462 8
2008	0.119 7	0.499 8	0.029 7	0.013 7	0.001 4	0.014 6	0.011 9	0.408 1	0.431 5	2.166 5	3.696 9
2009	0.131 9	0.514 7	0.027 4	0.016 2	0.001 2	0.014 6	0.011 4	0.364 3	0.433 5	1.767 7	3.283 1
2010	0.111 7	0.447 5	0.032 4	0.009 9	0.001 7	0.017 6	0.015 1	0.446 3	0.437 2	0.089 2	1.608 6
2011	0.082 9	0.497 2	0.029 3	0.009 7	0.002 8	0.017 4	0.014 8	0.432 4	0.426 4	0.164 2	1.677 1

续表

年份	废水排放量	废水排放达标率	废气排放量	二氧化硫排放量	工业二氧化硫去除率	固体废物产生量	固体废物综合利用量	工业固体废物综合利用率	锅炉烟尘排放达标率	三废综合利用效率	环境规制强度值
2012	0.106 9	0.500 3	0.026 2	0.014 2	0.004 5	0.010 2	0.008 9	0.430 2	0.427 6	0.302 2	1.831 2
2013	0.108 6	0.504 7	0.035 4	0.012 8	0.007 5	0.009 3	0.006 2	0.259 9	0.428 9	0.556 3	1.929 4
2014	0.099 9	0.510 5	0.030 1	0.017 2	0.012 2	0.006 0	0.005 2	0.455 1	0.430 1	1.040 6	2.606 8
2015	0.108 3	0.518 4	0.031 1	0.011 4	0.020 1	0.008 3	0.006 2	0.329 4	0.431 3	1.865 6	3.330 1

从上表的结果中可发现,总体上1991—2015年这25年间江苏省专用设备制造业的环境规制强度值从1991年的1.230 7上升至2015年的3.330 1,呈现出一个不断上升的态势,说明江苏省的环境规制强度逐步加大,保护环境的意识愈来愈强,对环境愈加重视。

在十项指标中,工业二氧化硫去除率波动幅度较明显,三废综合利用效率在2007年后波动幅度也较大。

(二十三)交通运输设备制造业

1. Y_{ij} 的计算

表5-89　1991—2015年江苏省交通运输设备制造业单位产值三废 X_{ij} 数据表

年份	单位产值废水排放量	废水排放达标率	单位产值废气排放量	单位产值二氧化硫排放量	工业二氧化硫去除率	单位产值固体废物产生量	单位产值固体废物综合利用量	工业固体废物综合利用率	锅炉烟尘排放达标率	三废综合利用效率
1991	20.869 3	0.797 1	0.334 0	0.007 0	0.006 5	0.096 0	0.063 8	0.664 9	0.947 5	0.000 7
1992	11.757 0	0.854 6	0.183 9	0.003 5	0.081 6	0.093 8	0.080 7	0.859 7	0.936 7	0.000 3
1993	6.264 4	0.862 7	0.109 3	0.002 1	0.057 9	0.051 6	0.047 5	0.920 7	0.914 9	0.000 2
1994	5.024 1	0.865 5	0.072 7	0.001 6	0.071 7	0.040 1	0.036 5	0.909 3	0.930 9	0.000 2
1995	4.301 9	0.828 4	0.079 4	0.000 8	0.050 8	0.031 2	0.027 5	0.882 3	0.756 5	0.000 1

续表

年份	单位产值废水排放量	废水排放达标率	单位产值废气排放量	单位产值二氧化硫排放量	工业二氧化硫去除率	单位产值固体废物产生量	单位产值固体废物综合利用量	工业固体废物综合利用率	锅炉烟尘排放达标率	三废综合利用效率
1996	3.464 2	0.753 3	0.149 0	0.001 1	0.119 6	0.029 6	0.027 3	0.921 5	0.894 3	0.000 3
1997	3.650 9	0.807 9	0.064 8	0.001 0	0.148 2	0.028 3	0.026 6	0.941 7	0.990 8	0.000 1
1998	3.283 3	0.876 2	0.086 5	0.000 8	0.504 9	0.030 1	0.029 7	0.987 7	0.879 9	0.000 1
1999	2.675 7	0.870 0	0.084 5	0.000 6	0.134 6	0.026 3	0.025 8	0.980 1	0.957 1	0.000 1
2000	2.323 8	0.956 4	0.074 9	0.000 5	0.126 4	0.021 8	0.021 6	0.989 9	0.969 6	0.000 1
2001	1.884 2	0.948 5	0.047 1	0.000 3	0.401 7	0.012 4	0.011 8	0.946 4	0.966 4	0.000 2
2002	1.772 4	0.975 4	0.061 0	0.000 3	0.133 5	0.013 8	0.012 5	0.908 1	0.982 9	0.000 2
2003	1.605 1	0.994 0	0.065 6	0.000 0	0.168 1	0.009 2	0.007 7	0.845 6	0.982 9	0.000 2
2004	1.421 1	0.975 7	0.071 7	0.000 2	0.143 8	0.008 4	0.006 9	0.813 7	1.000 0	0.000 2
2005	1.142 0	0.981 2	0.049 9	0.000 1	0.165 4	0.010 8	0.010 0	0.929 4	0.998 9	0.000 2
2006	0.895 9	0.991 8	0.177 9	0.000 1	0.072 4	0.005 9	0.004 4	0.750 6	0.997 8	0.000 2
2007	0.693 0	0.990 1	0.043 4	0.000 1	0.211 2	0.004 7	0.003 7	0.779 4	1.000 0	0.000 6
2008	0.502 1	0.954 6	0.044 8	0.000 0	0.098 8	0.004 5	0.004 1	0.910 9	0.986 2	0.000 8
2009	0.438 6	0.963 2	0.044 4	0.000 0	0.189 3	0.006 1	0.005 6	0.924 4	0.981 3	0.000 4
2010	0.370 1	0.963 9	0.039 4	0.000 0	0.208 4	0.005 8	0.005 4	0.939 6	0.997 1	0.000 3
2011	0.864 1	0.971 1	0.147 6	0.000 0	0.138 9	0.033 6	0.032 6	0.971 1	0.987 5	0.000 2
2012	0.858 7	0.973 3	0.124 5	0.000 0	0.154 3	0.024 5	0.023 7	0.966 4	0.990 6	0.000 2
2013	0.929 9	0.976 3	0.147 7	0.000 0	0.173 4	0.025 0	0.022 7	0.911 0	0.993 7	0.000 2
2014	0.909 4	0.980 0	0.159 1	0.000 0	0.196 4	0.024 3	0.023 6	0.974 5	0.996 9	0.000 2
2015	0.901 4	0.984 6	0.166 5	0.000 0	0.223 6	0.023 8	0.023 1	0.970 7	1.000 0	0.000 2
β_{ij}	3.152 1	0.923 8	0.105 2	0.000 8	0.159 3	0.026 5	0.023 4	0.904 0	0.961 6	0.000 2

数据来源:1992—2016 年《江苏统计年鉴》。

运用标准化值 Y_{ij} 的计算公式,经计算可得:

表5-90 1991—2015年江苏省交通运输设备制造业单位产值三废标准化值 Y_{ij} 表

年份	单位产值废水排放量	废水排放达标率	单位产值废气排放量	单位产值二氧化硫排放量	工业二氧化硫去除率	单位产值固体废物产生量	单位产值固体废物综合利用量	工业固体废物综合利用率	锅炉烟尘排放达标率	三废综合利用效率
1991	-4.620 8	0.862 8	-1.175 0	-6.633 7	0.041 1	-1.627 2	-0.727 5	0.735 5	0.985 3	2.774 3
1992	-1.729 9	0.925 0	0.251 8	-2.323 0	0.512 2	-1.546 4	-1.448 0	0.951 0	0.974 1	1.350 8
1993	0.012 6	0.933 8	0.961 1	-0.545 4	0.363 6	0.051 1	-0.029 1	1.018 5	0.951 4	0.905 2
1994	0.406 1	0.936 9	1.308 5	0.010 2	0.450 3	0.483 6	0.440 7	1.005 9	0.968 1	0.768 7
1995	0.635 2	0.896 7	1.244 7	0.977 0	0.319 3	0.820 0	0.822 6	0.976 0	0.786 8	0.364 7
1996	0.901 0	0.815 4	0.583 3	0.606 6	0.750 7	0.880 9	0.833 8	1.019 4	0.930 0	1.249 5
1997	0.841 8	0.874 5	1.383 8	0.797 8	0.930 9	0.931 0	0.861 6	1.041 7	1.030 3	0.280 9
1998	0.958 4	0.948 4	1.177 8	0.986 8	3.170 6	0.863 0	0.730 7	1.092 6	0.915 0	0.512 8
1999	1.151 1	0.941 7	1.196 8	1.299 7	0.845 2	1.005 9	0.898 2	1.084 2	0.995 3	0.446 5
2000	1.262 8	1.035 3	1.287 5	1.384 7	0.793 6	1.176 5	1.078 2	1.095 1	1.008 3	0.450 3
2001	1.402 2	1.026 7	1.551 9	1.606 0	2.522 5	1.530 2	1.497 2	1.046 9	1.005 0	0.712 0
2002	1.437 7	1.055 8	1.420 5	1.649 4	0.838 3	1.478 0	1.463 9	1.004 5	1.022 1	0.631 1
2003	1.490 8	1.076 0	1.375 9	1.976 2	1.055 8	1.654 0	1.669 1	0.935 4	1.022 1	0.704 8
2004	1.549 2	1.056 2	1.318 0	1.813 8	0.902 9	1.681 3	1.706 7	0.900 2	1.039 9	0.628 7
2005	1.637 7	1.062 1	1.525 7	1.874 9	1.038 4	1.591 5	1.570 7	1.028 1	1.038 8	0.687 5
2006	1.715 8	1.073 6	0.308 6	1.904 0	0.454 5	1.777 6	1.811 2	0.830 3	1.037 6	0.857 5
2007	1.780 1	1.071 8	1.587 2	1.919 4	1.326 0	1.821 1	1.842 3	0.862 2	1.039 9	2.442 5
2008	1.840 7	1.033 3	1.573 8	1.949 1	0.620 3	1.830 2	1.825 1	1.007 7	1.025 6	3.057 2
2009	1.860 9	1.042 6	1.578 3	1.964 7	1.188 5	1.770 5	1.760 1	1.022 6	1.020 4	1.563 9
2010	1.882 6	1.043 4	1.625 5	1.969 4	1.308 5	1.781 6	1.767 9	1.039 4	1.036 9	1.148 5
2011	1.725 9	1.051 1	0.597 1	1.960 6	0.872 2	0.729 5	0.604 7	1.074 2	1.026 9	0.631 1
2012	1.727 6	1.053 6	0.816 7	1.959 9	0.968 9	1.074 5	0.988 6	1.069 0	1.030 1	0.704 8
2013	1.705 0	1.056 8	0.595 6	1.970 7	1.088 8	1.056 8	1.028 4	1.007 7	1.033 4	0.628 7

续表

年份	单位产值废水排放量	废水排放达标率	单位产值废气排放量	单位产值二氧化硫排放量	工业二氧化硫去除率	单位产值固体废物产生量	单位产值固体废物综合利用量	工业固体废物综合利用率	锅炉烟尘排放达标率	三废综合利用效率
2014	1.711 5	1.060 8	0.487 7	1.958 5	1.233 2	1.083 1	0.989 6	1.078 0	1.036 7	0.687 5
2015	1.714 0	1.065 8.	0.417 1	1.962 5	1.403 7	1.100 9	1.013 0	1.073 8	1.039 9	0.810 7

2. K_j 的计算

1991—2015 年江苏省工业单位产值三废 X_{ij} 数据的计算过程同制造业。

根据公式 $K_j = \dfrac{E_j}{\sum E_j} \Big/ \dfrac{O_i}{\sum O_i} = \dfrac{E_j}{O_i} * \dfrac{\sum O_i}{\sum E_j} = \dfrac{E_j}{O_i} \Big/ \dfrac{\sum E_j}{\sum O_i} = UE_{ij} / \overline{UE_{ij}}$，最终可得到 K_j。

表 5-91　K_j 的计算结果

年份	工业废水排放总量	废水排放达标率	工业废气排放总量	工业二氧化硫排放量	工业二氧化硫去除率	工业固体废物产生量	工业固体废物综合利用量	工业固体废物综合利用率	锅炉烟尘排放达标率	三废综合利用效率
1991	0.207 0	1.236 0	0.138 6	0.190 6	0.080 8	0.109 8	0.115 6	1.051 9	1.159 2	0.274 7
1992	0.175 3	1.301 7	0.115 2	0.131 3	0.794 1	0.128 4	0.166 8	1.299 4	1.088 3	0.144 5
1993	0.144 7	1.289 5	0.102 7	0.110 0	0.540 9	0.108 5	0.124 0	1.142 5	0.990 3	0.117 0
1994	0.155 6	1.258 6	0.082 6	0.107 1	0.580 6	0.096 5	0.105 7	1.095 9	0.983 7	0.099 5
1995	0.116 8	1.188 6	0.068 6	0.053 6	0.469 0	0.073 7	0.081 4	1.104 8	0.902 6	0.065 8
1996	0.121 8	1.089 6	0.154 5	0.083 5	0.549 7	0.079 1	0.094 5	1.194 1	0.997 4	0.140 5
1997	0.133 3	1.240 8	0.063 8	0.058 4	1.339 5	0.079 6	0.089 8	1.129 1	1.146 3	0.022 9
1998	0.130 3	1.155 7	0.093 0	0.053 1	4.162 3	0.082 2	0.105 9	1.287 2	1.039 0	0.063 2
1999	0.118 6	0.994 0	0.090 1	0.054 0	0.952 2	0.080 9	0.094 4	1.166 5	1.074 7	0.051 2

年份	工业废水排放总量	废水排放达标率	工业废气排放总量	工业二氧化硫排放量	工业二氧化硫去除率	工业固体废物产生量	工业固体废物综合利用量	工业固体废物综合利用率	锅炉烟尘排放达标率	三废综合利用效率
2000	0.120 3	1.040 2	0.086 3	0.061 6	0.695 6	0.075 0	0.086 8	1.157 6	0.986 0	0.053 1
2001	0.081 7	1.009 8	0.041 5	0.034 4	2.327 5	0.041 1	0.042 8	1.040 7	1.006 8	0.068 8
2002	0.093 5	1.016 9	0.059 2	0.037 2	0.647 5	0.050 5	0.050 2	0.995 1	0.995 9	0.060 1
2003	0.129 5	1.017 0	0.081 0	0.003 6	0.646 6	0.045 9	0.038 9	0.848 1	1.003 8	0.076 6
2004	0.136 4	1.000 3	0.073 4	0.022 8	0.514 3	0.036 1	0.029 5	0.817 3	1.029 5	0.058 6
2005	0.140 5	1.004 2	0.080 8	0.027 1	0.440 7	0.062 3	0.060 6	0.972 5	1.019 1	0.059 5
2006	0.143 6	1.014 6	0.296 1	0.028 0	0.152 5	0.036 5	0.028 3	0.775 3	1.013 9	0.060 8
2007	0.162 0	1.012 9	0.098 1	0.034 0	0.355 6	0.037 7	0.029 7	0.787 8	1.010 0	0.180 1
2008	0.148 8	0.976 7	0.120 4	0.030 7	0.149 4	0.043 0	0.039 6	0.922 2	0.991 2	0.239 0
2009	0.135 6	1.002 1	0.118 3	0.025 2	0.273 6	0.060 5	0.057 1	0.943 3	0.990 7	0.140 2
2010	0.147 5	0.981 6	0.116 2	0.024 8	0.295 7	0.063 7	0.061 8	0.970 9	1.015 3	0.119 1
2011	0.417 5	0.996 7	0.329 8	0.035 5	0.183 5	0.363 6	0.370 5	1.018 8	1.002 8	0.061 3
2012	0.471 8	0.997 5	0.307 5	0.043 4	0.193 2	0.296 0	0.313 7	1.059 6	1.003 3	0.064 1
2013	0.620 5	0.998 7	0.397 7	0.038 1	0.205 7	0.319 0	0.300 5	0.941 9	1.003 7	0.053 6
2014	0.706 5	1.000 2	0.381 4	0.062 8	0.220 8	0.328 0	0.330 1	1.006 6	1.004 2	0.055 8
2015	0.724 6	1.002 9	0.431 0	0.066 3	0.238 1	0.346 8	0.351 5	1.013 7	1.004 7	0.060 0

3. S_i 值的计算

运用离差最大化决策方法计算权重 K,K 值归一化之后的结果分别为 0.490 0、0.510 0、0.448 7、0.265 7、0.285 6、0.323 5、0.290 7、0.385 8、0.431 0、0.569 0。在此作用下,交通运输设备制造业的环境规制强度值最终的计算结果如下表所示。

表 5 - 92 1991—2015 年江苏省交通运输设备制造业的环境规制强度值

年份	废水排放量	废水排放达标率	废气排放量	二氧化硫排放量	工业二氧化硫去除率	固体废物产生量	固体废物综合利用量	工业固体废物综合利用率	锅炉烟尘排放达标率	三废综合利用效率	环境规制强度值
1991	−0.468 8	0.543 9	−0.073 1	−0.336 0	0.000 9	−0.057 8	−0.024 4	0.298 5	0.492 3	0.433 6	0.809 2
1992	−0.148 6	0.614 1	0.013 0	−0.081 0	0.116 2	−0.064 2	−0.070 2	0.476 8	0.456 9	0.111 1	1.424 0
1993	0.000 9	0.614 1	0.044 3	−0.015 9	0.056 2	0.001 8	−0.001 0	0.448 9	0.406 1	0.060 2	1.615 5
1994	0.031 0	0.601 4	0.048 5	0.000 3	0.074 7	0.015 1	0.013 5	0.425 3	0.410 4	0.043 5	1.663 6
1995	0.036 4	0.543 6	0.038 3	0.013 9	0.042 8	0.019 5	0.019 5	0.416 0	0.306 1	0.013 7	1.449 7
1996	0.053 8	0.453 1	0.040 4	0.013 5	0.117 9	0.022 6	0.022 9	0.469 6	0.399 8	0.099 9	1.693 4
1997	0.055 0	0.553 4	0.039 6	0.012 4	0.356 1	0.024 0	0.022 5	0.453 8	0.509 0	0.003 7	2.029 4
1998	0.061 2	0.559 0	0.049 2	0.013 9	3.769 0	0.023 0	0.022 5	0.542 6	0.409 7	0.018 4	5.468 5
1999	0.066 9	0.477 4	0.048 4	0.018 7	0.229 8	0.026 3	0.024 7	0.487 9	0.461 0	0.013 0	1.854 2
2000	0.074 4	0.549 2	0.049 9	0.022 7	0.157 7	0.028 5	0.027 2	0.489 0	0.428 5	0.013 6	1.840 7
2001	0.056 1	0.528 8	0.028 9	0.014 7	1.676 8	0.020 3	0.018 6	0.420 4	0.436 1	0.027 9	3.228 6
2002	0.065 9	0.547 5	0.037 7	0.016 3	0.155 0	0.024 1	0.021 4	0.385 6	0.438 7	0.021 6	1.713 9
2003	0.094 6	0.558 1	0.050 0	0.001 9	0.195 0	0.024 6	0.018 9	0.306 1	0.442 2	0.030 7	1.722 1
2004	0.103 5	0.538 8	0.043 4	0.011 0	0.132 6	0.019 6	0.014 6	0.283 8	0.461 4	0.021 0	1.629 9
2005	0.112 8	0.544 0	0.055 3	0.013 5	0.130 7	0.032 1	0.027 7	0.385 7	0.456 2	0.023 3	1.781 2
2006	0.120 7	0.555 5	0.041 0	0.014 1	0.019 8	0.021 0	0.014 9	0.248 4	0.453 4	0.029 7	1.518 5
2007	0.141 3	0.553 7	0.069 9	0.017 3	0.134 7	0.022 2	0.015 9	0.262 0	0.452 7	0.250 3	1.920 1
2008	0.134 2	0.514 7	0.085 0	0.015 9	0.026 5	0.025 4	0.021 0	0.358 5	0.438 1	0.415 8	2.035 1
2009	0.123 7	0.532 9	0.083 3	0.013 2	0.092 9	0.034 7	0.029 2	0.372 1	0.435 7	0.124 8	1.842 9
2010	0.136 0	0.522 3	0.084 7	0.013 0	0.110 5	0.036 7	0.031 8	0.389 3	0.453 7	0.077 8	1.855 9
2011	0.353 1	0.534 3	0.088 4	0.018 5	0.045 7	0.085 8	0.065 1	0.422 2	0.443 8	0.022 0	2.078 9

年份	废水排放量	废水排放达标率	废气排放量	二氧化硫排放量	工业二氧化硫去除率	固体废物产生量	固体废物综合利用量	工业固体废物综合利用率	锅炉烟尘排放达标率	三废综合利用效率	环境规制强度值
2012	0.399 4	0.536 0	0.112 7	0.022 6	0.053 5	0.102 9	0.090 1	0.437 0	0.445 4	0.025 7	2.225 3
2013	0.518 4	0.538 3	0.106 3	0.020 0	0.064 0	0.109 1	0.089 8	0.366 2	0.447 1	0.019 2	2.278 2
2014	0.592 5	0.541 1	0.083 5	0.032 7	0.077 8	0.114 9	0.095 0	0.418 6	0.448 7	0.021 8	2.426 5
2015	0.608 6	0.545 1	0.080 7	0.034 6	0.095 5	0.123 5	0.103 5	0.419 9	0.450 3	0.027 7	2.489 4

从上表的结果中可发现,总体上1991—2015 年这 25 年间江苏省交通运输设备制造业的环境规制强度值从 1991 年的0.809 2上升至 2015 年的2.489 4,呈现出一个不断上升的态势,说明江苏省的环境规制强度逐步加大,保护环境的意识愈来愈强,对环境愈加重视。

在十项指标中,工业二氧化硫去除率在1998、2002 年出现两次峰值,其余指标的强度值均很稳定。

第六章　江苏省制造业绿色发展绩效指数研究

一　制造业绿色发展绩效指数的构建

参照苏利阳、郑红霞、王毅(2013)的"工业绿色发展绩效指数"指标评价体系的构建,我们试图构建制造业绿色发展绩效指数(Manufacturing Industry Green Development Performance Index,MIGDPI)。

工业绿色发展绩效指数(Industry Green Development Performance Index,IGDPI)是一个地区工业资源消耗或污染物排放强度与全国工业相应资源消耗或污染物排放强度比值的加权平均。该指数越大,表明工业绿色发展绩效水平越差,该指数越小,表明工业绿色绩效水平越好。苏利阳、郑红霞、王毅(2013)在构建工业绿色发展绩效指数时选取了能源消耗指标和环境污染指标,由于本研究报告旨在探究雾霾天气治理下江苏省制造业绿色发展,侧重点在于雾霾天气治理约束即工业废气污染条件下的制造业绿色发展,所以本文在构建制造业绿色发展绩效指数时仅选取环境污染指数。制造业绿色发展绩效指数的表达式如下:

$$MIGDPI = \frac{1}{n} \sum_{i}^{n} w_i x_i$$

在该公式中,MIGDPI 是制造业绿色绩效指数;w_i 为制造业第 i 种污染排放的权重,x_i 为制造业第 i 种污染物排放总量,n 为所排放的污染物的种类数。

关于制造业绿色发展指数的指标体系与指标赋权。在构建制造业绿色发展绩效指数的时候,我们着重关注工业三废对制造业绿色发展的影响,选取了废水、废气、固体废物 3 个一级指标,以及单位工业增加值 COD 排放量、单位工业增加值氨氮排放量、单位工业增加值 SO_2 排放量、单位工业增加值氧氮化物排放量、单位工业增加值粉尘排放量、单位工业增加值待利用固体废弃物排放量 6 个二级指标,如表 6-1。

表 6-1　制造业绿色发展绩效指标评价体系

一级指标	二级指标	权重
废水	单位工业增加值 COD 排放量	0.173 2
	单位工业增加值氨氮排放量	0.177 3
废气	单位工业增加值 SO_2 排放量	0.161 8
	单位工业增加值氧氮化物排放量	0.156 0
	单位工业增加值粉尘排放量	0.164 5
固体废物	单位工业增加值待利用固体废物排放量	0.167 1

我们将通过无量纲化处理,得到规范化制造业绿色发展数据,并通过离差最大化的方法得到六个二级指标各自的权重。

表 6-2　江苏省制造业绿色发展绩效数据表

年份	制造业增加值/亿元	COD 排放量/吨	氨氮排放量/吨	SO_2 排放量/吨	氮氧化物排放量/吨	粉尘排放量/吨	待利用固体废物排放量/万吨
2011	20 978.51	210 796	14 946	484 234	330 566	371 084	168.49
2012	22 393.82	206 575	14 949	464 764	333 993	296 485	176.58
2013	24 227.19	185 336	12 938	452 688	343 986	307 000	156.99

续表

年份	制造业增加值/亿元	COD排放量/吨	氨氮排放量/吨	SO₂排放量/吨	氮氧化物排放量/吨	粉尘排放量/吨	待利用固体废物排放量/万吨
2014	25 484.27	169 913	11 898	430 240	352 482	542 678	136.31
2015	26 434.83	169 357	11 909	414 647	350 477	478 951	42.58

表 6-3　江苏省制造业绿色发展绩效单位产值污染物排放数据表

年份	单位工业增加值COD排放量/吨	单位工业增加值氨氮排放量/吨	单位工业增加值SO₂排放量/吨	单位工业增加值氮氧化物排放量/吨	单位工业增加值粉尘排放量/吨	单位工业增加值待利用固体废物排放量/万吨
2011	10.048 2	0.712 4	23.082 4	15.757 4	17.688 8	0.008 0
2012	9.224 6	0.667 6	20.754 1	14.914 5	13.239 6	0.007 9
2013	7.649 9	0.534 0	18.685 1	14.198 3	12.671 7	0.006 5
2014	6.667 4	0.466 9	16.882 6	13.831 4	21.294 6	0.005 3
2015	6.406 6	0.450 5	15.685 6	13.258 2	18.118 2	0.001 6

表 6-4　江苏省制造业绿色发展绩效规范化数据表

年份	单位工业增加值COD排放量（0.175 6）	单位工业增加值氨氮排放量（0.179 8）	单位工业增加值SO₂排放量（0.164 0）	单位工业增加值氮氧化物排放量（0.158 2）	单位工业增加值粉尘排放量（0.166 8）	单位工业增加值待利用固体废物排放量（0.155 6）	MIGDPI
2011	0.000 0	0.000 0	0.000 0	0.000 0	0.069 7	0.000 0	0.069 7
2012	0.039 7	0.030 8	0.051 6	0.053 3	0.155 8	0.003 5	0.334 8
2013	0.115 7	0.122 5	0.097 5	0.098 7	0.166 8	0.037 6	0.638 7
2014	0.163 1	0.168 5	0.137 5	0.121 9	0.000 0	0.065 0	0.656 0
2015	0.175 6	0.179 8	0.164 0	0.158 2	0.061 4	0.155 7	0.894 7

二　江苏省制造业绿色发展绩效评价

本小节基于制造业绿色发展绩效指数和相关指标，对2011—2015年江苏省制造业绿色发展绩效指数进行了综合评估。结果显示,"十二五"期间,江苏省 MIGDPI 综合评价值由0.069 7上升到0.894 7,表明受益于制造业的高速增长和"节能减排"等政策的实施,江苏省制造业绿色发展绩效得到显著改善。

从图 6-1 中我们可以看出,江苏省制造业绿色发展绩效指数是不断上升的,反映出"十二五"期间江苏省制造业实行的一系列节能减排措施都取得了良好的效果。

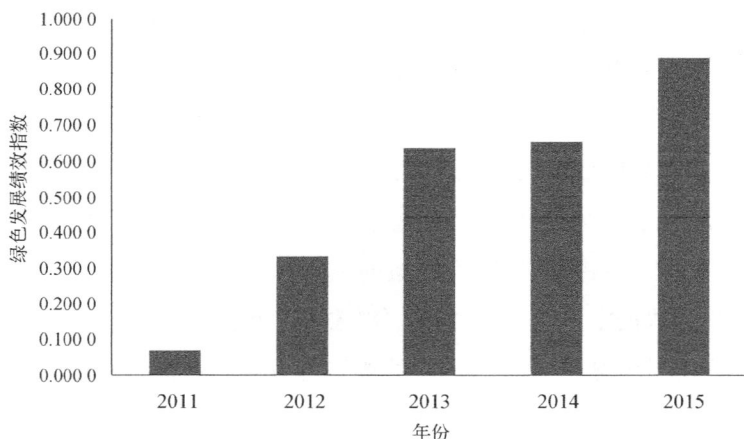

图 6-1　江苏省制造业绿色发展绩效综合评价值

（一）水污染环境规制政策与措施

2011 年,江苏省开展新一轮化工行业专项整治,对传统制造业尤其是纺织印染产业展开了升级改造,突出对"一环两区"即环太湖一级保护区、太湖西部沿岸区和望虞河西岸区的综合治理力度。在环境政策方面,江苏省密切跟进国家公布的《重点流域水污染防治"十二五"规划(2011—2015)》,对涉及江苏淮河流域水污染防治的包括城镇污水处理及配套设施、工业污染防治、饮用水源地污染防治、畜禽养殖污染防治、区域水环境综合治理等共 5 大类 208 个项目,总投资达132.9亿元;组织编制江苏省级淮河流域水污染防治"十二五"规划,科学划分优先控制单元和重点控制城市;争取中央淮河流域水污染防治专项资金4.92亿元,用于支持重点工程项目建设。江苏省推进产业结构调整,加强制造业点源治理,关闭化工企业462家,完成清洁生产审核1262家;推进环境资源区域补偿、环境污染责任保险及排污权交易试点,征收氮磷排污费,有效地减少了制造业的污染物排放。

2012年,江苏省开展化工和电镀企业专项整治,关停并转化化工企业100多家,完成资源型清洁生产审核企业430家,新建污染处理厂扩建项目18个;在政策制定方面,通过了《江苏省通榆河水污染防治条例》,在通榆河保护区内禁止新建、改建、扩建制浆、造纸、化工、制革、酿造、染料、印染、电镀、炼油、铅酸蓄电池项目等污染环境的项目,此外,排放水污染物的黑色金属冶炼及压延加工项目、有色金属冶炼及压延加工项目、金属制品项目也在禁止之列。

2013年,江苏省全年共发布重点企业清洁生产公告共24批(包括省级和各省辖市),每季度第一个月按时向环保部上报江苏通过清洁生产审核评估验收的重点企业名单;出台《关于对重点企业清洁生产审核咨询机构实施行业分类管理(试行)的通知》,对全省清洁生产咨询机构划分的21类行业(火电、炼焦、多晶硅、金属表面处理及热处理加工、有色金属冶炼及压延加工、非金属矿物制品业、黑色金属冶炼及压延加工、采矿、化学原料及化学制品制造、橡胶制品、煤炭、石化、制药、轻工、纺织、皮革及其制品、废弃资源和废旧材料回收加工、机械及器材制造、交通运输设备制造、环境治理和通信设备、计算机及其他电子设备制造)进行分类管理,两年考核备案一次;对2012年度30家企业清洁生产审核绩效后评估情况进行通报,并对全省100家重点企业开展后评估。截至2013年底,列入名单的1 184家重点企业(涉及重金属污染的企业106家)中,43家企业已关停,已开展清洁生产审核的重点企业1 141家。

2014年,全省完成水污染物减排项目1 435个,新增城镇污水处理能力80万立方米/日,建设污水收集主干管网2 500千米,城镇污水处理厂全年实际处理污水量38.3亿立方米;建设企业深度治理和再生水回用工程 49 个、沼气治理工程 482 个、生物有机肥加工试点项目 18 个、畜禽粪便处理中心项目 29 个,全省规模养殖场畜禽粪便无害化处理和资源化利用率达 83%。

2015 年,江苏省政府印发《江苏省水污染防治工作方案》,打造"政府统领、企业施治、市场驱动、公众参与"的水污染防治新机制。《方案》要求,深化工业污染防治,提升城镇生活污水处理水平,推进农业农村污染防治,加强水资源保护,健全环境管理制度,加强环保执法监督,强化科技污染防治支撑作用,充分发挥市场机制作用,全力保障水环境安全,加强组织实施。

本书在评估江苏省绿色发展绩效指数时,主要选取了单位工业增加值 COD 排放量和单位工业增加值氨氮排放量来测量江苏省制造业的水污染物排放水平。其中,COD 是以化学方法测量水样中需要被氧化的还原性物质的量,指废水、废水处理厂出水和受污染的水中,能被强氧化剂氧化的物质(一般为有机物)的氧当量。化学需氧量高意味着水中含有大量还原性物质,其中主要是有机污染物。化学需氧量越高,就表示江水的有机物污染越严重,根据表 6 - 3 我们可以发现,在"十二五"期间,单位工业增加值 COD 排放量已由 2011 年的10.048 2吨下降为 2015 年的6.406 6吨。而氨氮是指水中以游离氨(NH_3)和铵离子(NH_4+)形式存在的氮。动物性有机物的含氮量一般较植物性有机物为高。同时,人畜粪便中含氮有机物很不稳定,容易分解成氨。因此,水中氨氮含量增高时,氨氮可以在一定条件下转化成亚硝酸盐,如果长期饮用,水中的亚硝酸盐将和蛋白质结合形成亚硝胺,这是一种强致癌物质,对人体健康极为不利。从表 6 - 3 中可看出,在"十二五"期间,单位工业增加值氨氮排放量已由 2011 年的0.712 4吨下降为 2015 年的0.450 5吨。单位工业增加值 COD 和氨氮的排放量减小,与上述江苏省在"十二五"期间发布的一系列防治水污染的政策法规以及清洁生产、健全排污税制度等措施是密不可分的,可以说在这一期间,江苏省的制造业绿色发展水平取得了长足的进步。

(二)大气污染环境规制政策与措施

2011年,江苏省扩大城市"禁燃区"(禁止使用高污染燃料区域)面积100多平方千米,关闭搬迁146家大气污染严重的企业,关停小燃煤机组82万千瓦。加快推进电力、钢铁等行业的脱硫、脱硝、除尘工作,建成谏壁电厂等脱硝工程和沙钢等非电力行业脱硫工程;以钢铁、建材、火电等行业为重点,推广使用高效除尘技术,开展新一轮除尘改造,严格控制工业烟粉尘排放量;加大监管力度,全省国控废气重点污染源全部安装自动监控装置,实现省、市、县三级联网监控。

2012年,江苏省加快推进电力行业脱硝工程和钢铁行业脱硫工程;完成全省锅炉大气污染防治现状调查和烟尘治理方案编制工作,以苏州市为试点开展现役燃煤锅炉的清洁能源替代和高效除尘改造;根据国家新修订的火电、钢铁、炼焦等行业大气污染物排放标准,部署推进除尘设施提标改造工作;全省国控废气重点污染源全部安装自动监控装置,实现省、市、县三级联网监控。

2013年,江苏省大气污染防治联席会议办公室下达10大类900个大气污染治理重点工程项目,实际完成1 173项。全省各市、县划定高污染燃料禁燃区总面积达5 188平方千米,为建成区的1.2倍;出台全省燃煤锅炉整治方案,苏州完成国家燃煤锅炉整治一期试点;全省火电机组近60%装机容量完成除尘提标改造,落实钢铁、水泥等重点行业大气特别排放限值;加强挥发性有机污染物治理,推进9个省级化工园区整治试点,在19家大型化工企业推行泄漏检测与修复技术;编制出台苏Ⅴ车用汽油污染物排放等地方标准,研究制定化工废气、表面涂装等重点行业大气污染物排放标准。

2014年,江苏省政府印发《江苏省大气污染防治行动计划实施方案》,分解下达1 166个年度重点工程项目,严格环境准入,将烟粉尘、挥发性有机物"减二增一"作为项目环评审批前置条件;出台全省煤炭消费总量控制和目标责任管理实施方案,建立能源消费强度和消费总量"双控"机制;完成燃煤机组超低排放示范工程8个、火电等企业除尘提标改造项目343个、有机废气治理项目490个,在19家大型石化企业推行泄漏检测与修复技术;以生态红线区、高污染燃料禁燃区、省级以上开发区为重点,整治燃煤锅炉4 273台、8 340蒸吨。

2015年,江苏省严格落实空气质量改善目标责任制,建立"以周保月、以月保年"的工作机制。省人大十二届三次会议审议通过《江苏省大气污染防治条例》;推进燃煤机组超低排放改造,整治燃煤锅炉8 277台,基本完成五大行业限期治理。

本书在评估江苏省绿色发展绩效指数时,主要选取了单位工业增加值SO_2排放量、单位工业增加值氮氧化物排放量和单位工业增加值粉尘排放量来测量江苏省制造业的大气污染物排放水平。其中,SO_2是大气主要污染物之一,更会在$PM_{2.5}$条件下氧化,迅速生成硫酸,因而工业二氧化硫的排放容易导致酸雨的形成,从而对建筑物造成腐蚀。由表6-3可以看出,"十二五"期间,单位工业增加值SO_2排放量已由2011年的23.082 4吨下降为2015年的15.685 6吨。而氮氧化物指的是只由氮、氧两种元素组成的化合物。常见的氮氧化物有一氧化氮(NO,无色)、二氧化氮(NO_2,红棕色)、一氧化二氮(N_2O)、五氧化二氮(N_2O_5)等,容易造成酸雨,危害公共财产,同时也会对人的呼吸道健康造成危害。从表6-3中可以看出,在"十二五"期间,单位制造业增加值氮氧化物排放量已经由2011年的15.757 4吨下降为2015年的13.258 2吨。从业粉尘是指悬浮在空气中的固体微粒,被人吸入肺部中容易导致肺癌等一系列疾病,同时在工业生产中粉尘引起的爆炸也危及人们的生命安全。由表6-3可以看出,在"十二五"期间,单位制造业增加值粉尘排放量在2011—2015年中的变化趋势是先下降再上升最后又重新下降,这表明在"十二五"期间,工业粉尘的排放量仍然是制约我国制造业绿色发展的一个重要因素之一,一度在这五年间失去控制,但通过江苏省政府节能减排的一系列举措,终于又在"十二五"规划的末期重新恢复到正常水平。在"十二五"期间,江苏省政府通过关闭高污染、高能耗的企业,推行清洁生产,极大限度地降低了工业污染物的排放量,减少了对空气环境的危害;而通过对制造业重度污染产业污染物排放进行严格的标准限制,大大降低了空气污染的程度;同时,清洁能源的使用降低了传统高能耗与高污染的煤、炭、石油等资源的消耗,从而减少了对大气的污染。可以说江苏省制造业的绿色发展绩效指数在2011—2015年间的不断提高与江苏省政府在这期间出台的一系列防治空气污染的政策与举措是密切相关的。

（三）固体废弃物环境污染规制政策与措施

在"十二五"期间,江苏省通过一系列上述的污染防治措施,减少了制造业固体废弃物污染的排放量。截至2015年,全省一般工业固体废物产生量11 259.1万吨,综合利用量10 756.0万吨(其中综合利用往年贮存量12.9万吨),处置量418.0万吨(其中处置往年贮存量0.1万吨),贮存量98.1万吨。全省基本形成以焚烧处置方式为主,建材综合利用、填埋和土地利用处置方式并存的污泥处置结构。其中,焚烧处置占64.4%,建材综合利用占14.2%,填埋处置占17.0%,土地利用处置占4.4%。废弃电器电子产品处理企业共接收废弃电器电子产品572.5万台,拆解587.5万台。

由表6-3可以看出,单位制造业增加值固体废弃物待利用量已经从2011年的0.008 0万吨下降为2015年的0.001 6万吨。可以说江苏省制造业的绿色发展绩效指数在2011—2015年间的不断提高与江苏省政府在这期间出台的一系列防治固体废弃物污染的政策与举措是密切相关的。

三 基于江苏制造业绿色发展绩效指数的结论

作为从理论到实践的桥梁,制造业绿色发展指数能够指导和引领制造业绿色发展的方向,并为江苏省制定有利于工业绿色发展的相关政策提供有力支撑。本研究在详细刻画工业绿色发展内涵的基础上,构建了一套基于江苏省实际的制造业绿色发展绩效指标体系,对"十二五"期间江苏省制造业绿色发展绩效水平进行了评估和排名,并对结果进行了详细分析,主要结论如下:

第一,"十二五"期间,江苏省制造业工业增加值不断增加,从数值上来看由2011年的20 978.51亿元增长到2015年26 434.83亿元,从增长幅度来看有了迅速的提高,可以说江苏省制造业的经济创造能力在这五年间得到了显著的增强;

第二,从单位制造业增加值污染物排放的具体指标来看,除单位工业增加值粉尘排放量之外,单位工业增加值COD排放量、单位工业增加值氨氮排放量、单位工业增加值SO_2排放量、单位工业增加值氮氧化物排放量、单位工业增加值待利用固体废物排放量在这五年间都有了迅速的下降。此外,本书还从江苏省政府在"十二五"年间出台的各项防治"三废"污染的政策与措施出发,揭示了单位制造业增加值污染物排放量下降的原因。

第三,据江苏省制造业绿色发展绩效指数的评价结果显示,2011—2015年我国制造业绿色发展绩效显著改善,但在某些污染物排放方面仍然存在一定问题,如工业粉尘的排放上,未来亟需挖掘新的潜力。同时,根据我国工业绿色发展水平和改善速率展望未来,江苏省促进制造业绿色发展的任务仍十分紧迫,也需要相应评估体系加以引导。然而,制造业绿色发展水平评估无论是国内还是国外都是新生事物,没有成熟的经验可以借鉴,加上其内涵的丰富性和外延的复杂性,使得建立一个综合指数来反映工业绿色发展水平面临着巨大的挑战。在实践中,我国缺乏与工业绿色发展特别是绿色产业、绿色产品相配套的统计、监测体系。因此,本研究仅是制造业绿色发展评估的开始,该领域仍存在大量的问题需要进一步的深入研究。

从江苏省制造业绿色发展绩效指数评估中我们可以发现,"十二五"期间出台的一系列节能减排、污染防治的政策已经使得江苏省制造业的绿色发展能力取得显著的提高,然而,绿色发展并不是政府单方面的事情,无论是企业还是个人,都应该增强绿色观念,为江苏省制造业绿色发展作出贡献。

第七章　江苏制造业绿色竞争力体系构建与评价

制造业是实体经济的主体,是生产水平的集中体现和经济发展的基础。江苏制造业正在为努力建成领先水平的先进制造业基地、制造强省而努力。随着发展与转型,制造业规模的扩大给环境带来了负担。因此,评价制造业的发展状况不能仅依赖经济指标,在新时代背景下更应该关注关乎人类生存的生态问题。为此,本书建立了包含经济、社会和生态三方面指标的绿色竞争力评价体系,以更完善地分析江苏制造业的发展状况,发现问题,面向未来。

一　江苏制造业绿色竞争力体系构建

本书在梳理文献和可查询的江苏省制造业数据的基础上,遵循层次性、可行性和可比性原则,构建了江苏省制造业绿色竞争力指标体系,具体如表7-1所示。本书的指标体系横向分三大模块,分别是绿色经济表现力、绿色社会支撑力和绿色生态维护力,纵向分三个层次,三级指标共有23个。绿色经济表现力模块下,行业总产值和行业总产值占工业总产值比重代表行业的发展规模;新产品产值占总产值比重表示行业创新产出,进而衡量行业的研发力度;该模块的其他指标归类于发展质量指标,如表示行业盈利水平的利润总额、表示行业产品受市场接受度的产品销售率等。国内外学者对社会效益指标的选择不尽相同、各有特色,但社会发展的目的是促进人的发展,是让人民在与自然等保持和谐的基础上实现生活的幸福感,在评价制造业的发展质量时要将支撑制造业发展的相关从业人员的情况考虑进去,因此,本文基于坚持以人为本的原则和可查询数据,在指标体系中加入了以从业人数的数量和工资作为衡量标准的绿色社会支撑力系列指标。另外,随着经济体量的不断增大,1998—2016年江苏制造业排放的各类污染物、废气废水等不可避免地不断增加,因此在设置生态维护力系列指标时,本书不仅考虑了排放总量指标,还用各种污染物排放量与当年行业生产总值的比值作为排污强度指标,以排除经济规模的影响。除此之外,污染物利用率指标也包含在本书的体系框架中。

表 7-1 江苏省制造业绿色竞争力指标体系

	一级指标	二级指标	三级指标
绿色竞争力指标体系(A)	绿色经济表现力(B1)	发展规模指标(C1)	行业总产值(亿元)(X1)
			行业总产值占工业总产值比重(%)(X2)
		发展质量指标(C2)	劳动生产率(万元/人)(X3)
			利润总额(亿元)(X4)
			人均利润率(万元/人)(X5)
			成本费用利用率(%)(X6)
			产品销售率(%)(X7)
		创新能力指标(C3)	新产品产值占行业总产值比重(%)(X8)
	绿色社会支撑力(B2)	工资水平指标(C4)	城镇单位从业人员年工资总额(亿元/年)(X9)
			城镇单位从业人员年平均工资(元/人·年)(X10)
		从业人数指标(C5)	就业人员人数(万人)(X11)
			就业人员人数占就业总人数比重(%)(X12)

	一级指标	二级指标	三级指标
绿色竞争力指标体系（A）	绿色生态维护力（B3）	污染物利用指标(C6)	一般工业固体废物利用率(%)(X13)
		排污量指标(C7)	固体废物产生量(万吨)(X14)
			二氧化硫排放量(吨)(X15)
			粉(烟)尘排放量(吨)(X16)
			废水排放量(万吨)(X17)
			废气排放量(亿立方米)(X18)
		排污强度指标(C8)	二氧化硫排放强度(吨/万元产值)(X19)
			粉(烟)尘排放强度(吨/万元产值)(X20)
			废水排放强度(吨/万元产值)(X21)
			废气排放强度(亿立方米/亿元产值)(X22)
			固体废物产生强度(吨/万元产值)(X23)

资料来源：1999—2017 年《江苏统计年鉴》。

二　江苏省制造业绿色竞争力的实证研究

（一）综合评价值的测算与改变点确定

本书所有的指标值直接来自对应年份的《江苏统计年鉴》或者根据《江苏统计年鉴》所列报数据计算整理得到。由于 2016 年的生态方面的原始数据在各种年鉴中均未列报，本文采用1998—2015 年这 18 年的平均增长率估算 2016 年的对应数据，得出的数据有个别不太符合行业发展趋势，则重新采用最近 5 年的平均增长率进行估算。对于江苏省制造业总体评价，通过最大离差化法得到各个指标的权重取值，进而算出综合评价值。1998—2016 年江苏制造业绿色经济表现力、社会支撑力和生态维护力的具体指标评价值如表 7－2 至表 7－4 所示，综合评价值如表7－5 所示。

表 7-2 1998—2016 年江苏制造业绿色经济表现力具体指标评价值

指标	发展规模指标(C1)		发展质量指标(C2)					创新能力指标(C3)
	X1	X2	X3	X4	X5	X6	X7	X8
权重	4.75%	5.25%	4.38%	4.57%	4.31%	3.54%	4.02%	4.05%
1998	0.000 0	0.000 0	0.000 0	0.000 0	0.000 0	0.000 0	0.001 1	0.015 8
1999	0.000 3	0.000 0	0.000 9	0.000 4	0.000 8	0.007 6	0.000 0	0.018 4
2000	0.000 8	0.001 7	0.002 3	0.000 9	0.002 0	0.014 2	0.009 5	0.023 8
2001	0.001 2	0.002 1	0.003 2	0.001 1	0.002 5	0.020 7	0.010 3	0.022 3
2002	0.001 9	0.003 5	0.004 4	0.001 7	0.003 6	0.023 1	0.014 9	0.014 4
2003	0.003 2	0.008 0	0.006 3	0.002 7	0.005 3	0.025 7	0.020 0	0.007 4
2004	0.005 3	0.015 0	0.009 0	0.004 2	0.007 3	0.031 3	0.023 6	0.004 7
2005	0.007 6	0.021 1	0.011 0	0.005 2	0.007 9	0.014 9	0.027 3	0.000 0
2006	0.010 4	0.026 3	0.013 4	0.007 4	0.010 0	0.017 3	0.032 7	0.003 2
2007	0.014 2	0.033 2	0.016 3	0.011 3	0.013 6	0.023 0	0.029 3	0.003 3
2008	0.018 7	0.041 6	0.016 1	0.017 1	0.016 0	0.030 7	0.026 7	0.015 5
2009	0.020 4	0.038 9	0.019 5	0.017 2	0.017 4	0.027 2	0.026 6	0.008 1
2010	0.026 5	0.047 4	0.022 4	0.025 6	0.023 1	0.034 8	0.034 7	0.007 3
2011	0.031 4	0.051 1	0.028 9	0.030 7	0.029 4	0.035 4	0.036 2	0.022 1
2012	0.035 3	0.051 3	0.031 5	0.031 0	0.028 6	0.030 0	0.037 4	0.029 8
2013	0.039 7	0.052 5	0.035 0	0.035 6	0.032 4	0.030 1	0.040 2	0.029 5
2014	0.042 7	0.051 3	0.038 0	0.038 6	0.035 3	0.030 9	0.036 1	0.035 1
2015	0.044 9	0.048 8	0.040 3	0.041 3	0.038 0	0.032 5	0.030 4	0.034 9
2016	0.047 5	0.047 7	0.043 8	0.045 7	0.043 1	0.034 5	0.037 9	0.040 5

表 7-3 1998—2016 年江苏制造业绿色社会支撑力具体指标评价值

指标	工资水平指标(C4)		从业人数指标(C5)	
	X9	X10	X11	X12
权重	4.27%	4.28%	5.48%	5.45%
1998	0.000 0	0.000 0	0.004 9	0.006 1

续表

指标	工资水平指标(C4)		从业人数指标(C5)	
	X9	X10	X11	X12
权重	4.27%	4.28%	5.48%	5.45%
1999	0.000 1	0.000 5	0.002 4	0.003 3
2000	0.000 2	0.001 3	0.000 1	0.000 3
2001	0.000 2	0.002 0	0.000 0	0.000 0
2002	0.000 5	0.003 0	0.001 4	0.001 1
2003	0.000 9	0.004 4	0.004 7	0.004 6
2004	0.001 4	0.005 6	0.009 3	0.009 2
2005	0.002 2	0.006 8	0.016 4	0.016 4
2006	0.003 7	0.008 4	0.022 4	0.022 3
2007	0.005 1	0.010 4	0.029 9	0.029 5
2008	0.006 5	0.012 8	0.050 1	0.050 9
2009	0.006 9	0.014 3	0.043 9	0.043 6
2010	0.009 3	0.017 5	0.054 8	0.054 5
2011	0.013 0	0.021 3	0.049 6	0.049 0
2012	0.016 0	0.025 3	0.053 0	0.052 5
2013	0.033 7	0.033 4	0.054 6	0.054 2
2014	0.040 1	0.036 6	0.054 1	0.053 7
2015	0.042 6	0.039 7	0.053 8	0.053 4
2016	0.042 7	0.042 8	0.051 7	0.051 2

表 7－4　1998—2016 年江苏制造业绿色生态维护力具体指标评价值

指标	污染物利用指标(C6)	排污量指标(C7)					
	X13	X14	X15	X16	X17	X18
权重	4.00%	4.93%	3.43%	3.44%	4.43%	4.41%
1998	0.003 4	0.049 0	0.007 8	0.000 0	0.043 8	0.044 1

指标	污染物利用指标(C6)	排污量指标(C7)				
	X13	X14	X15	X16	X17	X18
权重	4.00％	4.93％	3.43％	3.44％	4.43％	4.41％
1999	0.011 0	0.049 3	0.025 9	0.011 4	0.043 9	0.043 6
2000	0.021 3	0.049 0	0.034 3	0.025 5	0.044 3	0.043 0
2001	0.010 0	0.044 3	0.005 5	0.023 1	0.005 4	0.040 0
2002	0.000 0	0.038 7	0.000 0	0.026 5	0.000 0	0.038 5
2003	0.040 0	0.043 9	0.008 8	0.015 7	0.035 6	0.036 4
2004	0.027 2	0.039 6	0.010 3	0.010 8	0.022 2	0.035 1
2005	0.031 1	0.034 1	0.007 4	0.020 1	0.007 6	0.035 0
2006	0.027 0	0.025 2	0.013 1	0.023 9	0.015 6	0.032 3
2007	0.036 0	0.026 9	0.017 6	0.026 3	0.018 3	0.033 4
2008	0.033 5	0.026 2	0.019 8	0.031 0	0.018 0	0.032 4
2009	0.034 3	0.022 7	0.018 3	0.033 8	0.005 9	0.030 4
2010	0.031 5	0.017 7	0.024 9	0.034 4	0.011 8	0.028 7
2011	0.029 4	0.005 4	0.002 2	0.028 9	0.013 1	0.011 1
2012	0.005 9	0.005 5	0.007 3	0.034 0	0.015 8	0.011 3
2013	0.033 3	0.003 0	0.010 4	0.033 3	0.028 3	0.010 6
2014	0.031 7	0.000 7	0.016 3	0.017 2	0.038 6	0.000 0
2015	0.036 5	0.003 1	0.020 4	0.021 5	0.037 0	0.003 5
2016	0.037 6	0.000 0	0.021 1	0.022 5	0.036 6	0.001 4

指标	排污强度指标(C8)				
	X19	X20	X21	X22	X23
权重	4.58％	3.07％	4.47％	4.30％	4.57％
1998	0.000 1	0.000 0	0.000 0	0.012 9	0.000 1
1999	0.007 3	0.009 1	0.004 9	0.013 3	0.007 3
2000	0.014 2	0.018 7	0.011 2	0.015 9	0.014 2

指标	排污强度指标（C8）				
	X19	X20	X21	X22	X23
权重	4.58%	3.07%	4.47%	4.30%	4.57%
2001	0.005 5	0.019 1	0.004 5	0.000 0	0.005 5
2002	0.000 0	0.022 2	0.009 9	0.001 1	0.000 0
2003	0.023 6	0.021 6	0.025 0	0.005 8	0.023 6
2004	0.027 3	0.023 3	0.029 2	0.015 9	0.027 3
2005	0.028 9	0.026 5	0.032 0	0.026 3	0.028 9
2006	0.028 0	0.028 0	0.035 9	0.028 3	0.028 0
2007	0.036 2	0.029 0	0.038 6	0.037 3	0.036 2
2008	0.040 8	0.029 8	0.040 5	0.041 0	0.040 8
2009	0.040 6	0.030 1	0.040 4	0.040 4	0.040 6
2010	0.042 6	0.030 4	0.042 1	0.043 0	0.042 6
2011	0.041 1	0.030 3	0.042 9	0.032 5	0.041 1
2012	0.043 0	0.030 6	0.043 4	0.035 5	0.043 0
2013	0.044 1	0.030 7	0.044 1	0.037 8	0.044 1
2014	0.044 6	0.030 2	0.044 5	0.033 3	0.044 6
2015	0.045 8	0.030 4	0.044 6	0.036 5	0.045 8
2016	0.045 8	0.030 5	0.044 7	0.036 6	0.045 8

表7－5　1998—2016年江苏制造业绿色竞争力综合评价值

年份	绿色经济表现力	绿色社会支撑力	绿色生态维护力	综合评价值
1998	0.016 9	0.011 0	0.161 2	0.189 1
1999	0.028 3	0.006 3	0.226 9	0.261 5
2000	0.055 2	0.001 9	0.291 5	0.348 6

年份	绿色经济表现力	绿色社会支撑力	绿色生态维护力	综合评价值
2001	0.063 4	0.002 2	0.162 9	0.228 5
2002	0.067 4	0.006 0	0.136 9	0.210 3
2003	0.078 6	0.014 6	0.280 1	0.373 3
2004	0.100 3	0.025 4	0.268 2	0.393 9
2005	0.095 1	0.041 9	0.278 1	0.415 1
2006	0.120 9	0.056 6	0.285 4	0.462 9
2007	0.144 2	0.074 8	0.335 7	0.554 7
2008	0.182 5	0.120 4	0.353 8	0.656 7
2009	0.175 2	0.108 6	0.337 6	0.621 4
2010	0.221 8	0.136 0	0.349 6	0.707 4
2011	0.265 1	0.132 9	0.278 1	0.676 1
2012	0.274 9	0.146 7	0.275 4	0.697 0
2013	0.295 0	0.175 9	0.319 8	0.790 7
2014	0.308 1	0.184 5	0.301 6	0.794 2
2015	0.311 2	0.189 5	0.325 2	0.825 9
2016	0.340 8	0.188 4	0.322 7	0.851 9

通过灰色关联改变点算法取 T＝5,6,7,8,9,对江苏制造业1998—2016 年的综合评价值进行解剖,详见表 7-6 和表 7-7。表 7-6 中最大值点为第 6 个点,即该时间序列的改变点为 2003 年。第二个改变点见表 7-7,最大值点为第 7 个点,由于是从后半列选取的参考序列,所以该时间序列改变点为 2009 年。所以该时间序列可分成三部分,即1998—2003 年,2004—2009 年,2010—2016 年。

表 7-6 江苏制造业绿色竞争力相对 T—整体关联度的值(1)

T	解剖时间序列	$\eta(T)$	T*	改变点 1
5	2003—2016/1998—2002	9.168 5		
6	2004—2016/1998—2003	17.851 1		
7	2005—2016/1998—2004	12.827 2	6	2003
8	2006—2016/1998—2005	2.176 0		
9	2007—2016/1998—2006	0		

表 7-7 江苏制造业绿色竞争力相对 T—整体关联度的值(2)

T	解剖时间序列	$\eta(T)$	T*	改变点 2
5	1998—2011/2012—2016	0.993 0		
6	1998—2010/2011—2016	2.674 1		
7	1998—2009/2010—2016	27.544 9	7	2009
8	1998—2008/2009—2016	61.901 5		
9	1998—2007/2008—2016	0		

(二)江苏制造业总体结果分析

根据表 7-5 中得到的江苏制造业绿色竞争力综合评价值和年增长率值生成柱状图和折线图,如图 7-1 所示,1998—2016 年江苏制造业的绿色竞争力的总体趋势是上升的,由 1998 年的 0.189 1 上升至 2016 年的 0.851 9,说明江苏制造业的竞争力明显增强。计算增长率可知,改变点划分的三阶段中,1998—2003 年处于波动阶段,增长幅度最大达 77.51%,最小则是 −34.45%;2004—2009 年增长率大多在 5%—20% 之间,呈现稳定上升趋势;2010—2016 年的总体增长幅度相比上一阶段更小。经济、社会和生态三个角度的评价值如图 7-2 所示,经济表现力和社会支撑力评价值稳步提升,生态维护力评价值波折不断,生态方面的表现直接影响了江苏制造业绿色竞争力的总体趋势,生态模块下排放总量和强度两类指标评价值走势如图 7-3 所示。

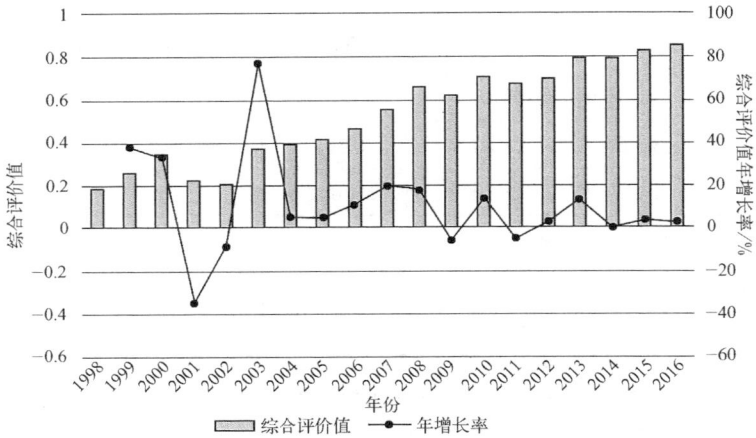

图 7-1 1998—2016 年江苏制造业绿色竞争力综合评价值折线图

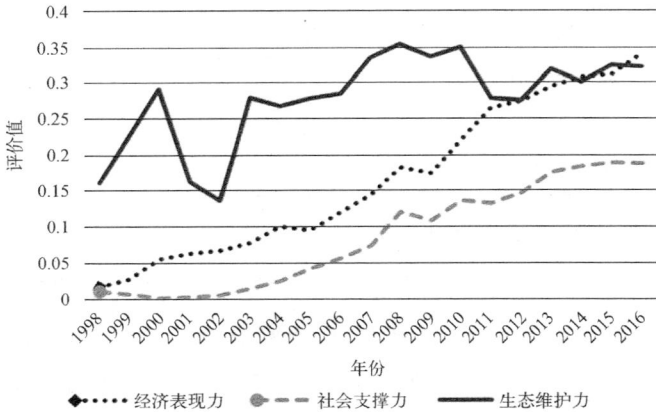

图 7-2 1998—2016 年江苏制造业绿色竞争力分指标评价值折线图

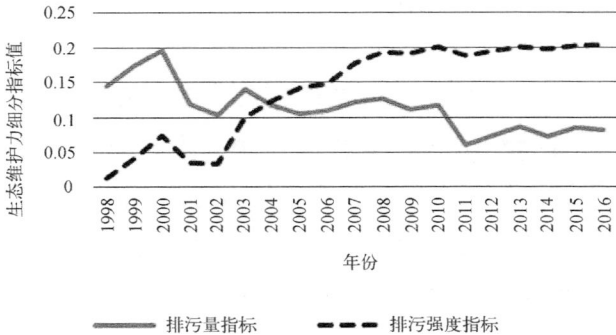

图 7-3 1998—2016 年生态维护力细分两类指标评价值

1. 1998—2003 年

该时间段,江苏制造业绿色竞争力上升幅度小,并经历了两次剧烈波动。从经济角度来看,经济表现力评价值在 0—0.1 之间,一直处于缓慢上升趋势。该阶段比较具有代表性的事件是 2001 年中国成功加入世界贸易组织,中国与世界的经济互动愈加增强。江苏作为东部沿海省份,是对外开放的活跃省份,在吸引外资方面具有优势,该阶段流入江苏的外商直接投资流向的制造业占比达到 70％。江苏制造业在此时以劳动密集型产业为代表的传统行业为主,生产效率较低,产生的经济效益有限,外商在先进制造业的劳动密集型环节上的投资给江苏制造业的产业升级带来契机。另外,该阶段世界石油等原料价格的大起大落给江苏制造业带来一定负担,2002 年末至 2003 年爆发的"非典"导致许多企业停工,也给江苏工业发展带来创伤。

从社会角度来看,该阶段的绿色社会支撑力评价值一直处在 0.02 以下,且带有微小幅度的下降,到 2003 年才有回升趋势。该阶段江苏制造业的就业人数在 1998—2002 年连续降低,至 2003 年底也没有回升到 1998 年的水平。但是从业人员工资总额稳步提升,年人均工资从 7 398 元提升至突破 10 000 元,说明江苏制造业追求规模壮大的同时,创造了更多社会效益,员工工资待遇有所提高。

从生态角度来看,该阶段的绿色生态维护力评级值波动剧烈,1998 年得分 0.16,至 2000 年达 0.29,又回落到 0.16 后再保持上升态势。由于经济和社会指标评价值趋势稳定、变化幅度小,生态指标评价值直接影响到综合评价值的走势。1998—2003 年江苏制造业经济体量小,污染物的排放量相对小,排放量指标评价值相比之后阶段更好;但是排放强度大,排放强度指标评价值相比之后阶段差。1998—2000 年排污量和排污强度评价值都有所上升,原因是 1998 年《江苏省征收二氧化硫排污费暂行办法》等文件的颁布。在产业规模产值增长幅度有限情况下,政府相关部门的经济手段起到了积极作用,使得制造业各行业的排污管理更严谨。但是 2001 年后,江苏与世界的连接促使产业规模迅速扩大,而技术水平没有得到明显提升,制造业各行业想要减小排污量和排污强度的难度升级,导致生态方面评价值明显下降。

2. 2004—2009 年

该时间段江苏制造业绿色竞争力评价值从 0.393 9 稳步上升到 0.621 4,2008 年达最高值 0.656 7。从经济角度看,随着市场经济的推进,江苏制造业不管是规模上还是质量上都得到了长足的发展。在此期间,制造业每一年产值的同比增速普遍达到 27% 以上,连续三年的利润额同比增长率在 37% 以上,规模以上私营企业超过 4 万家。另一方面,江苏的高新技术制造业发展至全国领先水平,区域集聚进程加快,电子行业成为江苏第一大支柱行业。至 2008 年底,江苏高新技术业的产值继 2006 年提前完成"双倍增"目标后创造新成绩,占全省规模以上工业产值的比重达 28%。2008—2009 年,经济评价值的小幅度下降缘于 2008 年金融危机在全球的蔓延对国内的冲击,部分处于价值链低端的制造业企业因这一事件亏损严重。

从社会角度看,社会支撑力评价值从 0.025 4 跃至 0.108 6,2008 年达最高值 0.120 4。在此期间江苏制造业从业者工资总额翻了一番,达 800 亿元,年人均工资从 1.5 万元一路上升至 2.7 万元,说明行业整体对人力资源的重视程度越来越高,特别是附加值相对高的高新技术产业的崛起,制造业内高技术人才队伍不断扩大,拉高了制造业整体的工资水平。同时,不断增加的制造业从业人数在 2008—2009 年突然下降 75 万左右,原因来自多方面,一方面是部分传统的劳动密集型行业中,技术的升级使得部分环节所用到的人工数量减少;另一方面是受到 2008 年美国次贷危机波及,导致沿海多家工厂关闭,失业率有所提高。

从生态角度来看,2004—2008 年生态维护力评价值从 0.268 2 升至 0.353 8,2009 年回落到 0.337 4,总体生态维护力呈现稳定上升趋势。说明社会各界更深刻地意识到不能以破坏环境为代价发展经济,由政府牵头,以发布的一系列环境保护相关法律法规、政府文件为基础,中央和地方采取了系列环境规制措施。比如江苏省政府颁发的《江苏省清洁生产"十一五"行动纲要》,重点明确,针对性较强;2006年发布文件提高化学工业水污染物排放标准;2007年开始推广排污权交易,完善排污收费制度等。这也促使国际先进污染物处理设备和工艺引进步伐的加快、制造业企业内部关于环保的研发投入的增大。该阶段的环保技术成果收获颇丰,如省内首家外资污水处理厂在2007年建成投运,同年,省内成功研制大气污染无线监测系统。同时,省内企业的环保意识不断加强,污染大户扬子石化于2006年开始烟气脱硫工作、江苏14家耗能大户于2007年加入欧盟"自愿减排"协议。该期间内,江苏与具前沿环保经验的发达国家多次"牵手",合作完成多项环保工作,具代表性的有2008年南京市和日本石川县合作展开的南京大气环境改善项目,2009年徐州和德国北莱茵-威斯特法伦州借鉴鲁尔工业区的成功经验、在徐州开展的生态示范项目。因此在经济体量保持高增速的情况下,生态维护力的成绩反而有了一定进步,从图7-3中也可以看到该阶段排污强度不断改善,排污量指标评价值稳定在0.1—0.15之间。

3. 2010—2016 年

此期间的综合评价值从0.707 4上升到0.851 9,每年的增长幅度趋缓,多次处于3%—4%之间。从经济层面看,在经过2009年的回落后,经济表现力评价值仍保持稳定的增长,符合政策所倡导的"新常态"特征。为应对全球金融危机带来的负面效应,中国政府在2008年底提出"四万亿"救市计划,到2010年底,约1.5万亿元投资流入重大基础设施建设中。抛开后续负面影响不谈,在该计划刺激下,制造业在这几年得到了一定发展。此外,随着"十二五"计划完成,江苏的制造业转型升级工作也取得了初步成果。长三角地区展开区域间深度战略合作,根据江苏各地制造业特色的不同、优势行业差异,各地有针对性地承接了来自浙北和上海的制造业企业,产业链分工协同发展布局愈发完善。同时,江苏以创新型经济为主攻方向,通信设备、计算机及电子设备制造业等技术密集型行业的产值增长势头迅猛,2016 年高新技术产业的产值占规模以上工业比重达41.5%,增速最快的仪器仪表制造业和生物医药制造业则成为技术发展和产业应用的新方向。

从社会层面看,社会支撑力评价值从0.136 0升至0.188 4,总体是缓慢上升趋势。江苏制造业从业者工资总额翻了将近两番,2016 年达3 790.5亿元,年人均工资从 3 万元翻倍到超过 6 万元。工资的快速上涨代表着人工成本的攀升,江苏逐渐失去劳动密集型制造业行业优势,导致从业人员的数量逐年下降。

从生态层面看,2010—2016 年生态维护力评价值先下降后缓慢上升。不得不提政府的"四万亿"计划让钢铁等行业的投资热度空前,其中不乏大量盲目投资,使得这些资源型行业市场的呈现扩张态势,这些行为对生态产生极大的负面作用。虽然环境规制方式和内容的强度在不断增加、排污技术也有一定进步,但是江苏制造业整体的排污量指标评价值相较之前阶段又下降一个层级,维持在0.05—0.1区间内,而排污强度评价值与前一阶段的明显提升相比,这一阶段仅维持在0.2左右,没有显现出上升趋势,反而略有下降。

三 重点细分行业结果分析

本文对1998—2016 年可查询到体系中所有指标数据的十个重点行业进行了综合评价值和改变点的测算,评价值结果如表 7 - 8 至表 7 - 11,改变点分布如表 7 - 12 所示。

表7-8 细分行业经济表现力评价值

年份	纺织业	皮革、毛皮、羽绒及其制品业	造纸和纸制品业	石油加工及炼焦业	化学原料及化学制品制造业	医药制造业	化学纤维制造业	非金属矿物制品业	黑色金属冶炼及压延加工业	金属制品业
1998	0.039 1	0.043 4	0.010 4	0.067 0	0.009 9	0.017 4	0.019 3	0.013 8	0.012 7	0.009 0
1999	0.055 2	0.044 4	0.026 6	0.068 8	0.028 9	0.055 6	0.066 9	0.019 8	0.033 0	0.019 8
2000	0.080 3	0.058 9	0.043 3	0.059 9	0.037 3	0.060 0	0.094 3	0.045 0	0.079 1	0.026 8
2001	0.074 3	0.048 7	0.073 6	0.049 5	0.028 8	0.065 3	0.058 1	0.054 4	0.085 1	0.042 9
2002	0.084 9	0.072 8	0.100 3	0.065 7	0.049 3	0.064 7	0.058 7	0.060 4	0.093 5	0.068 7
2003	0.089 5	0.097 6	0.115 6	0.097 1	0.055 0	0.079 0	0.070 7	0.078 8	0.110 0	0.078 6
2004	0.101 0	0.125 9	0.109 6	0.116 5	0.084 9	0.086 1	0.081 9	0.086 6	0.144 8	0.093 1
2005	0.124 9	0.090 6	0.128 0	0.114 7	0.090 0	0.074 5	0.085 6	0.092 6	0.154 9	0.100 3
2006	0.146 5	0.127 6	0.149 2	0.115 7	0.111 2	0.069 4	0.121 0	0.114 4	0.190 9	0.119 1
2007	0.163 5	0.120 2	0.184 5	0.209 8	0.151 6	0.085 4	0.154 8	0.132 9	0.236 9	0.121 8
2008	0.187 3	0.114 6	0.204 4	0.084 0	0.166 9	0.162 0	0.176 4	0.173 5	0.294 7	0.165 5
2009	0.176 8	0.102 4	0.214 5	0.197 8	0.164 1	0.142 7	0.162 3	0.164 1	0.209 6	0.148 0
2010	0.236 0	0.128 1	0.234 3	0.233 7	0.205 9	0.150 2	0.245 1	0.233 7	0.248 8	0.192 4
2011	0.269 9	0.131 4	0.261 8	0.214 4	0.279 4	0.200 9	0.286 1	0.274 8	0.280 3	0.233 2

续表

年份	纺织业	皮革、毛皮、羽绒及其制品业	造纸和纸制品业	石油加工及炼焦业	化学原料及化学制品制造业	医药制造业	化学纤维制造业	非金属矿物制品业	黑色金属冶炼及压延加工业	金属制品业
2012	0.275 3	0.198 9	0.246 0	0.192 8	0.263 0	0.239 8	0.263 0	0.287 7	0.254 4	0.260 6
2013	0.269 3	0.219 2	0.257 6	0.298 4	0.284 8	0.250 1	0.258 0	0.321 0	0.280 8	0.275 6
2014	0.289 7	0.242 8	0.277 5	0.236 1	0.296 3	0.294 0	0.246 4	0.340 7	0.290 2	0.302 8
2015	0.293 5	0.292 4	0.281 0	0.247 0	0.315 2	0.314 1	0.257 6	0.348 6	0.251 9	0.310 2
2016	0.307 9	0.303 8	0.298 7	0.249 9	0.345 9	0.341 0	0.280 0	0.376 6	0.272 2	0.327 1

表 7 - 9　细分行业社会支撑力评价值

年份	纺织业	皮革、毛皮、羽绒及其制品业	造纸和纸制品业	石油加工及炼焦业	化学原料及化学制品制造业	医药制造业	化学纤维制造业	非金属矿物制品业	黑色金属冶炼及压延加工业	金属制品业
1998	0.034 8	0.000 5	0.013 0	0.096 8	0.031 6	0.005 0	0.009 5	0.101 3	0.003 6	0.004 9
1999	0.020 9	0.004 2	0.027 5	0.099 8	0.026 1	0.014 2	0.009 0	0.086 4	0.002 6	0.001 9
2000	0.011 0	0.006 9	0.004 8	0.095 8	0.013 3	0.004 5	0.003 9	0.046 6	0.004 0	0.002 0
2001	0.009 7	0.010 6	0.004 8	0.063 0	0.007 0	0.002 8	0.012 2	0.024 5	0.003 1	0.003 6
2002	0.012 8	0.021 3	0.008 3	0.031 6	0.004 2	0.010 2	0.012 6	0.016 0	0.005 9	0.014 5

续表

年份	纺织业	皮革、毛皮羽绒及其制品业	造纸和纸制品业	石油加工及炼焦业	化学原料及化学制品制造业	医药制造业	化学纤维制造业	非金属矿物制品业	黑色金属冶炼及压延加工业	金属制品业
2003	0.023 0	0.070 9	0.016 1	0.028 5	0.005 2	0.010 5	0.014 5	0.005 0	0.019 2	0.026 8
2004	0.031 7	0.092 2	0.026 4	0.019 2	0.007 1	0.012 7	0.026 7	0.012 2	0.029 5	0.038 9
2005	0.053 9	0.067 9	0.041 7	0.022 5	0.017 0	0.019 5	0.031 6	0.016 2	0.047 4	0.052 5
2006	0.066 6	0.088 4	0.055 4	0.028 9	0.030 2	0.027 3	0.037 8	0.026 3	0.059 8	0.076 6
2007	0.075 2	0.112 4	0.073 0	0.031 6	0.049 2	0.032 5	0.049 6	0.044 8	0.072 2	0.095 1
2008	0.101 4	0.123 4	0.123 0	0.073 5	0.086 5	0.057 7	0.069 9	0.110 5	0.085 0	0.170 5
2009	0.078 3	0.109 7	0.104 0	0.050 2	0.080 9	0.061 2	0.065 9	0.100 3	0.082 9	0.150 3
2010	0.096 0	0.117 1	0.130 0	0.057 9	0.114 9	0.079 9	0.080 5	0.133 3	0.100 5	0.180 5
2011	0.062 7	0.146 3	0.113 8	0.070 1	0.128 1	0.090 7	0.112 7	0.114 9	0.137 5	0.176 5
2012	0.060 3	0.159 0	0.119 5	0.088 6	0.142 2	0.097 3	0.145 6	0.138 5	0.148 4	0.192 5
2013	0.081 7	0.170 0	0.135 7	0.095 4	0.178 1	0.137 0	0.160 2	0.173 8	0.186 9	0.234 1
2014	0.090 8	0.179 8	0.141 6	0.138 3	0.188 3	0.152 4	0.163 1	0.200 6	0.184 1	0.253 4
2015	0.090 4	0.186 3	0.156 1	0.147 1	0.192 2	0.171 9	0.163 1	0.203 0	0.178 2	0.255 7
2016	0.089 8	0.175 0	0.147 3	0.157 8	0.200 5	0.187 6	0.176 9	0.205 0	0.167 0	0.249 9

表 7 - 10　细分行业生态维护评价值

年份	纺织业	皮革、毛皮、羽绒及其制品业	造纸和纸制品业	石油加工及炼焦业	化学原料及化学制品制造业	医药制造业	化学纤维制造业	非金属矿物制品业	黑色金属冶炼及压延加工业	金属制品业
1998	0.1864	0.2005	0.2517	0.3252	0.0811	0.1306	0.1768	0.1712	0.2263	0.2185
1999	0.2659	0.2744	0.2239	0.3706	0.1286	0.1990	0.2123	0.1802	0.2527	0.1958
2000	0.2743	0.2787	0.3304	0.4019	0.2078	0.2172	0.2796	0.2365	0.2991	0.2442
2001	0.1691	0.2659	0.2940	0.3910	0.1438	0.1920	0.2545	0.1841	0.2581	0.3060
2002	0.1721	0.2254	0.2666	0.3521	0.2331	0.2571	0.2768	0.2217	0.2920	0.2639
2003	0.2178	0.3141	0.2811	0.4309	0.2581	0.2240	0.3261	0.1928	0.3392	0.3068
2004	0.2017	0.3068	0.2728	0.3658	0.2504	0.2882	0.2419	0.2202	0.3342	0.2862
2005	0.2250	0.3243	0.3123	0.3872	0.2291	0.3094	0.2411	0.2564	0.3158	0.2750
2006	0.2313	0.3014	0.2282	0.0850	0.3024	0.3510	0.2628	0.2105	0.3185	0.2725
2007	0.3186	0.3239	0.2914	0.1236	0.2946	0.3330	0.2618	0.3988	0.3543	0.1698
2008	0.3604	0.2580	0.3542	0.1635	0.3213	0.3304	0.2814	0.3090	0.3543	0.2247
2009	0.3175	0.3023	0.3235	0.1622	0.3290	0.3510	0.2702	0.3108	0.3254	0.2109
2010	0.3073	0.2503	0.2666	0.2447	0.3348	0.3514	0.3087	0.3180	0.3390	0.2904
2011	0.2876	0.2986	0.2276	0.2555	0.3299	0.3972	0.3009	0.2620	0.2814	0.1207

续表

年份	纺织业	皮革、毛皮、羽绒及其制品业	造纸和纸制品业	石油加工及炼焦业	化学原料及化学制品制造业	医药制造业	化学纤维制造业	非金属矿物制品业	黑色金属冶炼及压延加工业	金属制品业
2012	0.2753	0.3978	0.2464	0.2958	0.3402	0.3700	0.3479	0.2703	0.2751	0.1696
2013	0.3090	0.3400	0.2803	0.1923	0.3724	0.3664	0.3639	0.2802	0.2978	0.1774
2014	0.3294	0.3123	0.2753	0.2108	0.3382	0.3429	0.3557	0.2734	0.2641	0.1814
2015	0.3349	0.2424	0.3086	0.2356	0.3506	0.3551	0.3565	0.3158	0.2576	0.2344
2016	0.3366	0.2288	0.2929	0.2159	0.3512	0.3530	0.3541	0.3137	0.2377	0.2247

表7-11　细分行业绿色竞争力综合评价值

年份	纺织业	皮革、毛皮、羽绒及其制品业	造纸和纸制品业	石油加工及炼焦业	化学原料及化学制品制造业	医药制造业	化学纤维制造业	非金属矿物制品业	黑色金属冶炼及压延加工业	金属制品业
1998	0.2602	0.2444	0.2751	0.4890	0.1227	0.1530	0.2056	0.2863	0.2425	0.2324
1999	0.3420	0.3230	0.2779	0.5392	0.1835	0.2688	0.2883	0.2865	0.2883	0.2174
2000	0.3656	0.3445	0.3785	0.5577	0.2583	0.2817	0.3778	0.3281	0.3821	0.2731
2001	0.2530	0.3254	0.3724	0.5035	0.1797	0.2601	0.3249	0.2630	0.3464	0.3525
2002	0.2697	0.3195	0.3752	0.4494	0.2867	0.3319	0.3482	0.2980	0.3914	0.3471

续表

年份	纺织业	皮革、毛皮、羽绒及其制品业	造纸和纸制品业	石油加工及炼焦业	化学原料及化学制品制造业	医药制造业	化学纤维制造业	非金属矿物制品业	黑色金属冶炼及压延加工业	金属制品业
2003	0.330 3	0.482 6	0.412 7	0.556 5	0.318 2	0.313 6	0.411 3	0.276 5	0.468 3	0.412 2
2004	0.334 5	0.525 0	0.408 8	0.501 5	0.342 4	0.387 1	0.350 5	0.318 9	0.508 5	0.418 2
2005	0.403 8	0.482 7	0.482 0	0.524 4	0.336 1	0.403 4	0.358 3	0.365 2	0.518 0	0.427 9
2006	0.444 3	0.517 4	0.432 8	0.229 6	0.443 8	0.447 7	0.421 5	0.351 3	0.569 2	0.468 2
2007	0.557 3	0.556 5	0.548 9	0.365 1	0.495 4	0.450 9	0.466 2	0.576 5	0.663 3	0.386 7
2008	0.649 1	0.496 0	0.681 7	0.321 0	0.574 7	0.550 0	0.527 7	0.593 0	0.733 9	0.560 6
2009	0.572 6	0.514 4	0.642 0	0.410 2	0.574 1	0.554 9	0.498 4	0.575 3	0.617 8	0.509 3
2010	0.639 2	0.495 5	0.630 9	0.536 4	0.655 6	0.581 5	0.634 3	0.685 0	0.688 4	0.663 3
2011	0.620 2	0.576 4	0.603 2	0.540 0	0.737 4	0.688 8	0.699 6	0.651 7	0.699 3	0.530 4
2012	0.610 9	0.755 7	0.611 9	0.577 2	0.745 4	0.707 0	0.756 5	0.696 5	0.677 9	0.622 7
2013	0.659 9	0.729 2	0.673 6	0.586 1	0.835 3	0.753 5	0.782 1	0.775 0	0.765 5	0.687 1
2014	0.710 0	0.734 8	0.694 4	0.585 2	0.822 7	0.789 3	0.765 2	0.814 7	0.738 5	0.737 6
2015	0.718 9	0.721 0	0.745 7	0.629 8	0.858 1	0.841 0	0.777 2	0.867 4	0.687 6	0.800 3
2016	0.734 4	0.707 6	0.739 0	0.623 5	0.897 7	0.881 5	0.811 0	0.895 3	0.676 9	0.801 7

表 7 - 12　十个重点细分行业改变点分布

行业	改变点 1	改变点 2
皮革、毛皮、羽绒及其制品业	2002	2009
化学原料及化学制品制造业	2002	2009
造纸和纸制品业	2003	2009
化学纤维制造业	2003	2010
纺织业	2004	2009
医药制造业	2005	2009
石油加工及炼焦业	2005	2009
非金属矿物制品业	2005	2009
黑色金属冶炼及压延加工业	2005	2009
金属制品业	2005	2009

表 7 - 12 中十个行业的第一个改变点出现的年份都在 2003 年附近，但是分布不均，大部分行业改变点出现年份晚于制造业整体。根据行业特点，该十个行业都属于中度至重度污染的制造业行业，且这些行业大部分也是江苏的传统优势行业，规模都比较大，即使环境规制等措施施行，这些行业也需要一定的时间去消化、调整，行业转型速度相比高新技术产业慢，因此，石油加工及炼焦业、黑色金属冶炼及压延加工业等传统高耗能、高污染行业的改变点比制造业整体晚两年也可以理解。巧的是，除化学纤维制造业，第二个改变点均出现在 2009 年，说明政府应对国际金融危机的一揽子计划在短时间内对这些传统行业产生了极大的刺激作用。

评价值测算结果得出的折线图如图 7 - 4 所示。从折线图的走势可看出，除了石油加工及炼焦业，其余行业在 1998 年的综合评价值都在 0.1—0.3 区间内，2016 年普遍在 0.7—0.9 之间，其间虽有多次波动，但整体趋势是逐渐上升的。评价值得分最好的行业是化学原料及化学制品制造业、医药制造业。前者从 0.122 7 上升至 0.897 7，后者从 0.153 0 上升至0.8815,前后差额超过0.7,绿色竞争力显著进步。在其他行业评价值普遍快速提升的第二阶段,石油加工及炼焦业的评价值在快速下降的基础上缓慢回升,导致最终的评价值结果在0.62左右,与1998年相比只上升了约0.13。

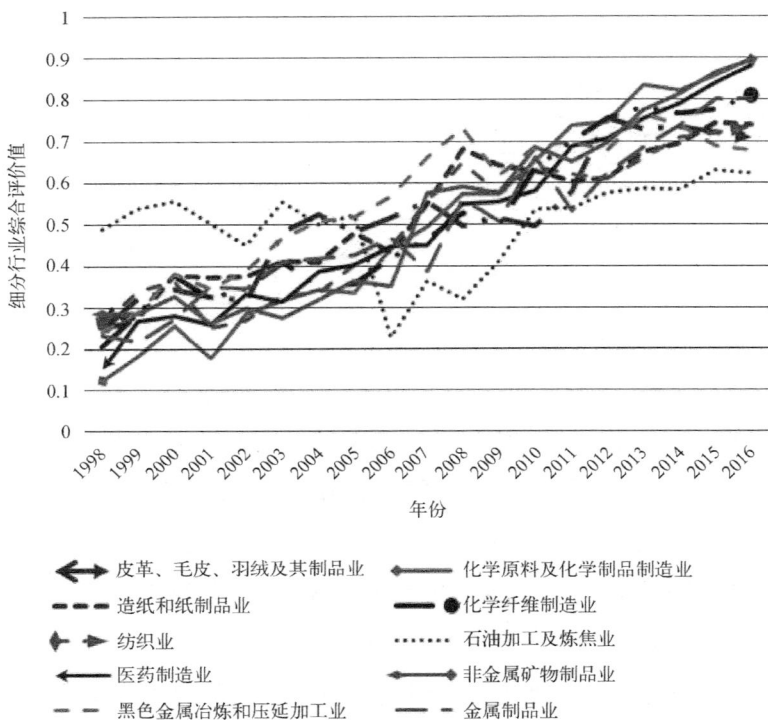

图7-4 1998—2016年江苏制造业细分行业绿色竞争力评价值折线图

细分行业的绿色竞争力综合评价值的三个组成部分中,经济表现力的评价值结果的趋势图如图7-5和图7-6,图7-5中的行业的改变点分别分布在2003年及之前和2009年,图7-6的行业的改变点分布普遍在2005年和2009年。虽然改变点分布有差异,但是这些行业的经济表现力的评价值趋势相似,一直呈现相对稳定的上升趋势,至2016年评价值基本处于0.25—0.35之间。评价值提高程度最高的是非金属矿物制造业、化学原料及化学制品制造业、医药制造业,这三个行业1998年的评价值接近 0,至 2016 年已达或接近 0.35,是 2016 年评价值表现最好的三个行业。

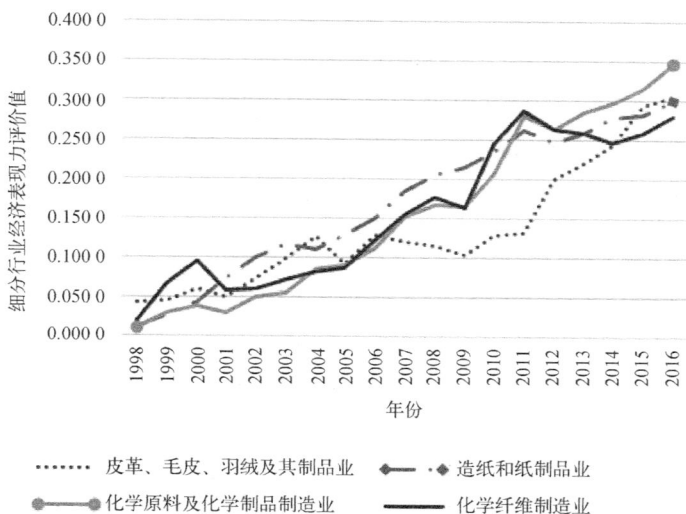

图 7-5　细分行业绿色经济表现力评价值折线图(1)

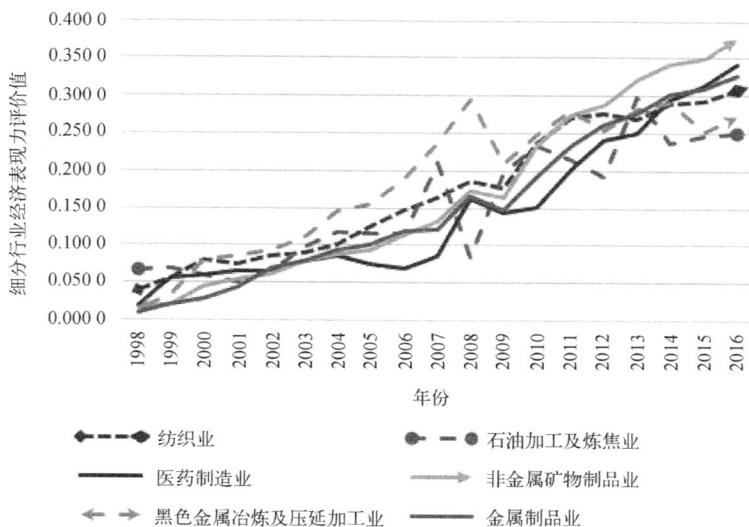

图 7-6　细分行业绿色经济表现力评价值折线图(2)

社会支撑力评价值结果的趋势图如图 7－7 和图 7－8,行业分类与经济表现力的趋势图一致。图 7－8 中的行业呈现的倒 N 型趋势较明显;而图 7－7 中的行业虽在某些年份有所波动,但基本呈现稳定上升趋势,至 2016 年,大部分行业的评价值在0.15—0.20之间。此外,金属制品业的社会支撑力评价值最高,为0.249 9;表现最差的纺织业的评价值为0.089 8,说明具有劳动密集型特点的纺织业的从业人员待遇处于制造业的劣势地位。

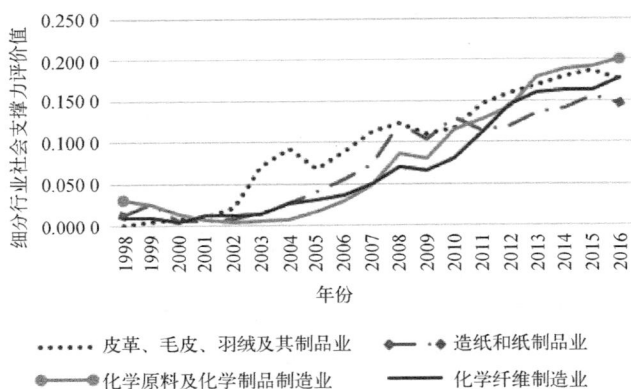

图 7－7　细分行业绿色社会支撑力评价值折线图(1)

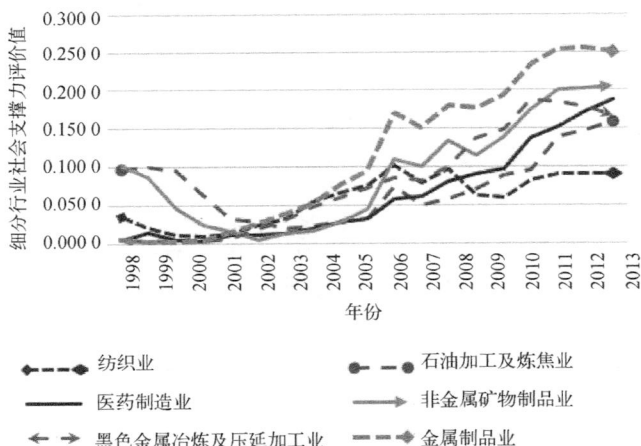

图 7－8　细分行业绿色社会支撑力评价值折线图(2)

这些重点行业的生态维护力评价值波动较大且得分普遍提升不大，具体如图7-9所示。表现最好的还是化学原料及化学制品制造业、医药制造业。前者从0.0811上升至0.3512，后者从0.1306上升至0.3530，绿色生态维护力提升值均超过0.2。

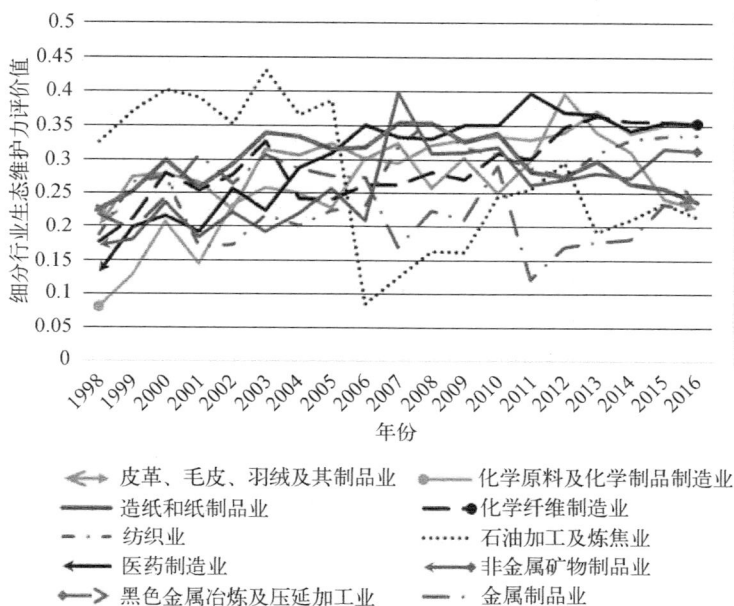

图7-9　细分行业绿色生态维护力评价值折线图

化学原料及化学制品制造业是技术与资本双密集型基础产业，为其他行业提供技术和材料支持，它也是省内排污重点行业，2015年江苏危险化学品生产使用、经营企业达标率高达95%，改变点出现在2002年和2009年也说明该行业应对市场、政策等变化的反应速度较快。

江苏是对外医药出口强省，其医药制造业在国内优势明显，2012—2016年该行业的主营业务收入和利润总额约占全国13%，出口交货值占比在15%以上。该行业的污染问题主要来自附加值较低、污染较严重的原料药等，近年来该行业在高附加值、低污染的生物医药上投入力度不断加大，污染得到相对有效的控制。

与细分行业综合评价值特点一致,石油加工及炼焦业的生态维护力评价值走势最为跌宕起伏,且呈现鲜有的下降趋势。查询数据可知,该行业规模扩张最甚的两次,分别在2002—2004年,2009—2011年,生产总值增速最快超过100%,从图7-5中可看出,该行业的"快速增长年"之后的年份,即2005—2006年和2012—2013年,是绿色生态维护力评价值下跌幅度最大的阶段。说明该行业的肆意扩张、产能过剩,给环境带来了巨大负担。

四 趋势预测

现选取2004—2016年的江苏制造业绿色竞争力综合评价值的年增长率,利用灰色预测GM(1,1)模型预测2016年后的10年该增长率的趋势,结果见表7-13。

表7-13 江苏制造业绿色竞争力年增长率的GM(1,1)模型预测

序号	观察值	拟合值	误差值
X(2)	0.055 2	0.110 6	−0.055 4
X(3)	0.053 9	0.103 6	−0.049 7
X(4)	0.115 1	0.096 9	0.018 2
X(5)	0.198 4	0.090 7	0.107 7
X(6)	0.183 8	0.084 9	0.098 9
X(7)	−0.053 7	0.079 5	−0.133 2
X(8)	0.138 4	0.074 4	0.064 0
X(9)	−0.044 3	0.069 6	−0.113 9
X(10)	0.031 0	0.065 2	−0.034 1
X(11)	0.134 4	0.061 0	0.073 4
X(12)	0.004 4	0.057 1	−0.052 7
X(13)	0.039 9	0.053 4	−0.013 5
X(14)	0.031 5	0.050 0	−0.018 5

根据 GM(1,1)模型,得到 2026 年前各年度江苏制造业绿色竞争力年增长率预测值:$X(t+1)=4.68\%$,$X(t+2)=4.38\%$,$X(t+3)=4.10\%$,$X(t+4)=3.84\%$,$X(t+5)=3.60\%$,$X(t+6)=3.36\%$,$X(t+7)=3.15\%$,$X(t+8)=2.95\%$,$X(t+9)=2.76\%$,$X(t+10)=2.58\%$。趋势图见图 7 - 10。

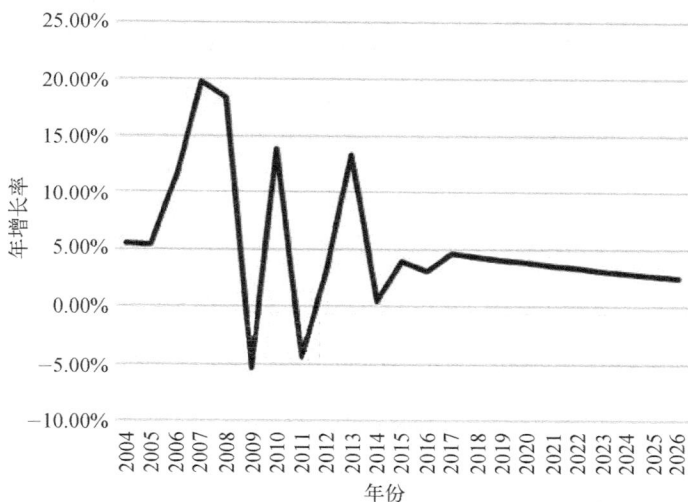

图7 - 10　2014—2016 年增长率趋势及其后十年该增长率的趋势预测图

观察预测图可以发现,江苏制造业绿色竞争力年增长率在 2016 年之后的十年间一直是正向增长,但是从 5%左右持续下降至 2%左右。将图 7 - 10 中 2026 年前江苏制造业总体的增长率走势结合2004—2016的数据分析来看,生态维护力评价值的波动会给 2016 年之后十年的综合评价值年增长率带来不确定性,经济和社会两方面的评价值稳定增长亦不能得到保证,江苏制造业在该段时间不会迎来新的增长拐点。也就是说,现行制度、市场等环境下,江苏制造业的发展空间愈加有限,行业后劲不足。江苏的优势行业包括化学原料及化学制品制造业、医药制造业、通用和专用设备制造业等,2018 年中美之间的贸易战中,美国拟对包括医药、信息技术、高端机械装备在内的中国先进制造业行业产品进行加税,会对江苏制造业带来一定冲击,侧面印证评价值的年增长率预测线的下降趋势。

五　总结与建议

根据上述分析,可得以下结论:

(1)江苏制造业整体的经济和社会方面的评价值表现良好。近年来经济表现力趋于稳定,先进制造业行业在这19年得到快速发展,为江苏制造业的转型升级助力;而制造业从业者的工资待遇不断创新高,促进了人民生活质量的改善。

(2)江苏制造业整体的生态方面的评价值除了第二阶段提升明显外,其余两个阶段表现不佳。尤其是2010—2016年,政府环境规制的效果在制造业规模日渐庞大的情况下,并没有很好地显现出来,或者说仅靠规制的力量远远不能解决关键问题。受到经济利益驱使,制造业企业的管理者等的环保意识也没有被广泛地激发出来,行业的环保技术亦没有取得进一步全面突破。

(3)十个细分行业都属于传统的污染较重的行业,虽然这些行业在1998—2016年的综合评价值都有进步,但是其生态维护力评价值大多不容乐观。

(4)预测结果中评价值年增长率的持续下降说明了经济、社会和生态三方面表现的疲软,江苏制造业在未来的发展动力不足,进步空间有限。也说明了以牺牲环境为代价换来的经济、社会的发展是不可持续的。

总之,1998—2016年江苏制造业绿色竞争力不断提升,环境保护等各方面工作取得了阶段性成果,但江苏制造业存在的发展问题没有得到根本改善。在中美贸易战升级的背景下,江苏作为出口大省,其制造业想要继续焕发活力,政府、制造业本身、从业者等都需要作出努力。

对此,我们提出以下建议。

从政府层面：

（1）政府要坚持不断开放的市场经济步伐，强化企业主体地位。政府要为制造业走向国际市场提供环境，在此过程中更要思考政府本身在市场经济中的价值所在，把精力更多地投放到"服务"中去，更多地给予适合民营企业成长的空间。

（2）结合国际先进经验填补现有法规、政策的漏洞。在吸收国际先进经验、案例基础上结合国情，进一步明确江苏省建成制造强省的具体规划与方案，进一步完善相关财政、税收、环保等关键的配套法律法规、政策条例等，并尽量与国际准则接轨。尤其要建立知识产权保护制度，防止恶性竞争。

（3）江苏制造业方面的政策比较分散、碎片，不同地区政策实施的力度和效果不尽相同，政府各部门要相互配合，统一相关惩罚与奖励措施，比如通过建立统一、标准的排污权交易市场的方式计量环境价格、规范制造业各方面评价的制度等，尽快将促进制造业发展的各方面政策、法规系统化，增强横向和纵向的可比性和全面性，为江苏制造业实现经济和生态的"和谐"而助力。

从产业和管理者角度：

（1）明确国际分工，培养独特的核心竞争力。江苏高端装备等行业的多数精密零部件依赖进口。在贸易战对江苏制造业开拓国际市场带来阻碍的环境下，江苏要保持优势先进制造业行业的地位，需实现关键领域的高技术击破。为前沿研发成果尽快转化为生产力，可以采取产学研合作等措施，在内、外部研发合力作用下完成制造业企业研发创新能力的升级。在关键领域提升自主创新力，在关键环节形成独特竞争力，有利于江苏制造业在技术上促进循环经济发展，更有利于缓解贸易壁垒给部分先进制造业带来的压力，从而提升国际竞争力。

（2）强化管理者互利共赢意识，培育强劲江苏品牌，从供给侧着手扩大内需。贸易战的博弈不仅是高端制造的博弈，更考验了一个国家、一个地区制造业的基础实力。制造业管理者要重视每一个员工的物质和精神需求,在企业内部形成与员工互利的氛围,员工将该理念反馈至工作上就是崇尚实业精神、踏实地追求优质的产品。管理者要在行动上引导从业者遵循精致、卓越的理念,以积极承担社会责任为基础,自主开发和使用节能环保产品和技术;从重视"资本"回归到重视"实业",以市场需求为导向,制造国民需要的实用、精致的产品,全面激活中国的国内市场,从而让江苏制造业真正融入"绿色竞争力",真正实现江苏制造业的可持续发展。

第八章 江苏制造业绿色发展的策略

由前面的研究可以看到,能源环境等因素对制造业有着明显的影响,因此,需要针对能源环境进行对策研究。制造业各行业所受能源环境影响的程度和因素各不相同,应对策略也不可能相同。本章主要从政府政策层面、资源环境层面、产业转型层面和企业培育层面提出促进制造业绿色发展的策略。

一 完善法规、加强监管

政府对制造业进行监管,规范制造业行业行为,从多方面采取措施降低能源环境对制造业行业发展的负面影响,同时,亦减少制造业的生产活动对能源环境造成的消极影响。

1. 政府应加大对制造业企业的监管,缓解环境污染

制造业在发展的同时,耗费了众多的化石燃料,要阻止环境污染,我国制造业必然要减少温室气体的排放。政府要加大对制造业企业的监管力度,制定相关的政策规定,促使制造业企业降低温室气体的排放量,从而缓解环境污染。例如,政府建立废气排放监测机制,对制造业企业的废气排放进行监测,对超过预定指标的企业实施处罚;再如,加大高新

技术制造业企业的保护力度,如提倡绿色环保,对低消耗、低排放的高新技术制造业企业提供减税甚至免税的优惠政策,促使制造业企业健康地成长。

2. 应完善工作及管理体制,制定相关的法律法规及政策文件

建立并完善管理机制,国家组建领导小组进行统一指导,各个地方制造业各个行业广泛参与,各个相关部门分工负责,相互协作。依据制造业各个行业的实际情况,完善相关的法律法规和政策文件,加强对知识产权和专利的保护。制定严谨的企业排污规章,加强对污染型企业的监督,关注其废水废气废渣的排放是否达标,对不按照法律法规要求的企业进行及时的查处,并强化企业对法律规章的学习。制定合理的税收政策,对技术创新、绿色生产、低耗高效的企业实施税收减免和财政补贴,提升企业的创新意识和环保意识,在规章制度上直接地鼓励企业进行产业结构的优化,在确保企业的盈利不受大影响的情况下及时地推动政策措施的有效执行。

二 节能减排、低碳发展

这几年来,由于追求经济的快速发展,我国工业特别是制造业的发展只注重"量",而不注重"质"。许多制造业企业为了追求自身的利益,大量消耗化石燃料,一方面造成资源的严重浪费,另一方面也会导致大量温室气体的排放,加剧了雾霾天气。因此,加强资源节约、环境保护,是迫切需求。具体政策建议如下:

1. 制造业以清洁生产为指导,通过新型化管理走节能减排、环保的"新型化"道路,实现可持续发展

企业应不断完善环保措施,以实现排放达标。淘汰污染重、技术含量低的设备,改进原有工艺,从源头减弱对资源、环境的浪费和破坏,深入贯彻实施国家法规和行业规章制度,积极采用先进的环保设备、设施,

提升各项环保措施的针对性和实用性,减少环境污染,实现企业的长久发展。

2. 政府应加强对制造业生产排污的管理,制定相关措施,为实现低碳经济发展提供有力的保障

政府应完善企业的排污制度,加深对污染企业的审核批准要求及程序。严格监督和管理企业废弃物的排放和治理,加强宣传力度,强化企业和工人对于环境保护的意识,做到在每一环节实现绿色生产,并利用税收在节能减排中的杠杆作用,促使制造业承担环境责任,使得企业管理层积极主动地关注到环境问题,从而从根源上减少污染,真正实现低碳经济。

3. 节约能源,强化目标责任考核

政府应组织落实国家及省市节能节水管理工作的安排要求,强化企业节能管理职能的行使。建立和调整企业节能管理保证体系,完善节能管理网络,并对用能现场和节能情况进行指导服务和监督考评。严谨规划节能目标,在实施中不断改进和完善,使得人尽其才、物尽其用、节能目标能够得到很好的制定和执行。

三　调整结构、技术升级

制造业快速发展,取得了巨大的成就,然而大量产业仍然处于高污染、高消耗的阶段,造成资源的浪费、环境的污染,不但不利于制造业的发展,还给自然环境带来严重的挑战。因此,必须调整产业结构、改善生产技术、改变生产方式,否则资源环境将会承受不住。具体政策建议如下:

1. 制造业行业应调整产业结构

在确保制造业一定发展速度的前提下,注重制造业的发展质量,合理调整产业结构、改变增长方式。合理转移位于价值链中低端的制造业,降低落后产能,加快价值链高端制造业的发展。当前产能过剩的状

况比较严重,企业也应理性决策,以改变发展观念、转变竞争模式来应对市场的新变化。深化产业结构调整是制造业突破发展瓶颈不容忽视的关键所在。

2. 制造业行业应加强技术升级

制造业行业加大对技术创新活动的研究和开发力度。淘汰低技术的产品,开发技术含量高的产品,将企业的资源合理分配给高技术产品,引导企业由传统的低技术产业向高新技术产业过渡,由劳动密集型产业转向技术、资金、知识密集型产业。

3. 制造业行业应提高生产效率

制造业行业应完善生产技术,提升生产效率,降低生产成本,增加行业效益。不断完善生产制度,以确保生产有章可循,同时激发员工干劲,双重优化工具与技术,为生产提供多重保障。实行精益化生产,进行生产同步化、均衡化,推动柔性生产,并实行全面生产进程的质量保证体系,争取零浪费,获得由量到质的飞跃。

4. 应加强传统制造业的提升与改造

中国制造业不但需要巩固已有的传统优势,而且需要加快制造业转型升级。提升制造业各要素的产出效率和产业水平,增强企业的市场竞争意识,重点培育企业的自主研发能力,强化可持续竞争优势的高级生产要素,提升总体生产能力以及水平。

5. 培育与壮大制造业新兴产业

努力提高综合竞争力,大力发展战略性的新兴产业。加大技术研发投入,培养壮大新的支柱产业,积极鼓励拥有潜力的新兴产业,选择符合比较优势的发展道路,着重培育优势产业,使得新兴产业可以得到多方位的支持,从而能迅速地发展起来。

四 产品创新、加强管理

一个企业的发展不仅仅是企业规模、资金的扩张,更是企业精神文化的弘扬和传承,这就需要企业重视企业人员的培育塑造以及文化的培养。企业不仅需要对自身负责,也需要承担起相对应的社会责任,从而促进企业综合能力的进一步提升。在企业培育层面,具体政策建议如下:

1. 企业应积极履行环境责任

首先,制造业企业要淘汰高污染、高耗能的产品,引进高科技设备,鼓励低耗能、低污染甚至无污染产品的发展。其次,尽量减少污染物的产生,在污染源未产生之前做好防备措施,用环保节能的原材料去替代高污染、高耗能的材料。再次,做好污染物排放的措施,引进净化设备或者将企业垃圾集中分类处理,将污染物对大气环境的破坏程度降到最低。

2. 企业应进行全面的产品或工艺升级

制造业企业要优化企业内部的资源配置,高效健康地成长壮大。淘汰那些技术含量低、效益低的产品或工艺,坚持发展高技术的产品或工艺,将企业的资源合理分配给高技术、高效益的产品或工艺。

3. 企业应从产品、技术、管理三方面进行创新

创新是一个企业的灵魂,是其实现可持续发展的关键。企业要想摆脱传统的低效的、粗放式的发展,必须进行创新活动。因此,企业的研发部门应在企业中有着举足轻重的地位,研发部门的投入费用也应相当大。首先,企业进行产品的创新,加大对产品的研发力度,提升产品的质量,突显产品的特色,使产品在市场占据有利的位置;其次,企业进行技术创新,研发出高效的生产技术,提升企业的生产效率,减少生产成本,从而提升企业的经济效益;最后,企业进行管理创新,借鉴国外先进的管理经验、管理理念,比如产权制度的创新,以维护企业的产权,从而维护企业的利益。

参考文献

[1] BUCKLEY P J, CHRISTOPHER L, KATE P . Measures of International Competitiveness: A Critical Survey[J]. Journal of Marketing Management, 2010, 4 (2): 175 – 200.

[2] CHO Y J, Leem C S, Shin K T. The relationships among manufacturing innovation, competitiveness, and business performance in the manufacturing industries of Korea[J]. The International Journal of Advanced Manufacturing Technology, 2008, 38(7 – 8): 840 – 850.

[3] CHRISTMANN P. Effects of "Best Practices" of Environmental Management on Cost Advantage: The Role of Complementary Assets[J]. The Academy of Management Journal, 2000, 43(4): 663 – 680.

[4] EVANS D. Thrifty, green or frugal: Reflections on sustainable consumption in a changing economic climate[J]. Geoforum, 2011, 42(5): 550 – 557.

[5] GOYAL S, GROVER S. Applying fuzzy grey relational analysis for ranking the advanced manufacturing systems[J]. Grey Systems: Theory and Application, 2012, 2(2): 284 – 298.

[6] GUERRIERI P, MELICIANI V. Technology and international competitiveness: The interdependence between manufacturing and producer services[J]. Structural Change & Economic Dynamics, 2005, 16(4): 489 – 502.

[7] GUSTAVSSON P, HANSSON P, LUNDBERG L. Technology, resource endowments and international competitiveness [J]. European Economic Review, 1999, 43(8): 1501 – 1530.

[8] HITOMI K. Historical trends and the present state of Chinese industry and

manufacturing[J]. Technovation, 2003, 23(7): 633 - 641.

[9] JAYANT A, GIRI V. Global Green Manufacturing Strategy Selection using Hybrid Grey Relational Analysis(HGRA)[C]// New frontiers in Engineering Science & Technology. 2018.

[10] KASK C, SIEBER E. Productivity growth in'high-tech' manufacturing industries[J]. Monthly Labor Review, 2002, 125(3): 16 - 31.

[11] LEE C C. Energy consumption and GDP in developing countries: A co-integrated panel analysis[J]. Energy Economics, 2007(27): 415 - 427.

[12] LIN B Q, CHEN G Y. Energy efficiency and conservation in China's manufacturing industry[J]. Journal of Cleaner Production, 2018, 174(2): 492 - 501.

[13] LOTTI F, SANTARELLI E. Linking Knowledge to Productivity: A Germany-Italy Comparison Using the CIS Data base[J]. Empirica, 2001, 28(3): 293 - 317.

[14] LUNDGREN T, MARKLUND P O, ZHANG S S. Industrial energy demand and energy efficiency—Evidence from Sweden[J]. Resource and Energy Economics, 2016, 43: 130 - 152.

[15] MARTINS A A, MATA T M, COSTA C A V, et al. A framework for sustainability metrics. [J]. Industrial & Engineering Chemistry Research, 2007, 46(10): 2962 - 2973.

[16] MONTERO J P. Marketable pollution permits with uncertainty and transaction costs[J]. Resource & Energy Economics, 1998, 20(1): 27 - 50.

[17] PLAUT J. Industyr environmental processes: beyond compliance[J]. Technology in Society, 1998, 20(4): 469 - 479.

[18] PORTER M E. The Competitive Advantage of Nations[M]. London: Macmillan, 1990.

[19] RAO R V, SINGH D. An improved grey relational analysis as a decision making method for manufacturing situations[J]. International Journal of Decision Science Risk & Management, 2016, 2: 1 - 23.

[20] RATLIFF J M. The persistence of national differences in a globalizing world: the Japanese struggle for competitiveness in advanced information technologies[J]. Journal of Socio-Economics, 2003, 33(1): 71 - 88.

[21] WAGNER M. How to reconcile environmental and economic performance to improve corporate sustainability: corporate environmental strategies in the European paper industry[J]. Journal of Environmental Management, 2005, 76(2): 105 - 118.

[22] 白雪洁,孟辉. 服务业真的比制造业更绿色环保？——基于能源效率的测

度与分解[J].产业经济研究,2017(3):1-14.

[23] 包群,邵敏,杨大利.环境管制抑制了污染排放吗?[J].经济研究,2013,48(12):42-54.

[24] 曹执令,杨婧.中国制造业环境污染水平测算与变化态势分析[J].经济地理,2013,33(4):107-113.

[25] 陈彩芹,巩在武.1985—2010年制造业二氧化碳排放的改变点分析及周期划分研究[J].中国科技论坛,2013(5):51-59.

[26] 陈关聚.中国制造业全要素能源效率及其影响因素研究——基于面板数据的随机前沿分析[J].中国软科学,2014(1):180-192.

[27] 陈华友.多属性决策中基于离差最大化的组合赋权方法[J].系统工程与电子技术,2004(2):194-197.

[28] 陈晓春,陈思果.中国低碳竞争力评析与提升途径[J].湘潭大学学报:哲学社会科学版,2010,34(5):50-54.

[29] 陈运平,黄小勇.区域绿色竞争力的本质属性[N].光明日报,2012-05-04(11).

[30] 褚淑贞,王恩楠,陈怡.2016年江苏省医药产业发展报告[J].药学进展,2017,41(5):366-373.

[31] 稻盛和夫.阿米巴经营[M].陈忠,译.北京:中国大百科全书出版社,2009.

[32] 付允,刘怡君,汪云林.低碳城市的评价方法与支撑体系研究[J].中国人口·资源与环境,2010,20(8):44-47.

[33] 顾乃华,毕斗斗,任旺兵.中国转型期生产性服务业发展与制造业竞争力关系研究——基于面板数据的实证分析[J].中国工业经济,2006(9):14-21.

[34] 管鹤卿,秦颖,董战峰.中国综合环境经济核算的最新进展与趋势[J].环境保护科学,2016,42(2):22-28.

[35] 郭京福.产业竞争力研究[J].经济论坛,2004(14):32-33.

[36] 贺正楚.我国六大类制造产业的年度技术创新:2004-2012[J].社会科学家,2015(6):15-20.

[37] 贺正楚,潘红玉.德国"工业4.0"与"中国制造2025"[J].长沙理工大学学报:社会科学版,2015,30(3):103-110.

[38] 洪小瑛.关于绿色竞争力的几点理论思考[J].广西社会科学,2002(3):92-95.

[39] 胡国良.江苏制造业的现状与对策分析[J].现代经济探讨,2003(10):47-49.

[40] 贾若祥,刘毅.产业竞争力比较研究——以我国东部沿海省市制造业为例[J].地理科学展,2003,22(2):195-202.

［41］蒋伏心，王竹君，白俊红．环境规制对技术创新影响的双重效应——基于江苏制造业动态面板数据的实证研究［J］．中国工业经济，2013（7）：44－55．

［42］解学梅，霍佳阁，臧志彭．环境治理效率与制造业产值的计量经济分析［J］．中国人口·资源与环境，2015，25（2）：39－46．

［43］金碚．企业竞争力测评的理论与方法［J］．中国工业经济，2003（3）：5－13．

［44］李强，左静娴．长江经济带碳排放强度与产业结构的灰色关联分析［J］．长春理工大学学报：社会科学版，2018，31（1）：77－84．

［45］李程富，罗玉中．天气衍生品在气候风险管理中的应用［J］．经济视角：中旬，2011（7）：34－35．

［46］李翠，王海静，徐晔．我国制造业升级对能源消费结构影响的实证研究——基于制造业30个行业面板数据的门槛模型分析［J］．江西师范大学学报：自然科学版，2018，42（1）：23－30．

［47］李金华．中国建设制造强国的进程与行动框架［J］．南京社会科学，2018（6）：14－25．

［48］李蕾蕾，盛丹．地方环境立法与中国制造业的行业资源配置效率优化［J］．中国工业经济，2018（7）：136－154．

［49］李廉水，程中华，刘军．中国制造业"新型化"及其评价研究［J］．中国工业经济，2015（2）：63－75．

［50］李廉水，杜占元．"新型制造业"的概念、内涵和意义［J］．科学学研究，2005，23（2）：184－187．

［51］李廉水，杨浩昌，刘军．我国区域制造业综合发展能力评价研究——基于东、中、西部制造业的实证分析［J］．中国软科学，2014（2）：121－129．

［52］李玲，陶锋．中国制造业最优环境规制强度的选择——基于绿色全要素生产率的视角［J］．中国工业经济，2012（5）：70－82．

［53］李平，王钦，贺俊，等．中国制造业可持续发展指标体系构建及目标预测［J］．中国工业经济，2010（5）：5－15．

［54］李婉红，毕克新，曹霞．环境规制工具对制造企业绿色技术创新的影响——以造纸及纸制品企业为例［J］．系统工程，2013，31（10）：112－122．

［55］刘金平，孙晓雨．基于产业结构的我国能源消耗与经济增长关系研究［J］．工业技术经济，2015，34（3）：26－31．

［56］刘志彪．发展现代生产者服务业与调整优化制造业结构［J］．南京大学学报：哲学·人文科学·社会科学版，2006，43（5）：36－44．

［57］罗文．从战略上推动我国先进制造业发展［J］．求是，2014（10）：22－24．

［58］吕铁，吴福象，魏际刚，等．"中国制造2025"的六重玄机改革传媒发行人、编辑总监王佳宁深度对话六位知名学者［J］．改革，2015（4）：5－25．

［59］马珩．制造业高级化对能源强度的影响研究——来自制造业强省的经验证

据[J].江苏社会科学,2015(3):32-38.

[60] 孟晓飞,刘洪.绿色管理塑造企业绿色竞争优势[J].华东经济管理,2003,17(4):77-79.

[61] 木内多知,舍尔曼.企业的自然课:从雨林中寻找持续盈利的商业法则[M].潘海燕,等,译.北京:机械工业出版社,2003.

[62] 裴长洪.利用外资与产业竞争力[M].北京:社会科学文献出版社,1998.

[63] 佩奇.世界的未来——关于未来问题一百页[M].王肖萍,蔡荣生,译.北京:中国对外翻译出版公司,1985.

[64] 彭水军,包群.经济增长与环境污染——环境库兹涅茨曲线假说的中国检验[J].财经问题研究,2006(8):3-17.

[65] 苏利阳,郑红霞,王毅.中国省际工业绿色发展评估[J].中国人口·资源与环境,2013,23(8):116-122.

[66] 孙薇,季双双.基于离差最大化的中国制造业能源消耗指数研究[J].科技管理研究,2016,36(8):233-239.

[67] 谭德庆,商丽娜.制造业升级视角下环境规制对区域绿色创新能力的影响研究[J].学术论坛,2018,41(2):86-92.

[68] 王皓.企业低碳竞争力指数的构建[J].商业时代,2010(30):90-92.

[69] 王建明,袁瑜,陈红喜.长三角与环渤海地区的企业绿色竞争力测评比较[J].中国人口·资源与环境,2008,18(5):101-107.

[70] 王晓娟.上海制造业"西迁"谋断[J].上海经济,2012(8):60-63.

[71] 王衍行,汪海波,樊柳言.中国能源政策的演变及趋势[J].理论学刊,2012(9):70-73.

[72] 魏际刚."中国制造2025"的信息化融合[J].西部大开发,2015(7):94-96.

[73] 吴进红.国际产业转移与江苏产业竞争力的提升[J].世界经济与政治论坛,2005(6):43-47.

[74] 吴晓玲.企业绿色竞争力的理论思考[J].理论导刊,2004(2):57-59.

[75] 武春友,郭玲玲,于惊涛.基于TOPSIS-灰色关联分析的区域绿色增长系统评价模型及实证[J].管理评论,2017,29(1):228-239.

[76] 夏昊,杨晓.工业生态总值核算研究——谈工业增加值指标的改革[J].统计科学与实践,1998(3):19—22.

[77] 向书坚,郑瑞坤.中国绿色经济发展指数研究[J].统计研究,2013,30(3):72-77.

[78] 肖德,魏文婉.经济增长、城市化与技术进步对能源消费的非线性影响效应研究[J].经济经纬,2015,32(5):126-131.

[79] 肖剑.长三角地区制造业空间转移特征及其策略[D].杭州:浙江财经大学,2013.

[80] 肖涛,张宗益.基于协整与 VECM 的能源消耗与经济增长关系研究——来自中国的经验:1990~2008 年[J].软科学,2011,25(2):7 - 11.

[81] 熊焰.企业社会责任与低碳竞争力[J].中国中小企业,2010(3):22 - 26.

[82] 杨雪星.中国绿色经济竞争力研究[D].福州:福建师范大学,2016.

[83] 殷宝庆.环境规制与我国制造业绿色全要素生产率——基于国际垂直专业化视角的实证[J].中国人口·资源与环境,2012,22(12):60 - 66.

[84] 尹艳冰,杨雪.技术创新与制造业能源消耗的耦合关系研究[J].科技管理研究,2014,34(20):231 - 235,241.

[85] 袁宝龙.制度与技术双"解锁"是否驱动了中国制造业绿色发展?[J].中国人口·资源与环境,2018,28(3):117 - 127.

[86] 张慧毅,魏大鹏.试论产业竞争力生成能力的概念与分析方法[J].经济问题探索,2014(7):71 - 75.

[87] 张建平."中国制造 2025"与中国制造走出去[J].西部大开发,2015(7):102 - 105.

[88] 张媛媛.我国科技服务业与制造业的产业关联分析[J].统计与决策.2018,34(5):135 - 138.

[89] 赵领娣,冯士筰.大力提升中国企业的绿色国际竞争力[J].经济界,2001(6):48 - 52.

[90] 赵细康.环境保护与产业国际竞争力:理论与实证分析[M].北京:中国社会科学出版社,2003.

[91] 郑瑞坤.中国国民经济核算框架下的绿色增长估算研究[J].生态经济,2015,31(8):40 - 46,58.

[92] 周龙.资源环境经济综合核算与绿色 GDP 的建立[D].北京:中国地质大学,2010.

[93] 朱婧,孙新章,刘学敏,等.中国绿色经济战略研究[J].中国人口·资源与环境,2012,22(4):7 - 12.

[94] 庄志彬.基于创新驱动的我国制造业转型发展研究[D].福州:福建师范大学,2014.